CIVILIZACIÓN Y BARBARIE
Venezuela 2015-2018

ASDRÚBAL AGUIAR A.

Miembro de la Real Academia Hispanoamericana de Ciencias, Artes y Letras de España

CIVILIZACIÓN Y BARBARIE
Venezuela 2015-2018

Colección Estudios Políticos

N° 16

Ediciones EJV International

Caracas, 2018

© Asdrúbal Aguiar Aranguren, 2018
http://www.idea-democratica.org
Email: asdrubalaguiar@yahoo.es

Hecho el Depósito de Ley
ISBN Obra Independiente: 978-980-365-415-3
Depósito Legal: DC2018000106

Editado por:
Editorial Jurídica Venezolana
Avda. Francisco Solano López, Torre Oasis, P.B., Local 4,
Sabana Grande, Apartado 17.598 – Caracas, 1015, Venezuela
Teléfono 762.25.53, 762.38.42. Fax. 763.5239
http://www.editorialjuridicavenezolana.com.ve
Email: fejv@cantv.net

Impreso por: Lightning Source, an INGRAM Content company
para Editorial Jurídica Venezolana International Inc.
Panamá, República de Panamá.
Email: ejvinternational@gmail.com

Diagramación, composición y montaje
por: Mirna Pinto, en letra Times New Roman, 12
Interlineado 12,5, Mancha 11.5 x 18 cm., libro: 24 x 16.5 cm.

"Nosotros, empero, queríamos la unidad en la civilización y en la libertad, y se nos ha dado la unidad en la barbarie y en la esclavitud. Pero otro tiempo vendrá en que las cosas entren en su cauce ordinario".
Domingo F. Sarmiento, *Facundo ó civilización y barbarie en las pampas argentinas*, Librería Hachette, París, 1874, p. 24

A los ex Jefes de Estado y de Gobierno
de Iniciativa Democrática de España y las Américas (IDEA),
con la gratitud de Venezuela

A Mariela, a mis hijos y nietos

SUMARIO

PRÓLOGO

Mi buen amigo, el escritor venezolano Asdrúbal Aguiar Aranguren, me ha honrado al encomendarme la grata, pero difícil tarea de escribir unas líneas que sirvan de prólogo a su nueva y monumental obra, titulada "Civilización y Barbarie", que en los próximos días estará a la disposición de los lectores inquietos por el futuro de Venezuela, que de una u otra manera nos atañe a todos los latinoamericanos.

El doctor Aguiar es dueño afortunado y esforzado de una de las plumas más prolíficas y brillantes de la actual intelectualidad venezolana. Catedrático de Derecho Internacional, columnista de varios medios internacionales, doctor Honoris Causa de la Universidad del Salvador, en Buenos Aires, miembro de la Academia Hispanoamericana de Ciencias, Artes y Letras de España, actual Secretario General de Iniciativa Democrática de España y las Américas (IDEA), con una vasta trayectoria política en su país, en donde ha sido dos veces ministro y embajador, es autor de veintinueve libros, el último de los cuales es precisamente el que hoy tengo la oportunidad de prologar. Es también un apasionado, incisivo y valiente luchador por las libertades y la democracia de su querida Venezuela.

La obra en comento es una recopilación de las columnas que el doctor Aguiar publicó en los últimos años en importantes medios periodísticos de su país y del exterior, en las que nos narra y describe con lucidez el drama que sufre su pueblo, oprimido por una dictadura detestable que ha destruido el Estado de Derecho y la democracia, y puesto en estado de grave necesidad al país más rico de Latinoamérica, dueño de las mayores reservas petroleras del mundo.

Civilización y Barbarie es una obra que, aunque referida específicamente al caso venezolano, contiene profundas, originales y brillantes reflexiones generales sobre el devenir de la política que nos conviene leer a todos los latinoamericanos. Deja enseñanzas muy útiles a todos que nos convendría mucho aprender y no olvidar, sobre todo a los colombianos, unidos por la historia, por la geografía y por la sangre de manera irreversible a los venezolanos. Todo lo que allí sucede nos importa y repercute entre nosotros, especialmente en esta época, en la que el fantasma del populismo echa raíces en algunos sectores de nuestra sociedad, alimentado por la incapacidad del Estado de entender e interpretar el descontento social.

Plantea Civilización y Barbarie –lo que explica el título de la obra– una condición que el autor califica como "bipolar" y que considera propia de la sociedad venezolana, que la lleva a oscilar constantemente entre los anhelos de libertad, naturales en la condición humana, y ciertas formas modernas de esclavitud impuestas desde el Estado por las dictaduras que han ensombrecido la historia de Venezuela desde la independencia, consistentes en que dictadores como Juan Vicente Gómez, Cipriano Castro o Pérez Jiménez se apoderan de todos los resortes del poder y establecen un régimen represor y opresor, mientras adoptan públicamente una figura "paternal" que al principio seduce a las masas que, desencantadas luego, no encuentran la manera de deshacerse de los tiranos.

Maduro ha sido el último en esta negra lista de dictadores, que con habilidad diabólica ha ido lenta pero progresivamente apoderándose de todos los resortes del poder público, desde el poder judicial, cooptado por el gobierno desde los inicios del régimen, hasta ese remedo de poder legislativo que es la Asamblea Constituyente, en la que los palafreneros de la dictadura legislan a sus anchas y según los deseos expresos de la camarilla gobernante. Asamblea Constituyente que, como todos sabemos, tiene un origen espurio y ha usurpado las funciones propias del parlamento elegido por los venezolanos en las últimas elecciones democráticas que presenció Venezuela.

"Maduro es un error de la historia." Un fanático seguidor de Chávez, que lo encumbró hasta los más altos cargos de la nación y finalmente lo escogió como su heredero cuando el destino dio un giro inesperado y el creador del "Socialismo del Siglo XXI" fue abatido por una enfermedad mortal cuando su juventud y fortaleza presagiaban que su dictadura duraría muchos años. Chávez se fue a su mausoleo sin hacer públicas las razones que lo motivaron para escoger a Maduro como su sucesor. Y Maduro, beneficiario sorprendido de un legado que no esperaba, recibió la herencia sin beneficio de inventario, sin capacidad de entender que la bomba de tiempo que era el régimen chavista se le iba a estallar entre sus torpes manos.

Y como sucede con frecuencia con los herederos díscolos que no están preparados para administrar su nueva fortuna, Maduro pronto dilapidó su herencia y cuando agotó el prestigio endosado por su antecesor, solo tuvo a su disposición la represión y el desconocimiento de la democracia para mantenerse en el poder. Es la vorágine en la que históricamente caen las dictaduras: Incapaces de satisfacer los anhelos populares, responden con represión a las manifestaciones de descontento, represión que aumenta dicho descontento, el cual a su vez genera más represión. Así se llega al encarcelamiento masivo por motivos políticos, a la tortura de los opositores, al asesinato infame y a mansalva. Y la dictadura cae en un abismo del cual ya no hay retorno.

"Ramo Verde", la prisión militar usada por el régimen para encarcelar a sus opositores, seguramente pasará a la historia como el símbolo de la represión, como pasó "La Cabaña", la fortaleza desde la cual el "Che" Guevara ordenaba los fusilamientos en Cuba.

Hay un tema dentro de la obra del doctor Aguiar que particularmente me llama la atención pues me parece apasionante dentro del análisis político universal. Me refiero a la crisis que la institución del Estado afronta en muchos países, por su incapacidad de enfrentar y de solucionar los grandes problemas que la vida moderna le plantea: El terrorismo, el narcotráfico internacional, las multinacionales del crimen, el lavado de activos, la trata de personas, la pobreza, la exclusión social. Ello ha provocado que los estados caigan en una condición que el autor llama de "ingobernabilidad por sobrecarga", y que eventualmente podría llevar a algunos a pensar que el estado, como forma política de organización de la sociedad, ya cumplió con su razón de ser histórica y será superado por nuevas formas de organización social que aún no vislumbramos en el horizonte.

Yo plantearía –solo como hipótesis para el debate– una idea diferente: Es cierto que, en muchas partes del mundo, especialmente en Europa Occidental, el estado está siendo desbordado por la protesta social. Grandes movimientos de masas, como los llamados

"Indignados" en España y sus similares en otros países, exigen de sus gobiernos prestaciones sociales y subsidios de tal magnitud que si se tratara de satisfacerlos reventarían sus economías. El problema es de tal magnitud, y su incidencia en la economía europea tan grande, que Europa corre el riesgo inminente, por primera vez desde que se acabó el Imperio Romano, de dejar de ser el protagonista líder de la historia mundial, liderazgo que están asumiendo otras naciones, como los Estados Unidos y China.

El problema, me parece, radica en que se perdió el concepto de la que debe ser la función del estado, que nació para ocuparse de ciertos aspectos básicos de la vida social, como la Justicia, el orden público, la defensa contra eventuales enemigos externos, la regulación de algunos aspectos de la economía. Pero si pretendemos que el estado también solucione todos los problemas de sus súbditos –la vivienda, la comida, los servicios públicos, la salud, la educación, la recreación, etc.– evidentemente estaremos desbordando su capacidad de respuesta, porque, salvo sociedades muy pequeñas o muy ricas, ningún estado está en capacidad de generar tantos recursos como demandaría la satisfacción de tantas prestaciones.

Urge, pues, redefinir para qué queremos que exista el estado.

Pero volvamos a Venezuela. El autor considera que su patria está rota, desvertebrada. Lo cual significa que recomponer su tejido social, reconstruir el estado destruido por la dictadura, y lograr que vuelva a ser una nación unida por unos principios básicos aceptados por todos, será una tarea titánica que deberán cumplir los venezolanos cuando los días de la dictadura sean tan solo una pesadilla que se recuerda con horror.

Estamos listos para apoyarlos.

Tenemos una fe inmensa en que muy pronto los descendientes del Libertador se levantarán como un solo hombre exigiendo Libertad y lanzarán al tirano a los abismos de la historia.

ANDRÉS PASTRANA ARANGO

INTRODUCCIÓN

La cita de apertura de este libro, suma de mis artículos para la prensa durante los años 2015 al 2017 que ha finalizado y son consistentes en su línea argumental: El problema de Venezuela, que estudio a lo largo de casi dos décadas, es muy pertinente y la estampo con nostalgia.

Hubo un momento en que mis semanales entregas de opinión y para la forja de opinión pública dentro y fuera del país, llevaron por antetítulo *Crónicas de Facundo*, en lo particular las dirigidas al diario El Impulso de Barquisimeto, al que me unen vínculos familiares casi inmemoriales.

Entonces me contagiaba en lo personal y salvando las distancias intelectuales con la obra del escritor de fuste que es aún –pues sigue vigente– el estadista y docente argentino Domingo Faustino Sarmiento, dedicada a descubrir el alma dual de su pueblo: Civilización y Barbarie (1845).

En ella vierte, desde las rasgaduras del ánimo que le provoca su exilio forzado, análisis y reflexiones sobre los antagónicos que permean en la identidad de su gente. En mi caso, durante algunos años escribo desde Buenos Aires, en una suerte de autoexilio. Pero lo que importa ahora, a propósito de esta recopilación y su complemento, un ensayo que intenta abrir caminos, es la afirmación suya que describe la bipolaridad cultural que también es propia de nuestra región y sobre todo de Venezuela, que aún se sigue moviendo en pleno siglo XXI entre un anhelo vital de libertad y su sujeción a formas inéditas esclavitud, más humillantes que las coloniales; en una suerte de esquizofrenia que contamina, incluso, a nuestros demócratas. Ni siquiera las obras pedagógicas de Teresa de La Parra, Ifigenia, y de Rómulo Gallegos, Doña Bárbara, han podido resolver ese dilema entre nosotros.

Dentro de las crónicas de los años a los que se contrae este libro adquieren talante particular las de 2017, incluso siendo las anteriores y ésta la continuación de ese choque de tendencias –brega por la libertad y medianía democrática vs. paternalismo expoliador y primitivo– que pugnan desde 1999, cuando otro felón calza como gendarme y se le asume de necesario incluso por las élites venezolanas a las que se supone pensantes y racionales.

Ha sido el año que concluye, cuyas miasmas anegan al mes enero que le sigue y aún no concluye al momento de escribir esta nota introductoria, un espacio de deslave de inhumanidades. Es aquel la síntesis de la maldad que hace cuerpo y es comportamiento habitual en quienes mantienen bajo secuestro a la república. "El año en que Venezuela entró en una espiral de caos y violencia", señala la prensa local al caracterizarlo, sin imaginar que una ola de terror desde el Estado vendría a derramar todo su odio sobre la vida de un grupo de quienes se le oponen, ejecutándolos con saña desbordada y sin juicio ni clemencia, en el alba del 2018.

Ha sido tal el nivel de la degradación, el cinismo reinante dentro de la narco-cúpula que gobierna la casa común, que a la par, extrañamente y bajo golpes severos que laceran y se burlan de la psicología del colectivo, comienza a fluir o se visualiza una tenue, todavía imperceptible, luz de esperanza, que emerge desde lo más profundo de nuestras raíces olvidadas, con propósitos firmes de regeneración; que dejará en la oscuridad y a buen seguro esa misma maldad suma, prometiendo –acaso es ilusión– una aurora boreal para todos los venezolanos.

La masacre o ejecución extrajudicial del Comisario insurgente Oscar Pérez, junto a sus compañeros y una madre embarazada, después de rendirse en la casa de El Junquito que les cobijaba, sin ser responsables de ningún atentado contra la vida de sus semejantes que pueda atribuírseles, usándose para ello un lanzacohetes antitanque antes de rematarlos con tiros en la cabeza ante la vista incrédula del mundo que los observaba en tiempo real, resucita la barbarie. Recrea en Venezuela al mal absoluto; ese mismo que origina el Holocausto y ensucia la historia de la civilización humana a lo largo del siglo XX.

Creo obligante, por ende, trascribir los párrafos de mi última columna semanal a propósito de tan desdoroso hecho y que circula a partir de la fecha de esta introducción:

EL TERRORISMO ACABÓ CON LA POLÍTICA

Asdrúbal Aguiar

Quise titular distinto –"La degradación de la política en Venezuela"– y me corregí, pues ver degradada la política supone que algo de ella sobrevive. Algo puede hacerse entre sus actores actuales, concertando éstos, para revalorizarla como "elevada forma de caridad", según las palabras de Joseph (Benedicto XVI) Ratzinger.

Luego de los hechos recientes –otros anteceden a las ejecuciones extrajudiciales de Oscar Pérez y sus compañeros por órdenes de la dictadura, realizadas con saña cainita– sólo resta ira popular, ahogo, impotencia, dolor que duele mucho al ser silencio, miedo colectivo que se confunde con un desbordamiento de odios.

Ello podrá superarse si de las víctimas: incluidas las de la hambruna, satisfechas en sus derechos a la memoria, la verdad y la justicia, surge algún sosiego que les permita restablecer los lazos de confianza hacia los otros, entre sus compatriotas, en la idea bienhechora del Bien Común.

Luego de la Masacre de El Junquito no queda en pie nada de la política. Ni siquiera puede señalarse que han ocurrido nuevas violaciones agravadas de derechos humanos bajo el oprobioso régimen de los causahabientes de Hugo Chávez -los Maduro Flores, -los Cabello Carvajal, los Tarek, los Rodríguez, sus respectivos sicarios– como consecuencia de una política de Estado.

No hay política donde medra el terror, donde hace cuna el terrorismo desde el Estado; pues ni siquiera cabe hablar de "terrorismo de Estado" en Venezuela, pues alude a los restos de alguna institucionalidad que se sostiene. Ni siquiera existe, en la práctica, la Asamblea Nacional.

El país que fuimos es ahora una colcha de retazos, es anomia pura, suma de víctimas.

17

ASDRÚBAL AGUIAR

Hemos mudado en individuos aislados y huérfanos, arrastrados por la angustia vital. Pisamos un territorio que nos quema las plantas de los pies. No nos reconocemos socialmente ni reconocemos a este bajo el diluvio de violencia impúdica que lo anega.

Es irracional, pues carece de propósito político. No es guerra que cuente con partes beligerantes. Es la maldad que azota y sólo la explica el terrorismo, como forma y modo de vida.

Causar terror, con actos susceptibles de expandir sus efectos psicológicos sobre la masa, para así fracturarla, envilecerla, destruirle todo lazo de afecto familiar y social es el único motivo que anima al régimen. Es oponer el uno al otro, a hermanos, a connacionales, a copartidarios, transformándoles en agentes de la traición y la deslealtad. Y lo ha logrado.

Es lo que se aprecia en el comportamiento de Nicolás Maduro, Diosdado Cabello, Freddy Bernal, Néstor Reverol, quienes celebran su acción terrorista intencional. Se lavan las manos con la sangre de los caídos y hasta les prohíben el llanto fúnebre a los deudos, para que aumente el odio. Hacen burla y se mofan de aquellas para exacerbación de lo orgiástico en sus sicarios, sus colectivos y militares más ruines.

Atrás queda hasta el tinte del terrorismo antiguo, el de los zelotes o los sicarii, previos a la edad cristiana, ejercido para atemorizar a los romanos o usando la sica –de allí el puñal que da origen al sicario– para castigar en público y con sorpresa, en la plaza pública, a los colaboracionistas. Maduro y los suyos pueden mirarse hoy en el espejo del absurdo, de la tragedia que tiene como protagonista al paisano de los Tarek, Jalifa Belgasin Haftar, comandante de las fuerzas armadas libias. Situado en la acera de enfrente de los yihadistas después de ser el colaborador sanguinario de Muamar Al Gadafi, el pasado julio ejecuta sin juicio a 18 de éstos, puestos de rodillas, filmados como para expandir más el caos que hoy se engulle a esa nación.

Es esta la herencia de la revolución roja bolivariana, que comienza con su Masacre de Miraflores o de El Silencio, sus 20 asesinatos y 100 heridos, en 2001; a la que siguen los diálogos de Jimmy Carter, cuyas resultas busca impedir Chávez con la otra Masacre de Febrero –la primera, la del 27, en 2004– con 12 muertos y otro centenar más de heridos, y 400 detenidos. Al

18

término, burlados por éste los comicios referendarios, en postura mesiánica como la que nutre al terrorismo, le dice al país con frases que copia de Víctor Hugo: "No me creo con el derecho a matar un hombre, pero me siento en el deber de exterminar el mal". El mal absoluto ve como mal al bien de la vida. Así de simple.

Me pregunto, en esta hora agonal, si ocurrida la Masacre de febrero de 2014, asesinados más de 120 jóvenes en 2017, vista la purulenta acción cobarde terrorista de El Junquito, ¿seguirán afirmando los jefes de nuestras franquicias partidarias que "o dialogamos o vamos a la guerra"? Ese maniqueísmo sin solución es la muestra de que ha muerto la política, algo más complejo. ¿Creen aún que negocian con políticos, o son tontos útiles del terrorismo?

Al inicio de las páginas que siguen, pocos de sus párrafos indican el camino de nuestra reflexión cotidiana respecto de Venezuela.

Lo que intento decir es que ella, en 1998 y al igual que hoy, es un rompecabezas, si bien es ahora que implosiona como "cosa pública", tras una masacre que a la vez asesina un proyecto político revolucionario, jurásico, pero al que apostaron de buena fe muchos venezolanos.

Las ataduras ciudadanas dentro del Estado desaparecen y el sentido de la territorialidad política y partidaria hace aguas, desde el mismo momento en el que se derrumba la Cortina de Hierro y sobreviene la globalización de las comunicaciones. No se trata –lo que ocurre o nos ocurre– de un fenómeno propio, de una desgracia local, si bien es inédita la perversidad de sus expresiones al interior de la caja vacía que es la república.

Afirmo que, golpeándonos la explosión del desorden y presa Venezuela de las urgencias y en lucha vital por su sobrevivencia, de nada le sirve ahora la dramatización teatral democrática, como la que pretenden algunos actores partidarios a quienes casi les resulta subalterna la orgía de crímenes con la que solaza su contraparte, con la que dialoga al efecto.

Sólo quien mire al rompecabezas nacional en su conjunto podrá mover y armar sus piezas, y podrá salvar a nuestro pueblo de las garras de ese narco-estado ante el que nadie puede declararse inmune o hacerse el indiferente, y que se alimenta de la selva de los egoísmos sociales y de la tolerancia moral de los políticos arguyéndose la urgencia de la paz. No hay espacio, pues, para los narcisistas ni para las medianías.

Al término apunto sobre lo que es un desafío, o lo que son respuestas que debemos encontrar en esta hora de incertidumbres muchas y no menos esperanzas.

Dos cargas genéticas, en efecto, parecen condenarnos como actores de una tragedia que, de ser tal, no tendría solución. Ellas predican la república como botín y, tanto para su solución como para su fatalidad, la inevitabilidad del caudillo, morigerado bajo la supuesta figura del "padre bueno y fuerte" que encarnaran –modelando conductas sociales– El Libertador y el general Juan Vicente Gómez, durante los siglos XIX y XX.

¿En qué momento y cómo se pierden o quedan ocultas, latentes, aquellas otras raíces fundantes nuestras, las de 1810 y 1811, que nos dicen sobre otra Venezuela de valores y de virtudes, diferente de la incivilizada que ahora nos maltrata y mancilla?

Es esta la interrogante cuya contestación debemos darnos todos y cada uno de los venezolanos en este instante agonal, y que acaso pueda devolvernos el anclaje que nos permita mirar el porvenir con menos ánimo trágico, poniéndonos la patria al hombro.

A todo evento, como lo corriente es medrar quejosos o quedarse en los diagnósticos esperando a que otros resuelvan: no por azar nuestro apego fatal a lo mesiánico, dejo a los lectores un ensayo *in extensu*, ya avanzado en alguno de los artículos, obra de mis actividades de cátedra en el Miami Dade College, que puede ser de utilidad pues intenta abrir caminos: *El problema de Venezuela, 2018.*

Pompano Beach, 21 de enero de 2018.

LOS ARTÍCULOS

I. LA BREGA POR LA LIBERTAD (2015)

¿QUÉ HARÁN NUESTROS MAYORES?

4 de enero de 2015

Amanece el 2015 con la noticia de otros jóvenes encadenados desde la pasada noche de navidad, demandando libertad. Han sido capaces, por lo visto, de dar rienda suelta a un sentimiento y realizar su proeza hasta con alegría, pues la aprecian heroica y desafía a los lobos del régimen que caminan a su alrededor con fauces hambrientas de sangre. Así ocurre en Venezuela desde el pasado febrero de 2014, luego de la Masacre del Día de la Juventud.

Ante esa imagen escalofriante, sin bajarle el tono a la lucha por una reinvención de la democracia que nos saque del atolladero que algunos intelectuales del odio –entre otros el inefable y ya fallecido Norberto Ceresole– califican como el estadio de la "posdemocracia", cabe parodiar a Zaratustra y la "muerte de Dios". Después de la democracia todo vale, todo cabe y es posible, hasta la cosificación humana: Son 24.000 las víctimas de la violencia durante el año viejo.

Mi apelación a la razón profunda y no ocasional, que permita imaginar formas de vida decente sin tener que dar manotazos a nuestra miasma, es a los mayores. Es a las élites políticas, económicas o morales del país, a quienes cabe interpelar.

Al pueblo llano, fácilmente denostado desde las escribanías oficiales u opositoras, es injusto preguntarle ¿cómo aguanta? Lo cierto es que cada Juan Bimba acaso tiene tiempo para medrar en esos gusanos que, situados a las puertas de cada abasto de alimentos o despensa de medicinas, esperan por un pan o una lata de leche que les alivie el crujido de los estómagos.

Y a los jóvenes, sobre quienes a menudo aquellas también cargan sus tintas y sus verbos, cabe decir que viven las horas del sacrificio auténtico, de los ideales que intuyen y buscan darles sentido "con las manos puras y el corazón inocente", diría Romain Rolland.

Vuelvo a preguntar, así, ¿cuándo será llegada la hora agonal de las élites ensimismadas para que recompensen –como tribunos de oficio, como líderes o guías– esa brega por la cotidianidad del pueblo o el heroísmo de los imberbes?

La inflación electoral ha sido mucha durante 15 años de guerra disimulada, que se inicia con la felonía de la Constituyente de 1999. No nos dio más democracia, nos la quitó a fuerza de elecciones porque dejaron de ser lo que son en una democracia verdadera. Los comicios –no los plebiscitos antidemocráticos– son altos severos en el camino para la reflexión y para juzgar el rumbo colectivo que se lleva, decidiendo sobre lo conveniente de un modo informado. Durante tres lustros vivimos en un alto permanente para elegir permanentemente, en suma, para no elegir, haciendo instantáneas con la emoción de coyuntura.

Reconstruir la nación –lo recuerda Mons. Jorge M. Bergoglio– implica reencontrar nuestras raíces; volver a ser nación mediante un acuerdo sobre los valores fundantes compartidos y celebrantes de la pluralidad. Exige mirar el pasado, con ojo crítico, desterrando lastres de conveniencia que impiden nuestra madurez, como el Mito de El Dorado y la invocación del mesianismo, del padre bueno y fuerte que aún nos lleve de la mano.

Se trata de mirarnos, mirándonos en los otros. Hacer memoria de las grandes hazañas de nuestra modernidad, que superan con creces el quehacer fratricida de nuestra Emancipación, hecha dogma que nos hace tragedia y nos niega a la elección de lo dramático.

Hay que tener coraje ante el futuro. Ningún pueblo, como reunión de diferentes acordados sobre los propósitos trascendentes, alcanza a serlo sin mitos movilizadores.

No se trata de hurgar en el desván para sacar de allí los amuletos y reencontrarnos con el azar. Es reconocer que existe algo más allá de nosotros, que todavía no conocemos y podemos alcanzar humanamente.

La generación de 1928 hizo de la democracia civil y de partidos su mito, en un momento de absoluta oscuridad para la república.

Y como no se trata de reinventar en falso, cabe no disimular la realidad. Vivimos algo peor que una dictadura o un régimen comunista. Hemos perdido las certezas. La despersonalización nos es común. Hemos congelado nuestras dignidades humanas haciéndolas inútiles, a la espera de que una buena nueva nos llegue con las cadenas de televisión del Estado.

La "posdemocracia" es la cara perversa de una globalización salvaje, huérfana de categorías constitucionales. No es derechas ni de izquierdas. Es anomia. Es el vacío que ocupa el traficante de ilusiones, quien entiende el "liderazgo como celebridad mediática". Y que lo sostiene sin mediaciones institucionales, ajeno al debate, intocable, ante un pueblo sin rostro al que apela sólo para justificar su legitimidad sin devolverle sus derechos. Usa y desecha a la democracia. La nutre de propaganda, sin importar el enlatado de ocasión, sea el Capital de Marx o las Cartas de San Pablo.

Cambiar las cosas sin violencia, contener el poder e impedir sus abusos, y darle voz propia y rostro a la gente, es el deber ineludible de las élites en 2015.

EL PACTO DE 2011

11 de enero de 2015

Leo a Romand Rolland y rescato de él lo que escribe sobre Jean Jaurès, político socialista francés, fundador de L'Humanité en 1904, luego asesinado en 1914, tres días antes de iniciarse la Primera Guerra Mundial.

Recuerda Rolland que su inteligencia tenía necesidad de la unidad. Apuntaba hacia el conjunto, observaba la realidad política más allá de las ideas, de los partidos, de las clases e inspirado, al efecto, por el principio de la unidad existencial del hombre: sin

25

mengua de que es uno y único como experiencia humana, pero necesitado de la alteridad, del encuentro con los otros. ¡Y es que para Jaurés todos hacemos parte del género humano!

Creyó en dicha unidad como obra de la inteligencia, léase de la razón, para curarse en salud contra el olor de la sangre y la violencia cuando se aproximan para disociar y fomentar los extremos en los que la violencia y la sangre se cuecen.

Rolland, en su crónica sobre dicho intelectual de finales del siglo XIX y principios del siglo XX, además, cuenta que no obvia o pone de lado los impulsos del corazón, que se resumen en la "pasión por la libertad". En suma, su lema es inteligencia en la unidad y pasión por la libertad.

Concluida mi lectura aprecio, de seguidas, la fragmentación y pérdida de lazos de identidad que nos hace presa a los venezolanos –no me refiero a los integrantes del Estado ni a los de la oposición formal variopinta, sino al país en su conjunto– militemos en una u otra bandería. Y me pregunto si ello es obra de un amago de nuestra inteligencia como colectivo o acaso se ha apaga entre nosotros la llama de la libertad, urgidos por la sobrevivencia.

Y esa pasión por la libertad cabe destacarla, pues en defecto de una memoria popular –que rechaza nuestra cultura de presente– extirpada desde la hora de nuestra Emancipación, obviando 300 años de aprendizaje dentro del molde greco-romano-latino e hispano heredado, luego nos hicimos a puñetazos, es verdad, pero galvanizados por una sed febril de libertad.

No se entiende, así, que algunas cabezas, siquiera por pasión, mal se percaten de la profundidad dilemática que hoy compromete a Venezuela, guiada por un gobierno demente que la empuja hacia su desaparición como república y a formar parte de los amasijos que medran en emergencia humanitaria permanente, dando lástima al resto del planeta. "A menos que –lo decía José Rafael Pocaterra– consideremos al pueblo de Venezuela como al personaje de la comedia de Molière, quien después de viejo vino a caer en la cuenta de que hablaba en prosa".

En lo aciago de la circunstancia, apreciando que alguna vez fue posible lo que en apariencia resultaba imposible, releo lo escrito y firmado, sin reservas y de conjunto, por todos los integrantes de la Mesa de la Unidad Democrática en concordancia admirable con María Corina Machado, Leopoldo López, y también Antonio Ledezma; avalado ello por Diego Arria, Eduardo Fernández, Oswaldo Álvarez Paz, Pablo Medina, entre otros, hace apenas tres años.

Todos a uno dibujan y afirman compartir una cosmovisión digna de Rolland y Jaurés, pero que hacen polvo después, quizás por la ausencia de victorias clientelares o, a lo mejor, por la pérdida en algunos, cabe decirlo, de la pasión por la libertad.

Unidad en la historia era el compromiso, pues todos a uno dicen entender la historia nacional como un largo esfuerzo hacia la libertad, la democracia y la justicia social. Unidad en la inclusión prometen y firman, por convencidos de que la política debe servir para construir una sociedad que incluya a todos. Unidad en el respeto declaran en esa oportunidad, ya que, según las palabras de todos y no unos o de otros, el pueblo venezolano es uno solo.

En el mejor espíritu humanista de Jaurés, nos dicen los firmantes del Compromiso por un Gobierno de Unidad Nacional que los venezolanos quedaríamos unidos –así lo prometen– en el respeto del otro, en el respeto a sus derechos de toda índole a tener un sitio digno en esta sociedad que todos constituimos. Respeto a todos los sectores de todas las regiones. Respeto y reconocimiento democrático a la discrepancia y a la oposición. Respeto al pueblo, en fin, como exigencia universal.

Dicho documento histórico, que autentica Ramón Guillermo Aveledo un 26 de septiembre, nos interpela en la actualidad.

Resulta paradójico que con tantas luces y a la luz de lo declarado y jurado por nuestros "mayores" –creyendo encontrarse a las puertas de asumir el gobierno por la vía electoral– la Conferencia Episcopal Venezolana, esta vez, se haya visto obligada a darles un jalón de orejas. Les recuerda que este régimen de Maduro-Cabello es la fuente de todos nuestros males –la corrupción y el militarismo coludidos– pero también, quienes nos hemos opuesto al mismo, hemos sido incapaces de construir una alternativa democrática creíble. Y el tiempo se agota.

FRANCISCO Y LA LIBERTAD DE EXPRESIÓN

18 de enero de 2015

Una vez más el Papa Francisco camina sobre tierra cenagosa. Asume riesgos ante las oscilaciones emocionales de la opinión pública para orientarla sin medianías, sin concesiones a lo transitorio.

Hace buena su enseñanza, anterior a su ingreso a la Cátedra de Pedro, sobre el yerro de analizar la realidad desde la "moralina de los curas" o en "estado de instalación en el centro".

En 2005 habla, en efecto, sobre la "enfermedad del eticismo". Alude a quienes "pretenden destilar la realidad en ideas", a "los intelectuales sin talento", y a "los eticistas sin bondad". A la vez, dice que la comprensión de la realidad –donde todos habitamos– es casi imposible para quienes la observan desde la indiferencia: "No vamos a entender la realidad de lo que nos pasa como pueblo, y por lo tanto no vamos a poder construir en el presente el coraje para el futuro con la memoria de nuestras raíces, si no salimos del estado de "instalación en el centro", de quietud, de tranquilidad, y no nos metemos en lo periférico y lo marginal", son sus palabras.

Interpelado por un periodista francés acerca del atentado terrorista que sufren los caricaturistas de Charlie Hebdo y que reivindica el fundamentalismo islámico oponiendo el derecho a la libertad religiosa y su respeto con el ejercicio de la libertad de expresión y prensa, dice, claramente, que nadie puede asesinar en nombre de Dios o la religión; pero "si ofendes a mi madre cuando menos te doy un puñetazo", agrega el Papa, palabras más, palabras menos.

Obviando la crítica trivial –que quizás no la es tanto, salvo que omitamos la citada "moralina"– respecto del mandato evangélico de ponerle a nuestro agresor la otra mejilla, lo que afirma Francisco es cabalmente ortodoxo. En lenguaje normativo quiere decir y decirnos que todo abuso de la libertad que busca desconocer el derecho de los otros concita la reacción legítima víctima, a quien se debe reparar; pero la víctima no puede reaccionar arbitrariamente, sin proporción.

Es esa, quiérase o no, la regla central sobre la que se construye la democracia, el Estado de Derecho, y el ejercicio de los derechos humanos.

La Corte Interamericana de Derechos Humanos es consistente al respecto. La libertad de expresión no admite censura previa, pero tiene límites, como "el respeto a los derechos o la reputación" de nuestros semejantes. Y los afectados por su abuso pueden replicar, y hasta demandar responsabilidades al ofensor.

De ello no se deduce –lo precisa la Corte– que el Estado y sus gobernantes puedan, como ocurre en América Latina, manipular tales exigencias para perseguir o silenciar a sus adversarios o a quienes les ironizan hasta el desprecio, a través del humorismo.

Sólo mediante leyes democráticas que respondan a fines democráticos, y se apoyen en reglas precisas, ajenas a la discrecionalidad de quienes detentan el poder, cabe establecer, justamente, esos supuestos de responsabilidad o reacción legítima –el "puñetazo" del que habla el Papa– cuando la libertad de expresión u otra como el culto desbordan sus límites legítimos; lo que únicamente puede ser valorado por jueces independientes e imparciales, que evitan el ojo por ojo o el "precio de sangre" e imponen la Justicia.

La cuestión del respeto a las ideas religiosas ha sido abordada por la jurisprudencia interamericana con motivo de la censura impuesta por el Estado chileno a la película "La última tentación de Cristo". Según la opinión de la catolicidad ofende gravemente a los creyentes, por desfigurar y profanar la vida de Jesús.

La Corte entiende que la censura previa es "inconvencional", ya que contraria las exigencias y límites de la libertad de expresión; pero al abordar el tema de la libertad religiosa, en el caso citado se limita a señalar que no median pruebas concretas para concluir en su vulneración. Aún así transcribe sin crítica, como doctrina vertebral, lo dicho por la Corte de Apelaciones chilena acerca de la cuestión, que vale para lo religioso y para lo político en una verdadera democracia: "Pluralismo no es enlodar y destruir las creencias de otros ya sean éstos mayorías o minorías sino asumirlas como un aporte a la interacción de la sociedad en cuya base está el respeto a la esencia y al contexto de las ideas del otro".

De modo que, a lo observado por Francisco cabe agregar su otra reflexión también antigua, pues previene acerca de los fanatismos ideológicos o confesionales que toman cuerpo en Europa occidental: "Se nos exige, aún más en los tiempos difíciles, no favorecer a quienes pretenden capitalizar el resentimiento"... pues, "para una cultura del encuentro necesitamos pasar de los refugios culturales a la trascendencia que funda"; sólo posible mediante el diálogo y la confrontación de las ideas, es su criterio, muy liberal y democrático.

LA NARRATIVA VENEZOLANA UNITARIA DE 2015

25 de enero de 2015

En crónica pasada rescato la magistral síntesis que de Jean Jaurés, político socialista francés de comienzos del siglo XX, hace Romand Rolland en su libro *"Más allá de la contienda": Inteligencia en la unidad, pasión por la libertad.*

A propósito de mi relectura del Pacto opositor de 2011 (Compromiso por un Gobierno de Unidad Nacional), dije estar sorprendido por el desencuentro sucesivo de sus firmantes. Unidad en la historia, en la inclusión, en el respeto, en el diálogo, en la capacidad, en el equilibrio y en el futuro, es el desiderátum y la promesa que se hacen para luego deshacer.

Intuyo y entiendo que por la terquedad de las realidades se trataba de una declaración circunstancial, oculta tras elocuencia de sus términos. La oposición, en vísperas de un hecho electoral, cree acceder al ejercicio del gobierno de forma instantánea. Y al perderse dicho impulso y subestimarse la esencia del compromiso adquirido, ante la frustración de lo esperado sobreviene la deificación instrumental del empeño democratizador.

El divorcio alrededor de los mecanismos y formas de la experiencia democrática: elecciones, constituyente, congreso ciudadano, todos vagones de un mismo tren, toma cuerpo y se impone.

Lo cierto, por lo visto, es que la unidad alrededor de los ideales, alimentada por el afecto recíproco que se cuece en el horno de la brega cotidiana compartida, jamás se alcanza mediante arrestos de racionalidad o de idealismo puro y menos en un instante de opinión compartida, que es sólo eso, un instante.

La opinión pública, lo sabemos, oscila arbitrariamente y hay quienes la fotografían en sus segundos para hacer de ellos, equivocadamente, una matriz de opinión de suyo antidemocrática y explotarla, olvidando que la democracia es opinión y decisión informada con vistas al bien común.

En 1963, Rómulo Betancourt se refiere a la unidad entre los actores de 1958. Dice que se trata de algo distinto del "unanimismo de los déspotas". Concibe la unidad democrática como unidad en la pluriformidad, como experiencias distintas sobre el colchón compartido del sueño libertario.

La unidad de 1958, en efecto, es consecuencia de la unidad nacional en la desdicha, que no discrimina durante la dictadura y es emblema de un reclamo común compartido ante los militares, en un silencio que es grito por el respeto a la dignidad humana.

No ocurre así entre 1945 y 1948 ni entre 1948 y 1958, cuando la soberbia aneja al poder y el sectarismo hacen presa de los hombres de la Revolución de Octubre, o a lo largo de la "década militar", cuando los mismos actores democráticos prefieren sus odios "mellizales" en una hora de confusión, de cárcel y exilio. Hasta que, desnudo el país en su realidad, tras la boutique de Caracas y cuando al resto de la geografía se lo carcomen la pobreza y la prisión y caen los ingresos petroleros, sobreviene primero, antes que la unidad de los dirigentes, la unidad en la humillación colectiva.

Las colas de venezolanos, sin distingos sociales ni de adhesiones políticas, en las puertas de los mercados y farmacias para procurarse productos que no hay; la inflación y la escasez siderales; la entronización de la cultura de la muerte y la violencia; la transformación de nuestra moneda en "billetes de monopolio"; el ofensivo desplante hacia el pueblo sufriente por quienes lo miran desde sus púlpitos de opulencia en Miraflores o la Asamblea y anegados de cinismo afirman que ¡hacen cola los venezolanos porque tienen dinero!, es lo que provoca esta vez y en hora buena la unidad de los agraviados en el sufrimiento compartido, como estado de conciencia.

Parece que, desde abajo hacia arriba, en forma de ósmosis y en medio de la turbulencia antidemocrática drena, sobre los líderes de la oposición, la unidad como obra de la inteligencia.

31

El documento de este 23 de enero, que en su frontis autentican con su fotografía Antonio Ledezma, María Corina Machado, Julio Borges, Henrique Capriles, "Chuo" Torrealba, entre otros más quienes son testigos de los que han perdido su voz encarcelados –como Leopoldo López– o condenados al ostracismo, revela una clara comprensión de que las alternativas constitucionales de lucha son todas legítimas; que el entramado social y la participación políticas no son el monopolio de ningún sector social o partidario; que la unidad es la del pueblo en sus principios y en sus valores y la cruzada no es contra el pueblo sino contra un régimen totalitario que es el caos y mal puede, por lo mismo, resolver el caos.

El desiderátum es un pueblo ávido de prosperidad, propiedad, trabajo, y solidaridad; que reclama un Estado decente, austero y servidor; un pueblo sinfónico, de diversidad en la armonía, con una democracia sin apellidos y como estilo de vida, que celebre nuestra complejidad tanto partidaria como en redes de su organización social y de base.

¡Pasión la libertad, inteligencia en la unidad, es la consigna!

UN GRAVÍSIMO PRECEDENTE

1 de febrero de 2015

La Corte Interamericana de Derechos Humanos, órgano principal del Sistema de Protección de Derechos Humanos en las Américas, atraviesa hoy por momentos muy extraños. Cuando menos eso cabe decir luego de que algunos de sus fallos recientes –no es del caso enumerarlos– desmontan silenciosamente la larga doctrina democrática fijada con prudencia por ella, de un modo pacífico, a partir de 1987.

Suman 681 las enseñanzas de la misma Corte que sirven de fundamento de validez y le dan fuerza vinculante a los elementos esenciales y componentes fundamentales de la democracia; odre sin el cual toman cuerpo las violaciones sistemáticas a la dignidad humana y la impunidad de sus responsables, por lo general, los gobiernos de nuestros Estados. Mi reciente libro *Digesto de la Democracia* (2014) así lo atestigua.

Antes fue la legítima diatriba que plantean dos honorables jueces, los más experimentados de la Corte y uno de ellos albacea, sin duda alguna y por su antigüedad, de su memoria jurisprudencial, que ha sido fuente de inspiración, incluso, para los jueces europeos de derechos humanos. La diatriba del caso ocurre cuando uno de los miembros de dicho Alto Tribunal Interamericano, sin renunciar a sus funciones como tal y avalado por el actual presidente, se presenta como candidato a la Secretaría de la OEA y al efecto negocia apoyos con los Estados miembros y sus gobiernos; mismos a quienes la Corte sienta cotidianamente en el banquillo de los acusados.

Al final el asunto se resuelve con la renuncia del aspirante a sus aspiraciones luego de advertir que a su pretensión le falta destino. Pero el daño moral a la institución queda irrogado. Surgen dudas, así y por vez primera, acerca de la imparcialidad e independencia que se acredita en buena lid la Corte desde su fundación; no obstante que de tanto en tanto juristas y hasta miembros de la Comisión Interamericana de Derechos Humanos discrepen de sus sentencias y criterios, como es normal.

No es extraña a la preocupación de la Corte Interamericana la circunstancia política que vive la región desde cuando, sobre todo a partir de los primeros años del siglo XXI, se instalan distintos gobiernos de corte autoritario, populista y personalista; legítimos en su origen, pero impresentables en cuanto a sus ejercicios democráticos. Desde dichos gobiernos se cuestiona el ideario democrático contenido en la Carta Democrática Interamericana de 2001 y se impide, además, la actuación protectora no solo de la OEA sino del Sistema de Derechos Humanos en su conjunto, transformado al efecto –sobre todo la Comisión Interamericana– en una estafeta de denuncias sin respuesta.

El ex presidente de la Corte, aquilatado jurista mexicano, Sergio García Ramírez, en 2009 advierte que las tiranías clásicas en Latinoamérica invocan la seguridad nacional para favorecer sus excesos, pero que "otras formas de autoritarismo, más de esta hora, invocan la seguridad y el interés general "para imponer restricciones a los derechos y justificar el menoscabo de la libertad".

Esta vez llega la desdorosa noticia de que el joven presidente de la Corte, uno de sus nuevos miembros, Humberto Sierra Porto, quizás por falta de experiencia judicial y sin reparar en las limitaciones éticas que demanda su delicado oficio, invita al gobernante ecuatoriano Rafael Correa para reconocerle su trayectoria "en la defensa y promoción de los derechos humanos".

Correa, quien aparece tomado de manos con el citado juez en la sede del Tribunal, es quien destruye en su país la libertad de expresión y prensa, columna vertebral de la democracia, y cuyo gobierno ha poco es condenado severamente por violaciones graves al Estado de Derecho, por atentados a la Carta Democrática Interamericana.

Siento pena por la Corte. Acompaño la indignación que ha de haber hecho presa en algunos de sus jueces. Pero comprendo como nunca antes que si la democracia pierde asidero moral cada vez que sus enemigos prosternan los valores éticos que deben presidirla o la usan y tiran como si se tratase de un objeto de consumo para acumular más poder, daño peor le irrogan las deslealtades e inconsecuencias que sufre a manos de los llamados a sembrarla donde no existe, cultivarla donde ha prendido, o cuidarla allí donde ya aporta sus mejores frutos.

La información sobre lo ocurrido agrega que la Corte recibe un aporte en dinero del gobierno del Ecuador para su desempeño. Deja atrás y traiciona, así, el fallo pedagógico y aleccionador de la Corte que dicta en 2013 para defender la Carta Democrática en sus predicados, cuando al juzgar al Estado que dirige Correa señala que el cierre que éste provoca de su Corte Constitucional no sólo atenta contra la independencia de la Justicia y tiene carácter "desestabilizador", sino que implica una "violación multifrontal" de la Convención Americana. Y es eso, por lo visto, lo premiado por el párvulo magistrado colombiano.

NO SÓLO ES COMUNISMO

8 de febrero de 2015

Coincide con la caída del Muro de Berlín un salto cuántico en la civilización humana.

Recuerdo a un viejo amigo quien fallece antes de conocer estos tiempos, Juan Carlos Puig, ex canciller argentino, y repito con él lo que digo en mi libro La democracia del siglo XXI. Llega a su fin otra Era, "la del laboreo de los metales comenzada hace más o menos veinte mil años en el cuaternario". No se trata del anuncio de otra época. Las cosas materiales –la tierra y sus productos, las obras de ingeniería, los medios para el transporte– dispuestas por la naturaleza a fin de colmar las necesidades del hombre y que, por lo mismo, son la fuente del poder real y el núcleo objetivo de la racionalidad que da lugar a los Estados, a los credos civiles e incluso religiosos, hoy ceden cabalmente en su importancia.

La Era en curso la dominan la inteligencia artificial y la información instantánea. Lo instrumental o lo que cubre o encierra a esta chispa del ingenio humano tiene, como su sustantivo, el advenimiento de la realidad virtual. Transitamos desde el tiempo de la explotación del hombre por el hombre y a propósito de la materia –objeto de diatriba entre el marxismo y el capitalismo como de la mediación de la doctrina social de la Iglesia– hacia un tiempo que explota el tiempo y su velocidad, procura una sociedad de vértigo, en movimiento y cambio constante, muy propicia para los falsos positivos. Y lo sabemos bien los venezolanos.

No por azar Papa Francisco, en su Exhortación Apostólica Evangelium Gaudium, refiriéndose a otro contexto pone el dedo sobre la llaga y sintetiza lo dicho: "El tiempo es superior al espacio".

Tanto como las generaciones políticas del siglo XX se obsesionan o por los libros y los discursos o por el culto de las formas democráticas, haciéndolas dogmas de fe, la del siglo XXI se basta con los 140 caracteres de un Twitter. De allí el diálogo de sordos intergeneracional que se aprecia.

Pero la cuestión no se queda allí. Por obra de la instantaneidad comunicacional –los gobiernos del ALBA establecen, por ende, hegemonías de medios y censuran al periodismo independiente– en este tiempo distinto acaece "la reducción de los políticos a una figura más parecida a la de un tendero que a la de un gobernante, siempre tratando de adivinar los deseos de sus clientes para mantener el negocio a flote". Lo recuerda Colin Crouch, sociólogo británico al explicar la "posdemocracia" y observar el fenómeno de Silvio Berlusconi, una suerte de Hugo Chávez italiano situado en la derecha. "La publicidad –dice el autor– no constituye una forma de diálogo racional" que favorezca la decisión colectiva "informada" sobre los asuntos de interés público, como lo demanda la esencia de la democracia.

Así se explica que el Socialismo del Siglo XXI sea una reedición político-mercaderil del sistema de propaganda que comparten el fascismo y el comunismo, pero esta vez a ritmo digital.

El columnista ecuatoriano Roberto Aguilar, recién escribe y a propósito sobre "la sensación –literalmente producida por el aparato de propaganda correísta, copia del chavismo– de que estamos viviendo los excitantes nuevos tiempos que conducen sin retorno a la nueva historia, coto exclusivo del hombre nuevo". La ilusión, además, de que esa nueva historia se construye sobre la ingente inversión social –dádivas directas y crecimiento de la burocracia pública– que ofrece a la población trabajo, estudio, salud, dignidad, orgullo…". "El reconocimiento de que cada una de esas oportunidades es un don, algo que les es dado a una persona por intervención directa inesperada, casi milagrosa del Estado". "Basta con acercarse a pedir y se os dará". "Reconocimiento que al fin tiene una consecuencia: la población está atada al Estado por una insoslayable deuda de lealtad. Vive la servidumbre política, se siente obligada a la retribución".

De allí lo pertinente, como aprendizaje, del criterio de Javier Roiz (El gen democrático, 1996): "En la democracia del fin del siglo XX (e inicios del XXI) … el mundo interno (nuestro Yo individual) se conecta y desconecta, como nuestros vídeos internos, sin que podamos hacer nada, con centros de control que están fuera de nuestro alcance; y, por último, los avances técnicos y sus manipulaciones nos disparan a un mundo que se ha hecho planetario … La vida fluye por todas partes sin orden aparente … El miedo amarga al ciudadano contemporáneo …"

No obstante, llama la atención la fortaleza del individuo ante las agresiones políticas y las manipulaciones mediáticas, como en el caso nuestro. De modo que, siguiendo el consejo de Roiz, para lograr cambios que perduren hay que "acceder a lo que podríamos llamar los códigos fuentes del software ciudadano". Ese es el desafío.

MADURO, UN ERROR DE LA HISTORIA

15 de febrero de 2015

Al afirmar que Maduro es un error y no decir, mejor, sobre su comportamiento errático, lo hago para deslindar culpas.

Hablar de comportamiento errático implica un hacer, que al final termina en una suma de equivocaciones. Pero por lo visto, lo que no hay siquiera hasta el presente, en Maduro, es lo primero, el hacer. Habla y habla, peor aún sin ángel ni carisma. Y su credibilidad rueda por los pisos y se empeña en que lo vean, sobre todo los suyos, como un error histórico.

Cabe decir, incluso así, que si Maduro es un error, él deriva de otro, el de su causante o progenitor político, Hugo Chávez Frías. ¿Acaso mal aconsejado por los hermanos Castro?, no lo creo. Sabemos que en su deshacer político priva la altanería, creerse un iluminado (como lo afirma Fidel en 1998). Y quienes en política sufren de ese mal de alturas a nadie oyen, menos escuchan.

Maduro, en fin, es un error pues obtiene la presidencia por vía testamentaria, haciendo mudar la Constitución por esa escribanía a su servicio que es la Sala Constitucional. Sus adversarios en casa, en primer término, los desconocidos como herederos por Chávez, dicen que todo es culpa del Maduro, por dilapidar la herencia. Y la verdad es que se trata de una herencia envenenada que el heredero recibe sin condiciones, sin declarar que la acepta a beneficio de inventario. Y ese es su primer error.

De modo que no siendo culpable sí lo es, por su falta para desnudar la herencia recibida ante el país y sus revolucionarios de utilería. Luis Herrera, al obtenerla dijo sin ambages recibir un país hipotecado; no obstante, lo cual la opinión le cobra el viernes negro. Pero así son las cosas en la política, y sus miserias.

En el caso de Maduro cabe agregar, no obstante, que si bien es el heredero que carga con la mala herencia de su progenitor político, estuvo allí a su lado, más cerca que cualquier otro, forjando ese patrimonio público que transforman ambos en queso gruyere. Fue diputado, jefe parlamentario, cabeza de la Asamblea tanto como la Primera Combatiente, Canciller perpetuo por encima del tiempo de duración de sus pares, en fin, vicepresidente. Lo que al cabo permite decir que es heredero de sí mismo, de la obra mala que junto a su jefe procura para tragedia de Venezuela.

Quiero decir con esto que por ser un error Maduro persiste en lo que es, sin propósito de enmienda. Mal puede explicar a los venezolanos, menos a nuestros observadores extranjeros, el milagro al revés que hace la Revolución Bolivariana. Trae esta al suelo patrio los lingotes de oro de la república –único soporte real para acceder a algún empréstito de emergencia– y a la vez se traga 1.176 millones de millones de dólares, dejando como saldo ruinas por donde se mire.

De modo que, la contumacia reactiva de estos días, obra de sus culpas y omisiones propias y ajenas, lo lleva a hablar de guerras económicas e intentos de golpe que acaso son partos de viento. E imagina un supuesto Tucán artillado que viene desde el extranjero para acabar con su herencia de hilachas, mostrando, antes bien, la miseria igual de nuestra Aviación. ¡Ya ni aviones tiene, y ha de acudir a agencias de alquiler para rentar un equipo que le permita expulsar del Palacio de Misia Jacinta a su inquilino de circunstancia, el error de Maduro!

Sigue errando, en fin, sigue acumulando torpezas por no saber y menos poder darle al timón de la república un golpe de timón que la saque de su atolladero, de su barrena.

La guerra económica y los golpes de imaginación no llenan anaqueles en los mercados y farmacias. Sólo se resuelve el asunto cambiando de modelo, enterrando la antigualla de fracasos que es el comunismo del siglo XXI.

El aparato productivo y comercial, lo sabe Maduro, es un cementerio, consecuencia de las políticas de confiscación y expropiaciones sistemáticas que junto a Chávez ejecuta a la manera de un paredón virtual; como el levantado por sus malos consejeros, los Castro, en La Habana de los años '60, cuando asesinan a 8.160 cubanos opositores. Son el Raúl y el Fidel quienes hoy, viendo lo que nos pasa, ponen pies en polvorosa.

Lo cierto es que mientras caza brujas Maduro la inflación vuela por la estratósfera, y dólares no hay para comprar lo que se necesita y urge para sobrevivir. Los pocos que hay rompen la barrera oficial de 170 bolívares, según el Banco Central, incrementando la carestía y la escasez. Al paso, si la actividad criminal de suyo se dispara desde 1999, dándonos el honor de ser el país más violento del Occidente, no cabe imaginarla sino enloquecida para lo sucesivo, en medio del cuadro de orfandad en que se encuentra la nación, un rompecabezas.

Los errores se corrigen y quien no lo hace sufre sus consecuencias. Es lo que lo que le ocurre a Maduro, un craso error del chavismo.

LA SOBERANÍA, SECUESTRADA EN RAMO VERDE

22 de febrero de 2015

Antonio Ledezma, Alcalde Metropolitano de Caracas, electo por segunda vez con el 51% de los votos de los habitantes de la Gran Caracas, capital de Venezuela, acaba de ingresar en calidad de imputado por conspiración a la Cárcel Militar de Ramo Verde.

Secuestrado por funcionarios sin rostro –que eso es lo que ocurre en propiedad al y al negarse éstos justificar su acción represora restrictiva de la libertad del burgomaestre, huérfanos de un mandato judicial– en lo adelante les hace compañía a los otros 62 presos políticos y de conciencia que mantiene tras las rejas el régimen militar que preside el civil Nicolás Maduro y comparte con el teniente del Ejército Diosdado Cabello, cabeza de la Asamblea Nacional.

Igual suerte le espera, según se dice, a la diputada María Corina Machado, cuya representación le fue arrebatada mediante otro golpe a la Constitución; en una suerte de razzia sobre los activos de la oposición democrática que también alcanza al diputado Julio Andrés Borges, dirigente fundamental de la Mesa de la Unidad Democrática.

El atropello lo anuncia y celebra su autor principal, Maduro, desnudando su desprecio profundo por la separación de los poderes y la independencia de la Justicia. Afirma, no obstante, que quien da la orden del carcelazo es el Ministerio Público, ignorando que es incompetente para ello y sólo se le informa del desafuero luego de ejecutado, para que lo santifique con actuaciones posteriores. Por si fuese poco, la violación manifiesta que ocurre del Estado de Derecho, alcanza a la libertad personal y e inviolabilidad del recinto privado de la persona de Ledezma, que a la sazón tiene lugar mediante un black out informativo previo –cadena presidencial de radio y televisión– a fin de impedir que la opinión nacional se enterase del atropello contra el poder municipal metropolitano y la soberanía de los habitantes de la metrópolis.

Arguye Maduro una tesis a prueba de iletrados, a saber, que la tetrarquía opositora integrada por Machado, López y Ledezma, ha firmado una semana antes un manifiesto golpista, santo y seña para que la Fuerza Armada y el pueblo se levanten contra su gobierno. Se trata de un documento que hace apología de la democracia y que pide lo que es legítimo en toda democracia: demandar de los gobernantes corrección o renuncia cuando se revelan incapaces para sostener la gobernabilidad; ofrecer alternativas políticas, económicas y sociales que eviten al pueblo mayores sufrimientos, en la emergencia económica y social que vive Venezuela; en fin, invitar al país a que dialogue y se acuerde sobre las vías constitucionales, democráticas, pacíficas y electorales pertinentes para encontrarle solución de drama a una tragedia en apariencia insoluble.

El golpe democrático a Maduro, por los firmantes del llamado Acuerdo Nacional, en suma, se reduce a constatar lo que es máxima de la experiencia: 1) La devaluación del bolívar en un 2.600 %; 2) la inflación de casi 100 %, la más alta del mundo; 3) La caída de los ingresos nacionales en 35.500 millones de dólares, imposibles de subsanar con unas reservas que apenas llegan a 20.750 millones de dólares; 4) La falta de dólares para importar los bienes de primera necesidad de la población y de un aparato productivo interno que, por confiscado, es hoy un cementerio; 5) En fin la deuda pública de 147.000 millones de dólares, luego de "rumbearse" la revolución, sin dejar obra cierta, la astronómica cifra de 1,2 millardos de dólares.

Todo ello por el empeño de Maduro –como "Tarazona" de los hermanos Castro– de cuidar un modelo político y económico marxista, expresión histórica regresiva de los mayores fracasos vividos por la Humanidad en el siglo XX.

Ante todo, eso, la protesta y la afirmación de creencias cabalmente democráticas derivan para éste y los suyos en golpismo puro y duro; por la miopía suicida que les incapacita ver el abismo hacia el que nos empujan como colectivo, ellos incluidos.

Maduro y Cabello, reinciden obtusos en sus yerros y espantan fantasmas que los hacen presa. Creen que adelantando las elecciones y jugando en soledad, para ganar con el 61% que un pajarito le revela al primero mientras duerme, basta para contener la rabia popular que une al país por encima de sus diferencias y añejas polaridades.

Numa Quevedo, ministro del interior de Wolfgang Larrazábal, en 1958, ante una situación de desesperación social que vive Venezuela luego de caer la penúltima dictadura, le dice a éste que la única alternativa a la vista es "plomo o plata", y así nace el Plan de Emergencia. Pero ahora no hay plata y el régimen ofrece plomo y cárcel a la oposición. Maduro, aun así, dice que aspira vivir 90 años y servirle al país por siempre. Eso lo dice, mientras sus esbirros secuestran a Ledezma.

LA PODREDUMBRE DE NUESTRA "RES-PUBLICA"

28 de febrero de 2015

Los sucesos de Venezuela, objetivamente presentados, son como son y no como busca mudarlos el régimen de Nicolás Maduro, aprovechando el instrumental de la "pos-democracia": Lo real se vuelve irreal a manos de la virtualidad comunicacional y lo falso adquiere rasgos de certidumbre. La diatriba, cree éste, no es de leyes o constituciones sino de poder comunicacional e imaginación. Pero en buena hora su perifonear carece de animador o ilusionista capaz de realizar el cometido. Hugo Chávez es cosa del pasado. Su herencia envenenada desnuda al mito bolivariano y descubre la amoralidad de los causahabientes, en plena guerra de sucesión.

Luego del affaire de Aruba, de un cónsul hecho preso por presunto narcotráfico y liberado por el mismo Maduro, como de la posterior denuncia de un alto oficial de la Armada, jefe de seguridad de Chávez, señalando que el mismo fallece el 30 de diciembre de 2013 a las 7.30 de la noche y que la cabeza del parlamento tiene

41

vínculos presuntos con el Cártel de los Soles, es obvio que el ahora usurpador, tanto como Diosdado Cabello, corran hacia adelante y se tropiecen.

Las muertes de las cabezas de los colectivos, las cárceles y torturas de opositores, la prisión del Burgomaestre metropolitano, las manidas apelaciones a intentos de magnicidio o golpes de Estado que no son tales, son los coletazos de lo esencial, a saber, la muerte moral de la República.

La herencia económica y social de Chávez, al paso no es tal como ahora se la revela, salvo la corrosión profunda de la "élite" que lo acompaña en vida –no más de 100 se dice– y la pesada deuda financiera como los desafectos que deja sobre los hombros y el alma de los venezolanos.

La palabra "transición" y el documento de fe democrática (Acuerdo Nacional) cuya firma lleva a la prisión al Alcalde Metropolitano Antonio Ledezma, abreboca y esbozo de narrativa para un diálogo entre quienes pueden y deben dialogar para restablecer los cánones de una vida decente en el país, unidos en sus desgracias y padecimientos, chavistas y antichavistas, son por lo visto espantos en la Casa de Misia Jacinta.

Si algo cabe hablar con la "élite" de los causahabientes, con quienes moral y democráticamente es imposible dialogar, es para exigirles se pongan de lado y hagan menos gravosa la circunstancia nacional. Pero guiada en la hora sólo por la ley de la supervivencia y el egoísmo instintivo, antes que corregir el rumbo suicida que le imprime a las cosas, da rienda suelta al odio y la brutalidad anidados y acumulados dentro del propio Estado. Intenta, cabe repetirlo, cambiar y hasta destilar la realidad para que deje de ser lo que es y no la golpee en la cara, por defecto de sensibilidad en la conciencia.

No obstante, los hechos son tercos. Luego del encierro de Leopoldo López y el secuestro que sufre el Burgomaestre de la Gran Caracas, de la persecución a María Corina Machado y Julio Borges, seguido del fanatismo que hace presa de un imberbe policía nacional bolivariano y lo vomita con rabia sobre la inocencia de Kluiverth Roa, de 14 años, se impone volver la mirada al pasado reciente. Cabe aclarar la memoria.

El 14 de febrero de 2014, en el Día de la Juventud, se desatan los demonios dentro de la "élite" sucesora y la primera víctima es uno de sus seguidores, Juancho Montoya, cabeza de unos de los "colectivos" armados que pugnan con la Fuerza Armada gobernante por el monopolio del poder absoluto. La opción o alternativa se hace agonal: comunismo a la cubana o narco-militarismo. He allí la clave de todo lo demás.

El país sufriente, que es uno, y la misma oposición –que según algunos y el propio régimen no logra amalgamarse al ser una buena y otra radical, y hasta pedírsele el absurdo de la serenidad unitaria en medio de un terremoto de violencia desatada– tiene como coraza de protección haberse acostumbrado a vivir en libertad, pero nada más. Se abroquela tras la dignidad de una lucha quijotesca desplegada sin recursos materiales durante 15 años, dentro de una cárcel de ciudadanos que es la República Bolivariana y gobiernan "pranes" que han hecho de la ficción y del simulacro electoral patente de corso para los desafueros. No obstante, esa opinión y el Acuerdo que busca interpretarla, sin cañones y con ideas rasgan con fino escalpelo la delicada piel de los sucesores.

Mientras, la comedia del golpe sigue. Los anaqueles de los mercados y las farmacias siguen vacíos. No hay insumos en los hospitales. Caen los ingresos en 35.000 millones de dólares y las reservas líquidas no alcanzan a 5.000 millones. La moneda se devalúa en 3.600%. Debemos 147.000 millones de dólares y somos el país más violento del Occidente, por obra de la podredumbre y ante la mirada cómplice de los gobiernos de UNASUR.

EL HILO DE SAMPER

8 de marzo de 2015

Ernesto Samper, secretario de la UNASUR y ex presidente colombiano, desfigura la crisis venezolana al calificarla de social, compartiendo, de entrada, la tesis del responsable actual del derrumbe del país en su antesala a una tragedia humanitaria. "La guerra económica no me deja gobernar", tampoco el Imperio, dice Maduro.

Se explica que aislado como ejerce su gobierno y en abierta confrontación con los Estados Unidos, tenga complicidad afectiva con el régimen hoy instalado en Venezuela. Al primero lo enloda el narcotráfico y a éste, según declaraciones de altos personeros oficiales, le ocurre otro tanto con su Cártel de los Soles.

Lo que si resulta insólito es que el cagatintas de la organización sureña afirme que "aquellos que busquen ruptura del hilo constitucional" serán llevados a su paredón.

¿Acaso no sabe que, en Venezuela, desde 1999, se ha fracturado el orden constitucional más de 179 veces con escribanos a la orden y para afincar los despropósitos autoritarios de sus gobernantes?

¿Es o no una grave alteración del orden democrático ejercer el poder, como lo hace Nicolás Maduro, al margen del Estado de Derecho y atentando contra la libertad de prensa y opinión –columna de la democracia– al imponer un black out informativo –cadena de radio y televisión– mientras sus esbirros ejecutan un crimen de Estado; secuestran al Alcalde Metropolitano de Caracas, Antonio Ledezma, electo por 75.000 votos, sin mediación judicial previa, para luego acusarle por firmar una tesis política publicada en el diario El Nacional, junto a María Corina Machado y el preso político Leopoldo López?

Pero Samper reduce la circunstancia a la búsqueda de un gran "acuerdo social" en diálogo con la oposición democrática, que ni arte ni parte tiene en los hechos que llevan al país al despeñadero y que carece del poder necesario –salvo su voz– para enmendar los rumbos.

En lo que debería reparar Samper –si no mediasen las hipotecas que lo llevan a ser vocero de la citada UNASUR– es en el quiebre moral que afecta a nuestra República y viene desde la hora en que el hoy fallecido Hugo Chávez pacta con las FARC un "modus vivendi", en agosto de 1999, origen de nuestras miserias. El narcotráfico inunda las estructuras de poder, concentradas todas en manos del celebrado Comandante Eterno, y las corrompe, y corrompe a una parte importante de sus conmilitones quienes bajo el efecto del delirio dilapidan 1,295 millardos de dólares, sin dejar obra cierta que no sea el engorde de sus bolsillos.

44

La inflación se aproxima a tres dígitos, la más alta del mundo. Se ha devaluado la moneda en 3.823 por ciento. No hay divisas para comprar y el parque industrial y comercial es un cementerio, confiscado y clausurado por la revolución. Tenemos un déficit de 35.000 millones de dólares en 2015 y las reservas líquidas quizás lleguen a 5.000 millones de dólares, evidenciando el quiebre de nuestro Estado capitalista, corrupto y revolucionario; que al paso nos deja endeudados por 147.000 millones de dólares y sin petróleo que vender. El poco que ahora se produce es para pagarle a los chinos y seguir alimentando al sultanato que nos ha colonizado, la Cuba de los ancianos Castro.

La violencia que nos anega, señor Samper, por si no lo sabe, la importa el régimen desde su suelo y en pacto con la misma gente que a Usted lo empaña como gobernante, haciéndolo impresentable. Cerramos 2014 con 24.890 homicidios, en una tasa que es la segunda más alta del mundo.

Los culpables a todas éstas, según Maduro, a quien Usted viene a auxiliar, son 64 presos políticos, quienes por opinar y advertir sobre dicha tragedia que nos humilla residen hoy en cárceles militares u ocupan las "Tumbas" para torturados del SEBIN.

¡No hable de hilo, señor Samper, mejor úselo para coserse la boca!

EL HILO DE SAMPER, SEGUNDA PARTE

15 de marzo de 2015

Desde el desatino de su amenaza de llevar a la Inquisición de la UNASUR a quien atente contra el derecho al trabajo de nuestros gobernantes "eternos", eternos en el poder desde hace 16 años y mediante sucesión, a dedo, violándose la Constitución y con mengua del principio de la alternabilidad democrática de los gobiernos –hoy pieza de museo en América Latina– el expresidente colombiano Ernesto Samper, amigo personal del causante y del causahabiente, no atina en su pretendida gestión mediadora en Venezuela. Pudo haber callado, cosiéndose la boca con el hilo constitucional y apelando al sincretismo, para no hacer evidente su procaz parcialidad.

45

Pero insisto en este diálogo de sordos, pues cuando menos Ernesto Samper hace su oficio al defender a sus empleadores. No es el caso de José Miguel Insulza, quien apenas gime ahora durante su despedida de la OEA, otrora y antes de él mecanismo de protección de la democracia como derecho de los ciudadanos.

Ejemplar fue la respuesta de la OEA hacia el ya lejano 1979, cuando el dictador nicaragüense Anastasio Somoza Debayle arguye "sus" derechos a la independencia y soberanía; a lo cual, los gobiernos americanos, de conjunto y por voz del Canciller venezolano, José Alberto Zambrano Velasco, le dicen que "mal puede tremolarse la soberanía para encubrir graves violaciones de derechos humanos". Otros eran los tiempos, por lo visto.

En materia de principios y moral democrática, no obstante, es deber seguirlos defendiendo incluso a contracorriente, a pesar de Samper y los cancilleres que integraran su parcializada y fracasada comisión mediadora. Eso hago.

Y le pregunto, pues, ¿qué piensa de la dictadura inconstitucional que ahora inicia Nicolás Maduro, abroquelado con una ley habilitante que le permite poner de lado el instituto de los estados de emergencia o conmoción interior y exterior, *legislar urbi et orbi* sobre materias constitucionales, y hasta crear sanciones al margen de la representación popular; dictando leyes evidentemente antidemocráticas y, como lo busca, al decir que no le hace falta suspender las garantías para ello, alejando todo control internacional por los organismos interamericanos y universales de derechos humanos?

¿En qué parte del constitucionalismo democrático –le pregunto, señor secretario de la UNASUR– es admitido que un gobernante legisle por decreto, mediante autorizaciones abiertas para enfrentar –sin declarar un estado de excepción constitucional– amenazas supuestas e inminentes de guerras internacionales, que al paso sólo bullen en la cabeza enfebrecida de su autor?

Usted habla de la separación de poderes en Venezuela para defender de lo indefendible al señor Maduro, y éste, en vez de ayudarlo, le abofetea. Tanto que, en su solicitud de habilitación para una "dictadura inconstitucional" –que nada tiene ver con la dictadura constitucional de estirpe romana y acotada– advierte que dictará "leyes orgánicas" no contempladas ni aceptadas por la Constitución, pero que las enviará a su "escribanía constitucional" en el Tribunal Supremo a fin de que se las purifique.

¿Se ha roto o no el hilo constitucional por su protegido, le repregunto señor Samper? Respóndale al pueblo venezolano, con honestidad. Limpie ante nosotros su lastrada imagen y su historia muy comprometida en Colombia y el hemisferio, y le prometemos no cargarle las tintas cuando escribamos la nuestra.

Por lo demás, le recuerdo otra cuestión de peso, muy emblemática y sensible para la comunidad internacional; esa a la que le preocupa, en serio, cuidar de la democracia, del Estado de Derecho y de los derechos humanos, como tríada angular de la civilización contemporánea.

Me refiero a la condena que sufren por el Tribunal Penal Internacional para Ruanda dos declarantes, comunicadores, quienes abusando del verbo atizan la violencia en su país y terminan como criminales de lesa humanidad.

Imagino que Ud. sabe –¡piense en su hilo constitucional!– sobre la perversa e infeliz declaración del innombrable Roy Chaderton Matos, ex canciller del chavismo y actual embajador de Maduro ante la OEA. Banaliza el derecho a la vida, valor fundamental y universal, y habla de disparos de fusil en las cabezas huecas de los opositores al régimen que Usted defiende con tanto empeño; pues siendo huecas las balas las atraviesan con rapidez y apenas dejan un chasquido. ¿Qué tal, señor Samper?

Los nazis, enfermos de poder creen obedecer la ley, los dictados de Hitler y su mesianismo, e incurren en las más graves ofensas a la Humanidad. No recuerdo, en mis lecturas, que las salivas de los soldados alemanes les cayesen por las comisuras, al disfrutar sus horrendos crímenes. Eso lo aprecié, aquí sí, en las imágenes del innombrable diplomático. ¡Un asco!

EN MI CASA NO LOS QUIERO, NICOLÁS

22 de marzo de 2015

No dejan de sorprenderme el cinismo y la capacidad de los revolucionarios venezolanos para hacer mudar las realidades; obra ello, no lo dudo, de la virtualidad comunicacional que nos hace presas de lo global. Lo cierto es incierto y lo veraz es falacia. Al término todo queda en el plano de las impresiones, de las sugestiones íntimas, como si nos exilásemos hacia adentro huyendo del entorno adverso.

Resulta que el decreto del señor Obama, tan soberano y sobrio en sus predicados políticos como idéntico a los que a diario dicta cualquier Estado del planeta para preservar sus territorios de personas o bienes indeseables, Nicolás Maduro y sus compinches lo entienden como el anuncio de la Guerra de las Galaxias.

¡En verdad, a la luz de lo real que se intenta derivar en un falso positivo, el ocupante del Palacio de Miraflores lo que sufre es de un manifiesto complejo de minusvalía, rumiando la poca seriedad que le otorgan sus pares, en especial la Casa Blanca! De allí que sobredimensione las actuaciones del presidente norteamericano para situarse en el mismo plano de quienes, efectivamente, sí tienen desencuentros o encuentros de peso con el Imperio, sea Putin o Al-Assad o también Netanhayud. Pero Maduro no es Hugo Chávez y a éste, de casualidad, le toma la mano a Obama. Nada más.

Me vienen a la memoria, en medio de la catarata de incidentes que nutren nuestro ya largo accidente revolucionario, las expulsiones de nuestro territorio que sufren a manos de comandos armados del SEBIN el periodista norteamericano Thimoty Hallet Tracy o el chileno José Miguel Vivanco, director de Human Rights Watch, o el acoso y atropello por los mismos funcionarios del periodista argentino Jorge Lanata, por cumplir con sus deberes de informar o proteger derechos humanos. El régimen los consideraba un peligro para la seguridad nacional e indeseables como para situar sus "plantas insolentes" en este lar que hoy gobiernan desde lejos los hermanos Castro, Raúl y Fidel.

Sea lo que fuere, las arbitrariedades reseñadas encuentran luego un rescoldo de legalidad formal, no obstante ser ilegítimas y arbitrarias. La vigente Ley de Extranjeros dice en su artículo 39.4, en efecto, que pueden ser expulsados –o no admitidos– en el país quienes comprometan la Seguridad y la Defensa de la Nación, alteren el orden público o estén incursos en "delitos contra los derechos humanos" o hayan violado disposiciones "contenidas en los instrumentos internacionales". Y que se sepa, nadie, ni Ernesto Samper ni la Bachelet, ni la Kirchner, y tampoco Barack le han pedido a Maduro que derogue su legislación.

Según lo informado, las medidas similares que hoy adopta el mismo Obama, aquí sí y para colmo del absurdo, como en el tango Cambalache, representan un atentado a nuestra soberanía nacional. Mas no son tales y sí muy soberanas las que desde Caracas afectan a los periodistas deportados o al mencionado defensor de derechos humanos, tanto que sus países de origen hacen mutis por el foro. ¿Será que no toman en serio a Maduro?

Hasta donde llegan las noticias y de lo que se lee en el decreto norteamericano que tanto irrita a nuestra revolución de pitiyanquis, de sufrientes –al igual que los Castro– por el desprecio que les hacen los Malls y parques de recreación sitos en el Imperio, las medidas o sanciones adoptadas, de efecto individual, son el mero ejercicio del derecho gringo a la protección domiciliar que todo buen padre de familia ejerce para evitar que los indeseables, los malandros y criminales, los violadores de derechos, los corruptos o malvivientes, terroristas o traficantes de droga, contaminen su ambiente hogareño y le corrompan a sus hijos. Así de simple.

Son siete, por lo pronto, los generales y la fiscal venezolanos que ingresan a la lista de impresentables para Estados Unidos, por violar sistemáticamente derechos humanos; misma e idéntica razón que esgrime la ley venezolana para decidir con libertad e independencia, sin pedir permiso a la UNASUR ni al sindicato de reposeros de la ALBA, el rechazo de personas como las indicadas en su texto.

En suma, lo que revela el desacuerdo Maduro-Obama como el acuerdo Castro-Obama, es que Raúl, Fidel y Nicolás, como los generales que sostienen al último a precio de que los defienda de sus fechorías y corruptelas, mal pueden vivir o dormir sin el Imperio. No le perdonan que los mire por encima del hombro o no le de crédito a sus promesas de amor, enviadas repetidamente con el "corre ve y dile" del canciller ecuatoriano. Y la rabia de Samper, que no logra superar aún, es igual y no otra, por no haberle correspondido USA durante su presidencia colombiana.

Al morir no quieren ir al cielo, sino a Miami. ¡Lo que son es comunistas de cafetín!

LA NEUTRALIDAD DEL EMBAJADOR PANAMEÑO

29 de marzo de 2015

Leo en la prensa sobre la propuesta de diálogo que hace la embajada panameña en Madrid, según reza El Nacional de Caracas, pidiendo que Nicolás Maduro resuelva sus desencuentros con Barack Obama. Al paso observo que confiesa aquélla la neutralidad de su país al respecto.

Se trata de una postura que la fuente diplomática hace sobre dos premisas, una la de ser Panamá miembro de la CELAC, organismo o suerte de sindicato de gobernantes que reclama el citado diálogo bilateral, y la otra, la de ser anfitriona de la Cumbre de las Américas.

La primera impresión que suscita lo así planteado a cualquier observador venezolano, es la inutilidad y hasta lo ofensivo del lenguaje disolvente y anodino de dicha Cancillería –salvo la venezolana, que dispara desde la cintura contra todo aquél quien mire mal a Maduro– frente a realidades políticas y económicas como las que hoy sufre toda Venezuela.

El ex presidente uruguayo, José María Sanguinetti, un hombre prudente y cabalmente demócrata, sabedor por experiencia repetida de los asuntos de Estado, ha afirmado que "Venezuela no es un Estado democrático". Y denuncia el "silencio y complicidad" con dicha situación por América Latina. ¿Tendrá conciencia el actual gobierno de Panamá del panorama crudamente descrito por dicho mandatario y las consecuencias que en buena lid ello habría de aparejar?

Vayamos por partes.

En Venezuela no existe democracia y si algo existe es un calco del régimen narco-criminal que en la hermana república del Istmo ejerciera el general Manuel Antonio Noriega hasta el 20 de diciembre de 1989. Ni más, ni menos.

El diálogo, según el DRAE, es una "plática entre dos o más personas, que alternativamente manifiestan sus ideas o afectos". Cabe imaginar, entonces, lo que acerca de afectos o ideas pueden decirse recíprocamente los indicados mandatarios venezolano y norteamericano; o, extrapolando, lo que cabe dialoguen el narco-militar panameño y el Papa Francisco recreando el desencuentro entre Jesús y el demonio en el desierto durante cuarenta días y cuarenta noches.

Pero lo esencial, según lo dicho, es el planteamiento corrosivo de esa especie de diálogo que se propone con un extraño a nuestra tragedia que espera ser drama, por suponerlo el origen –errónea y deliberadamente– de nuestros males domésticos. ¡He aquí lo grave y desleal del planteamiento de la embajada panameña, a quien poco parece importar lo esencial de un país con el que sostiene relaciones de amistad obligantes: Tenemos un régimen narco-criminal; aparecen millones de dólares producto de la corrupción oficial en bancos extranjeros; ocurre el asesinato, encarcelamiento y tortura de disidentes, por opinar; las fábricas y comercios expropiados por el Estado son un cementerio; no hay divisas para comprar los insumos de la dieta familiar y para la atención de la salud; la devaluación de la moneda llega a 3.000 por ciento!

Se trata de verdades palmarias y previas. El único pecado gringo ha sido desnudarlas y ejercer el derecho de toda nación y pueblo de establecer un cordón sanitario en sus fronteras, para que la corrupción y el narcotráfico no se paseen libremente por sus calles. Nada más.

¿Se trata acaso, admitámoslo, que el novísimo gobierno panameño, que conduce un presidente honorable y decente, sufre de miopía; mal que también aqueja a algunos opositores nuestros?

No me detengo en el asunto norteamericano, pues su actuación legítima e individual jamás hubiese ocurrido si también no mediase la parálisis y declinación de las organizaciones internacionales nacidas desde finales de la Segunda Gran Guerra del siglo XX, para proteger la dignidad de la persona humana; diferentes de la propia CELAC y la UNASUR, hechas para defender el derecho al trabajo de los jefes de Estado y gobierno así violen de forma generalizada y sistemática los derechos humanos de sus pueblos.

51

El tema del diálogo, pues, es una provocación amoral. Cosa distinta es hablar de negociación, como la que realizan sin opciones los secuestrados con sus secuestradores, para cuidar la vida; misma que sostienen los policías con los ladrones para proteger la vida de los rehenes. Negociar es, justamente, tratar con otro para alcanzar un pacto o arreglo que, por lo pronto y en lo inmediato, impida males mayores. Sólo eso.

Finalmente, dada la sugerencia panameña, que respetamos, pero no compartimos, cabe decir con énfasis que su igual advertencia de ser neutral ante la cuestión –ejercer el sincretismo de laboratorio como lo llama el Cardenal Bergoglio– implica complicidad, pues la diatriba planteada tiene lugar, exactamente, entre la ley y el crimen, entre un pueblo como el venezolano y el otro Noriega que lo degüella. ¡Se sorprenderían si averiguasen los Spadafora que ya ha dejado a la vera la Revolución Bolivariana!

NO ES REVOLUCIÓN, ES FASCISMO

5 de abril de 2015

Leo a un exquisito jurista italiano de la primera mitad del siglo XX, cuya obra conocen los egresados de universidades sin adjetivo. Me refiero a Piero Calamandrei, autor de unos ensayos sobre los veinte años del fascismo que ve, vive y conoce hasta en sus entrañas. Su título, "el régimen de la mentira", basta para recrear al calco un escenario que nos es habitual a los venezolanos y no alcanzamos a comprender.

Don Piero, al escribir sobre el fascismo casi nos explica por qué, a partir de Nicolás Maduro, ocurre la fatal "disgregación del régimen" y sus carroñas –insectos inmundos los llama– corren desesperadas, incluidos sicarios y delatores, en búsqueda de otros terrenos que las protejan mientras observan la "agonía de la patria". ¡Y es que, sin Benito Mussolini, el Duce, el fascismo se hace utilería!

Lo novedoso del chavismo y de una revolución que no es tal, rebautizada socialismo del siglo XXI, es, en efecto, el uso que hace de las redes globales para resucitar a ese fascismo. Nada más.

La experiencia italiana, que se marida con el nacional-socialismo alemán y se cree llamada a durar un siglo o mejor un milenio, se funda en la idea del hombre inmortal e irremplazable, "sub *specie aeternitatis*". Ninguna relación tiene con autoritarismos terrenos o monarquías dinásticas, en las que rigen hombres déspotas, pero finitos.

El Único, en el fascismo, que es síntesis de su pueblo y a quien sólo aquél es capaz de interpretar como de hacerlo mudar de alma, se considera a sí y lo consideran sus adoradores que en "carne y huesos es la unidad cualitativa de todo un conglomerado con la fortuna de tener la posibilidad de pensar a través de una sola cabeza": el Duce, el Comandante Eterno, antes Mussolini y hasta ayer, entre nosotros, Hugo Chávez.

Piero Calamandrei comenta, de seguidas, la "ficción" jurídica y conductual propia de ese totalitarismo, cuando al toparse con el Derecho y querer usarlo para sus propósitos, a través de falsos positivos absuelve a criminales por ser aliados y condena a los adversarios siendo inocentes. Simula los presupuestos de la ley o da por ciertos aquellos que son absolutamente mendaces.

En el fascismo "nada de humano o espiritual existe… fuera del Estado" y el Estado, a todas estas, es el Duce. Todo dentro de él, nada fuera de él, y menos en contra suyo. Y como es enciclopédico y todo lo sabe y acerca de todo opina, al final todos tienen su marca y les paraliza el sentido del ridículo: La patria es bolivariana o chavista o mussoliniana, tanto como el aceite que compran los viandantes o la ropa interior, las empresas, las escuelas, el arte, la cultura, los colectivos, hasta las areperas.

La fortuna de todos se mira indisoluble de la persona del líder eterno, y apenas adquiere sentido bajo sus rayos. El Derecho y la moral forman una unidad, pues no existen morales individuales, salvo la que determina el Único a través del Estado.

Pero al cabo, lo recuerda Calamandrei, se trata de una apología del absolutismo más decrépito, bajo la enloquecida y delictuosa ilusión de identificar el porvenir de una nación "con la miserable transitoriedad de un hombre condenado a morir".

Desde esta perspectiva se entiende así la capacidad inédita del régimen venezolano para invadir con sus altoparlantes hasta los refugios más íntimos de la libertad del ciudadano; pues la tiranía encarna en la maligna perversión de ese pretendido superhombre de estirpe nietzchiana, quien vive y muere convencido en su megalomanía de la bestial bajeza del género humano y la universalidad de lo pusilánime. Él, por el contrario, todo lo sabe, todo lo prevé, todo lo rige, "desde los mayores eventos de la Humanidad hasta la vida íntima de los esposos en un viaje nupcial".

La cuestión es que ese dios ha muerto. Es el drama de Maduro.

El fascismo es la mentira como política del Estado anticristiano. En su centro rige el poder y lo total se explica en la autoridad, no en la libertad humana. De allí que el camino hacia su fragua en Italia, como ocurre en la Venezuela, nace de un cambio constitucional y no de una ruptura revolucionaria; capaz, eso sí, de proveer al asalto del poder y conservarlo "constitucionalmente", para siempre.

La eficiencia es cosa secundaria, resoluble paso a paso. Y la esencia del fascismo, en suma, es doblez, es convivencia entre la legalidad formal y la ilegalidad institucional. Hay ciudadanos con derechos y otros con meros deberes, según se encuentren o no dentro del fascismo. Lo integran, pues, dos columnas en secreta alianza para purificar al delito y prosternar la decencia: Legalizan lo ilegal e ilegalizan lo legal.

Simular o corromperse, lo afirma don Piero, que es posible en todo régimen, en el fascismo es "el instrumento normal y fisiológico de gobierno".

EL MILAGRO DE PANAMÁ

12 de abril de 2015

26 ex presidentes iberoamericanos, sin más ataduras que sus deberes como demócratas quienes abandonan el poder al término de sus mandatos, sin propósitos de perpetuarse, denuncian el grave deterioro democrático que sufre Venezuela bajo el régimen de Nicolás Maduro.

Como conciencia real que son de sus pueblos dicen lo que los actuales gobernantes, reunidos en la VII Cumbre de las Américas, evitan decir, por privilegiar el poder a costa de la libertad.

En el documento que suscriben –Declaración de Panamá sobre Venezuela– bajo los auspicios de Iniciativa Democrática de España y las Américas (IDEA), reivindican los estándares de toda democracia que se respete: elecciones justas, libres y competitivas; Estado de Derecho, respeto de los derechos humanos, separación de poderes, prensa libre y opinión plural, y gobierno civil independiente.

Constatan que la denuncia por Maduro de la Convención Americana de Derechos Humanos y su desacato reiterado de las decisiones de los organismos universales y regionales de protección, es un hecho muy grave; por lo que a la sazón piden se liberen los presos políticos, respeto por la autonomía de los jueces, cese en las torturas y la agresión de manifestantes, desarme de los grupos paraestatales del oficialismo, y dejar de criminalizar a la oposición democrática.

Consideran que el apresamiento del Alcalde Metropolitano de Caracas, Antonio Ledezma, autoridad de elección popular, por firmar junto a Leopoldo López y María Corina Machado un manifiesto que denuncia al régimen por antidemocrático y pedir soluciones constitucionales y democráticas para la crisis venezolana, es arbitrario e ilegítimo.

A los ex presidentes les resulta inaceptable la hegemonía comunicacional de Estado instalada en Venezuela y verificada por la Relatoría para la Libertad de Expresión de la OEA; lo que lleva al cierre de medios de comunicación privados, la dosificación de papel periódico para provocar la autocensura, el encarcelamiento de twitteros, y la estigmatización por funcionarios del Estado y los medios oficiales de toda persona que disienta del credo y las políticas gubernamentales.

En lo particular, la Declaración señala que "la alteración constitucional y democrática que sufre Venezuela se profundiza, asimismo, en el plano de lo económico y social, en razón, por una parte, de los señalamientos y evidencias que suministran gobiernos e instituciones financieras internacionales sobre actos de corrupción y lavado de dineros agravados, que comprometerían a altos funcionarios y jerarcas militares venezolanos y, por otra parte, al constatarse el derrumbe de la economía venezolana, en la que si bien influye la caída internacional de los precios del crudo, sus dimensiones se explican en la ausencia de políticas públicas propias de una economía sana y moderna, que ha contribuido al señalado clima de corrupción y la dilapidación gubernamental de la riqueza nacional".

Aprecian de criminal, así, reducir la apreciación de la crisis venezolana a la diatriba entre Maduro y el gobierno norteamericano por las violaciones de derechos humanos y lavado de dineros procedentes del delito en que incurren funcionarios del primero.

Advierten, antes bien, que la planteada realización de elecciones parlamentarias en los meses venideros ocurrirá en medio de un clima de persecución política de los opositores y ausencia de separación de poderes, lo que reclama de una observación internacional autorizada, técnicamente calificada e imparcial. Urgen a la "corrección de los múltiples desequilibrios macroeconómicos existentes" en el país, proponen ayudar en la negociación de la crisis democrática venezolana, que reclama de amplitud, pero "exige un liderazgo capaz de producir consensos democráticos, movilizar y asegurar un amplio apoyo político por la población".

En fin, se muestran convencidos los expresidentes iberoamericanos "que la única posibilidad de restablecimiento de la democracia en Venezuela…, pasa por el rescate del principio y sistema de separación de poderes, mediante la designación de sus titulares respetando las garantías… establecidas en la Constitución,…comenzando por el Poder Electoral y a fin de que puedan asegurarse con imparcialidad, el desarrollo de elecciones libres y justas".

Al demandar una solución a la grave crisis que sufre Venezuela y exigir la puesta en libertad de quienes sufren prisión por sus ideas y actividades políticas, los ex mandatarios, desde Panamá, han hecho el milagro de renovar lo postergado en pleno siglo XXI, a saber, que la democracia y el respeto de los derechos humanos no son una cuestión de derechas o de izquierdas. No por azar la firman Felipe González y José María Aznar, agua y el aceite dentro de la vida política española.

ENTRE LOS FASCISTAS Y LA LIBERTAD

19 de abril de 2015

La simulación democrática venezolana ha llegado a su final, según el diagnóstico realizado por 33 ex Jefes de Estado y de Gobierno iberoamericanos el pasado 9 de abril, en su Declaración de Panamá.

No quiere decir ello que el comportamiento democrático de los venezolanos haya cesado. La tolerancia, la negociación, la resistencia y protesta colectivas, siguen siendo expresiones cotidianas como estado de vida personal y del espíritu, en contrapartida a lo que fuera la democracia formal o meramente procedimental en el Occidente, hasta finales del siglo XX, como forma de vida del Estado y régimen de sus gobiernos.

Se trata, antes bien, de advertir que en Venezuela la realidad política discurre sobre rieles distintos o binarios. Uno es el del gobierno de Nicolás Maduro y su logia de sanguijuelas del patrimonio público; otro el del país, sus víctimas, sus presos políticos, sus orfandades.

Para el primero, mal remedo de un régimen fascista, el eje constructor de su actividad y la perspectiva desde la que ve a Venezuela y nos ve a los venezolanos es el poder como dogma, y la mentira como fisiología. De allí que su única preocupación sea conquistar más poder, hacerse del mismo, imponerlo, conservarlo a costa de lo que sea, rebanando, incluso fraudulentamente, las posibilidades electorales de la libertad.

Los fines sociales del poder, dentro de tal narrativa, son secundarios. Los problemas de la gente son una cuestión a resolver en cada momento y de forma vicaria o instrumental al poder que se detenta y se busca acrecentar como única finalidad.

Para la gente común, sobre la base de sus padecimientos diarios, el riel de su construcción actual es la libertad y sus beneficios, no el poder por el poder mismo; sobre todo en Venezuela donde el poder, ahora y por lo pronto, de nada sirve para resolver lo cotidiano.

El común, así, se afana para encontrar formas de agenciar mediante el esfuerzo personal la satisfacción de sus necesidades, ponerse a resguardo del hampa oficial y la no oficial, acaso negociar aquí y allá con sus secuestradores gubernamentales para sostener algún momento de sobrevivencia y decidir mientras se puede, para respirar en paz, es decir, a la espera de recobrar la libertad y oxigenarla.

De modo que, si no es por instinto, esta vez por obra de la "realidad" el pueblo venezolano descubre –descubrimos– el valor primordial, inicial y final de los derechos humanos y sus libertades; convencidos como nunca antes de que el Estado debe servirlos, ser el instrumento de su realización y no su arbitrario dispensador, según su criterio y patologías, para afirmar su poder y nada más.

Se trata, por lo visto, de una disyuntiva agonal y presente. O los venezolanos sostenemos y defendemos la cosmovisión constitucional que nace en 1999 y sobrepone al Estado y al poder de sus invasores por encima de la persona humana y los derechos de los venezolanos, o avanzamos hacia otra narrativa colectiva que fije la primacía de la dignidad humana y sitúe a la libertad por encima de los "enchufados" y poderosos.

Esa disyuntiva –la preeminencia del poder y sus intereses coyunturales por sobre la democracia y sus valores, o viceversa– es la que explica que la VII Cumbre de las Américas no haya alcanzado consensos. Concluye sin Declaración de los mandatarios, mientras los ex presidentes iberoamericanos se avienen, sin reservas, en un amplio texto dedicado a Venezuela y sus falencias democráticas; recordando principios y valores fundantes que al verse violentados son, según ellos, la causa raizal de las ominosas consecuencias económicas, sociales y políticas que anegan a nuestra gente.

Algunos analistas, no obstante, diciéndose militantes de la democracia se desnudan mejor como cultores del positivismo venezolano de comienzos del siglo XX, propiciador del "cesarismo democrático". Le preocupan los ataques dirigidos al régimen de Maduro y anclados en los principios y la moral democrática, menos si vienen desde afuera, pues según aquéllos fortalecen su poder.

Desde sus trincheras utilitarias luchan convencidos de que el pueblo lo que reclama y necesita es de otro padre bueno y fuerte, pero responsable. Un líder que lo cuide, lo amamante y tutele. Y creen a pie juntillas que Maduro y Hugo Chávez lo que son es incapaces –no fascistas– y nada capaces para estar a la altura de dicho desafío.

Afirman que parte de la revolución debe ser salvada y el primero apenas sustituido, procedimentalmente, por otro "gendarme necesario", más capaz y sensible, modernizador. Subestiman la fuerza libertaria del pueblo y su derecho a la emancipación social y política. En fin, desdicen de la democracia profunda por "inútil" o la reducen a mero escenario de utilería. Más de lo mismo.

MARÍA CORINA SIGUE PRESA

26 de abril de 2015

Nicolás Maduro, qué duda cabe, sale de la VII Cumbre de las Américas con los trastos en la cabeza. Su impúdico fraude con las firmas planas, ayudado por el Poder Electoral, y las obtenidas bajo coacción e imponiendo un clima de miedo persiguiendo con saña a los líderes opositores y restos –en desaparición– de la prensa independiente, no tiene destino final. Su pedido a USA de suspender las sanciones contra sus esbirros es arena entre las manos.

¡Bajo ruego, previamente amonestado por La Habana, obtiene un saludo de pasillo de Barack Obama! Es el premio por su dócil comportamiento.

Lo grave es que el complejo de su ilegitimidad de origen como gobernante, por hijo de dos golpes constitucionales irrogados por el TSJ y unas elecciones cuestionadas, sigue allí y late fuerte.

Le hace desplegar, cada vez más, sus inseguridades emocionales, y el autoritarismo que lo anega es la consecuencia. Carece de la mano izquierda y la visión estratégica y táctica –dos pasos adelante y uno atrás– de la que hace gala su causante, Hugo Chávez, hasta cuando la parca se lo lleva hasta el otro mundo.

Dicho en términos coloquiales, estamos en presencia del marido quien, atormentado y sin trabajo, al regresar a la casa se la cobra a su mujer y le cae a golpes a los hijos; pero que se muestra cobarde y tembloroso, eso sí, ante el policía vecinal que le reclama y amonesta.

Envanecido con el poder que apenas hereda, lo dispone con gula y desborda. Compra lo que se le antoja, sobre todo medios de comunicación para que hablen bien de él o le niega el papel a los insolentes. No le dispensa dólares a la economía privada, para que el pueblo sufriente se agache con sus estrecheces. Y a todo aquél que le causa ojeriza lo despacha a rastras, sin más, hacia las "tumbas" del SEBIN.

En su entorno media el servilismo, pero también el pánico, pues su onda represora ya no discrimina entre aliados y adversarios políticos. Si no que lo digan el General ex ministro de alimentación o los gerentes de Abastos Bicentenario. De sus dislates otros son los culpables, piensa Maduro.

De regreso de Panamá alicaído y olvidando su pose de utilería como Júpiter tonante, prefiere recibir al emisario del Imperio, Tom Shannon. Le promete que se portará bien. Pero otra vez y al partir éste vuelve con sus sipotazos, arrecian los gritos y golpes contra la mujer e hijos.

Allí siguen los presos políticos. Los "tarazonas" patean la mesa electoral, rebanándola. Saben que en condiciones de competitividad el gobierno las pierde de calle: 80 a 20. Los quinta-columnas anuncian encuestas que mejoran la imagen del Maduro maltratador, quien encarcela a los suyos para que sepan quién manda y asimismo va por los contumaces; los que, con dignidad y coraje, con audacia casi irresponsable, a diario le cuestionan su primitivismo.

El país como un todo es preso del ocupante de Miraflores.

No sólo sufren cárcel Leopoldo López o Daniel Ceballos, o Antonio Ledezma. También María Corina Machado, a quien se le prohíbe viajar al extranjero.

33 ex presidentes iberoamericanos han hecho un diagnóstico cabal del mal que nos mata. Los pares de Nicolás evitan avenirse, buscando que la cuestión de Venezuela se estabilice y no les cause, a ellos, más dolores de cabeza.

El tren del horror avanza hacia las mazmorras. El capataz del legislativo, Diosdado Cabello, liquida los restos del periodismo independiente. La Justicia sirviente y atemorizada procede. Ésta, a su vez, acelera el paso para transformar en historia pasada a Leopoldo López, "re-inhabilitándolo". La Contraloría hace otro tanto con los líderes irredentos o los aspirantes, como María Corina, Henrique Capriles y Julio Borges.

Luis Vicente León, salvavidas del régimen cada vez que declina y para mineralizar opiniones en contrario, dice que cuando la mujer y los hijos maltratados se quejan con estridencia, la tribuna de los vecinos se molesta con el ruido y saluda con vítores al agresor, para que vuelva a golpearlos hasta que el silencio se los trague. Según aquél, en fin, sólo salen victoriosos los astutos y zorrunos. Él, probablemente, es un ejemplo.

EL OPTIMISMO DE LA VOLUNTAD

3 de mayo de 2015

No es fácil que nos deslastremos los venezolanos de nuestra cultura de presente. El disfrutar y padecer la cotidianidad, exprimiéndola como si fuese el día final; mirando el pasado con desprecio para no exorcizar sus fantasmas siempre culpables –a nuestros ojos– de nuestras desventuras y despreocuparnos por el porvenir, que dejamos en las manos de la suerte o de otro mesías que suplante al que nos traiciona, nos es connatural. Como vaya viniendo vamos viendo, es la regla.

Somos presas de ocasión para el pesimismo y el cultivo de los miedos, cuando las cosas por si solas no van bien o al apreciar que quienes están obligados a redimirnos no lo hacen con eficacia, a pesar de haber ejercitado todos los caminos: elecciones, abstenciones, revocatorios, marchas, mediaciones internacionales, y hasta desconocimientos militares.

Algunos creen que no llega a su término la tragedia revolucionaria instalada en Venezuela –neta colonización extranjera y cubana, obra de la felonía– por falta de consensos acerca de su naturaleza. Lo veraz, sin embargo, es que ahora, sin distingos, todos somos víctimas de un régimen cultor de la mentira y prohijador de la criminalidad. Venezuela es una gran cárcel que ya no excluye y es

61

sufriente. Como en las cárceles no hay agua, no hay luz, las muertes asolan y azotan, faltan los productos, no hay medicinas ni médicos, menos jueces que pongan orden en la casa y al hacinamiento. Cualquier accidente, al término, será la justificación de algún desenlace y todas las opciones, qué duda cabe, son vagones de un mismo ferrocarril cuyo destino es recuperar la libertad.

La enseñanza que nos aporta este período aciago, que pronto acabará como todo, es que sólo el trabajo y el esfuerzo hacen patria verdadera; muy distinta a la patria de los "enchufados" de aquí y de allá, repitiente de una de las peores taras que nos deja el tiempo precolombino: el Mito de El Dorado.

Cada 30 años, como si fuese un reloj suizo, muere y nace en nuestro país otro período histórico. Pero el buen ingreso hacia el mismo ha dependido del hacer y no del azar; si no que lo digan quienes apuestan mediante el voto por el "resuelve" que les ofrece el Comandante Eterno en 1998.

En corta narrativa cabe decir que a la generación de 1928 le llevó 30 años instalar, dictaduras en medio, su proyecto de República civil. Antes, 30 años le lleva a Cipriano Castro y a Juan Vicente Gómez forjarnos como Estado nacional.

A José Antonio Páez, que funda la república en 1830, se le agota su proyecto hasta cuando, pasadas tres décadas, sobreviene la Guerra Federal. El Pacto de Punto Fijo se traga tres décadas y en la práctica concluye con el último gobierno de partidos conocido, el de Jaime Lusinchi, en 1989. Bajo su gobierno y sin estar convencido de sus bondades, se advierte llegada la hora de la Reforma del Estado, que conduce el historiador y luego ex presidente Ramón J. Velásquez. Pero a la misma la frustran.

Una larga transición que se aproxima a sus tres décadas se inicia ese año, cuando ocurre El Caracazo y sobrevienen los golpes de Estado. Desde entonces se muestran agotados nuestro Estado y también, cabe observarlo, la mayoría de los Estados en Occidente, de una forma inédita. Es un fenómeno global.

Caen, por virtud de la deriva digital, los límites políticos y surgen dentro de cada Estado nuevas líneas divisorias al interno. Los ciudadanos de antes se fracturan y reúnen alrededor de otros nichos sociales y primarios, guiados en la orfandad por cosmovisiones caseras. Son ambientalistas o indigenistas, o militantes de género, miembros de tribus urbanas o de comunas, o acaso chavistas, pero no más venezolanos.

La cuestión es que en la coyuntura larga y agoniosa que arranca con Carlos Andrés Pérez, defenestrado por su partido, al que sigue Rafael Caldera, electo fuera de su partido, y que finaliza con Hugo Chávez, en desencuentro con todos los partidos, emerge con fuerza una nueva generación que pone de lado los "discursos de Estado" y partidarios, optando por los 140 caracteres de un twitter.

Esa generación mal se aviene –de allí la violenta persecución de Nicolás Maduro a los estudiantes– con el parque jurásico de las ideologizaciones y las organizaciones políticas verticales del siglo XX, que le rezan a Marx o al difundo Chávez sin mirar las coordenadas distintas del porvenir.

Llegamos con 30 años de retraso al siglo XIX. Entramos al siglo XX en 1935, lo dijo Mariano Picón Salas. Estamos en la antesala del siglo XXI, con retraso, pero aprendidos. Y nos espera otra narrativa común y nacional en la diversidad, capaz de pegar otra vez el rompecabezas que somos, y en ella trabaja afanosa, me consta, la generación que aún no frisa los 30 años. Soy optimista.

EL LÍMITE DE LAS MAYORÍAS

10 de mayo de 2015

La Comisión Interamericana de Derechos Humanos ha hecho público su Informe de 2014. Vuelve a incluir a Cuba y Venezuela en el llamado Capítulo IV, es decir, les coloca en el salón de la fama de las dictaduras que restan en el hemisferio como piezas de museo.

En suma, ni Cuba ni Venezuela han ingresado al siglo XXI. Son apenas un mal correlato de nuestras sociedades primitivas de comienzos y mediados del siglo XX, regidas por fascistas o asimismo por capataces de uniforme.

La Comisión es precisa al explicar su decisión sobre nuestro país por constatar, en los hechos, la existencia de "una violación grave de los elementos fundamentales y las instituciones de la democracia representativa previstos en la Carta Democrática Interamericana, que son medios esenciales para la realización de los derechos humanos"; en lo particular por un ejercicio abusivo del poder que socava o contraría el Estado de Derecho, como "la infracción sistemática de la independencia del Poder Judicial" y "la falta de subordinación de las instituciones del Estado a la autoridad civil legalmente constituida […]".

No es del caso abundar sobre las penosas realidades que describe el documento citado, expedido por un órgano no sujeto a la voluntad de los gobiernos, ya que todos los venezolanos –salvo la "diarquía" dominante– las padecen a diario en sus vidas, sus libertades y sus estómagos.

Dicho informe es conteste, casi al calco, con los contenidos muy resumidos de la Declaración de Panamá suscrita recién por 33 ex presidente iberoamericanos.

Faltan y no solo fallan en Venezuela, en síntesis, tanto los elementos esenciales de la democracia como los elementos fundamentales de su ejercicio. Hay violaciones sistemáticas y generalizadas de derechos humanos, siendo ahora manifiestos las torturas y los prisioneros políticos. La ley la hacen y cambian a su antojo Nicolás Maduro Moros y Diosdado Cabello, y la interpretan bajo instrucciones de éstos, a fin de violarlas, las escribanas de la Sala Constitucional. En tres lustros, quienes se querellan contra el Estado o sus funcionarios, sobre todo si son opositores, no logran vencerlos una sola vez. De modo que la Constitución y el Estado de Derecho son piezas de utilería, y la separación de poderes un emblema del cinismo.

La hegemonía comunicacional del gobierno y la autocensura de los medios privados que restaban, cuya propiedad ahora adquieren funcionarios a través de testaferros, son monumentos que exaltan la mentira y se empeñan en silenciar toda voz discrepante.

Y si se trata de elecciones, la ciudadanía puede elegir; pero si elige a un opositor enemigo de la revolución ha de saber que terminará destituido y en la cárcel.

No obstante, ello, desde las filas de la dictadura se afanan en matizar lo que es obra de sus manos cómplices o bien hacedoras de repetidos crímenes de Estado y maridajes con el narcotráfico y el terrorismo: "Venezuela tiene una democracia, con las mismas fallas que el resto de las democracias en el mundo". Pero no falta quien, incluso desde la oposición democrática, se muestre convencido de que en Venezuela lo que hay es un déficit democrático resoluble. Nada más.

Al margen de la propaganda oficial y de los diagnósticos realizados por la comunidad internacional al respecto, lo que sí preocupa y se observa, por lo mismo, es la afirmación repetida en cuanto a que, a pesar de los pesares, sigue vigente la democracia en Venezuela pues el pueblo mayoritario le ha brindado su adhesión a la revolución, hasta ayer. Y se completa el argumento con un sofisma: "Si hay elecciones limpias, las gana de calle la oposición".

En síntesis, tendríamos democracia porque la mayoría ha querido, hasta ahora, al régimen imperante, incluso si las elecciones no son "limpias". Aun cuando el ocupante del Palacio de Miraflores se pague y se dé el vuelto en materia legislativa y judicial, o se le pase la mano a los militares o policías que asesinan o torturan a ciudadanos pacíficos o acaso mire como cosa ajena e inevitable el "ajuste de cuentas".

Pues bien, es hora de recordar que una cosa es el espíritu libertario del venezolano, y otra distinta, inmoral y aberrante, que una mayoría pretenda, mediante el voto, legitimar "democráticamente" a una dictadura o elegir como gobernantes a corruptos y criminales, creyendo purificarlos en el agua bautismal de la soberanía.

LA DEMOCRACIA COMIENZA POR CASA

17 de mayo de 2015

Insisto en lo esencial a pesar de lo afirmado por algunos analistas desde finales del siglo XX: La gente quiere bienestar y poco le importan las abstracciones políticas de la democracia o la prensa libre, que sólo interesa a políticos de oficio o periodistas.

Son casi 25 años desde cuando se advierte la emergencia de ese torvo paradigma, pero lo veraz es que al final de las cuentas la mayoría de nuestras naciones hoy acusa un grave deterioro de sus libertades y la bonanza económica y social sigue en la sala de espera.

Así que cabe repetir, en el caso de Venezuela, la reflexión de Rómulo Betancourt al concluir su mandato y en abierta confrontación con los gobernantes de La Habana, quienes siguen vivos y fosilizados mientras el primero se despide de los mortales en 1981:

"Venezuela es… acaso el país de la América Latina donde con más voluntariosa decisión se ha realizado junto con una política de libertades públicas otra de cambios sociales, con simpatía y respaldo de los sectores laboriosos de la ciudad y el campo", son sus palabras. Y los hechos no le contradicen, pues el venezolano supera los 53 años de vida promedio, para 1958, llegando a 74 años en 1998, una vez como Venezuela deja de ser un país de letrinas y conoce el agua blanca y el tratamiento de sus aguas servidas.

El tema no es baladí. Eso lo entienden a cabalidad los autores del Pacto de Punto Fijo, hacedores de nuestra república civil: el mismo Betancourt, Rafael Caldera y Jóvito Villalba; pero sólo y una vez como superan los odios "mellizales" y padecen el ostracismo o la cárcel durante la década militar que finaliza en 1958.

¡Mi generación supo del miedo, lo sufre en carne propia!, me apunta hace años, a inicios de la corriente y ominosa experiencia criminal revolucionaria que nos tiene por presa a los venezolanos, el fallecido dirigente clandestino Jorge Dáger.

De modo que, la narrativa unitaria democrática –no la unidad despótica– la descubren los primeros al verla como el ferrocarril en el que todos caben y hasta pueden viajar en vagones separados. Saben de "la responsabilidad de orientar la opinión pública para la consolidación de los principios democráticos"; respetan la "autonomía organizativa y caracterización ideológica de cada uno" de los concurrentes a la unidad; sostienen las divergencias partidarias" dentro de pautas de convivencia; aceptan la "despersonalización del debate" democrático y proscriben "las desviaciones personalistas"; y admiten que el reconocimiento de la "constitucionalidad estable" mal se alcanza sin la participación de las distintas organizaciones de la sociedad. La estación de llegada es, en efecto, "el afianzamiento de la democracia como sistema".

Las coordenadas del siglo XXI son otras y eso nadie lo discute. Pero las exigencias siguen siendo las mismas y otra vez emergen con carácter de urgencia.

Su consideración es agonal. Siguen presenten y se acrecientan, pues a los venezolanos nos golpea en la cara y rasga en nuestros estómagos su carencia, por desmemoriados y bajo presión de los utilitarismos políticos.

En efecto, no hay bienestar sin libertad, salvo para los hermanos Castro, contritos acaso y ahora, al borde del otro mundo (¿?) y en búsqueda de una tabla que los salve. Rómulo piensa distinto, de allí el parteaguas que provoca en 1958 cuando el mayor de éstos, Fidel, pide de éste petróleo gratuito para financiar su aventura y expandirla, y éste le tira las puertas encima.

Su discurso al separarse del poder es premonitorio:

"Fácil resulta explicar y comprender por qué Venezuela ha sido escogida como objetivo primordial por los gobernantes de La Habana para la experimentación de su política de crimen exportado. Es la principal proveedora del Occidente no comunista de la materia prima indispensable para los modernos países industrializados: el petróleo... Resulta así explicable cómo dentro de sus esquemas de expansión latinoamericana, conceptuaran que su primero y más preciado botín era Venezuela, para establecer aquí otra cabecera de puente comunista en el primer país exportador de petróleo del mundo", finaliza.

La cuestión es que nadie aprende en cabeza ajena. La democracia, para enseñarla y vivirla como casa común, requiere de algo más que de razones o discursos de oportunidad. Sólo saben de libertad y derechos quienes los pierden, no los otros. Aquéllos son sus dolientes.

MEMORIA DE LA VENEZUELA ENFERMA

24 de mayo de 2015

Hemos perdido los venezolanos, qué duda cabe, la paz conquistada durante el siglo XX.

En nombre de otra revolución más, pero esta vez inéditamente ajena e importada, cuando nos conquistan el mal absoluto, su odio ideológico, y el narcotráfico como empresa del Estado.

Exacerbamos, además, el Mito de El Dorado, que nos viene desde tiempo inmemorial. Tanto que, después de haberse destruido todo género de industria y hasta los mismos fundamentos morales de la república, el único bien material que nos queda –el petróleo– se devalúa y su establecimiento es un arsenal de desechos. En su defecto ahora le compramos el oro negro a los extranjeros para distribuirlo gratuitamente entre nuestros consumidores locales o mixturarlo con el que nos resta, y así pagar la deuda sideral adquirida por el gobierno "bolivariano" desde 1999. No le bastó a éste la riqueza pública que ha dilapidado y hasta expropiar el trabajo honesto de nuestras gentes.

Son estos los síntomas terminales de un dislate monumental hijo de la felonía, que se hace evidente desde cuando calla y deja de distraernos el traficante de ilusiones que ocupa la atención de todos, Hugo Chávez Frías, distrayendo nuestra irresponsabilidad colectiva e inmadurez ciudadana.

Así las cosas, tal y como lo planteo en mi último libro con título igual al de esta columna, es bueno y necesario, urgente, apelar a la razón profunda y no ocasional que nos permita imaginar formas de vida decente para Venezuela, sin tener que dar manotazos al miasma que nos anega. Y el reclamo al respecto va dirigido a los mayores, a las élites políticas, económicas o intelectuales del país, las que quedan y a quienes cabe interpelar, obligadas como están a saldar su deuda con las generaciones del porvenir, sin secuestrarles sus trincheras.

No entiende el hombre y la mujer comunes qué pasó o nos pasó, luego de pasada la borrachera revolucionaria.

Y acerca de los jóvenes, sobre quienes las escribanías del régimen o las partidarias y sus turiferarios de ordinario cargan sus tintas y verbos para conjurar culpas propias, cabe decir que viven con intensidad y en buena hora sus horas del sacrificio auténtico, de ideales que intuyen en búsqueda de darles un sentido "con las manos puras y el corazón inocente", diría Romain Rolland en su Más allá de la contienda (Au-dessus de la mêlée, 1914).

¿Acaso no es llegada la hora agonal de esas élites ensimismadas y sin ánimo de riesgos, me pregunto, para que recompensen –como tribunos de oficio, como líderes o guías– la brega por la cotidianidad del pueblo ahora carenciado o el heroísmo de nuestros imberbes estudiantes?

Reconstruir la nación –lo recuerda Monseñor Jorge M. Bergoglio, hoy Papa Francisco– implica reencontrar nuestras raíces genuinas. Volver a ser nación demanda, como en 1811 y en 1961, un acuerdo sobre los valores fundantes civilizados compartidos y celebrantes de la pluralidad. Exige mirar el pasado, con ojo crítico y sin complejos, desterrando lastres de conveniencia que impidan nuestra madurez, como el citado Mito de El Dorado y la invocación del mesianismo, del padre bueno y fuerte que aún nos lleve de la mano, de neta inspiración bolivariana.

Se trata de mirarnos, mirándonos en los otros. Hacer memoria de las grandes hazañas de nuestra modernidad, olvidadas tras una aviesa reescritura de nuestra historia contemporánea, pues aquéllas superan con creces el quehacer fratricida de nuestra Emancipación: suerte de dogma que hoy nos hace tragedia insoluble y nos niega al drama de la elección.

Hay que tener coraje ante el futuro. Ningún pueblo, como reunión de diferentes acordados sobre propósitos trascendentes, alcanza serlo sin mitos movilizadores.

No se trata de hurgar en el desván para sacar de allí amuletos y reencontrarnos con el azar. Es reconocer que existe algo más allá de nosotros, que no conocemos y podemos alcanzar humanamente. La generación de 1928 hizo de la democracia civil su mito, en un momento de absoluta oscuridad para la república. Y pudo sembrar la esperanza sobre la resignación.

Y como no se trata de reinventar en falso, cabe no disimular la realidad. Vivimos algo peor que una dictadura totalitaria o un régimen comunista. Hemos perdido las certezas. Nos movemos con naturalidad en la mentira. Hemos congelado nuestras dignidades haciéndolas inútiles, a la espera de que una buena nueva nos llegue en una cadena de televisión del Estado y por boca de Maduro o Cabello, nuestros carceleros de la ciudadanía.

Cambiar las cosas sin violencia, contener el poder, y darle voz propia y rostro a la gente, es así el deber ineludible de las élites, si anhelan lo que todos anhelamos, la recuperación de Venezuela y su refundación, mejor todavía, la reinvención de nuestra democracia.

REFLEXIONO EN VOZ BAJA

7 de junio de 2015

Nicolás Maduro sería recibido, una vez más, por Papa Francisco, cabeza de la Iglesia Católica, sucesor de Pedro. Y nada cabe objetar al respecto, pues al fin y al cabo no se sucede el encuentro y también el discurso de Cristo sobre la misión apostólica impone a los pastores ocuparse más de quienes desprecian el Sermón de la Montaña.

Y no es que haya sobre la faz de la tierra quien pueda lanzar la primera piedra; pero en el caso de aquél se trata de otra cabeza, la de un régimen de la maldad, que eso es en suma el gobierno que conduce en Venezuela. La dignidad humana no cuenta para su agenda y sí el compromiso con las peores causas del género humano.

Podría decirse que la proyectada entente casi recrea la escena en la que Jesús, en el desierto, es sujeto de tentaciones por el espíritu maligno. Pero, por lo visto, Francisco ya supera con creces ese desafío luego de su diálogo precedente con Raúl Castro, quien hasta decide volver a rezar.

Mas, si la audiencia en cuestión y frustrada por ahora, es a la sazón algo propio de la relación entre dos Jefes de Estado –el primero del Estado de la Ciudad del Vaticano– podría decirse, de buenas a primeras que se enmarca en el ámbito de lo práctico, del cruce recíproco de intereses y conveniencias entre dos entidades políticas que buscan, signadas por el cálculo, transar sobre algo útil a las "cosas públicas" que representan.

Visto así, Maduro teóricamente llegaría a Roma con un objetivo muy preciso y terreno: fortalecer su estabilidad e imagen como gobernante y reducir las amenazas internacionales que se ciernen sobre la logia de fariseos que lo acompaña, globalmente cuestionada por asuntos nada santos.

La posición del Papa es más compleja y de mayor riesgo. Le resulta difícil y casi imposible separar el doble rol que lo anuda, en el que la "cosa pública" que conduce –sin cañones ni divisiones como lo recuerda Stalin– se encuentra indisolublemente atada a la realidad de ser él, como sacerdote, vocero de la moral universal. De modo que, al predicado utilitario de lo político, fundado en una razón práctica, en su caso se le suma la hipoteca de la energía moralizadora de los libros sagrados que le obliga.

El tema no es baladí. Todo lo contrario. Sobre todo, ahora, en esta hora nona, en la que se busca mirar al porvenir tirando las hojas de la historia transcurrida al mismo basurero de la historia. Tanto que la democracia más importante del planeta, la norteamericana, corteja a la dictadura más ominosa y criminal que hayan conocido las generaciones de la segunda mitad del siglo XX, la cubana. Y transcurrido medio siglo de desencuentros, en Colombia la ley se sienta en la mesa de los delincuentes para trazar un nuevo código que logre, entre ambas, un sincretismo de laboratorio.

En lo personal, opto por volver a la sesuda reflexión que hace el Cardenal Ratzinger, casualmente en el día previo al fallecimiento de Juan Pablo II y antes de encontrarse "bajo la guillotina" de ser su sucesor, como Benedicto XVI.

En discurso que pronuncia en el Monasterio de Santa Escolástica acerca de la crisis de las culturas en Europa, refiriéndose a la realidad política, la forja de los Estados y el mundo de los partidos que nos lega la modernidad, animada por la idea de una libertad fundada en la racionalidad científica y positiva –es decir, sólo en el pacto entre los hombres– apunta que entonces se admite, incluso por quienes se niegan a la creencia en un Dios cristiano, musulmán o judío, que nuestras sociedades deben fundarse sobre valores éticos que supongan, así sea por utilidad, la existencia de Dios. No es posible, en efecto, el establecimiento de límites naturales a la libertad humana para que la libertad no acabe con la misma libertad, sin esa referencia crucial.

Así habló Zaratustra, libro que le sirve de cabecera al "Comandante-Eterno" en su lecho de muerte, Nitzsche afirma la muerte de Dios; dado lo cual, caídos los muros de la ética todo cabe, todo es posible, como lo muestra hoy la Venezuela Enferma, tierra por lo pronto desolada.

"El intento llevado hasta el extremo –afirma Ratzinger– de plasmar las cosas humanas menospreciando completamente a Dios nos lleva cada vez más a los límites del abismo" y al "encerramiento total del hombre".

En pocas palabras, nos empeñamos en dejar de ser imagen del Creador, que es lo que nos confiere como humanos, a todos, nuestra dignidad e inviolabilidad. Somos, esta vez, la imagen de nosotros mismos, de nuestras aberraciones o falencias como animales. Todos, sin disposición para alzar la mirada, nos confundimos en el miasma de nuestra débil mortalidad.

Según esta perspectiva, es dable dormir sobre el lecho con nuestros verdugos y celebrarlos.

A Maduro, no obstante, le acomplejó la Verdad.

EL DOCTOR ECHEVERRÍA, IN MEMORIAM

14 de junio de 2015

La Venezuela con memoria, no la de hoy o de coyuntura, sabe de quién se trata, pues en vida es ícono de la decencia; esa que ahora se prosterna y busca mostrar como mácula social por sus dirigentes de medianía. Es, sobre todo, el modelo del consejero sabio quien en horas aciagas empuja hasta los espíritus más melancólicos y abúlicos a ser militantes de la esperanza.

Sorpresivamente llega la notifica del fallecimiento de Juan Martín Echeverría. Otro golpe, otro rasgar de corazones en su esposa y en el hijo que resta; pues el mayor, con el mismo nombre e igual vocación que su padre, en la plenitud se lo lleva la parca. Y ante tanta lapidación de los espíritus, sólo queda decir que los designios de Dios son inescrutables.

Con Juan Martín compartí durante años una mesa de diálogo privilegiada, el Consejo editorial que hizo tradición y es eje moderador en el viejo diario El Universal, el del poeta, Andrés Mata y el de su nieto, Andrés Mata Osorio, cultor de los clásicos griegos y romanos sin ser poeta como el fundador.

Junto a los demás miembros de esa ágora de editorialistas, el doctor Echeverría dibuja al país con la pasión de todo escultor o artesano; lo ausculta a profundidad cruzando sus ideas con nuestras ópticas y se empeña, mediante el diálogo, encontrar en unión de quienes somos sus contertulios el justo balance entre la realidad no destilada de la información diaria que trastorna y a veces atropella a los lectores, y el mensaje o las enseñanzas que cabe extraer de lo que a todos nos llega de primera mano. Y las tamizamos –aquí sí– a la luz de los valores permanentes que han de presidir toda sociedad moderna, democrática, digna y con identidad.

La verdad dicha y contrastada, y la opinión, unas veces lapidaria y otras tantas oteadoras de caminos luminosos en medio de la incertidumbre, marcan un equilibrio ajeno a los intereses parciales o signados por lo doblez de quienes prefieren someter la palabra escrita a sincretismos de laboratorio.

Graduado de abogado en la Universidad Católica Andrés Bello, el doctor Echeverría –así le llamamos con respeto– es también un policía de academia. Es pionero de la democratización y excelencia de los cuerpos policiales que se suceden a la caída de la dictadura y la superación de la violencia guerrillera. Funda la DISIP y también dirige la policía científica, hasta cuando sirve como ministro de justicia entre 1976 y 1979.

Y lo paradójico es que se trata, además, de un hombre con arraigada devoción por el arte y las letras, definitorias de su personalidad hasta el final de sus días.

Se nos fue, en suma, otro pedazo de la Venezuela civil y civilizada. Pero se va sin mezquindades, para transitar el camino del Dante y tropezarse con el vástago que se le adelanta en el camino hacia el pie de la montaña y al encuentro con Virgilio, quien los conducirá hasta el Empíreo bien ganado.

El dolor que lleva a cuestas y oculto el doctor Echeverría en su terreno postrer no le inhibe en su lucidez, antes bien la refina. Tanto que en su penúltima columna deja su reflexión profunda y generosa al país que sirve con pasión y mesura, con desprendimiento y exigencia, sobre todo con probidad:

"Somos una sociedad que anhela cohesionarse, rechaza el permanecer dividida, no quiere enlaces y estructuras que parecen catacumbas, prefiere por encima de todas las cosas salir adelante. Es injustificable una sociedad que pierda su identidad, e incluso no sea capaz de conocerse a sí misma, De allí que estamos en la oportunidad de hacer un proceso a las elites, sean oficiales o de oposición, porque una sociedad se hunde, y no puede respirar, cuando no puede realizar sus sueños y no se reconocen los derechos más elementales de las minorías. Falta diálogo con los actores sociales y determinar de quién es aliado el tiempo, de las autoridades o de la disidencia enriquecedora, que desea cambios profundos que beneficien a la sociedad en su conjunto. Lo cierto es que estamos en medio del desierto, mientras el Gobierno se considera ganador y en la práctica el juego está trancado: un jurado imparcial diría que un empate no es bueno para nadie y solo queda, por encima de los odios y las diferencias, sentarse a negociar con la ayuda de un tercero bien calificado. Las generaciones futuras merecen paz, planificación y una excelente calidad de vida".

Paz a su alma.

EL AYUNO DE LEOPOLDO

22 de junio de 2015

Muchos refieren la huelga de hambre al testimonio de resistencia pacífica que deja en vida Mahatma Gandhi. Pero mirando el contexto y la experiencia venezolana de Leopoldo López y Daniel Ceballos, que practica antes el burgomaestre metropolitano hoy privado igualmente de su libertad, Antonio Ledezma, pienso que sus huelgas respectivas remiten al ejemplo del ayuno citado por los Sagrados Textos.

El ayuno o la huelga de alimentos es, por principio y primero que todo, un ejercicio de introspección. De modo que, su comportamiento posterior, al hacerse visible a manera de consecuencias, adquiere autenticidad ante los otros. Es renuncia, es desprendimiento, es ejemplo que irradia, procuradora del Bien Común.

El objeto de la huelga de hambre de Leopoldo es cabalmente legítimo, y también su medio. Sin embargo, por respetar y tener presente esa intimidad que es originaria en la decisión de ayunar y sólo puede valorarla él, como ayunante, cabe decirle que la huelga de marras nunca debe ser estéril. Y ese puede ser el riesgo sí, como "penitente", se propone con ella doblegar a los otros en una pugna meramente voluntarista. De modo que, forzar al autorita-

74

rismo del régimen de Nicolás Maduro para llevarlo hacia su desenlace democrático sin lograrlo, en lo inmediato, antes de que el "penitente" fallezca, es un despropósito. Pasaran los días y llegará Leopoldo hasta el punto exangüe.

Hacerle huelga a Maduro también es ocioso, si se confirma que el verdadero poseedor del poder dictatorial es Diosdado Cabello o Raúl Castro. Mas, uno u otro que sea el destinatario de tan admirable ejercicio de disciplina interior, hecho mensaje en la carne y huesos del líder de Voluntad Popular, la ejemplaridad de su huelga o ayuno se agota de realizarla ante quienes son hijos de la muerte. No olvidemos que los nombrados cogobernantes se hacen del poder y lo sostienen mancillado la dignidad del pueblo, derramando sangre inocente sin titubeos, para luego purificarlo a través del voto democrático.

Es llegada la hora de que Leopoldo suspenda su ayuno. Y no le pido que lo haga por su madre Antonieta, o por la valerosa Lilian o los hijos de ambos, pues ese pedido llega de manos de los ex presidentes Pastrana y Quiroga. Se lo demando como amigo, para que su *animi cruciatus* (aflicción del espíritu) o huelga se preserve en su esencia y no la vea, si la ve, fútil en los hechos.

La huelga de Leopoldo –¡tú huelga, querido Leopoldo!– es un activo de lucha ya forjado. Es ayuno tú huelga, no debes olvidarlo. Y el ayuno es extraño a la mundanidad procaz o circense, que sólo busca tocar la emoción de la galería. Es la huelga de hambre, bien entendida, una expresión de conversión personal y del colectivo que la sigue. Es un desafío ante el propio ayunante, un encuentro secreto con sus ideales, enseñanza y encuentro con quienes son depositarios de dicha enseñanza, y es esperanza viva de liberación.

Éticamente no está permitido al ayunante hacerse el mal para obtener un bien, es decir, llevar la renuncia, el sacrificio, más allá del límite que le impone el respeto de todo aquello que le es indisponible por sí mismo y por ser hombre, a saber, su salud, la vida, la existencia perfectible, no perfecta. No somos dioses. No debemos ceder a la tentación de repetir en nosotros el Gólgota. Y quienes se han endiosado dándole muerte a Dios –Hitler, los Castro, los Chávez, los Cabello– ven a sus semejantes como materia de caprichos, huérfanos de dignidad, despreciables.

La huelga que has acometido y la cárcel a la que te encuentras sujeto, Leopoldo, ha dado frutos generosos. Hay un despertar en Venezuela. La comunidad internacional que forman la opinión silvestre de nuestras sociedades y es distinta de la miopía utilitaria de los "políticos de oficio" como de los palacios de los mercaderes del Estado, o de quienes reducen el periodismo a un sincretismo de laboratorio, es finalmente sensible a la orfandad que sufre el pueblo venezolano.

Y ese pueblo, Leopoldo, ayuna ahora junto a ti pues le faltan los alimentos, es verdad. Al verte luchar desde tu prisión militar, no obstante, aprende que la libertad para imaginar y decidir su futuro no depende de lo que se transe en mesas de ignominia o con gobiernos extranjeros o de lo que decida un régimen que nos ha abochornado con pecados de lesa humanidad.

UNIDAD PARA LA TRANSICIÓN

28 de junio de 2015

Cada realidad histórica tiene su especificidad. Las enseñanzas viejas no se pueden vaciar sin más, como el vino, en odres nuevos. No obstante, me refiero a la experiencia chilena de 1980 con vistas a lo que hoy ocurre en Venezuela; pues sus líderes democráticos, interpelados por una circunstancia electoral –el referendo constitucional– forjan una narrativa de lucha que alcanza desbordar al hecho comicial. Antes que derrotar a la dictadura militar de Pinochet les anima empujar la transición hacia la democracia.

Los demócratas chilenos –con Eduardo Frei Montalva a la cabeza– discuten así sobre la unidad para la reconstrucción de la democracia. Saben que ella puede derivar en un slogan estéril, si no median requisitos y procedimientos claros al respecto. Y observan que "la formación de un frente de partidos" jamás basta o sirve para acabar con una satrapía "si se quiere suministrar una estrategia de salida a la situación" dictatorial.

Unidad para democracia significa enfrentar al régimen "a un hecho social de envergadura que lo ponga contra las aspiraciones generales del país" e implica: a) concordancia entre las más variadas organizaciones sociales, culturales y políticas, "para buscar la clave del proceso de democratización en la expresión de las aspiraciones fundamentales de la población"; b) una plataforma mínima de tales aspiraciones, no propia de los actores políticos sino compartida por la población al nacer de su pérdida de libertades y angustias cotidianas; c) la solidaridad entre los sectores indicados y plurales para apoyarse mutuamente –bajo el afecto y lealtad recíprocos que fraguan en el compromiso con un ideal compartido– a fin de alcanzar el objetivo programático; d) el acuerdo directo o indirecto para entender que dichas aspiraciones han de ser planteadas en el seno mismo del conjunto de las expresiones sociales y organizaciones surgidas de la lucha por la democracia; e) en fin, la consideración de vías plurales para promover y perseguir tales aspiraciones, "lo que es una pieza clave del método".

En pocas palabras, toda propuesta o acción encaminada al alcance de la plataforma compartida mal debe ser demonizada por quienes consideren mejor sus alternativas, pues todas a una son, en suma, vagones distintos de un mismo ferrocarril. No se trata de "una operación de organismos superestructurales o tradicionales", tal y como reza el papel que aún conservo en mis archivos de testigo de excepción de ese momento.

La enseñanza no se hace esperar. La unidad exige preparar a la ciudadanía para que constituya muy diversos "organismos generales de unidad (políticos y sociales)" y compatibles "con la movilización solidaria de todos".

Chile, nación de larga tradición civilista, que acoge como a uno de sus fundadores intelectuales al caraqueño Andrés Bello, ausculta en la hora, también, las reglas de juego que a su vez han de regir entre los partidos políticos como partes de una expresión social y política superior, si acaso apuntan sinceramente a la reconstrucción democrática y no a la mera sustitución de una autocracia por otra: a) El compromiso de salir de la dictadura y llegar a la democracia, y b) el aceptar que la democracia es algo sustantivo: la realización de los derechos humanos y su fundamento en el respeto a la dignidad de la persona humana.

La consecuencia surge como elemental. "Son antidemocráticos los modelos –o comportamientos– en los que los derechos esenciales de la persona se definen con relación a objetivos políticos unilaterales o se les subordina sea a una doctrina, sea a la realidad o cuota de poder de un partido determinado". Son espurios y nega-dores de la democracia, entonces, los pactos o alianzas con colec-tividades "que no garantizan a la ciudadanía un criterio invariable acerca de estas materias", en su perspectiva humanista.

"Un consenso amplio" acerca de las bases de un período de "transición" hacia la democracia, que no se frene en lo ominoso del panorama dictatorial y ponga la mirada sobre el porvenir, se resume, como síntesis: a) En la restitución de las libertades y del Estado de Derecho; b) la creación de una comisión que prepare una reforma constitucional democratizadora; c) la formación de un registro electoral depurado; d) restablecer la alternabilidad demo-crática; e) cerrar las heridas del pasado; f) preparar un programa económico y social capaz de ofrecer "una salida para hoy" y esta-bilidad en la etapa posterior; g) promover la convivencia y la re-conciliación, proscribiendo el amedrentamiento o la agresión como forma de combate contra los seguidores del régimen, sometiendo a los dictados de la Justicia y con respeto de las garantías democráti-cas los actos que merezcan castigo.

Nihil sub sole novum

EL 5 DE JULIO, EFEMÉRIDES CIVIL

5 de julio de 2015

Llegó otra vez el 5 de julio, un año más que se suma a todos aquellos que arrastramos desde 1811 y fijan la fecha de nuestro nacimiento como entidad que reclama su independencia de la suje-ción materna. Es la ruptura de nuestro cordón umbilical con la Hispania que a su vez y en su instante poseen los romanos y a és-tos familias de los griegos. Son las oleadas inevitables que se des-plazan por todo el planeta, pues españoles y africanos no llegan hasta nuestras tierras de amerindios como si viniesen desde el es-pacio ultraterrestre; y éstos tampoco llegan hasta aquí desde la nada sino procedentes del Oriente. No por azar Vasconcelos habla de nuestro mestizaje cósmico. Todos a uno somos colonizadores y colonizados.

Desde entonces intentamos ser nación e incluso atados al Mito de Sísifo, pues cada vez que podemos reiniciamos el camino hacia el Ser y para tener entidad propia. Pero en ese ir y venir, al borrar cada día el dibujo de nuestra imagen primera quizás con el propósito de hacerla más perfecta, con el pasar de los años se nos diluye en la memoria la imagen de lo fuimos y apenas queda la amnesia, que pinta acaso caricaturas de la venezolanidad.

Lo cierto es que, sujetos al arbitrio y los desvaríos de quienes nos poseen y violentan durante cada período generacional hasta que aparece el siguiente capataz, deseoso de empujarnos desde la nada hasta puertos ignotos, hoy sabemos apenas que tenemos por apellido a Venezuela. Nada más.

Por ausencia de referentes históricos o raíces que ocultamos como si fuesen una mácula o vergüenza, al término no logramos saber de dónde venimos y de suyo qué somos al fin y al cabo como barro informe y maltratado. Sobre todo, la generación corriente, que se llama revolucionaria y contradiciéndose llega para destruir sobre el vacío, afirmando que antes de 1999 somos polvo y tras del mismo un diluvio.

Pues bien, parece ser llegada la hora de hurgar en el desván de nuestro museo durmiente. Acaso de oficiar de antropólogos para reencontrar papeles olvidados y constatar que llegamos a la vida independiente sin ser un aborto de la historia. Antes bien, tenemos progenitores que alcanzan predicar enseñanzas aún latentes en el subconsciente de nuestro colectivo y que en nada se relacionan con la impostura que nos declara pueblo huérfano y nómada, de hombres a caballo, dominados por el voluntarismo y el crujir de los estómagos.

Antes de que apareciesen los héroes de nuestras tragedias, émulos de griegos y en desafío constante contra una fatalidad que nace de mentes enfebrecidas, fuimos, bajo lenta decantación –300 años bastan hasta el 5 de julio– un esbozo de sociedad de ciudadanos; de civiles ávidos de libros que logran colárseles a las alcabalas de la censura en "navíos de ilustración". Hombres de razón son los padres fundadores, que cuecen nuestra realidad nueva sin abdicar a las esencias que nos empujan hacia la madurez.

Antes de que las espadas cubran de sangre nuestro suelo y prosternen al pensamiento, tachándolo de aéreo, las letras y hombres de seso como Andrés Bello o Francisco de Miranda, son quienes deciden nuestra Independencia y, antes de hacerlo, nos aportan

ASDRÚBAL AGUIAR

como piedra angular de la nacionalidad una Carta de Derechos propia, aun cuando se diga que sigue la deriva de quienes fraguan las experiencias revolucionarias americana y francesa.

Allí la firman, antes del 5 de julio, Francisco Xavier Yanes, abogado que egresa de la Universidad de Caracas y práctica con Juan Germán Roscio y José Félix Sosa, como cabeza de la legislatura. Y la refrendan, entre otros y desde el gobierno, Cristóbal de Mendoza, miembro como Roscio y José Vicente Unda –también firmante– del Claustro de Doctores de la citada universidad, conocida como Real y Pontifica de la Inmaculada Concepción de Santa Rosa de Lima y del Angélico Maestro Santo Tomás de Aquino.

La base de lo que somos, en consecuencia, se mira en el respeto y la garantía de nuestros derechos inalienables como fines de la institución social y a los que se subordinan las actuaciones de los magistrados. Primero es el hombre, luego el Estado y su poder.

De modo que, llegado luego el momento de la firma del Acta de Independencia, un congreso general dominado por las luces y fundado en el poder de la ley –ex Oriente lux, ex Occidente lex– proclama lo sustantivo: La primacía de la "dignidad natural" del hombre y de los pueblos y el derecho imprescriptible de éstos para destruir cualquier pacto que no llene "los fines para los que fueron instituidos los gobiernos", a saber "el amparo y garantía de las leyes".

Las espadas, en fin, son una circunstancia, sobrevenida y testaruda, con pretensiones de perpetuidad, pero sólo eso, una circunstancia; son el poder bruto que aún hoy hipoteca nuestra libertad connatural.

LA IGLESIA DE VENEZUELA

12 de julio de 2015

Leo el discurso de Papa Francisco en Santa Cruz de la Sierra, donde agradece el encuentro de movimientos populares que le organiza Evo Morales luego de recibir de éste, antes y estupefacto, la hoz y el martillo –símbolo del comunismo– con un cristo clavado sobre el último y las preseas del Estado boliviano. Me detengo en uno de sus párrafos: "Ese arraigo al barrio, a la tierra, al oficio, al gremio, ese reconocerse en el rostro del otro, esa proximidad del

80

día a día, con sus miserias, porque las hay, las tenemos, y sus heroísmos cotidianos, es lo que permite ejercer el mandato del amor, no a partir de ideas o conceptos sino a partir del encuentro genuino entre personas".

Al Papa le preocupa, en igual orden, que se le pretendan imponer medidas a los Estados disimuladas bajo la lucha contra el terrorismo y el narcotráfico. Pero, en línea con su prédica anterior, la Conferencia Episcopal Venezolana, por ser más "próxima" a la realidad, precisa bien que el terrorismo lo sufren "comunidades cristianas" por el hecho de serlo. Y el narcotráfico –que en Venezuela se gerencia desde el Estado y en yunta con las FARC– lo sufre el "pueblo", con sus costos de violencia e impunidad.

"La preocupación por la gravísima situación que vive el país, sentida por todos, nos exige ser críticos, creativos, solidarios", dicen los Obispos de Venezuela. Ellos, mirando la crisis social y económica que afecta a todo el pueblo sin distingos de clase, urgen del gobierno adoptar "medidas económicas sensatas", distintas de las vigentes –orientadas a un capitalismo de Estado que enriquece a su burocracia y los prevalidos– y que "empobrece a la mayoría".

Lejos de posturas maniqueas –la división entre buenos y malos, ricos y pobres– y entendiendo que todo está por hacerse y es perjudicial "cerrarse en visiones ideológicas, en fanatismos o en legados intocables", que oblicuamente apuntan al modelo marxista-cubano instalado en el país, a la exacerbación de una lucha entre clases que no existe –salvo la que opone al Estado con el pueblo sufriente– y al culto al Comandante, recuerdan nuestros purpurados que "nadie, ningún sector o persona, tiene el monopolio de la verdad ni puede erigirse en oráculo de la verdad plena".

Todos tenemos "la obligación moral de aportar lo mejor en la búsqueda del Bien Común", lo que es consistente con el pensamiento de Bergoglio; prefiriendo al efecto "los intereses de los más pobres" pero bajo un claro concepto de justicia distributiva: "que no sean ellos los que carguen con lo más oneroso".

Francisco, en la oportunidad señalada, aclara que al hablar se refiere a problemas que "tienen una matriz global". Pero advierte un choque de perspectivas: "No se puede permitir que ciertos intereses –que son globales, pero no universales– se impongan, so-

81

metan a los Estados y organismos internacionales, y continúen destruyendo la creación. Los Pueblos y sus movimientos están llamados a clamar a movilizarse, a exigir –pacifica, pero tenazmente– la adopción urgente de medidas apropiadas".

Al efecto, demanda un "cambio" pues –"el sistema (global) ha impuesto la lógica de las ganancias... sin pensar en la exclusión social o la destrucción de la naturaleza" –. Creo, sin embargo, que lo viejo ya ha muerto y lo nuevo, dado el giro demencial de Era ocurrido en la historia de la Humanidad, no llega aún, sólo se perciben pugilatos: Es el paso del tiempo de la materia y de los espacios con sus mercados y sus Estados, al tiempo del tiempo con su vértigo y virtualidad. Es esa sociedad de las comunicaciones instantáneas que nos permite recibir a distancia de miles de kilómetros el pensamiento social del papado, conocerlo y escrutarlo en tiempo real; por lo que mal cabe la queja del "monopolio" de los medios que promueven el consumo sin protestar el "monopolio" de los medios que emerge a manos de los Morales o los Correa a quienes visita Su Santidad.

Cabe decir, pues, que cuando las posiciones se extreman y unos a otros se acusan de buenos y de malos, el orden temporal pactado llega a su final. Ponerse la patria al hombro y construir otra vez a la nación, predica Bergoglio como Cardenal argentino.

Cuando todo está por hacerse entre todos y cuando los unos y los otros, por si solos, no pueden y en pugna, antes bien, disuelven todo, cabe volver "al poder de la soberanía popular", a fin de que nos indique "el país que sueña y quiere", según reza la Declaración de la Iglesia venezolana; pero fundado ello –lejos de ideologizaciones– sobre lo permanente: el carácter uno, único e irrepetible de cada individuo –de allí el pluralismo y su derecho a un proyecto de vida propio– y la necesidad, por sus carencias humanas, de participar junto a los otros en la construcción de la Aldea Común.

MADURO, GUYANA, Y EL RETORNO DE LA HISTORIA

19 de julio de 2015

La puesta en escena de nuestra reclamación histórica del Esequibo, con fines electorales bastardos y mirada cortoplacista, nada bueno promete. ¡Ojalá me equivoque! Será otro momento de vergüenza para quienes nada tienen que ver en este asunto enojoso, las generaciones del porvenir. Recrea, en efecto, la pugna oportunista de Raimundo Andueza Palacios con Antonio Guzmán Blanco –intransigente ante los ingleses con nuestro límite oriental en el Río Esequibo– y en la que tercia el diputado Cipriano Castro.

De allí que lamente el acuerdo unánime de la Asamblea Nacional para apuntalar la figura de Nicolás Maduro como suerte de albacea y procurador confiable de los derechos territoriales de Venezuela. Él y su antecesor, Hugo Chávez Frías, son responsables de los entuertos que hoy ponen en juego la única base de solución del despojo que sufrimos a manos de una mafiosa relación, entre Gran Bretaña y Rusia: El Acuerdo de Ginebra de 1996, parido por las gestiones serias, firmes y sin estridencias, de los presidentes Rómulo Betancourt y Raúl Leoni.

No dudo que el voto opositor es presa del temor a verse señalado de anti-patriota, antes de los comicios parlamentarios del 6D. Pero le hace el juego a quienes, mejor aún, deben ser acusados de haber vendido en pedazos la soberanía del país, bajo la guía de los Castro cubanos.

La memoria nacional no puede ser tan corta, como para olvidar lo más reciente.

En 2004, cuando Chávez pasa a ser deudor real de los Castro –sostenedores de las tesis de Guyana– luego del apoyo que éstos le dan durante el referéndum revocatorio, los retribuye a costa nuestra: "El gobierno venezolano no será un obstáculo para cualquier proyecto a ser conducido en el Esequibo, cuyo propósito sea beneficiar a los habitantes del área".

Entierra, así, la práctica diplomática que se sostiene constante durante casi una centuria, de reclamar –afuera y no adentro– por cualquier actividad o concesión que se realice en el territorio bajo disputa: "Ningún acto o actividad que se lleve a cabo mientras se halle en vigencia este acuerdo constituirá fundamento para hacer valer, apoyar o negar una reclamación de soberanía territorial...", reza el artículo V, inciso 2 del Acuerdo ginebrino.

De modo que, las protestas de Chávez en 1999 y 2000, por las concesiones de Guyana a la Exxon y la Beal Aerospace Technologies, datan de cuando él manda en Venezuela, antes de que deje de hacerlo y traslade su gobierno a manos de La Habana, donde fallece.

Nicolás Maduro Moros, luego se traga como Canciller, en 2007, la declaración del embajador de Guyana en Caracas, Odeen Ishmael, dicha en sus narices: "La confraternidad entre dos países socialistas implica abandonar el contencioso fronterizo, dado que los hermanos están llamados a vivir en paz". ¡Y es que Chávez, en su Aló Presidente 289, convalida la agresión del diplomático y hasta en su presencia!: "Gracias embajador, saludos al presidente Jagdeo y al pueblo hermano de Guyana, con el que nos pusieron a pelear toda la vida; nos querían poner a pelear, uno veía clases: que hay que recuperar y tal y la hipótesis y nos querían meter el cuento de que era una amenaza Guyana...".

Así que Maduro, leal a su Comandante Eterno, en 2013 trivializa al Acuerdo de Ginebra, lo devalúa políticamente, antes de que –preocupado por el frente militar y electoral– regrese sobre sus pasos: Es un "acuerdo entre el viejo imperio británico y un viejo gobierno de Acción Democrática en Venezuela... fueron los años en que... empezó una campaña dentro de la Fuerza Armada venezolana, dentro de los medios de comunicación hacia la población de odio, de acoso, de preparación psicológica, a través del desprecio, el racismo para invadir Guyana".

A propósito, pues, releo "Los días de Cipriano Castro", de Mariano Picón Salas. Veo que no son nuevos estos giros de ruleta entre políticos sin jerarquía. El diputado Castro, El Cabito, en estreno, asume oportunista la reclamación del Esequibo para acusar a Guzmán Blanco de traidor a la patria y sumar adeptos. Le urgen "temas más demagógicos, de mayor alcance popular, para que su presencia no pase inadvertida". Pero una vez dictado el laudo de París que nos quita ese territorio y paradójicamente defienden para Venezuela los gringos, y luego de afirmar César Zumeta desde Nueva York que ¡La comedia é finita!, Castro, ahora presidente restaurador, en 1899, acepta lo arbitrado sin chistar. Queda lejos su grito vocinglero de 1890: "Ante semejante atentado, a los venezolanos no nos queda otro recurso digno y de satisfactorios resultados que las vías de hecho".

Dice bien Betancourt, a la sazón, que para gobernar es necesario leerse los 15 tomos de la historia de Venezuela de González Guinan.

LA IGNORANCIA, PEOR A LA TRAICIÓN

26 de julio de 2015

He recordado, para atajar manipulaciones de circunstancia y electoreras, los momentos en que la traición a la patria toma cuerpo como excepción de nuestra historia.

Las patadas y zancadillas entre los políticos son hábitos seculares –es la saña cainita de la que habla Rómulo Betancourt– pero jamás practicados a costa de la soberanía, salvo en aquél momento en que Bolívar, responsable militar de la caída de la Primera República, opta por entregar a los españoles a su jefe, Francisco de Miranda, traicionándolo a cambio de un pasaporte que le salve el pellejo y le permita viajar a Curazao.

Recordé en artículo anterior, así, el momento en que Nicolás Maduro prosterna el Acuerdo de Ginebra de 1966 –base única, no se olvide, de nuestra posibilidad de reclamar la pérdida de la Guayana Esequiba– tachándole como una suerte de mala entente entre los gobiernos adecos y el Imperio norteamericano; también la renuncia que Hugo Chávez hace en 2007 de nuestros derechos en favor de la vecina república: "Guyana, con el que nos pusieron a pelear toda la vida, nos querían poner a pelear, uno veía clases: que hay que recuperar y tal y la hipótesis y nos querían meter el cuento de que era una amenaza". Maduro, a la sazón, es el Canciller.

Pero como la ignorancia de la historia es la madre de todas las derrotas, nada más peligroso que quien, en sus pasos aparentes para defender lo que nunca quiso defender, decide crear zonas de defensa integral del territorio frente a Colombia y Guyana para luego revocarlas al menor ronquido de esas naciones; por ignorar, justamente, las premisas del Derecho internacional.

Es ese el Maduro quien, asimismo, por ignorante, al presentar su discurso ante la Asamblea Nacional, habla de la "solución legal" del problema del Esequibo, ignorando que el Acuerdo que prosternara, por ser obra de los gobiernos de Betancourt y Raúl Leoni, dispone expresamente que se trata de alcanzar "soluciones satisfactorias para el arreglo práctico de la controversia". No obstante, se entiende que es mucho pedirle que discierna entre los cánones del Derecho y los de la equidad y la justicia.

Lo lamentable, a todas estas, es su media y matizada afirmación –contraria a la historia– ante la Asamblea Nacional: "Un Congreso de Estados Unidos en 1896 decide una comisión para determinar nuestros límites; comenzaba el auge del imperio estadounidense".

No cuenta Maduro o no se lo refieren sus asesores, que el haber salvado las bocas del Orinoco e impedido que la voracidad británica llegase hasta Upata, es el último recurso que, en nuestra defensa, pedida y reclamada por nosotros al Departamento de Estado, hace Estados Unidos para cuidarnos del pacto corrompido entre Rusia y Gran Bretaña; ese que denuncia luego el abogado norteamericano Severo Mallet-Prevost y se hace público a su muerte y que dicta el 8 de febrero de 1944.

Enrique Bernardo Núñez, en su crónica Tres momentos en la controversia de límites de Guayana –la más acabada, como también el discurso de Marcos Falcón Briceño ante la Academia de Ciencias Políticas– refiere bien que, aún conscientes nosotros, desde antes, que la vía arbitral puede no ser la más conveniente y mejor es la negociación que primero procura Alejo Fortique, entre 1841 y 1845, olvidamos –lo dice éste– "hay un momento en las negociaciones, que si se escapa no vuelve a presentarse".

Más tarde somos nosotros los que jugamos a la opción arbitral para desautorizar la gestión transaccional del Marqués de Rojas (1876-1884), y es Gran Bretaña la que no acepta el debate jurídico.

A final, sin destino el esfuerzo negociador sucesivo de Antonio Guzmán Blanco (1884-1890), el Congreso nuestro esgrime, en 1887, la violación por Gran Bretaña de la Doctrina Monroe –"América para los americanos"–. Y nuestro gobierno busca por convencer al Departamento de Estado para que sume su fuerza y la oponga con dicha tesis ante el invasor de nuestro territorio.

Ello se logra una vez como el presidente Cleveland lleva la cuestión al punto de conflicto con los británicos, en defensa de la

Doctrina Monroe. Desde Caracas hasta ofrecen sus espadas el Mocho Hernández como Cipriano Castro, El Cabito.

Al final, llega el arbitraje y la colusión y venalidad de su estrado, quedando los jueces americanos en franca minoría; amenazados por sus pares, ruso e ingleses, de quitarle a Venezuela hasta su río fundamental. Allí se impuso la transacción. Esa a la que nos negamos y sabiamente procura, después de superar la rabieta por el desafuero anunciado, el ex presidente Benjamín Harrison, asesor de nuestra causa. Nos salva en la raya el delta del Orinoco.

Castro, quien como diputado hasta acusa de traición a Guzmán Blanco, ya presidente se traga sus palabras. Acepta sin chistar lo decidido. Esa es la historia.

EL PARTIDO ES CON GUYANA Y GRAN BRETAÑA

2 de agosto de 2015

La lectura desapasionada de la documentación que fundamenta los derechos venezolanos sobre el Esequibo, arrebatados primero EN los hechos a manos de fuerzas británicas y luego mediante la forja de mapas y el ocultamiento de otros que concluyen en un laudo corrompido, transado entre rusos e ingleses en 1899, muestra un denominador común: Los retrocesos de nuestra reclamación ocurren cuando las pugnas internas se sobreponen al interés nacional, y alcanzamos terreno firme sólo cuando nuestros representantes hacen regla de oro la predica de Rómulo Betancourt en 1962: "Sin desplantes publicitarios, a través de la serena y firme gestión diplomática".

Nicolás Maduro se empeña en volver el camino de nuestros yerros. En lo interno, señala de traidor a quien no le acompañe en su gestión netamente proselitista para desandar entuertos propios. Junto a Hugo Chávez convalida la ocupación "activa" por Guyana de nuestro suelo soberano, y sigue jugando a la división del país. Persigue y encarcela a una oposición de cuyo apoyo requiere para formar, en esta hora aciaga, una mesa de unidad nacional. Y en lo externo, él y sus conmilitones se desgranan en ofensas contra gobernantes extranjeros; ayer, no más, se cargaron al Secretario General de la OEA.

Leídas las memorias del difunto, desde 1999 hasta su muerte, la defensa de nuestras fronteras brilla por su ausencia. No existe Guyana, salvo para denunciar, en 2004, que a él y sus compañeros de armas les adoctrinaban sobre la recuperación del Esequibo por presiones de Washington; y en 2005, para afirmar que Guyana ingresa a Petrocaribe sin condiciones a su soberanía.

De nada vale ahora, por lo visto y su origen espurio, el uso de los recursos petroleros que sostuvieran la adhesión del Caribe angloparlante y sus aliados del mundo en desarrollo a la causa de Venezuela.

O corrige su rumbo Maduro, o terminaremos hundidos. Brasil no es un aliado. Históricamente, sus intereses geopolíticos miran hacia el norte a través de la antigua Guayana Inglesa. Y a Colombia, la embarramos innecesariamente en esta controversia, pisándole sus talones.

Menos mal que allí queda, incluso maltratado, el piso firme del Acuerdo de Ginebra de 1966; obra de un país que gobernaran dos presidentes adecos –Rómulo Betancourt y Raúl Leoni– quienes ponen de lado sus controversias partidarias y reúnen a tirios y troyanos a su alrededor, para el fin indicado.

Ojalá que en la definición de las acciones que sean pertinentes, prudentes y oportunas, y determinadas por personas de criterio zahorí, se entiendan a cabalidad las posibilidades que abre el señalado tratado, que al paso también vincula en su realización a la Gran Bretaña, la usurpadora. Y quiera Dios que no caigamos en las redes de la estrategia guyanesa, que intenta volver hacia atrás las páginas recorridas, demandando que Madure pruebe, antes, que es nulo el vergonzoso laudo arbitral de Paris.

El embajador y Canciller Ignacio Iribarren Borges, artesano del Acuerdo de Ginebra, bien recuerda y precisa que durante el proceso de sus negociaciones, todas las partes, como consta en los comunicados previos emitidos a propósito del mismo, decidieron poner de lado, de común acuerdo, "los puntos de vista acerca de los informes de los Expertos sobre el examen de documentos y discusión de las consecuencias que de ellos se derivan", a fin de avanzar, justamente, hacia un "arreglo práctico" –y no jurídico– de la contención.

Las palabras de Iribarren no dejan lugar a las dudas:

"No es nada fácil entender que se acuse al Acuerdo de haber llevado el debate al terreno jurídico. El propio texto del Acuerdo y sus antecedentes conducen precisamente a la conclusión opuesta: que, para soslayar la estéril controversia, estrictamente jurídica, sobre la validez o invalidez del laudo de 1899, que las enfrentaba en una especie de callejón sin salida, las partes convienen en buscar «soluciones satisfactorias para el arreglo práctico»".

Sea lo que fuere, volviendo al principio, el arreglo del diferendo demanda, primero que todo, unidad nacional y sacar la cuestión del inmediatismo mediático, sobre todo el electoral, único que le preocupa al binomio Cabello-Maduro. La reclamación ha de estar dirigida a nuestras contrapartes en el Acuerdo y es con ellas con quienes cabe alcanzar el entendimiento final, auxiliados por la ONU.

De nada sirve que el gobierno nos recuerde a los venezolanos nuestra propia historia, que narra con torpeza y deja cabos sueltos para la explotación guyanesa de sus intereses el ocupante de Miraflores. El juego debe ganarlo en las canchas precisas y con un equipo que él, como mal director técnico, ha fracturado en los ánimos y expulsado a los mejores jugadores.

OPERACIÓN LIMPIEZA

9 de agosto de 2015

Para rescatar los derechos humanos violan derechos humanos. Es ese, no otro, el desiderátum de la llamada OLP, siglas que evocan las acciones de violencia armada paramilitar que pone en marcha la Organización para la Liberación de Palestina durante los años '60 y '70 del siglo XX.

En el caso de la diarquía gobernante en Venezuela, la Operación Liberación del Pueblo se inscribe en una lógica idéntica, el exterminio del enemigo. No cabe la detención ni el procesamiento penal de quienes delinquen. Procede barrerlos como escoria de la sociedad. Las cifras oficiales ya hablan de 22 muertos, más de dos docenas de ejecutados por las armas oficiales en pocas horas.

La cuestión revela el grado de postración moral a la que ha llegado la «cosa pública». La polaridad del amigo-enemigo permea, incluso, hacia los ámbitos en los que el mismo gobierno alcanza discernir como políticos o económicos. No por azar apela a la imagen de la guerra económica para tapar sus omisiones.

El efecto no es otro que la división social, la fractura del afecto societario, en suma, la pérdida colectiva de la identidad que nos hace pueblo: "El plan estratégico debe considerar que hay un enemigo", afirma Hugo Chávez en 2004.

Pues bien, dentro de este contexto o cosmovisión casera no cabe patria que fragüe, menos experiencia democrática, pues se trata de la hobbesiana premisa del todo contra todos.

Lo paradójico es que los enemigos de data reciente –los colectivos populares– no son aquéllos que fija como tales el chavismo durante la última década y algo más. Es su propia gente, son sus seguidores, quienes ahora, superada la "ilusión revolucionaria", están incómodos y no asimilan la realidad pos-Chávez. Ahora son traidores, por distanciarse del proceso o manifestar su desencanto. De Henry Falcón, gobernador del Estado Lara, el propio difunto, llegado el momento, dice que "a ese traidor lo vamos a convertir en polvo cósmico".

No cabe, así, dentro de la lógica revolucionaria, el planteamiento de Francisco, a quien algunos marxistas de la región consideran prójimo y para quien la política implica un ritual de "reciprocidad en una historia familiar y en una identidad colectiva (donde la lucha por la democracia como estilo de vida y sistema de gobierno no termina allí, sino que se transforma también en una lucha por la inalienable dignidad de la persona humana)"; escenario intelectual dentro del que no cabe, por ende, la "civilización del descarte".

La cuestión es que en el origen de esto están las aguas podridas de las que se alimenta la experiencia que conoce nuestro país desde inicios del siglo corriente, transformadas en remolino que se engulle a sus propios contaminadores.

Nada bueno podía salir del pacto con la narco-guerrilla suscrito por el causante de Nicolás Maduro en agosto de 1999 y hace mudar nuestra débil institucionalidad en Narco-Estado, y le hace eje fundamental del negocio de los estupefacientes en el mundo.

Las cifras son reveladoras. Y no hablo de las toneladas de cocaína que de tanto en tanto son atajadas en puertos y aeropuertos extranjeros, procedentes de nuestra geografía bajo la ley de la selva. Apunto, mejor, a la instalación de la «cultura de la muerte» entre nosotros, en tiempos de bonanza económica –no me refiero al hoy, cuando el agua llega hasta el cuello y hierve dentro de una paila demoníaca– y en una espiral inflacionaria de víctimas que salta en escalera: 4.500 homicidios en 1999, 24.980 homicidios en 2014. La vida, como dice el pueblo llano, nada vale; caras y escasas, si son, las medicinas y los alimentos.

De modo que, cuando se observa a los responsables de esta tragedia que deriva en holocausto celebrar la «operación limpieza» en marcha –excluyo a las familias de las víctimas en las que es explicable demandar el ojo por ojo, diente por diente– y a la sazón decir que garantiza derechos humanos; y al demostrarse que es obra de una circunstancia facciosa (el monopolio de las armas que reclama la Fuerza Armada tutelar del poder presidencial vs. los colectivos populares de defensa de la revolución o círculos bolivarianos del terror, creados por Diosdado Cabello, Freddy Bernal y Juan Barreto), no puede uno menos que temblar de pánico.

Las manos de Stalin, reza la prensa de 1938, llegan hasta Barcelona, España, dónde las fieras revolucionarias se devoran entre sí: "Los que ahora sufren como víctimas, hicieron sufrir como verdugos despiadados, a muchos seres inocentes".

En una democracia, desafío que esta vez tienen los venezolanos a fin de reconstruir a la Nación, con escala el venidero 6 de diciembre, todo Estado y gobierno tiene el derecho y asimismo el deber de castigar el delito; pero dentro del marco de un escrupuloso respeto a los derechos humanos y bajo leyes democráticas.

FRANCISCO, JESUITA Y MISIONERO

16 de agosto de 2015

En el intento de comprender la opción teológico-política de Francisco y la circunstancia de su primer viaje como Papa a la América de habla hispana con escalas en Ecuador, Bolivia y Paraguay, desde dónde vierte enseñanzas ante feligreses con importantes mayorías indígenas, escribo al efecto y en sus textos de jesuita y luego como Cardenal advierto su clara distancia con el marxismo.

En conferencia que dedica a la memoria de los jesuitas mártires rioplatenses, en 1988, Jorge M. Bergoglio recuerda la experiencia pastoral de éstos en las reducciones indígenas paraguayas en el siglo XVII. Propone actualizarla de cara a las realidades de hoy.

Describe el "proyecto de paternidad" que éstos avanzan y recuerda que implica para el indígena estar "en capacidad de librarse, zafarse, de todo tipo de esclavitud"; sea la de un "opresor bandeirante, un encomendero venal o un hechicero. Y luego se pregunta ¿qué teología de liberación subyace en este proyecto?, para concluir por lo pronto que es "opuesto a los proyectos ilustrados de cualquier signo, los cuales prescinden del calor popular, del sentimiento, y de la organización y trabajo del pueblo". Y dice que tampoco se trata de un proyecto de "repliegue sobre la propia cultura (en este caso la de los indios) olvidando el destino de universalidad…".

Critica "el papel jugado por los marxismos indigenistas que reniegan de la importancia de la fe en el sentido trascendente de la cultura de los pueblos, y reducen la cultura a un campo de confrontación y lucha, en el cual la dimensión manifiesta del ser adquiere un valor meramente mundano y materialista…". Agrega que tampoco se trata de un proyecto "que facilite la absorción fácil de estilo de vida ajenos, y que por tanto rechaza el conflicto tan fundamental el cualquier hombre, de ser uno mismo y –a la vez– confirmar las diferencias". Es, en fin, un "proyecto de libertad cristiana".

De modo que, en las reducciones opera un criterio paternal y de amor, de ayuda a la maduración y emancipación del indígena; a fin de que, a partir de sus discernimientos básicos y naturales como "su admiración por lo maravilloso" que da base a la hechicería, por "la audacia y elocuencia" de sus caciques, e incluso de los odios y pasiones que alimenta "bajo las aguas tranquilas" de su sumisión, y siendo abierto y dado al heroísmo, alcance desde allí a conocer y hacer valer su dignidad humana.

Se trata de un ir y venir, de un enriquecimiento recíproco entre la enseñanza evangélica trasplantada desde España y las cosmovisiones primitivas. Se trata de una misión que comienza por la realidad; es decir, conocer "el alma del indio" y sentir junto a él, en la convivencia, "sus necesidades". De modo que, en un proyecto de amor paternal, de promoción de la dignidad del indio, como de libertad –"liberación de los malos encomenderos, liberación de la tiranía de la selva a la que hicieron sonreír con las cosechas, liberación de la esclavitud de la enfermedad curando sus llagas, liberación de la ignorancia"– cabe apreciar dos perspectivas diametralmente opuestas. "Las grandes guerras de conquista y anexión las ganaron siempre quienes dominaron el mar; las grandes guerras en pro de la consolidación de los pueblos las ganaron –en cambio– quienes se atrevieron a dejar las costas y se adentraron en la tierra".

Los mártires jesuitas, en suma, corren en línea distinta de la que se impone bajo las cortes ilustradas borbónicas: "Responder a la noble intención de organizar este gran reino y uniformar su sistema político y económico con el de la metrópoli", como lo dispone Carlos III. La universalidad fecunda que integra y respeta las diferencias se ve lamentablemente desplazada.

No es del caso cambiar la realidad encontrada sino de dignificarla, recuerda Bergoglio. Propiciar un cambio de actitudes trabajando sobre la realidad y con el ejemplo: "Realzar la dignidad del indio" es estar junto a él, es "curar un enfermo, darle de comer, bautizarlo y catequizarlo, enseñarle a labrar, danzar o tallar.

Roque González –uno de los jesuitas mártires– recuerda que "al edificar chozas para cada familia se crea consciencia de familia como base sólida de la sociedad, frente a la costumbre concubinaria".

La opción teológico-política que redescubre el Padre Jorge, predica que "la exigencia de conversión del corazón es el momento espiritual de liberación del pecado propio y liberación del mal que sufren los indios. A través de esa conversión, se da el cambio de estructura pecaminosa de la relación económica: no son los indios los que deben pagar por lo que han trabajado, sino el encomendero valorar el sujeto trabajador que acrecienta su riqueza".

Lejos se encuentra el Papa, pues, de la llamada "teología de la liberación".

MADURO ES UN PLEONASMO

23 de agosto de 2015

No es redundancia. Es pleonasmo. Es una adjetivación innecesaria ante lo que es suficiente como realidad y se basta sin añadiduras, a saber, el anuncio por Nicolás Maduro de suspender las garantías en la frontera. Olvida que, en un país como el nuestro, sin parlamento que pida cuentas ni Estado de Derecho y sin jueces independientes, de suyo las garantías son un lujo inaccesible.

¡Casi 25.000 venezolanos fueron víctimas de homicidio en 2014, bajo el manto de la cultura de la muerte e impunidad reinantes! ¡Llega a 3.548.930 el número de hogares que ya integran la franja de pobreza, es decir, el 48,4 por ciento de la población!

Si existiesen garantías no hablaríamos de presos políticos o de colas mendicantes a las puertas de los mercados y farmacias, que no discriminan socialmente. Ambos son la interpelación más cruda al régimen cabello-madurista, para el que poco significan el derecho a la vida, al debido proceso, a la alimentación, a la salud, a la libertad de pensamiento y expresión, y párese de contar.

Suspender las garantías en la frontera, así las cosas, es sólo el anuncio de una ola de represión más acentuada sobre una población ahíta de angustias y penalidades, como la tachirense, la más combativa y protestataria hasta ahora.

De modo que, argüir la violencia fronteriza por un gobierno que la importa deliberadamente desde agosto de 1999, permitiéndole a las FARC usar nuestro territorio como aliviadero para sus crímenes, y a la sazón justificar un decreto de emergencia para frenar al narco-negociado y sus efectos, no puede significar otra cosa que una corrida hacia adelante. El régimen hace aguas y es presa peligrosa de los nervios.

Si la cuestión acaso tuviese ribetes económicos, el llamado "bachaqueo" o contrabando de extracción hacia la vecina república, la medida equivale a tanto como frenar a un rio caudaloso en su desembocadura. La escasez, la hiperinflación, el control y agotamiento de las divisas tiene su origen en el Palacio de Miraflores.

La frontera es una simple consecuencia. De donde, si cabe, una suspensión de garantías bien se justifica alrededor del territorio palaciego.

Vayamos a los hechos.

La ONU ha señalado que por obra de "esa perversa vecindad" somos "la única fuente de los cargamentos clandestinos de cocaína interceptados a lo largo de las rutas marítimas hacia África occidental, en camino a Europa y Asia". Y "más del 40 por ciento de los cargamentos vía marítima de cocaína incautados en Europa entre 2004 y 2010, y más de la mitad de los que, interceptados en Alta Mar, iban hacia Europa entre 2006 y 2008, se originaron en Venezuela". Se trata, en suma, del "bachaqueo" mayor.

En septiembre de 2004 fueron asesinados 6 jóvenes soldados venezolanos en La Charca, Estado Apure. Y no se suspenden las garantías.

En 2005, muere otro soldado a manos de la violencia procedente de Colombia, y el Ejecutivo oculta el hecho.

En 2009, caen 18 soldados muertos en un extraño accidente, cuando supuestamente enfrentan desde Venezuela al narcotráfico; atribuyéndolo Hugo Chávez al conflicto interno con Colombia alimentado por Estados Unidos. Pero nada pasa. Y el mismo año, otros 2 soldados son asesinados en San Antonio del Táchira. Se acusa del hecho al contrabando de combustible. Se cierra la frontera por horas, y sólo eso.

Durante el quinquenio de Rafael Caldera (1994-1999), 32 militares nuestros ofrendaron sus vidas en 14 ataques perpetrados por la narco-guerrilla colombiana. No olvidemos la Masacre de Cararabo –que deja en entredicho al mismo Chávez– y la lucha agonal en la que las FFAANN sabían del lado en que se encontraban, distinto al del narcotráfico y la guerrilla colombianos.

Las muertes siguen luego, según lo reseñado, pero bajan comparativamente desde cuando nuestros militares se pasan al bando enemigo. Ocurre una suerte de colusión criminal fronteriza "en paz", por razones de "conveniencia política" cubana, hasta cuando los negocios vomitan ambiciones y provocan los "ajustes de cuentas".

95

¿A qué viene, entonces, el arrebato y la sorpresa de Maduro por lo que ocurre en nuestros límites con Colombia? ¿O su pelea con Guayana después de haberle permitido hacer y deshacer en el Esequibo?

El catecismo cubano, durante medio siglo, enseña que los errores de casa se tapan acusando a los vecinos, transando broncas en la calle, exaltando el nacionalismo. Y, por lo visto, Nicolás machaca sobre ese libro viejo y descuadernado para diluir su impotencia. Cree aminorar la pendiente de opinión que lo arrastra antes del 6 de diciembre, o dado el caso patear la mesa. Entre tanto, los Castro, zorros viejos y pragmáticos, se suben sobre el "asno" que es el símbolo demócrata de Obama y leen las encíclicas de Francisco.

"GANAR LA REPÚBLICA CIVIL"

30 de agosto de 2015

Regreso a Caracas luego de presentar el reciente libro de nuestro dilecto amigo Juan Miguel Matheus, abogado magna cum laude con estudios avanzados en la Universidad de Navarra y Visitante de George Washington University. Llega en una hora oportuna. Y lo es por lo aciaga en la vida actual de Venezuela y en una circunstancia agonal que, como lo refiere Elías Pino Iturrieta, el prologuista, acusa la "indigencia de los líderes en materia de pensamiento".

Diría yo que sobran los aspirantes de caudillo y hay raudales de candidatos. Pero los liderazgos que hacen historia buena y sobreponen la razón de las ideas en su diálogo con las realidades por sobre la opresión de la arbitrariedad y sus espadas, yacen en el cementerio o son silenciados por la complicidad.

Juan Miguel, pues, es rara avis en el panorama nacional. Tras de él o junto a él aparecen las luces de los muchos Diógenes dispuestos a encontrar el vellocino de nuestra perdida raíz ética nacional para reconstruirla; y para que nos permita, otra vez, transitar el éxodo vital en pos de otra sociedad regenerada, cuyo centro y finalidad sea la dignidad inmanente e inalienable de nuestros conciudadanos.

La generación de 1928 hizo de la democracia civil y de partidos su mito movilizador en un momento de absoluta oscuridad para la república. Con el sembró una esperanza cierta, sobre la resignación. Y como no se trata de reinventar en falso, cabe no disimular la realidad, que eso lo entendieron los repúblicos de 1958.

Vivimos hoy algo peor que un régimen comunista. Hemos perdido las certezas. La despersonalización es un hábito. Hemos congelado nuestras dignidades haciéndolas inútiles, a la espera de una buena nueva que nos llegue en una cadena de televisión del Estado, por boca de nuestros carceleros de la ciudadanía, llámense Nicolás, apellídense Cabellos.

El título de la obra de Juan Miguel, Ganar la República Civil, plantea un verdadero desafío. Es una interpelación a la conciencia de esa ciudadanía que ha dejado de ser o acaso medra prisionera en la cárcel del Estado y que, en el momento mismo en que el Estado o la organización pública agoniza y hasta quiebra moralmente por circunstancias que nos son propias y también ajenas, opta por volverse amasijo de desheredados guiados por el instinto animal de la supervivencia. De allí que el reclamo de Matheus, quien aspira ser diputado, a la par de ser –uso las palabras de Papa Francisco– un llamado para que hagamos memoria de nuestras raíces, captemos la realidad de presente sin destilarla, y tengamos coraje ante el futuro, encuentre como su sede a la Valencia constitucional.

Valencia es ciudad constitucional. Es el asiento de privilegio en el que se refugia el último vestigio de nuestra república civil a su caída en 1812. En ella adquiere fisonomía propia la República de Venezuela en 1830, al término de la Gran Colombia, y se hace civil y liberal a manos, extrañamente, de un hombre de uniforme, José Antonio Páez. Y es Valencia, luego, la partera de la Constitución de 1858, que nace sobre las cenizas de la deriva pretoriana de los hermanos Monagas; cuya dinastía le tuerce otra vez el rumbo a la Venezuela civil y prosterna la moral y las luces. Cierra con sangre al parlamento, no lo olvidemos, antes de que ahora el Teniente Cabello use a sus huestes para golpear a mujeres parlamentarias y dirija la asamblea como un pelotón de soldados eunucos.

Ganar la República civil es entonces un llamado a la tarea concertada como en los conciertos, bajo diálogo musical y armónico e indelegable; tarea de la que nadie puede zafarse a menos que, como lo dice Matheus, carezca de "piedad patriótica".

No basta, sin embargo, el voluntarismo. Es indispensable realizar una labor de enaltecimiento de la política, posible cuando se afinca en una narrativa moral compartida, en una cosmovisión que al tener como propósito el rescate de la "unión de los afectos" perdidos y que le dan consistencia a la idea de la patria –vuelvo al pensamiento del entonces Cardenal Bergoglio– nos permita a los venezolanos recuperar la memoria: "Un pueblo que no tiene memoria de sus raíces y que vive importando programas de supervivencia" pierde su identidad; a la vez se atomiza y fragmenta por incapaz de comprender su propia realidad, viéndose obligado a la huida del compromiso, a su instalación en el centro para alcanzar la quietud que no le llega, y jugar a las medianías, al sincretismo de laboratorio, perdiendo el coraje ante el futuro y haciéndose, de suyo, "sumiso de los poderes de turno". Se vuelve el pueblo, así, amasijo inerte, sin creatividad ni diversidad.

Pero 6 de diciembre, como lo veo, será un punto de quiebre para la barbarie. Los Santos Luzardo inundarán nuestra maltratada geografía.

COLOMBIA, EL ERROR DE MADURO

6 de septiembre de 2015

La indiferencia de la OEA ante la cuestión fronteriza colombo-venezolana –excepción hecha de su nuevo Secretario General, Luis Almagro– es una mancha que llenará de vergüenza a sus países miembros y signa la evidente incapacidad del sistema internacional nacido luego de la Segunda Gran Guerra del siglo XX para ser funcional a las realidades del siglo XXI, como las deportaciones en masa.

Puede alegarse, aun así, que por vez primera queda rota la aplanadora de votos que favoreciera a Venezuela, barriles de petróleo mediante, cada vez que se intentó encausarla por sus alevosas desviaciones antidemocráticas. Hubiese bastado que el gobierno de

Panamá le diese su apoyo a la iniciativa colombiana, cumpliendo su palabra, para que una reunión de Cancilleres conociese de la "crisis humanitaria" generada por el presidente Nicolás Maduro en los territorios fronterizos. Pero ello no consuela.

Se trata de hechos que, como bien lo muestran las imágenes registradas, configuran la comisión por él y sus compinches de un típico crimen de lesa humanidad, tal y como lo dispone el artículo 7, numeral 1, incisos d), h) y k) del Estatuto de Roma; cuyo texto, a buen seguro, no se han leído Nicolás, su Canciller ni los militares que les siguen sin chistar bajo la idea de la "obediencia debida", que de nada les vale según el artículo 33 del mismo instrumento.

Los gobiernos de la región, de por mitad, callan ante la comisión alevosa de un crimen de trascendencia internacional y que, de suyo, si las cosas fuesen normales, ofende a la conciencia moral universal. Y esto, justamente, es lo relevante.

Los lazos afectivos alrededor de y el sentido mismo de los valores éticos que fraguan sobre la tragedia del Holocausto y dan tesitura a los Estados y la comunidad internacional luego de 1945 –sujetando el orden constitucional de los primeros al respeto y garantía de la dignidad humana y a ésta forjándola como ente tutelar– por lo visto están disueltos. Nada, como parece, ata a nadie frente al dolor vecino. Y ello es grave y presagia mal.

Debo decir, además, que respeto, pero no comparto en modo alguno la apreciación de Henrique Capriles. Trivializa el tema y lo reduce a una provocación del binomio Maduro-Cabello; por lo que pide al presidente Santos enmendar su iniciativa de acudir a la Corte Penal Internacional o, junto a los expresidentes colombianos, no "pisar el peine".

Lo ocurrido, como lo veo, desborda. Ya no se trata del desafío que, obviamente, le planta a Colombia la diarquía gobernante en nuestro país con un propósito netamente electoral interno, o acaso del golpe por banda que da en complicidad con las FARC y Cuba para elevarle a Santos el costo de sus negociaciones de paz, y agregar a éstas el reconocimiento de la permanencia de la revolución bolivariana.

Si es o no un juego táctico, que algunos observan como el barajo o repartición de las cartas en un casino, lo veraz y diabólico es que se fue tan lejos que ahora resta el saldo la comisión de un cri-

men de lesa humanidad. Y tras de él bulle lo peor y más vergonzoso, como la colusión y el maridaje de nuestros militares con el
narcotráfico y el crimen de contrabando. No es poca cosa.

Pero vuelvo a lo central, que no es anécdota ni cabe devaluar
–antes bien ha de ser el eje central para un debate electoral pendiente y moralizador–: A manos de personeros del Estado venezolano ocurre otro crimen de lesa humanidad que se suma a la Masacre de Febrero de 2014, denunciada ante la Fiscalía de la CPI.

Un crimen de lesa humanidad, cabe ilustrarlo, ocurre, entre
otras hipótesis, cuando ha lugar a la deportación o traslado forzoso
de población civil, su persecución fundada en motivos nacionales,
y/o hacerla víctima actos inhumanos que intencionalmente le cau-
sen grandes sufrimientos. La razzia hoy supera con creces el millar
colombianos.

Si Maduro y Cabello han roto las amarras de la legalidad y la
moral internacional, le violan derechos humanos a una colectivi-
dad como la colombiana por motivos discriminatorios y fútiles,
hemos de apreciar que para éstos son bagatelas, en lo adelante, sus
fraudes electorales, tener presos políticos, hacerle pasar hambrunas
a los venezolanos, o criminalizar a la prensa libre.

Insólito es, en fin, que la Canciller de ese binomio diga que pe-
dirá indemnización para los migrantes colombianos y olvide con
liviandad la noción jurídica del estoppel: Nadie puede actuar contra su propio acto. Lo que vemos, no debe olvidarlo esta joven
inexperta e hipócrita, tiene su origen un 10 de agosto de 1999. Ese
día su Comandante Eterno, Hugo Chávez, pacta con las FARC y
su narcotráfico y le ofrece como aliviadero el sagrado territorio de
nuestra patria, hasta para el lavado de sus dineros criminales.

JUSTICIA DEL HORROR EN VENEZUELA

13 de septiembre de 2015

Pueden llamarse Susanas o Barreiros nuestros jueces del horror.
Son esos quienes, a tenor de lo afirmado por un miembro innombrable del Tribunal Supremo de Justicia, cumplen con el deber de
perseguir y condenar al que se oponga a la revolución bolivariana;
despropósito criminal que entrega nuestro suelo a los hermanos

Castro, disuelve la nacionalidad, acaba con el talante generoso que nos fuera propio a los venezolanos y desata nuestros lazos de afecto social y ciudadano para hacernos presa colectiva de la mendacidad.

De la mentira –como régimen y justicia del horror– habla crudamente y con escalpelo en mano el maestro Piero Calamandrei. "En verdad –dice– el régimen fascista fue algo más profundo y complicado que una torva ilegalidad: Fue la simulación de la ilegalidad, el fraude, legalmente organizado, de la ilegalidad".

"Bajo tal sistema –señala– las palabras de la ley no tienen más el significado registrado en el vocabulario, sino un significado diverso,.. Hay un ordenamiento oficial, que se expresa en las leyes, y otro oficioso, que se concreta en la práctica política sistemáticamente contraria a las leyes… La mentira política, en suma, que sobreviene en todo régimen, como la corrupción o su degeneración, en el caso del fascismo se asume como instrumento normal y fisiológico de gobierno", concluye.

Durante la Alemania nazi, la personificación de ese horror de la in-Justicia es el juez Roland Freisler, Presidente del Tribunal Popular. Como juez, jurado y fiscal al mismo tiempo, sus juicios son farsas célebres, llenas de crueldad y cinismo. En 1943 dirige los juicios contra los jóvenes estudiantes de Münich, manifestantes de la organización la Rosa Blanca –suerte de Voluntad Popular– y condena a la guillotina, sin inmutarse, a los hermanos Sophie y Hans Scholl. Y en 1945 juzga al teniente Fabian von Schlabrendorff, por complotar contra el Führer, a quien le dice que "le mandaría directo al infierno". Pero éste responde, "con gusto le permito ir adelante".

Recordado por humillar de manera grosera a sus víctimas y hasta de quitarles los cinturones para que sus calzones caigan en estrados y los hagan motivo de burlas, sobre él se escriben páginas inenarrables y hasta se hacen películas de cine y televisión. La novela de Hans Fallada (Every man dies alone) y el libro *Los juristas del horror*, de Ingo Muller, traducido al español por Carlos Armando Figueredo, son 2 ejemplos.

La historia de la Masacre de febrero de 2014 en Caracas, que concluye con muertos, heridos y torturados, víctimas de agentes del Estado regentado por Nicolás Maduro y Diosdado Cabello, es registrada en sus detalles con el instrumental del siglo XXI para que siga viva y no se desfigure por la venalidad. Llegará el tiempo del juicio verdadero. No es el actual.

Lo que acaba de ocurrir, la condena a 13 años de cárcel de otro inocente –Leopoldo López y antes de Iván Simonovis– por una juez del horror, instruida a fin de que oculte lo probado y lo reduzca a su efecto secundario o adjetivo, agravándolo, como los destrozos de las puertas del Ministerio Público, es, cabe decirlo, una burda repetición entre nosotros de la Berlín del juez Freisler. No exagero. Es tenue e irrelevante, en tal orden, lo que dicen la ONU y la OEA sobre la falta de independencia judicial en Venezuela.

Rabia y dolor general concita el vejamen al que es sometido el símbolo de la democracia y el Estado de Derecho, Leopoldo. Ello es inevitable. Mas, ha de transformarse en punto de ignición del incendio de libertad que, Dios mediante, ocurrirá el próximo 6 de diciembre y derribe las rejas de nuestros ergástulos.

Quizás como anunciación llega horas atrás y es desconocida por nuestra Justicia del horror la reivindicación internacional de RCTV, cuya señal apaga el mismo régimen para instalar su totalitarismo comunicacional goebbeliano.

No se olvide que un segundo crimen de lesa humanidad es ejecutado en vísperas de la condena que profiere en calidad de amanuense Susana Barreiros: la expulsión masiva de población civil dispuesta por la diarquía dictatorial en contra de los nacionales de Colombia, como suerte de Holocausto del siglo XXI y trastienda, revelando desesperación y agonía. También pesará y perseguirá a sus responsables y a esos jueces del horror, en lo particular los que lo autorizaran con sus firmas desde el Supremo Tribunal. No por azar, observa Tomás de Aquino, lo peor ocurre cuando los mejores se corrompen: *Corruptio optimi pessima.*

Desde esta columna, así, vaya nuestra solidaridad con los hermanos expulsados hacia Colombia y los 98 presos políticos sufrientes de la mentira judicial, sus familias, esposas e hijos, en especial las de Leopoldo López, Antonio Ledezma, y Daniel Ceballos.

JUSTICIA TRANSICIONAL EN VENEZUELA

20 de septiembre de 2015

Hablar de Justicia Transicional es poner la mirada más allá del desafío agonal que demanda la reconstitución de la democracia republicana en Venezuela y su Estado de Derecho, a fin de que alcancen su verdadero sentido.

Se trata, pues, de la liquidación de raíz de la justicia venal y el restablecimiento de la independencia de los jueces que desde ya reclaman los organismos de Naciones Unidas y la OEA. Pero no basta. El cometido de fondo es hacer justicia –prevenir el drenaje de rabia popular contenida entre los venezolanos– por los graves daños personales, morales y materiales ocasionados durante casi 17 años de revolución y desde cuando se decide, en agosto de 1999, el maridaje de Hugo Chávez con la narco-guerrilla, haciendo de nuestra patria santuario de crímenes inenarrables e impunidad.

La Justicia Transicional implica, así, una forma de abordar la misma Justicia en épocas de transición, desde una situación de conflicto o de represión por parte del Estado hasta conseguir la rendición de cuentas y la reparación de las víctimas, a fin de fomentar la confianza ciudadana. Es reparar no solo a éstas y sus familiares sino a la misma sociedad en su conjunto para superar divisiones entre los distintos grupos y actores, evitando "la repetición cíclica" del Estado de Terror y violaciones generalizadas y masivas de derechos humanos que se busca superar.

La paz, lo decía bien Juan XXIII, se funda en la verdad y debe practicarse según los preceptos de la justicia.

Remediar la severa crisis de alimentación y falta de medicinas actual, cesar las persecuciones y habilitar a los inhabilitados para la política como sacar de la muerte civil a los millones de hombres y mujeres nacidos en esta tierra que fueran ingresados a listas infamantes, es tarea prioritaria. Como lo es la vuelta a sus fueros del periodismo libre. Mas, allí están a la expectativa los proscritos y llenos de humillación, a saber, las víctimas emblemáticas de una revolución destructora de la nacionalidad y sus símbolos; que hizo de los venezolanos rebaño numerado, destruyó la economía y sus fuentes de trabajo y bienestar, lo que es peor, envenenó el alma generosa de muchos, fracturando familias y expulsando a centenares de miles hacia el ostracismo.

¿Cómo no reparar y hacer de la reconciliación, entonces, un acto de verdad y de justicia? Nadie aceptaría, así no más, la ley del olvido, o el estrechamiento de manos entre las víctimas y los victimarios, entre los líderes de uno u otro bando para superar el trauma inédito padecido, ya que el diálogo democrático también tiene como su límite la moral democrática y sus exigencias, que cabe repetir: Memoria, Verdad y Justicia.

Esa es la cuestión, por cierto, que tensa el ánimo de nuestra vecina Colombia, bajo el gobierno de Santos, y que no es distinta ya de la presente en Venezuela.

Las listas de quejas o "cahiers de doleánces", como le llaman los franceses de 1789, desbordan en demasía. Son las confiscaciones de tierras (2001), la masacre del 11 de abril (2002), las listas Tascón y los "muertos civiles" (2003-2004), el despido de 20.000 trabajadores petroleros y la razzia militar de sus familias (2003), los heridos de la represión durante el referendo (2004), la masacre de Turumbán en Bolívar (2006), la condena de los Comisarios (2010); la masacre de El Rodeo y el Cártel de los Soles (2011), las ominosas confesiones de los magistrados Aponte y Alvaray sobre los crímenes dentro de la Justicia (2012), la masacre de Febrero (2014), la expulsión masiva de colombianos bajo trato discriminatorio en contravención del Derecho penal internacional (2015).

Son ejemplos que no incluyen los desacatos de 12 sentencias de la Corte Interamericana de Derechos Humanos ni las condenas de la Justicia arbitral internacional, las 3.318 empresas e industrias confiscadas o intervenidas para perseguir a sus dueños y trabajadores por "capitalistas", como tampoco los hechos de corrupción mil millonarios en dólares que van desde el Plan Bolívar 2000, pasan por PDVAL y su pudrición de alimentos, el robo de los 25.000 millones de dólares en el SITME, o el lavado de dineros en Suiza y Andorra.

Allí están sin justicia 227.012 homicidios (1999-2014) y los ajustes de cuentas por "grupos de exterminio" policiales, y los crímenes de Estado no resueltos y contaminados: del fiscal Anderson, la embajadora Fonseca, el fiscal Richiani investigador de Makled, los ex jefes de inteligencia Otaiza y el general Guerrero, el ex gobernador Aguilera, Montoya, Bassil Da Costa, el diputado Serra, Odreman, en una lista que cierran los investigados por la DEA.

No será fácil abordar la cuestión. Es justicia, no venganza ni ley del talión. La justicia es memoria, no olvido, para que sea duradera.

CÉSAR MIGUEL, VÍCTIMA DE LA TIRANÍA

27 de septiembre de 2015

La reciente Declaración de Bogotá, firmada por 32 ex Jefes de Estado y de Gobierno –Jamil Mahuad, de Ecuador, la endosa por pedido expreso que lo ennoblece– deja constancia del quiebre democrático venezolano y lo certifica. El cierre progresivo de la frontera, la condena de Leopoldo López a contrapelo de los reclamos de la ONU, los desafueros del Capitán Cabello como primer victimario de la prensa libre, y el secuestro de las garantías electorales por las escribanas de Nicolás Maduro en el poder electoral, hacen evidente la cristalización de la dictadura.

También el tiempo de la simulación, del régimen engañoso que manipula la legalidad para hacer de la ilegalidad su fisiología y base del comportamiento cotidiano del Estado, llega su término; peor aún, la dictadura avanza hacia la tiranía. Y no es exageración.

De dictaduras, en especial de dictablandas, tenemos larga experiencia los venezolanos. Las de Carlos Delgado Chalbaud y los inicios de Marcos Pérez Jiménez con la asamblea de 1952 son paradigmáticas del último fenómeno; pudiendo decirse lo mismo, al respecto y entre comillas, de los gobiernos democratizadores de López Contreras y Medina Angarita. Pero Pérez degenera en dictador y son típicas dictaduras, a comienzos del siglo XX, las de Cipriano Castro y Juan Vicente Gómez. El último asume el poder y dice ¡de aquí no me saca nadie, sino mi Dios que es el verdadero! Es el paradigma del padre tutelar de la provincia ultramontana.

Sea lo que fuere, con el intersticio de la democracia de Punto Fijo que dura algo más de una generación, 40 años, nuestros gobernantes militares o los civiles en turno que ejercen el poder por voluntad de los primeros, mediando cárceles, exilios, presos engrillados y una prensa a la medida, todos a uno se comportan como "gendarmes necesarios". Asumen ser guías más que servidores. Ven incapacidad en el pueblo para disfrutar con madurez del bien de la libertad. Esa es, incluso para nuestra tragedia, la matriz pedagógica que nos lega Simón Bolívar y que apenas recrea a inicios del siglo XX, con su pluma diestra, don Laureano Vallenilla Lanz.

Las tiranías –aquí sí– nos eran extrañas a los venezolanos hasta cuando Hugo Chávez decide fracturar el molde de nuestra cultura pactando con el narcotráfico colombiano y provocando la muerte moral, como paulatina, de la república. Y a la par, dejando que nuestra geografía sea violada en su virginidad ante su mirada pervertida de voyeur.

Se hacen del cuerpo de la patria nuestra los hermanos Castro –criminales cubanos hoy exorcizados por un sino de los tiempos que corren– mientras en silencio y a su vez lo rebanan desde Oriente los gobiernos guyaneses y desde el Sur, Lula Da Silva y su heredera.

Comparto, pues, la reflexión que otrora hace el ex presidente dominicano Leonel Fernández, al pedir de los suyos distinguir entre una dictadura y una tiranía, que de ordinario son metidas en el mismo saco.

Al dictador romano se le hace depositario del poder (magister populi) por el Senado, con el propósito de salvar a la república. El tirano, antes bien, abandona el rol de protector de su pueblo para hacerse déspota y criminal. De allí la expresión célebre, de origen griego, que ocupa a la escolástica medieval: el tiranicidio.

La cuestión, sin embargo, mejor apunta o se entiende en términos contemporáneos por sus consecuencias. La degeneración del régimen autoritario en despótico dada su colusión con la criminalidad. La tiranía es expresión acabada de incivilidad: Es la "asfixia intelectual" –léase moral– de la que habla Leonel y es primacía de los instintos. En efecto, hasta en las dictaduras se sostiene, con sus desfiguraciones, la razón política o la idea del Bien Común. La tiranía cosifica. Le resta todo sentido a la dignidad de la persona humana. En ella priva algo más que el tanatos –o la muerte– y cede el eros, el amor por el prójimo. La muerte sin violencia, descriptiva de la primera expresión, le deja su espacio a las keres: al dominio de las hermanas amantes de la sangre.

Pero vuelvo a lo esencial. Dejo atrás la violencia fronteriza o los crímenes de Estado que marcan a la "revolución" de Maduro y Cabello, a fin de reparar en lo sintomático de su tiranía en comandita, como el pedido de la Canciller Rodríguez a su homóloga colombiana de controlar a la prensa, de callarla. O la amonestación con tinte discriminatorio que se le hace a César Miguel Rondón –venezolano nacido en México durante el exilio de su padre, el eminente luchador democrático César Rondón Lovera– por dejar que el alcalde de Cúcuta hable a sus anchas y horade aún más el ganado desprestigio de la diarquía gobernante.

La tiranía en Venezuela es, en suma, asfixia del pensamiento. Y cabe derrotarla.

CHARLESTON Y VARGAS LLOSA

4 de octubre de 2015

La célebre ciudad de fantasmas y aparecidos que es Carolina del Sur, famosa por su actividad paranormal e ícono del proceso de Independencia y la guerra civil de los Estados Unidos, es ahora sede de otra Asamblea General de la Sociedad Interamericana de Prensa.

Al invitado especial, Mario Vargas Llosa, Premio Nobel de Literatura, en diálogo sostenido con el periodista Andrés Oppenheimer, lo gana la hilaridad. Es preguntando sobre la oposición de Nicolás Maduro Moros a la observación de las elecciones parlamentarias del venidero 6 de diciembre en Venezuela: ¡Le tiene miedo hasta a la OEA!

Al describir la penosa situación que vive un país bizarro como el nuestro, que contrasta groseramente con la podredumbre –son sus palabras– en que lo ha transformado la revolución chavista: dominado por mafias, con los más altos índices de inflación y criminalidad del mundo, y sus gentes dando dolor a las puertas de abastos y farmacias para conseguir lo que no hay; no obstante, ello, Vargas Llosa le rinde admiración fervorosa a la oposición democrática en su conjunto.

Al margen de sus divisiones o mezquindades de ocasión, considera una injusticia no reconocerle su valentía y coraje demostra-

107

dos, tanto que su liderazgo, que, en procura de sostener un mínimo espacio de libertad, hoy lo paga con cárceles, persecuciones, torturas y el pueblo con su racionamiento.

De la OEA destaca su larga abulia para la defensa de las libertades en el hemisferio; y pone de manifiesto, como hecho positivo, la reacción que en paralelo ello ha concitado en los ex presidentes iberoamericanos, dispuestos a llenar el vacío.

¡Maduro, le tiene miedo a la OEA!, a un cascarón inútil, afirma el Premio Nobel; lo que hace evidente la disposición de aquél para asaltar el proceso eleccionario que clara y abiertamente, en condiciones de normalidad, lo ha de barrer como el polvo. Nadie hizo tanto para ganarse su impopularidad como el gobernante que ocupa el Palacio de Miraflores, concluye Vargas Llosa.

La Asamblea de la SIP, por voz de quien esto escribe, ha sido informada con detalles de la situación de Venezuela. Del contexto dentro del que es asfixiada la libertad de expresión y de prensa en 2015.

No deja de sorprender, en los comentarios de pasillo, el insólito planteamiento que la cancillería venezolana llevara a la colombiana, en modo de procurar un plan de censura de los medios para que bajen el tono sobre el crimen de lesa humanidad ejecutado por el propio Maduro contra sus paisanos colombianos.

Sea lo que fuere, salta de bulto, como materia para el debate de la prensa hemisférica, la suspensión de las garantías constitucionales a lo largo de la frontera con Colombia, dado sus efectos nocivos sobre los derechos a la reunión y manifestación, sustantivos de la experiencia democrática e indispensables para la existencia de un ambiente electoral equitativo y competitivo; capaz de oxigenar el ambiente de libertades que se busca reconstituir.

Sigue también la decisión del régimen y su Tribunal Supremo de no acatar, contraviniendo el texto de la Constitución, la decisión de la Corte Interamericana de Derechos Humanos que declara al Estado venezolano como responsable de haber violado la Convención Americana de Derechos Humanos, y que le ordena restablecer la señal y bienes que se le confiscaran a Radio Caracas Televisión, la más antigua del país.

La protesta de Naciones Unidas, a través del Alto Comisionado para Derechos Humanos, por la condena que le ha sido impuesta al líder opositor Leopoldo López, arbitrariamente encarcelado y criminalizado –tanto como Antonio Ledezma y María Corina Machado– por su opinión política, ya es vista como una práctica consistente con las más añejas tiranías militares latinoamericanas.

En fin, se revisa la quiebra económica de la prensa independiente, a la que, como en los casos emblemáticos del diario El Carabobeño, El Correo del Caroní, El Impulso, El Nacional, El Regional del Zulia, se le niega o raciona el papel o las divisas para la compra de insumos para su actividad, como medio indirecto para imponerle la censura.

La ONG Espacio Público, como lo refiere el informe llevado a Charleston, constata que los titulares del Estado venezolano son los autores del 40% de las violaciones principales a la libertad de expresión y prensa detectadas, a las que siguen las de los funcionarios policiales en un 21%. Y en lo particular, refiere que, junto a Maduro, es el Capitán Cabello el primer victimario de la prensa libre durante el período de análisis por la SIP, y quien ordena la persecución judicial y la prohibición de salida del país de 22 directivos del diario El Nacional, el Semanario Tal Cual, y el portal web La Patilla, empujando a sus editores, Alberto Ravell y Miguel H. Otero, hacia el exilio.

NEGOCIACIONES DE PAZ EN VENEZUELA

11 de octubre de 2015

Hay quienes insisten, con sus razones, en la urgencia de un diálogo entre los venezolanos. Ponerle fin al despeñadero institucional y socioeconómico que sufre el país en su conjunto, antes de que la explosión social e intestina gane todo el territorio, es una de ellas.

Esa proposición es común a los observadores extranjeros y algunos la resumen en la prédica de encontrar puntos y espacios para la conversación con el chavismo, que tiene secuestrado al país y urge liberarlo.

El énfasis o la forma de postulación del diálogo, incluso en el mismo momento en que la emergencia ya golpea en nuestras narices y nos arrastra, revela, sin embargo, una admirable capacidad para la mimetización. Nos metemos y vivimos la tragedia sacándole ventajas, como para no verla. Como para que nos maltrate lo menos posible, disimulándola: ¡estamos al borde!, ¡a punto de violencia!, ¡a las puertas de una crisis humanitaria!

Lo cierto es que no estamos a punto sino en el punto; y al no asumirlo como tal, ni propios ni extraños se convencen de lo profunda y arraigada de nuestra tragedia nacional y hasta la consideran pasajera. De allí que el diálogo sea lo que sugieren éstos para resolver la cuestión que nos embarga, incluso el Papa Francisco.

Creo, no obstante, que el asunto es más grave y complejo. No basta con dialogar.

Vivimos los índices más elevados de violencia e inflación económica del mundo, tanto como somos aliviadero del terrorismo y domicilio principal del narcotráfico a nivel internacional; y el gobierno Maduro-Cabello, por su parte, no resuelve, sino que se rige por el catecismo de las mafias a la hora de premiar o castigar. Pero, aun así, se machaca que ¡estamos a punto!, que no exageremos.

La verdad es que más allá de nuestra realidad ominosa y vergonzante los venezolanos estamos siendo interpelados por una consideración de base que mal podemos seguir postergando. ¿Se trata de dialogar o es posible dialogar democráticamente con el o los dictadores de turno o con los jefes del narcotráfico, y con ellos resolver lo coyuntural? Por lo pronto, en Colombia lo hace Juan Manuel Santos. Pero cabe preguntarse si acaso ¿se trata un diálogo entre pares, o mejor es un armisticio o probablemente un arreglo impuesto, en virtud de que Santos venció a la narco-guerrilla o ésta a él?

Vista la situación venezolana, esa reflexión en paralelo no basta, ya que lo ocurrido y lo que padece nuestra población –incluida la chavista– es obra de un presupuesto cultural que nos rezaga y mantiene como presas de nuestro primitivo siglo XIX. En otras palabras, dos colectividades antagonizan y no se reconocen, una por aferrarse a la tradición del "gendarme necesario" –el padre bueno y fuerte que resuelve por todos y cobra como precio del bienestar la pérdida de las libertades– y la otra, hechura del siglo XX, que empuja por ampliar su modernización e integrarse al siglo XXI, al desafío de la libertad responsable.

110

Venezuela excluyó a buena parte de su sociedad moderna en 1999 y ha estado purgándola de su seno durante los lustros sucesivos. Prefirió resucitar el Mito de El Dorado e impuso un texto constitucional sólo con apoyo de la parte ávida de que Hugo Chávez Frías resolviese por ella y hasta pensase por ella. No es la vigente Constitución una síntesis o denominador común nacional capaz de contener la pluralidad de cosmovisiones existentes, dentro de un marco claramente democratizador.

Pues bien, que una nueva mayoría ahora sea contraria al matrimonio morganático Maduro-Cabello con vistas al 6D y sus elecciones parlamentarias, es una cosa, apenas fundada en las carencias inmediatas y evidentes. Distinto es solucionar las cuestiones de fondo que han provocado el deslave de aguas envenenadas que hoy nos empapan. Y ello cabe abordarlo.

Se trata, luego del 6D, de alcanzar una paz fundada en la convivencia y anclada en valores fundantes mínimos compartidos entre todos los venezolanos; que le den nueva tesitura a esa identidad que se nos ha diluido por efecto de un presente que decidió romper con su memoria histórica y le resta su carácter tensional con vistas al porvenir.

No se trata de dialogar con quienes son los responsables de nuestras desviaciones y nos niegan la madurez como pueblo, corrompiéndolo a diario. Y si esos diálogos proveen consensos, menos sirven, pues los consensos, dada su naturaleza, provocan entendimientos por el rasero, por debajo, dando lugar a sincretismos de laboratorio. Todo lo relativizan en el plano de la moral.

Se necesita en Venezuela de una auténtica negociación de la paz, entre sus gentes y con apoyo en una exigencia de "justicia transicional". Colombia y Centroamérica han entendido esto, luego de los muertos que les dejan sus guerras domésticas. Nuestros muertos las superan, y en demasía.

EL PESO DE LA HISTORIA

18 de octubre de 2015

Llegado el fin de las ideologías –que no la muerte de la razón– al concluir el siglo XX, las realidades del siglo XXI se muestran inéditas. No se matizan. Los espacios que circunscriben la cultura del pensamiento se ven ahora desbordados por el tiempo y su vér-

111

tigo digital. Los libros pierden atención. Las cuestiones de interés público quedan en manos de la generación "araña". Ella teje sus imaginarios y resuelve coyunturas a empujones, con los 140 caracteres de un Twitter.

No obstante, el raciocinio sigue allí, latiendo, pero ahogado por el deslave de una ciudadanía global que no conoce de geografía y exprime los minutos. Reside en las salas de los aeropuertos y no le da tregua, siquiera, a los instantes de su tránsito entre una u otra ciudad, pues vía internet continúa montada sobre las redes subterráneas de la virtualidad. Copula en soledad.

Ha desaparecido el ágora. Las asambleas y parlamentos son atropellados por la rueda demencial de las informaciones, imposibles de verificar y menos de sedimentar con la atención. Las escribanías se mudan a las redes, y los muros de las añejas instituciones políticas o económicas, partidarias y hasta universitarias, caen y transfieren sus domicilios al mundo de las webs.

Y si bien es cierto, como lo apunta el hoy papa Francisco, que la realidad es realidad y no puede verse escamoteada por los ismos y sus ideas ni por la moralina o el sincretismo o los equilibrios de conveniencia, asimismo es veraz que el hombre –varón o mujer– y su naturaleza frágil pero perfectible sigue siendo el "señor de la historia". De modo que su capacidad innata para discernir acerca del bien o del mal permanece inalterada. Que no la use o la mantenga bajo latencia es otra cosa.

La cuestión de fondo planteada, así, es el dilema del relativismo de la civilización digital dominante, que crece y se expande inevitablemente: tanto que la vida útil de un celular o computador es de apenas meses antes de que otro más avanzado le sustituya. Pero el drama reside en la disposición o no del individuo para servirse de o para servirle a la inteligencia artificial, haciendo o no prevalecer su dignidad inmanente de Ser racional y pensante, autónomo.

¿A qué viene todo esto?

En los siglos XIX y XX difícil es imaginar que un liberal deje de ser tal para transformarse en conservador; o que un militante de AD se haga de un carnet de copeyano, a pesar de que las líneas intelectuales entre tales banderías se diluyen luego, en el camino

112

hacia nuestra modernidad. Antonio Guzmán Blanco, preguntado por su militancia liberal, dijo que lo era por cuanto sus adversarios se llamaban conservadores; pues si éstos se hubiesen declarado liberales él sería conservador.

En el presente y a diario, con la misma rapidez de los ciudadanos digitales, los dirigentes y militantes de los partidos venezolanos se cambian entre éstos según la coyuntura, al considerarlos como meros instrumentos de gestión de poder y nada más.

La pregunta, en consecuencia, se hace agonal: ¿Es absoluto el límite del relativismo que domina en nuestra política vernácula partidaria?

Si todo es relativo y los valores o la estimativa no cuentan, estar en uno u otro lado, compartir la mesa con tirios y troyanos, es irrelevante. De modo que el argumento moral del diálogo democrático entre distintos –gobierno y opositores– que algunos allegan, aduciendo el imperativo de la crisis nacional, no pasa de ser un artificio de circunstancia.

Si la estimativa entre el bien y el mal cuenta –y sé que cuenta para muchos– y se constata como realidad que los venezolanos sufren sin distingos los rigores de una férrea dictadura, amoral y en desbandada, nutrida del parto mefistofélico que fuerza Hugo Chávez con el narcotráfico en 1999, el diálogo posible, a manera de ejemplo, queda limitado por la moral democrática. No puede soportarse, a manera de ejemplo, sobre la premisa que le facilita la Justicia colombiana a Juan Manuel Santos, al relativizar la gravedad del negocio de las drogas cuando sirve para finalidades políticas.

Ese dilema –entre la idea fundante y el relativismo existencial– lo vive el partido COPEI entre 1952 y 1953. Algunos de sus militantes merideños saltan la talanquera. Cohabitan con el dictador naciente. Y entre tanto, el joven estudiante Luis Herrera Campins, en carta que escribe desde su exilio, en Santiago de Compostela, acompaña el repudio que hace la "generación de los mayores" encabezada por Rafael Caldera y afirma al efecto que "Las defecciones deben más alegrarnos que sumirnos en la tristeza. Los impacientes están de sobra porque la impaciencia es la condición previa al entreguismo. Cuando el ideal se siente de veras, la capacidad de resistencia es ilimitada frente a la corrupción y al deshonor".

EL DRAMA DE LA DEMOCRACIA Y EL 6D

25 de octubre de 2015

La Sociedad Interamericana de Prensa constata, luego de un cuidadoso seguimiento anual de la realidad venezolana, que en ella no reside –como lo cree el Secretario de Estado norteamericano– una "democracia precaria". Hay una dictadura cabal, como lo refiere O Globo de Sao Paolo en su reciente editorial.

Que estén planteados unos comicios parlamentarios el venidero de 6 de diciembre, no desmiente lo afirmado. La democracia, entre otros componentes, es servicio a la verdad, culto a la transparencia. Pero el Tribunal Superior Electoral de Brasil ha declarado que su ex presidente y ex juez supremo, Nelson Jobin, de reconocida imparcialidad y competente en materia electoral, fue vetado por el gobierno de Nicolás Maduro.

No lo acepta para encabezar la veeduría electoral que plantea la UNASUR, suerte de ministerio del régimen de Caracas. Todavía más, el Senado brasileño ratifica los retardos provocados por el Poder Electoral que aquél controla, para la concertación de los términos de la observación u acompañamiento recomendado, haciéndola materialmente imposible.

Así las cosas, habrá elecciones, pero sin garantías; salvo que se decida posponerlas y sumir al país en una mayor incertidumbre, como sujetarlo a cualquier desenlace eventual e inesperado ajeno a todo control social y democrático.

Conforme lo indican los estudios de opinión más serios, que conocen la dictadura y la oposición democrática, una mayoría calificada de los votantes potenciales reclama el cambio de rumbo político. Acusa a la diarquía dictatorial de Maduro y Diosdado Cabello como responsable de la crisis humanitaria en curso y la violencia acrecentada durante los dos últimos años. Sus seguidores, incluso, la tacha de traidora a Hugo Chávez.

Esa realidad no admite ser trucada. Tanto que llega a su término, traumáticamente, el tiempo de la simulación democrática. Y como lo apunta el Papa Francisco, la realidad es superior a las ideas. Y agregaría que la realidad tampoco cambia por obra de los votos. El hecho electoral abre caminos, pero asimismo se cierran cuando un resultado electoral dice lo contrario de lo que mandan la realidad y su escrutinio por la razón.

El desafío planteado tiene como punto de ignición el 6 de diciembre, día de las elecciones. El porvenir se forja después del día 7.

En suma, habrá elecciones bajo un régimen dictatorial, sin garantías. Lo crucial ahora no es que llegue o no una observación internacional oportuna e imparcial.

La observación importa, sí, pero como el público de un teatro que acude neutral y expectante y decide sobre la calidad de la obra representada; sin ser comprado o arreado, a diferencia de los espectáculos propios de las dictaduras fascistas, cuyas obras se ven y aplauden al guiño de sus directores, por públicos de ocasión e invidentes.

Toda trama y drama depende, en fin, del comportamiento de sus actores; de su capacidad para superar las trastadas de la memoria o el temor escénico, y de su habilidad para reinventar el libreto sobre la marcha, según la medida que impone el ritmo de los diálogos y su desenlace agonal.

Al pueblo venezolano le corresponde desnudar su tragedia actual y concretarla en sufragios que la muden en algo dramático, presto a las alternativas, a lo dilemático. A las primeras figuras, nuestros dirigentes políticos y sociales, compete traducir con fidelidad el ambiente alcanzado; y a los guardianes del teatro –nuestra Fuerza Armada– deben impedir que los salteadores de siempre irrumpan en la sala o suban a la escena para frustrarla. Todos tienen roles insustituibles.

De la comunidad de los gobiernos, dueños de los locales de la política, no es mucho lo que cabe esperar. De la primera recuerda bien Eduardo Frei padre, ex presidente chileno, su irreductible cinismo. En 1954, denuncia la firma en Caracas, bajo la dictadura de Marcos Pérez Jiménez y durante la X Conferencia Interamericana, de una declaración de derechos humanos mientras en los gobiernos presentes "se suprimen los diarios que no están a su orden, mantienen prisioneros políticos a quienes torturan, o se condena al exilio y deben vagar por América en busca de refugio y de pan sus opositores".

La obra de la democracia, cabe decirlo, tiene partes y se compone de actos diversos y complejos. No se agota en una edición, la del día comicial. Como lo recuerda Frei siguiendo a Maritain, la democracia implica "una organización nacional de las libertades fundada en la ley y la esperanza terrena de realizarla se encuentra montada sobre un frágil buque". En fin, cabe completarla y enriquecerla como hacer cotidiano y sin desmayo; y protegerla del "partidismo" –no de los partidos– como expresión de crisis moral y cenáculo en el que anidan las pasiones de los mediocres".

ENTRE EL DIÁLOGO Y LA COMPLICIDAD

1 de noviembre de 2015

La suma calificada de los venezolanos se encuentra mineralizada alrededor de una premisa: el régimen que Nicolás Maduro comparte con Diosdado Cabello es un fracaso monumental.

Es un pozo de aguas infectas que condena la opinión pública mundial. Cabe, diría Rómulo Betancourt, construir a su alrededor un cordón sanitario. Y eso piensan, incluso, quienes aún siguen leales a la memoria del fallecido Hugo Chávez Frías, el causante.

La realidad es esa sin matizaciones. Más allá de las críticas que nos merezcan el mismo Chávez o el matrimonio morganático en el que se empeña con tozudez, al fundir los catecismos intelectuales de Bolívar y Marx; tanto como lo procura a su turno el propio Castro, entre Marx y José Martí.

De modo que, cuando algunos analistas o aspirantes de la política doméstica insisten en que el país se encuentra dividido en dos pedazos irreconciliables que pugnan, atribuyéndole a ello el origen de nuestros males y para proponer como terapéutica la construcción de nuevos consensos o acaso una cohabitación entre partes, yerran por interés o defecto de perspectiva.

Lo que hoy se observa a todas luces es una unidad nacional de voluntades que desborda los espacios de utilidad o las parcelas políticas culturalmente hipotecadas. Ella demanda desesperada y en unidad salir del camino que nos lleva hacia el abismo; y es una unidad sobrevenida, es verdad, producto, sí, de una circunstancia: la de los estómagos, que no discriminan. Pero es unidad y no más una torta partida en mitades, según se afirma, pues el fracaso de la revolución y la rebeldía de los herederos se lleva por delante a toda la población, y a los revolucionarios. Esa unidad, sin discernimientos mayores, quiere y pide cambio. ¡Ya basta!, es el grito rabioso que resume la crisis venezolana y que todos a uno, en buena hora, ponen su mirada y desenlace en términos pacíficos y constitucionales en el voto como único espacio de libertad limitada que a todos nos queda, el 6 de diciembre.

La confrontación agonal, que si acaso la hubo y todavía la hay y cabe resolver en lo adelante –entre quienes siguen atados a la perspectiva cultural positivista, justificante del gendarme necesario o el padre bueno y fuerte que por todos vela y diluye nuestras falencias como sociedad pretendidamente madura, por una parte, y por la otra quienes, montados sobre las autopistas de la modernización aspiran a tener proyectos de vida propios y realizarlos con autonomía cabal– es algo que está allí. Medra desde nuestro ingreso con retardo al siglo XX y todavía nos divide. Pero esa divisoria de aguas ha sido felizmente postergada por la emergencia, por la conciencia común acerca de una tragedia sin alternativas de drama a la que cabe ponerle coto. Y por haber muerto nuestro último hombre a caballo.

Dos realidades inmediatas, si en ello queremos insistir, muestra el panorama nacional. La de un gobierno que se desmorona y es víctima de la desesperación, que medra sin aliento popular, atomizado entre clanes y "pranes", ahogado en la ciénaga de su amoralidad y enfrentado al pueblo en su conjunto; sin querer respetar su salida democrática porque tampoco encuentra la suya; que no sea la cárcel o el ostracismo.

Así, quedan atrás y por lo pronto, dentro del contexto de la crisis humanitaria en curso y en vísperas de elecciones, la rémora bolivariana que desde antaño se niega a la construcción de "repúblicas aéreas" –civiles y civilizadas, de suyo democratizadoras del poder– y le da fundamento a los liderazgos fuertes que conoce nuestra historia de traiciones y de patadas.

José Antonio Páez, Antonio Guzmán Blanco, Juan Vicente Gómez, y Marcos Pérez Jiménez, endosan las espadas y se hacen caudillos, y nos mandan. Y durante la segunda mitad del siglo XX

–antes de que Chávez abra y cierre su período generacional y político de corte regresivo– las levitas y plumas de nuestros alfareros democráticos, Rómulo Betancourt y Rafael Caldera, otro tanto hacen desde sus partidos y también los mandan, pero para enseñarnos a mandarnos como colectivo. Pero el molde del "César democrático" se ha fracturado, quizás en espera de otro.

Por lo pronto, cabe un diálogo nacional entre las víctimas de tanto desasosiego, quizás para que nos vacune contra otro gendarme y ese es el desiderátum.

Pero se trata de un diálogo de la nación con la nación misma y jamás con sus victimarios. Lo ha dicho "Chuo" Torrealba y lo dice bien Juan en su segunda Carta, antesala del apocalipsis: "Si alguno viene a Ustedes y no transmite la doctrina –no practica el amaos los unos a los otros– no lo reciban en casa ni lo saluden, pues quien lo saluda se hace cómplice de sus malas obras".

NOS OBSERVAN

8 de noviembre de 2015

Nunca antes fuimos tan observados los venezolanos con tanto empeño y desde el extranjero como ahora. Y en buena hora, dado el desarrollo de la sociedad global de la información –nada hay oculto que no se descubra– nadie requiere desde afuera ser autorizado para observar, ni por Maduro ni por Cabello, menos por la Lucena.

Somos observados por muchos. Unos buscan respuestas al absurdo de una nación famosamente rica que termina en la miseria y es gobernada por una escoria que espera de la cárcel. Otros, expectantes, intentan saber si los venezolanos seremos capaces de vencer tanta adversidad.

Desde distintos rincones del planeta nos siguen y se tienen apreciaciones distintas acerca de la obra dramática que representaremos el venidero 6 de diciembre.

La buena noticia es que somos famosos y tomados en cuenta por algo serio o muy grave, ya no por como tener las mujeres más bellas del planeta o, en algún tiempo, por ser los primeros importadores mundiales de whiskey o por derrochadores de nuestra riqueza nacional.

118

Algunos nos observan con escándalo y otros se muestran escandalizados, pero para ocultar el cinismo o sus tácitas complicidades con la tragedia venezolana.

Damos lástima o somos la vergüenza de nuestros observadores al encontrarnos gobernados por un narco-Estado –hecho de corruptos y traficantes de drogas, jueces venales, aprovechadores, "empresarios" propios y ajenos que abonan a su favor la neutralidad de los dineros– que es parte activa de los movimientos criminales registrados por la prensa global.

Unos y otros, no obstante, piensan que agotada y dilapidada la riqueza petrolera líquida, bajo los signos de la escasez y el dolor de los estómagos, se sucederá un cambio todavía impredecible en la realidad de excesos y abusos dominante durante los últimos tres lustros en Venezuela. Nadie imagina que será inmediato y sin dolor.

Antes y no solo hoy se nos observaba, cabe aclararlo.

Medios y gobiernos extranjeros o sus clubes desde ayer nos miran con pasmo. Ven la sucesión de un milagro bajo el gobierno de Hugo Chávez Frías. Creen presenciar una combinación inédita de la tradición caudillista latinoamericana –la del gendarme necesario o el padre bueno y fuerte– que se hace dictadura, con la emergencia de un soldado felón que muda en demócrata y es socialmente sensible. Una suerte de menjurje o sincretismo entre bien y el mal, entre la violencia y las luces.

Otros nos ven, hasta hace poco, como una tierra de azar, y dominada por la voracidad y gula. Desde sus adentros ríen al creernos un pueblo de psicópatas y masoquistas, gozosos de que se nos use y se expolien nuestras riquezas por bucaneros de ocasión. Y desde sus afueras repudian la ingenuidad liberal de los pocos –contrarrevolucionarios, opositores, escuálidos, demócratas de vieja escuela– que se quejan de ello y su gravoso costo moral y democrático.

Lo esencial de apreciar, en suma, es que la verdadera comunidad internacional –que forman su opinión pública, los ex presidentes probados como demócratas, la gente común, sus analistas, los hacedores y seguidores de la prensa– y muy distinta de la comunidad utilitaria de los gobiernos –que premia en la ONU a Nicolás

119

Maduro y a Diosdado Cabello, violadores contumaces de derechos humanos– ahora nos sigue más atenta y escrutadora. Será el público que llene el aforo de ese teatro o ágora en el que se transforme el territorio venezolano durante las elecciones parlamentarias del 6 de diciembre.

Esa comunidad de observadores, a quienes le bastan sus ojos y redes de conexión como su criterio experto para juzgar la escena presta para la representación y para descubrirla en su trama real o engañosa, en su momento aplaudirá como aforo del teatro de nuestra resurrección democrática. Y silenciará o abucheará a quien intente perturbar los momentos agonales de la obra en curso y su resolución. Pero esa mirada atenta del público experimentado, para sus manifestaciones se sirve de algo insustituible que ella no llena: el papel y rol de los actores.

Amenazadas por mafias en vilo, las elecciones por realizarse dependen de los votantes y el comportamiento de sus conductores. Y para que los aplausos y vítores de quienes les miran ensordezcan a la canalla y se multipliquen desde la cúpula del teatro, unos y otros han de ser firmes y corajudos.

Lorca escribe su obra más difícil, casualmente, desde Cuba. La llama El Público para protestar contra la hipocresía. El público no es uno –cada espectador– sino muchos. Y al cabo, muestra al arte como un instrumento de cambio de la realidad en sentido total y además político, pues revela lo oculto y pone en cuestión los valores o antivalores establecidos. Ese el desafío que nos espera a los venezolanos. Por eso somos observados.

¿VOTAREMOS POR EL NARCOTRÁFICO?

15 de noviembre de 2015

La experiencia de Colombia –que poco observamos, salvo los habitantes de la frontera venezolana– pudo ser nuestro mejor anticuerpo. Pero no fue así.

A las mayorías nos ganó, por acción o dejadez, el desenfreno, la ambición, la urgencia de sustituir la abundancia finita de nuestra droga mayor –el petróleo– por otra más letal, que permitiese seguir en la francachela hasta el infinito y más allá. Pero llegamos al término o acaso al comienzo de una era de zozobra mayor y más profunda, pero de recuperación si las mayorías deciden atemperar y paliar, hasta superarla, la disolución moral que hoy nos acompaña como nación.

El odre o camisón que le da forma a nuestra sociedad y nos justifica como experiencia de vida republicana se lo han consumido las polillas del narcotráfico. Hasta perdimos el nombre y los símbolos. Y lo primero cabe aceptarlo, si esperamos sanar como colectivo.

Los colombianos luchan durante medio siglo con las aguas encrespadas del crimen y la corrupción que les procuran los cárteles de la droga. Los asesinatos se hacen rutina. No se le escapan los altos jerarcas del gobierno ni candidatos a la presidencia. Contaminan hasta un presidente en ejercicio, Ernesto Samper. Todo el pueblo, no solo su Corte Suprema, sufre sobre su cuerpo la desgarradora mano de los "patrones del mal". Pero el Estado, unas veces con mayor decisión y otras, prisionero de conductas melifluas, enfrenta a los narco-barones hasta que los doblega. Hoy, es verdad, negocian ambos bandos como si nada, pero lo peor ha sido superado.

El tema de la colusión abierta del poder público con el tráfico ilícito de estupefacientes es lo inédito en Venezuela –remeda a la Panamá de Noriega– y es secreto a voces durante los últimos 17 años. Se inicia en 1999.

Quienes intentaron denunciarlo fueron purgados con la indiferencia, silenciados ante la opinión como la ex juez Mildred Camero, o llevados a la cárcel como el ex candidato presidencial Oswaldo Álvarez Paz.

No sabemos, a ciencia cierta, cuántos de los asesinatos impunes que ocurren cada año y superan los 20.000, hacen relación con el negocio al detal de la droga –ajustes de cuentas– o eventualmente resultan de las órdenes de sus jefes como en los casos de los fiscales Anderson (2004) y Richani (2005), o de Erlich y Farfán (2006-2009), de los sindicalistas Gallardo y Hernández (2008), del periodista Zambrano y el veterinario Larrazábal (2009), del gobernador Lara (2010), de la Jefe del PSUV en Sucre (2011), del ex gobernador Aguilarte (2012), de la embajadora Fonseca (2012), del general Moreno (2012), del Jefe del PSUV

121

ASDRÚBAL AGUIAR

en Anzoátegui (2012), del diputado Guararima (2013), o de Eliézer Otaiza (2014) o el diputado Serra (2014), para solo mencionar los emblemáticos.

La prensa nacional, cabe repetirlo, oculta o mira hacia los lados, en algunos casos por explicable miedo, lo que no quiere decir justificado. Si lo fuese no habría escrito sus páginas memorables en Colombia el diario El Espectador.

El reciente Affaire de los Flores es, así, "peccata minuta", salvo por hacer evidente lo que hasta ayer se calla y al demostrarse que la cuestión empantana fueros que no son sólo los castrenses o policiales y copan de suyo a todo el andamiaje gubernamental. Ahora el escándalo muerde a la Presidencia de la República, no obstante que el ex magistrado Eladio Aponte Aponte, tiempo atrás ya confiesa que desde el Palacio de Miraflores le llegan las órdenes de liberar de la cárcel a narcotraficantes, siendo cabeza de nuestra justicia penal.

Lo cierto es que vamos hacia unas elecciones sin garantías democráticas como lo han expresado con fundamento el Secretario General de la OEA, Luis Almagro, y el grupo de ex presidentes que forman parte de la Iniciativa Democrática de España y las Américas. ¡Y es que no puede haber elecciones limpias y libres allí donde el crimen se enseñorea y dispone a su arbitrio de los hilos del Estado! Pero todos esperan y esperamos todos, incluso así, que la fibra de la decencia y el espíritu de libertad que laten en el subconsciente de nuestra nación despierten. Se manifiesten con indignación masiva el 6 de diciembre, para ponerle coto al decaimiento moral de la república e iniciar el difícil camino de la reconstrucción.

Se requerirá de mucho diálogo y de entendimientos entre los venezolanos y entre quienes no cabe contar a los responsables directos de nuestra destrucción moral, como bien lo ha dicho Jesús "Chuo" Torrealba.

Ayer, no más, en Guatemala ocurre lo extraordinario. Mientras el Jefe de Estado y su vicepresidenta son llevados desde sus palacios hasta la cárcel, por ser criminales coludidos, el pueblo rescata su soberanía. La hace valer y ejerce el voto como protesta, para cambiar de rumbo y lavarse el rostro.

MIEDO EN OCCIDENTE, Y EN VENEZUELA

22 de noviembre de 2015

El derrumbe criminal de las Torres Gemelas de Nueva York en 2001, hijo del terrorismo deslocalizado, marca el fin del sistema mundial de los Estados forjado con la Paz de Westfalia (1648) y de su principio, hasta entonces intocable e inexpugnable, de la soberanía nacional.

No expresa, cabe observarlo, la mera ineficacia del orden internacional establecido luego de 1945, a raíz de la Segunda Gran Guerra; ese que tras el dominio del "mal absoluto" y el Holocausto obliga a los arquitectos del tiempo posterior a reconocer la primacía de la dignidad de la persona, y la subordinación a ella de los fines del mismo Estado y del conjunto de los Estados.

Desde el fatídico 11 de septiembre, que siembra el miedo colectivo, las seguridades ciudadanas se relajan. Se forja la desconfianza hacia el extraño y los gobiernos, como en efecto ocurre, mudan en estructuras de represión a costa de la libertad. De la beligerancia leal entre Estados, según códigos de honor pactados, se pasa a la traicionera confrontación con éstos, por parte de la criminalidad sin rostro ni guarida.

Los Estados, las organizaciones multilaterales como la ONU, la OEA, la Unión Europea, o los remedos de última hora como la UNASUR o la CELAC, derivan en camisones apolillados. Acaso, si cabe el parangón más contemporáneo, restan como franquicias huérfanas de sentido y contenido. Están allí, aún, pero como utilerías de un tiempo ido que no regresará.

El predicado de Thomas Hobbes –el Estado cuyo fin como institución es la paz y la defensa de todos... evitando la discordia en el propio país y la hostilidad del extranjero"– ha cedido. Deja en la desnudez al pueblo, y en la plenitud del alba del siglo XXI.

Los recientes y escandalosos hechos ocurridos recién en Paris, donde son acribillados centenares de viandantes o espectadores por sicarios de logias milenarias de extracción islámica y sin ciudades de adscripción, lo confirman cabalmente.

En lo adelante todo es y será distinto en el planeta. Mientras tanto, el anhelo de las gentes por una vuelta a la sociedad de la confianza será lo dominante y el eje alrededor del que encontrarán sus explicaciones los aconteceres de la política, en lo interno y en lo global.

Lo que hasta hace poco significan las fronteras como muros protectores del Leviatán –el animal artificial y artificioso que es el Estado moderno desde su forja– y delimitadoras del imperio de la ley, por si fuese poco también son desafiadas. Son desmontadas por la realidad digital en boga y su aparataje comunicacional. Tanto que hasta son ineficaces para hacer valer censuras y/o acallar los ruidos de la muerte que se les avecina a las sociedades políticas que encierran.

En sus estertores, nuestras ciudades apenas reeditan la imagen de los puentes levadizos situados a las puertas de las comunas amuralladas del Medioevo, rodeadas de agua y montadas sobre recámaras subterráneas repletas de gladiadores al acecho. Así ocurre hoy en los puertos fronterizos de Estados Unidos y en los de Venezuela. Y así ocurrirá en lo sucesivo, qué duda cabe, en las alcabalas de la Europa que se ufana de carecer de fronteras.

Lo cierto es que el Gran Miedo que conocen los franceses como antesala de su revolución de libertades, en 1789, resucita. Y en el caso es el desenlace de un quiebre cultural sobrevenido en los predios del Viejo Mundo; desde cuando sus élites deciden cortarle sus raíces y prosternar hasta su identidad greco-latina y cristiana para jugar al relativismo, a la neutralidad espiritual, para no ofender a sus invasores de actualidad.

Europa busca ser tierra de todos y termina siendo tierra de nadie. Se ve anegada por mesnadas sin propósitos de integración. Evoca, su drama, la caída del Imperio Romano y la emergencia de espacios humanos inconexos que se repelen con la llegada de visigodos, suevos, ostrogodos, francos, bárbaros, en suma, y paremos de contar.

Luego de la masacre del teatro Bataclan, los franceses se dicen decididos a sostener la normalidad. Ojalá. Mientras, su gobierno, en desasosiego, purga las madrigueras de ISIS como jugando a las escondidas.

El miedo –lo relata Jean Dolumeau en su obra sobre la ciudad sitiada– tiene la virtud de propulsar su remedio. A diferencia de la angustia y de la incertidumbre, que provocan conductas erráticas, aquella libera energías cuando tiene un objeto cierto a la vista.

Nicolás Maduro, el rey desnudo, desde Caracas amenaza a todos con la hoguera si pierde las elecciones. Causa miedo, pero no más incertidumbre. El pueblo sabe de la pasta que nutre a su revolución de cárteles, aliada del terrorismo deslocalizado. Y liberará, mediando el susto, pero sabiendo de su causante, la arrolladora fuerza que impone el sentido animal de la supervivencia. Lo veremos el 6 de diciembre.

IDEA DEMOCRÁTICA Y EL 6D

29 de noviembre de 2015

La Iniciativa Democrática de España y las Américas (IDEA), foro que integran 38 ex jefes de Estado y de Gobierno, preocupados en lo inmediato por el grave deterioro de la democracia venezolana en todos sus órdenes: ausencia de separación de poderes con la consiguiente pérdida de autonomía de los jueces y el no ejercicio de controles parlamentarios; fraude a la legalidad como fisiología del poder; perturbación del lenguaje político y jurídico –las palabras no significan más lo que son y se las usa para expresar lo contrario a su sentido o vaciarlas de contenido– a fin de impedir el desempeño informado y libre de la soberanía popular; en fin, ausencia de garantías constitucionales y recurrente como sistemática violación de los derechos humanos de los opositores; considera obligante su presencia en la coyuntura electoral del venidero 6 de diciembre.

Desde la sociedad civil y en sede de la opinión pública, IDEA Democrática observa y analiza los procesos y experiencias iberoamericanos, reflexiona sobre las vías y medios que permitan la instalación de la democracia allí donde no existe o su reconstitución donde se ha deteriorado, tanto como favorecer su defensa y respeto por los gobiernos donde se encuentre radicada.

Siete (7) ex presidentes –Luis Alberto Lacalle, Miguel A. Rodríguez, Osvaldo Hurtado, Laura Chinchilla, Mireya Moscoso y Tuto Quiroga– representantes de distintas perspectivas de pensamiento y demócratas probados, encabezados por Andrés Pastrana, ex mandatario colombiano y actual presidente de la Internacional Demócrata de Centro, llegan a Caracas a pesar de la negativa del Poder Electoral a ser observado.

Acompañarán al pueblo venezolano y apostarán por un voto masivo capaz de superar los obstáculos denunciados por el Secretario de la OEA, Luis Almagro y de desterrar la violencia,

Las tendencias, según las investigaciones de opinión, opositoras unas y otras próximas al gobierno de Nicolás Maduro, indican la probable y abrumadora victoria de las fuerzas democráticas, anhelantes de su respeto.

Lo ocurrido en Argentina con la elección de Mauricio Macri, que derrota y fractura al eje socialista del siglo XXI entre Buenos Aires y Caracas, anuncia nuevos vientos democratizadores en la región, a contrapelo de los populismos autoritarios instaurados durante los últimos tres lustros.

Las cosas, sin embargo, no son tan simples. La historia no es lineal en la repetición de sus ciclos y las realidades sociales y económicas tienen especificidades temporales, incluso regimentadas bajo un mismo patrón ideológico.

Argentina es un país con fuerte tradición federal. El régimen que se despide –enemigo de la prensa independiente– no alcanza a desmoronar su andamiaje institucional y sanos equilibrios sectoriales. Venezuela, antes bien, se encuentra hipotecada por una tradición centralizadora del poder y, ahora, asfixiada, bajo reclamo de "fueros perdidos a manos de los civiles", por el militarismo; lo que es más grave e inédito, por la activa colusión de sus élites "oficiales" con el narcotráfico, y el terrorismo.

Argentina acusa severos problemas macroeconómicos y un grave endeudamiento, pero la Venezuela revolucionaria desgajó a todo el país. Tiene los más altos índices de violencia en el Occidente, cuenta con la inflación más alta del mundo, perdió su aparato productivo para hacer depender al pueblo del consumo raciona-

CIVILIZACIÓN Y BARBARIE: VENEZUELA 2015-2018

do a voluntad de un Estado quebrado, con divisas decrecientes que sólo alcanzan y se usan para el pago de los intereses de los capitales de quienes se han enriquecido bajo el paraguas gubernamental y su corrupción.

Todo ello significa que el ejercicio electoral del 6D deja en manos del votante, sin delegación, crear las condiciones para que pueda, mediante un relativo rescate de los equilibrios políticos, iniciar con sus líderes la compleja tarea de la reconstrucción nacional.

Todo está por hacerse y el voto es una escala, imprescindible. Y dado el cuadro estructural de los mercados petroleros, no dependerá el porvenir sino del trabajo, sacrificio y esfuerzo cotidianos de todos; dentro de un agonal juego de ajedrez presto a despejar el espíritu dictatorial y la locura de quienes conducen la destructora máquina oficial. Habrán de crearse condiciones de concordia –con la nación total, no con el crimen organizado– para la edificación ex novo de la Casa Común.

No habrá milagros. Otros ferrocarriles esperan de pasajeros con mentalidades constructivas y por breve tiempo se frenarán en los andenes de la estación poselectoral. Quien llegue tarde o no entienda que la historia es y será otra, muy distinta, perderá el tren del futuro. Acompañará a los condenados al basurero de la civilización.

¡Que Dios nos acompañe!

APENAS SE INICIA EL JUEGO POR LA DEMOCRACIA

13 de diciembre de 2015

Concluidos los comicios del 6D, el gobierno venezolano y algunos dirigentes del PSUV derrotados –Nicolás Maduro, Diosdado Cabello, Jorge Rodríguez, entre otros causahabientes del chavismo– ocupan su tiempo en justificarse. No superan el luto. Muy a la venezolana buscan culpables en el imaginario. Reinciden en su error: que si la guerra económica, que si la compra de votos por los "escuálidos", que si la conspiración imperial, y párese de contar. No se miran a sí, mientras las bases del chavismo los acusan con el dedo y se les rebelan con estridencia.

127

Por falta de talante democrático o acaso presionado por los suyos, al presidente Maduro le dura poco el gesto gallardo. Ese que lo enaltece y hace buena la promesa –a los ex presidentes Pastrana, Chinchilla, Lacalle, Rodríguez, Quiroga y Moscoso, integrantes de la misión de Idea Democrática de España y las Américas (IDEA)– de reconocer los resultados si le eran adversos: "Prefiero una derrota a comprometer la paz de Venezuela", son sus palabras.

Dados con pasmoso retardo –con el mejor sistema electrónico del mundo– la señora Tibisay Lucena, cabeza del CNE, admite que la oposición democrática logra 112 escaños: la mayoría calificada dentro de la nueva Asamblea Nacional. Pero Maduro y quienes lo presionan puertas adentro saca el hacha de la guerra. Amenaza a sus seguidores por fallarle. Mantiene en pie la polarización: revolucionarios vs. contra-revolucionarios, a quienes Cabello atribuye por ahora "la victoria del mal". Son incorregibles.

Por reduccionistas no hablan más de esa mayoría opositora capaz de incidir en los elementos orgánicos de la constitucionalidad e intentan diluirla con ayuda de sus medios públicos y privados; como sugiriendo que el chavismo es aún la primera minoría y puede morder, a fin de obstaculizar las decisiones del naciente parlamento, en los votos de los diputados electos que no hacen parte de los grupos dominantes de la variopinta –y de suyo plural por democrática– oposición.

Se trata de una sutil ofensa a la dignidad de esos diputados, en número de 22. Y olvidan que nadie se sube a un barco que se hunde y, sobre todo, que fue contra la corrupción rampante del régimen y sus devastadores efectos sociales y económicos que vota unida la Venezuela decente.

La otra cuestión es la de los resultados numéricos de la votación; destacándose desde el oficialismo, por vía de una simplificación acrítica, que al final los números son de 7,8 millones de votos para la Unidad y 5,4 millones para el PSUV. Insisten en mostrar a un país partido en dos mitades, cuando lo cierto es, sin incurrir en iguales simplificaciones, que la oposición al alcanza dicha cifra a pesar de… Es decir, a pesar de la adversa realidad que diagnostica el Secretario General de la OEA, Luis Almagro, en su informe de 18 páginas dirigido al CNE venezolano: "…existen razones para creer que las condiciones en las que el pueblo va a ir a votar el 6 de diciembre no están en estos momentos garantizadas al nivel de transparencia y justicia electoral…". Pero incluso así, ocurre un inesperado tsunami electoral.

Las elecciones parlamentarias –así lo indican todos los estudios de opinión y evaluación de escenarios antes del 6D, confirmados por la realidad– mudan en un plebiscito sobre el gobierno de Maduro-Cabello. En lo particular le significa a éste un castigo por su falta de decisiones o por las decisiones erradas de corte ideológico marxista o clientelar, que meten al país en el túnel de una demencial carestía de lo elemental –alimentos y medicinas hoy racionados– y una inflación desbordada –la más alta del planeta– a la que se suma la afirmación de la mayor violencia criminal dentro mundo occidental: 27.000 homicidios en 2015. Todo ello, en el marco de una estructura de seguridad, como cabe anotarlo, coludida con el narcotráfico.

El país, de conjunto, chavistas y antichavistas, votan, en fin y sin distingos, por un cambio de rumbo. No lo hacen por un partido, ni por uno u otro candidato a diputado que en suma no conocen o los desconocen hasta el día de la elección ocurrida. Reclaman de sus dirigentes, en pleno y a través de un mandato claro, forzando el restablecimiento de equilibrios en el poder, atender con urgencia la emergencia: la crisis humanitaria. Y, progresivamente, que avancen por los caminos de la democratización, del diálogo democrático y responsable entre los principales actores, a fin de que los venezolanos salgan del marasmo.

Eso debe entenderlo Maduro, como Jefe de Estado, para sobrevivir. Y eso, como lo aprecio, lo entienden los líderes de la oposición, quienes asumen el gobierno del órgano representativo de la soberanía popular poniendo a prueba su madurez y unidad.

¿QUIEN MANDA EN VENEZUELA?

20 de diciembre de 2015

La pregunta no es ociosa. Su adecuada respuesta es variopinta.

Según reza la Constitución de Hugo Chávez, adoptada en 1999, la soberanía "reside intransferiblemente en el pueblo". Y los diputados recién electos en los comicios del 6D, según la misma, son los "representantes del pueblo y de los Estados en su conjunto". Allí está, en ella, residente, el poder constituyente y constitucional.

Thomas Hobbes afirma, por ende, que cuando se atenta contra esa soberanía "el Estado queda destruido y cada hombre retorna a la calamitosa situación de guerra contra todos los demás hombres".

Hasta 2013 el jefe y redivivo caudillo decimonónico venezolano es Hugo Chávez. Lo es de hecho y de Derecho. Y luego se hace de la presidencia, por orden testamentaria e inconstitucional suya, su vicepresidente, Nicolás Maduro.

En realidad, y en lo sucesivo los causahabientes son tres y en ese triunvirato reposa desde entonces el poder material del país: en el mismo Maduro, en Rafael Ramírez como jefe de la caja de caudales petrolera, y en Diosdado Cabello, de paso soldado y presidente de la Asamblea Nacional.

Ramírez es purgado luego y puesto a distancia ¿por Maduro, por Cabello, por ambos concordados?, no se sabe aún.

Desde el pasado 6D la cuestión se complica. La diarquía sucesiva queda rota. En una suerte de coincidencia, por motivos distintos, la soberanía popular y la Fuerza Armada –que acompaña a sus muertos hasta la puerta del cementerio, no más allá– le cortan la cabeza y desafueran al más estridente y autoritario de los sucesores del chavismo, a Cabello.

Lo cierto es que Maduro sabe desde antes que los suyos –no solo aquél– pierden las elecciones parlamentarias. Y rememora que Chávez también pierde y reconoce su derrota en 2007. Y al caso dice y afirma que para él es preferible perder que exponer al país a escenarios de violencia. Son sus testigos los expresidentes que nos acompañan, venidos desde el exterior, en los días previos a la jornada eleccionaria.

Pero dicha confesión, vista a la distancia de pocos días y a la luz de lo que ocurre ahora, mejor sugiere o acaso quiere decir que efectivamente el presidente es consciente desde antes de hacerse cierta dicha derrota, de la posible disyuntiva que hoy se hace agonal: O mantener la paz en democracia o jugar a la guerra, a costa de un hipotético desconocimiento de la voluntad popular ya manifestada.

El comportamiento de la Asamblea que preside Cabello, cuya legitimidad le ha sido retirada por el voto mayoritario y plebiscitario del pueblo, confirma que el choque de poderes y de mandos en curso no es entre el parlamento recién electo y el presidente; es entre Maduro y Cabello, pichón de dictador, quien adopta decisiones de última hora que alteran gravemente el ordenamiento constitucional y democrático.

El gobierno –dice el fallecido ex presidente Herrera– es como el mar: rige hasta en las orillas. Empero, conforme a la doctrina constitucional democrática, ninguna asamblea que se respete como tal decide sobre asuntos espinosos y menos golpea a la Constitución una vez como pierde el beneplácito popular. Media una razón básica y de abecedario: los diputados son representantes de la soberanía nacional hasta el momento en que la misma soberanía los expulsa y desapodera.

En suma, el presidente Maduro vive su hora dilemática, su hora de la verdad.

La democracia se prueba, justamente, en la capacidad de los gobernantes para administrar sus minorías en el parlamento. Lo que le obliga al diálogo y la concertación, sin que ello sea aguamiel.

No existe conflicto de poderes posible allí donde los poderes ajustan sus comportamientos a la Constitución y se mueven, de buena fe, en el marco de sus competencias respectivas o complementarias.

Los diputados electos, por lo visto, reclaman espacios de encuentro, vigencia del Estado de Derecho, resolución de los problemas más acuciantes del ciudadano: comida, medicinas, seguridad personal, distensión mediante el cese de la conflictividad, liberación de los presos políticos.

Hasta el 5 de enero, sin embargo, con su tacón de milico retirado, Cabello golpea sobre la mesa del parlamento. Rompe la Constitución en pedazos y en su imaginería cree tener frente a sí a María Corina y a Borges: sujetos por sus esbirros, amoratados a golpes en el hemiciclo.

La pregunta, en suma, vuelve por sus fueros. ¿Podrá Cabello seguir haciendo de las suyas y lanzar al país por el precipicio llevándose a Maduro consigo?

La soberanía popular es el poder en la democracia, y la Fuerza Armada, según la propia Constitución, es la garante de ésta y de su expresión hecha votos el pasado 6 de diciembre. Y Maduro, como Jefe del Estado, es su Comandante en Jefe, su "suprema autoridad jerárquica".

EL ROSTRO DE LA OPOSICIÓN

27 de diciembre de 2015

Superado el desafío del 6D, suerte de milagro político: derrotar con los instrumentos democráticos modernos –mediante la protesta y luego el voto desbordado– a esa suerte de satrapía medieval que integran Nicolás Maduro, Diosdado Cabello, y Jorge Rodríguez, ahora queda la tarea de mayor envergadura.

Y no hablo satrapía para denostar de la parte de nuestro pueblo que, por necesidad u oportunidad, por convicción o lo que sea, aún prefiere al "gendarme necesario" que emanciparse. Lo hago sí, en contra de sus conductores que, tras la reacción forzada o espontánea del Presidente Maduro al apenas saber de su derrota política, reconociéndola, luego y junto a él se comportan –lo han hecho durante tres lustros– a la manera de los "Jong-Un".

Indro Montanelli, en su Historia de la Edad Media, les describe como bárbaros, quienes desde el oeste acechan las fronteras chinas antes de regresar desde el este para hacerlo sobre Roma: "Indisciplinados y atrevidos saqueadores que penetran los países llevando consigo el desorden, destruyéndolo todo sin construir nada, hasta que son expulsados…".

Los atentados recientes al orden constitucional formal que nos rige, a manos de nuestra "triarquía" criolla, validados por escribanos a su servicio ávidos de servir a la Justicia a costa de escupir sobre la ley, son ilustrativos de lo anterior.

Pero la tarea por hacer es lo que cuenta. Reposa en manos de la mayoritaria Asamblea Nacional recién elegida, que habrá de posesionarse el próximo 5 de enero. E implica mostrar, con el ejemplo, el ejercicio democrático verdadero, que no se agota en el voto y atiende a las finalidades.

La misma debe partir de una premisa central, ajena a las narrativas partidarias o personales de quienes, con legitimidad, las esgrimen siendo candidatos: La gente vota por costumbre; pero animada, más que por el acto de racionalidad democrática por el crujir de sus estómagos y convencida de que el régimen –frente a la inflación y la carestía– está agotado. No da para más, que no sea para rumiar su fracaso.

Admitido esto –en su simplificación– cabe que se pregunten los 112 diputados de la Unidad democrática sobre el porqué del carácter plebiscitario acusado por las elecciones parlamentarias: ¿Admite sobreponer a la expectativa dominante la visión o aspiración parcial de los electos? ¿El país, acaso, ha votado por un rostro o mejor por una lectura compartida de los hechos políticos dominantes, diciéndole basta al deslave que nos lleva hacia la pauperización? ¿Hizo peso el tema de las libertades?

Una adecuada consideración de lo anterior se impone para definir con claridad lo primario, es decir, las reglas que fijen los propósitos inmediatos que han de animar al naciente parlamento para su función deliberativa, de legislación y de control sobre los demás poderes, y que seleccionen los medios apropiados y efectivos para alcanzarlos.

Es alrededor de esos dos elementos, los propósitos y las vías, que cabe estructurar unas bases para la gobernabilidad asamblearia y de suyo, la de Venezuela en su conjunto. Ese es el rostro que el país consciente espera le sea develado.

Seguidamente se impone, sin demora, escoger a los garantes de dicho "pacto de gobernabilidad" una vez alcanzado. Se trata del director o de los directores rotativos de una orquesta sinfónica, quienes guían y armonizan la autonomía de ejecución de cada uno de los músicos con sus instrumentos respectivos. No pueden aquél o aquéllos hacer lo uno y lo otro a la vez, a riesgo de comprometer la propia vida parlamentaria y su desempeño democrático.

En ese transitar es imperativo que los diputados proclamados tengan presente lo que es una enseñanza milenaria, distinta de lo confesional. El pueblo forma la Ciudad del Hombre y apenas se prepara, con sus falencias humanas inherentes y en su recorrido mundano, para ganarse, paulatinamente y en intentos por rasgarla, la Ciudad de Dios. En otras palabras, lo perfecto es enemigo de lo bueno. La razón humana cabe situarla atada a la historia y sus debilidades, y cada quien, y cada cual ha de montársela sobre sus hombros, sin pretender exorcizarla como tampoco dejando que ella los esclavice.

¡Y es que el aprendizaje democrático sigue siendo tarea pendiente entre los venezolanos, incluso para quienes votan y son votados en elecciones que por repetidas hacen olvidar, paradójicamente, lo que es esencia y sustancia de la democracia como experiencia vital!

En suma, urge un rostro que son reglas de juego y aún faltan los nombres de ese y esos diputados a los que podamos interpelar, ante lo imposible de exigirle y reclamarle el hacer o deshacer a 112 diputados, moviéndose cada uno por la libre y sin ataduras de conciencia. Sería tanto como salir del caos e ingresar a la nada.

II. DEMOCRACIA SÍ, PERO NO ASÍ (2016)

CAMBIOS EN DEMOCRACIA

3 de enero de 2016

La instalación, el 5 de enero, de la primera Asamblea Nacional democrática que se da Venezuela en el siglo XXI, con retraso de 17 años, plantea un desafío ingente a los representantes de las mayorías calificadas que mediante el voto popular, universal, directo y secreto –y por sobre los obstáculos que aún le opone el régimen despótico de Nicolás Maduro y Diosdado Cabello– deciden cambiar de rumbo por los caminos de la paz.

Una ajustada interpretación de lo ocurrido, fuera de los sesgos ideológicos u ópticas particulares o de legítimas aspiraciones que mal pueden sobreponerse a la idea del Bien Común, revela la madurez que a golpes alcanza hoy el pueblo venezolano en su conjunto. En el fondo, dado que se acostumbra a vivir en libertad más allá de sus desengaños, prosterna las asonadas, apuesta al diálogo para la solución de sus problemas ingentes. No por azar, si a Maduro le tacha por su abulia, a Cabello le desprecia por patán y "chopo de piedra".

Unos comicios que en otro tiempo hubiesen mostrado un razonable margen de abstencionistas, dominados por el espíritu localista, sin embargo, mudan en plebiscito nacional. Y si bien lo que moviliza el rechazo popular al actual estado de cosas –léase la indolencia y vileza residente en los causahabientes de Hugo Chávez– es el crujir de los estómagos, el hambre generalizada frente a la embriaguez palaciega y su impudicia, la opción no es, por ahora, la hoguera. No son las pailas ardientes sino el imperio de la razón para dibujar el porvenir. Un verdadero milagro ocurre, también hijo de la constancia y de un aprendizaje doloroso por parte de los dirigentes diversos de la Unidad, como cabe anotarlo.

El resultado electoral, además, es una lección –aún no asimilada– para quienes, desde 1998 optan por explotar la buena fe de los votantes –relajan la dignidad de los pobres– con el Mito de El Dorado y anunciando que la ira de Júpiter se hará sentir sobre los corruptos; todo ello antes de que los primeros traicionen a los segundos, para ocupar el espacio de los terceros y desbordarlos con la ayuda del narcotráfico.

No aprecian, como lo enseña Cicerón en Los Oficios, que más daño se causan a sí quienes de tal modo proceden que el daño que pueda hacerles la iracundia de los dioses. Ellos optan por mostrarse impasibles para dejar que hable la voz del pueblo y les retira su confianza a los felones: "El que quebranta un juramento, quebranta la fe, a quienes nuestros antepasados (como dice Catón) colocaron en el capitolio al lado de Júpiter. No podía haber traído mayor daño a Régulo la ira de Dios, que el daño que se hizo él a sí mismo", reza el antiguo consejo del jurista y filósofo romano.

¡Que la oposición ahora la representen 112 diputados y al gobierno una minoría de 55, no es lo esencial!

La Unidad es demócrata, por plural en lo partidario y por ajena al "unanimismo de los déspotas" tan criticado por Rómulo Betancourt después de 1958. El "unanimismo" es el horizonte perpetuo de la izquierda marxista, por antidemocrática; tanto que al saludar los propósitos del Pacto de Puntofijo anuncia que no lo firma por lo dicho: Le faltaba el rostro único.

De modo que, la Unidad Democrática es y ha de ser cabal para la defensa de la democracia desde el parlamento. Pero no puede ser tal al punto de ahogar el debate democrático y plural entre los factores de la misma Unidad y de éstos con los diputados del oficialismo.

El Palacio Federal Legislativo no es la sede propicia para una asamblea de eunucos, como la que mandara Cabello o la que intenta forjar este con su parlamento de comunas.

El desafío tampoco es volver al pasado. Es recordar las raíces que nos atan como nación a una historia de lucha por las libertades; que tensionan al presente, pero cuyas realidades sobrepasan el debate entre las ideas y reclaman, obviamente, ser atendidas con la mirada puesta en lo mejor, en lo más conveniente, no solo para las generaciones actuales sino a fin de preservar el derecho de las generaciones futuras.

No obstante, cabe desandar el camino para retomarlo en el punto perdido. En 1999, cabe recordarlo, antes de que Chávez traicione, con su zarpazo Constituyente, la esperanza de cambio en democracia planteada por la mayoría del pueblo, en mi memoria de enero dirigida al último congreso democrático del siglo XX y en sus primeros pasos sobre el siglo XXI, ante un parlamento plural como el que ahora se inaugura, afirmo que: "Cambio en democracia es la consigna ineluctable. Cambio dentro de la descentralización y de la participación política y de su respeto. Cambio dentro de la pluralidad de las fuerzas que suman al país y que encuentran representación equilibrada en los órganos parlamentarios. Cambio, en fin, como vía para la reafirmación de la Paz".

EL SÍMBOLO DE LA PATRIA ES LA HARINA PAN

10 de enero de 2016

Las tensiones que observa el país, angustiado, desde el 6D, cuando sobre un tsunami de votos la Unidad democrática de oposición asume el control calificado de la vida parlamentaria, son naturales. No quiere decir que se trate de fuegos artificiales, que encandilan y se apagan. Al igual que ocurre con los terremotos –y el fin de 17 años de hegemonía bolivariana y su deriva despótica es eso, un terremoto– luego del choque de las capas tectónicas vienen el ajuste y la repetición de temblores.

Estas metáforas no significan que pasado el fogonazo llega la calma a Venezuela así, no más. Y es que, apelando a otra imagen, cierto es que, a lo largo de más de tres lustros de militarismo, de concentración absoluta y abuso de los poderes del Estado por parte de Hugo Chávez y sus causahabientes, como de dictadura comunicacional y ese trastocar del lenguaje político y jurídico –las palabras ya no tienen su sentido original y el régimen hace de la ilegalidad su fisiología sobre el borde de la misma legalidad– es ahora cuando la madeja busca desenredarse.

El 6D hizo constar la voluntad soberana de cambio. Como lo afirma en vida Chávez, la voz del pueblo es la voz de Dios. Pero su realización es otra cosa.

Hasta ayer, sin público de galería o con la única presencia de sus hinchas, un solo equipo se dedica a meter goles de un lado al otro lado de la cancha, el PSUV.

Recién llega el otro equipo para iniciar la competencia. Las barras bravas, de ambos, ocupan el espacio. Esperan de un partido que les haga historia.

De modo que lo que cabe es leer la realidad y sus entrelíneas. Los discursos patrióticos y el llanto comprensible de los viudos de la revolución son bagatelas del momento.

El 6D, mudado en plebiscito, eso sí, llega bajo un denominador común: ¡el crujir de los estómagos!

A la luz de las cifras macroeconómicas, cuyos documentos insiste en ocultar el BCV, se nos aproxima un grito aterrador, el de la hambruna. Y si llega, por imprevisión o el descuido de quienes creen resolverla con juramentos sobre las tumbas de sus próceres preferidos o procurando litigios acerca de la estética bolivariana, tendrá más fuerza de identidad un paquete de harina pan que los símbolos de la patria.

A nuestros conciudadanos militares, que han de servirle a la Nación como un todo y jamás a partidos ni a facciones o a los mitos tomados por éstas de las páginas de nuestra escuálida tradición republicana para animación de los incautos y que siempre fenecen con el transcurrir de las generaciones políticas, cabe recordarles que el pueblo es siempre extraño e indiferente a los esgrimistas del poder. Ha visto como le modifican varias veces la bandera, el escudo, el gentilicio, la geografía y hasta el huso horario, sin por ello rasgarse las vestiduras.

Venezuela se emancipa con la revuelta de Panaquire contra la Compañía Guipuzcoana, por considerarla expoliadora de nuestras riquezas para disfrute de extranjeros, y por ocuparse ésta, antes bien, de perseguir a hombres de ideas sanas como Juan Francisco de León sin saciar el apetito de la muchedumbre. Era 1789.

200 años después, en las puertas de salida del siglo XX, esos mismos pobres, usados como siempre, pero desesperados, asaltan las calles y recrean la suerte como base de la fortuna durante El Caracazo. La renta petrolera merma gravemente hacia 1989 y hasta 1999, cuando el barril cuesta 8 dólares.

Sólo el estúpido, pues, golpea tres veces con la misma piedra.

Tras la ingesta dineraria que el destino azaroso procura para nuestra desgracia y como azar, de tanto en tanto, obsequiándonos bienes no trabajados y oportunidades para los manirrotos, los corruptos, o la exaltación de épicas revolucionarias, topamos hoy, de nuevo, con la inopia. Regresa –¡atención!– el momento en que nadie se mira a sí y es cuando tras el tupido follaje se busca endosar las culpas en un tercero de ocasión. De ordinario, según la experiencia, se le pide al Gendarme Necesario que lo lapide y exorcice, a fin de lograr, como se cree, el restablecimiento de la prosperidad.

No juguemos con el fuego.

Y a propósito de lo anterior cabe recordar que, en 1833, superada la devastación de la Independencia fratricida, José Antonio Páez demanda del Congreso, en medio de muchos que aún adversan a Simón Bolívar, la repatriación de sus restos. Pero son tiempos de recuperación económica y forja de la casa común, bajo los auspicios de la Sociedad Económica de Amigos del País. Ya el segundo Congreso de Venezuela, reunido en Angostura, dispone previamente, en 1820, que el retrato del mismo "fuese colocado bajo el solio del congreso con esta inscripción en letras de oro: Bolívar, Libertador de Colombia, Padre de la Patria, Terror del Despotismo".

DESDE LA GLASNOST A LA PERESTROIKA CRIOLLA

17 de enero de 2016

El 6D pasado se constata la indiscutible voluntad popular de cambio, en democracia, de los venezolanos. A la manera de un plebiscito contra el gobierno de Nicolás Maduro, las fuerzas de oposición asumen el control calificado de la vida parlamentaria. Entierran con votos al autoritarismo. Y se inicia, como parece, el fin de una transición histórica que ya dura una generación, 27 años. Con 17 años de rezago: los de la Revolución Bolivariana que muda en Socialismo del siglo XXI, se repite la fatalidad del ingresó de Venezuela al siglo siguiente, para parir otro ciclo político.

La república conservadora inaugural dura 30 años (1830-1864) y la generación de 1928 corona su proyecto de república civil con el pasar de otra generación, en 1958. La República militar dura un tiempo similar, hasta la muerte de Juan Vicente Gómez (1908-1935), cuando Mariano Picón Salas declara nuestro tardío ingreso al siglo XX. La república civil de partidos cede y se agota al término del mandato de Jaime Lusinchi, en 1989, que exacerba el partidismo. La calistenia política del soldado Hugo Chávez se traga tres décadas (1983-2013).

En estas sobrevienen El Caracazo y los golpes de Estado de 1992. Se suceden gobiernos de transición (Pérez II, Caldera II, Velásquez, y el mismo Chávez) que ejercen el poder en medio de la anomia social y al margen o en contra del sistema de partidos propios del siglo XX.

Llegado 1999, algunos creen –este cronista habla en esa hora de "perestreoika a la criolla"– que la elección heterodoxa de un militar golpista por vía democrática y la configuración en paralelo de un parlamento plural como el del 6D, en el que éste es primera minoría pero incapaz de arropar a sus adversarios, de suyo predica el deseo de las mayorías por alcanzar un cambio profundo pero a través del diálogo democrático. No fue así.

La constituyente chavista procura un modelo de dominio personalista, de poderes públicos sin contrapesos, para afirmar la relación directa entre el líder emergente y su pueblo, a través de los medios instantáneos de comunicación y su control hegemónico, sin mediaciones. Se habla de la "posdemocracia" para asegurar una regresión histórica, una vuelta al siglo XIX y a sus íconos, resucitando al gendarme necesario y sujetando al pueblo por inmaduro para el disfrute supremo de la libertad (Bolívar dixit).

En esa compleja realidad, anestesiados por la bonanza petrolera, todos juegan con los demonios de su raizal primitivismo en la misma medida en la que, con gula, explotan los activos de la modernidad sin que trasciendan realmente al plano de lo colectivo.

140

Pasa una generación (1989-2019 ¿?) que es aprendizaje, pero nos deja en la inopia, desnudos.

Algunos creen, empero, que basta el ejercicio electoral del último 6D –verdadero terremoto– para cambiar tan cruel realidad. Después de casi 3 décadas de larga transición para reconstituirnos como nación, y luego de algo más de 3 lustros de ejercicio por Chávez y sus causahabientes de un poder sin contenciones, populista, militarista, conceptualmente fascista por dominar en él –fisiológicamente– la mentira, mixturando la ilegalidad con las formas legales, mal puede esperarse que esa desviación desaparezca por arte de magia.

De allí que los "motores" antidemocráticos hagan ruido aún, como el rebanar de diputados electos mediante "golpes judiciales" o la amenaza de desconocer las leyes de la naciente Asamblea.

La jornada del último 15 de enero, Nicolás Maduro, en calidad de Presidente Constitucional, presenta ante el parlamento su memoria, haciéndola memorable. Pugnan allí, sin complejos, dos narrativas antagónicas, la de él, en minoría, pero legitimada y la que expresa su neo presidente, diputado Henry Ramos Allup, representando a la mayoría. Mas, ambas, a su manera, son sensibles al crujir de los estómagos, a la hambruna que acecha.

Hay un parto con dolores. El diálogo se abre espacio, no sin dificultades, pero nace y respira. Maduro habla de la jefatura política de Ramos y éste lo acoge como gobernante de origen popular. Le tiende la mano. Saluda a su puente apropiado, a su Vicepresidente de estreno, Aristóbulo Istúriz, ahogando con sorna a los cónsules del castrismo y los militares añorantes del despotismo derrotado. Y la "glasnost" es el primer golpe de timón. La prensa ingresa al hemiciclo, hasta ayer y bajo Diosdado Cabello, sede de la censura.

Mijail Gorvachov en 1985, comprende lo inevitable. La "perestroika" significa cambio del modelo económico –lo propone Maduro sin renunciar a sus nominalismos y Ramos le toma la palabra– para dejar atrás al "totalitarismo económico de Estado" y sus resabios estalinistas, causas de la escasez y la inflación.

Se cierra, por lo visto, otra generación con tres décadas a cuestas.

UNA ABERRACIÓN CONSTITUCIONAL

22 de enero de 2016

La Sala Constitucional del TSJ, a pedido del Presidente de la República, Nicolás Maduro, ha declarado la constitucionalidad del Decreto de Estado de Emergencia Económica dictado por éste el pasado 14 de enero, mediante Decreto Nº 2184, publicado en Gaceta Oficial de la misma fecha.

La Emergencia económica es una forma particular y específica dentro de los denominados Estados de Excepción, que regulan los artículos 337 a 339 de la Constitución.

Dicha modalidad encuentra su fundamento y alcances en el segundo párrafo del artículo 338, en el que se discriminan los tipos de excepción constitucional (estado de alarma, emergencia económica, conmoción interior, conmoción exterior) y reza así en cuanto a la modalidad pertinente:

"Podrá decretarse el estado de emergencia económica cuando se susciten circunstancias económicas extraordinarias que afecten gravemente la vida económica de la Nación. Su duración será de hasta sesenta días prorrogables por un plazo igual".

De modo que, dictado como sea el decreto de referencia y publicado en la Gaceta Oficial, el mismo, según la Constitución y de conformidad con la Ley Orgánica de Estados de Excepción –que es de rango constitucional y se fundamenta en la disposición transitoria Tercera, inciso 3) de aquélla– debe someterse al control tanto de la Asamblea Nacional como del TSJ.

Una primera cuestión a ser abordada es la del adelanto por la Sala Constitucional del TSJ en cuanto a su pronunciamiento. La citada ley, en su artículo 32, prevé que ella conozca una vez como el Presidente de la Asamblea Nacional le envíe la aprobación parlamentaria del decreto; visto que, conforme al artículo 30 anterior, la misma "podrá modificar los términos del Decreto"; lo que, en efecto, es crucial para la valoración constitucional del mismo. Lo que, es más, si la Asamblea no lo aprueba, el pronunciamiento de la jurisdicción constitucional cesa y pierde todo efecto, tal y como lo indica el artículo 34 de la ley.

La otra tiene que ver con el contenido material del Decreto y en dos aspectos fundamentales: a) El relativo a las garantías constitucionales que cabe suspender y que de suyo han de ser las propias a la naturaleza misma del respectivo Estado de Excepción, es decir, del Estado de Emergencia Económica; y b) el atinente a la sujeción del Decreto a las normas de los tratados internacionales de derechos humanos. Uno y otro asunto, sucesivamente, son planteados por los artículos 337 y 339 del texto constitucional.

En cuanto a lo primero, es esencial la enumeración precisa y taxativa de los derechos cuyo ejercicio se suspende y que no pueden abarcar sino aquellos previstos por la misma disposición del artículo 337 constitucional (derecho a la vida, a la integridad personal, al debido proceso, a la información, y los demás derechos humanos intangibles). Pero el caso es que el Decreto cuya constitucionalidad se aprueba no menciona las garantías a ser restringidas temporalmente. Ello mal puede omitirse y vicia de nulidad absoluta el respectivo Decreto, pues la misma ley de la materia recuerda como supuestos "la restricción temporal de las garantías constitucionales permitidas" (artículo 6), "el aumento del número de garantías restringidas" (artículo 26), la modificación del decreto por la Asamblea sin que implique "mayores restricciones a las instituidas por el Ejecutivo" salvo que las apruebe con el voto de las 3/5 partes de sus miembros (artículo 30).

Acerca de lo segundo, la Constitución prevé expresamente que:

"El Decreto cumplirá con las exigencias, principios y garantías establecidos en el Pacto Internacional de Derechos Civiles y Políticos y en la Convención Americana de Derechos Humanos".

El Decreto en cuestión y cuya constitucionalidad irresponsable e inoportunamente dicta la Sala Constitucional, omite toda consideración respecto de lo anterior.

Por último, no bastándoles lo anterior al TSJ y al Ejecutivo, más allá de las absurdas motivaciones del Decreto que intentan justificar la emergencia económica, a saber, que media una guerra económica para derrocar al gobierno desde la muerte de Hugo Chávez y atentar –lo dice textualmente– contra los logros de la lucha de clases revolucionaria y que, en esencia, son las causantes de la crisis humanitaria que padece Venezuela, en el artículo 3 se le otorga al Presidente un cheque en blanco constitucional que desborda la emergencia económica e involucra a todas las modalidades de Estados de Excepción. Se le da competencia, en efecto, para adoptar "otras medidas de orden… político que estime convenientes" (artículo 3). Y a renglón seguido, el artículo 6 insta a la participación del llamado Parlamento Comunal para resolver la crisis, siendo una instancia constitucionalmente inexistente, carente de origen electoral, y creada en desafío a la voluntad popular por la última Asamblea Nacional cuyas sesiones concluyeron el pasado 4 de enero.

EL LEGADO DE CALDERA

24 de enero de 2016

Rindo cálido homenaje al fallecido presidente Rafael Caldera y celebro su memoria con motivo del centenario de su nacimiento.

Venezuela, objeto de su devoción como artesano de la paz mediante la práctica del diálogo y la afirmación del Estado de Derecho durante la segunda mitad de la centuria pasada, vive otra hora agonal. Y Caldera, hombre de brega diaria, que hasta nos pide en su momento como Churchill, sangre, sudor y lágrimas, en la hermosa tarea de renovar la esperanza del país lucha junto a Rómulo Betancourt por extirpar dentro de nuestra cultura la apuesta por el gendarme necesario; y al cultivar como preferencia temática el Derecho social y de los trabajadores, sabe bien que nada bueno surge bajo el Mito de El Dorado y sin esfuerzo.

Alceu Amoroso Lima (Tristán de Ataide), con admirable sentido profético, en 1970, al introducir uno de los muchos libros que forman su legado intelectual: Ideario de la Democracia Cristiana en América Latina, afirma que "es innegable que tan sólo el siglo XXI, al hacer el balance del siglo XX, podrá valorar con exactitud y sin incurrir en juicios temerarios, la figura, la vida y la obra de un estadista de la talla de Rafael Caldera".

Precisa que en él medra un desafío existencial al escepticismo. Rechaza, a un tiempo y a la vez, "el idealismo, el mimetismo y el oportunismo", prefiriendo que la "reciedumbre doctrinaria" y su lealtad insobornable a la sistemática del catolicismo social avancen como un río que debe salir de su cauce para regar las realidades, evitando transformarse en un pozo de agua.

Entre el ideario y la realidad, en un doble movimiento de sístole y diástole como el corazón lo demanda para funcionar, Caldera se propone, en efecto, una utopía que al término no es tal o que acaso la es, como lo creo, al vacunarnos contra lo coyuntural o contra los tácticos de la política, que son tales por carecer de narrativa, de cosmovisión. Y eso lo prueba la utopía democrática del siglo XX ya concluido y antes de que mude el tiempo que corre para nosotros, los venezolanos, en un retorno al siglo XIX a partir de 1999 como en el Mito de Sísifo.

Papa Francisco en pleno siglo XXI, en su Exhortación Apostólica Evangelium Gaudium señala que entre el ideal y la realidad ha de instaurarse un diálogo constante, evitando que la idea termine separándose de la realidad; y es eso, justamente, lo que define el accionar de Caldera como intelectual, académico, universitario, y como hombre de Estado que se forja en la trinchera de la lucha política cotidiana, cercano a los problemas de la gente y de los trabajadores.

¿Cómo ataja Caldera a la realidad y la balancea de modo práctico con los ideales fundantes que trascienden?

Señala, conciliando el deber ser con el ser y mirándose en la idea matriz de la Justicia, que se refiere a todo aquello que fortalece a la personalidad humana. A cuyo efecto "es necesario no olvidar que los más legítimos conceptos de la democracia han rehusado siempre encarnarse en el mero esquema de la forma, insistiendo más bien en la riqueza vital del contenido". Y de allí su apuesta por la Justicia Social, que "obliga no solo a lo que cada hombre se ha comprometido a entregar a otro, sino a lo que todos estamos obligados, en la medida de nuestras fuerzas, para lograr el Bien Común".

Dice Caldera, en tal orden, que "es necesario admitir que las formas vacías pueden servir y han servido frecuentemente para que las llene el egoísmo y la ambición de unos pocos, capaces de utilizar los instrumentos y de imponer por medios de coerción sus intereses y su voluntad. Sería difícil estimar –añade– quién ha causado un mayor daño al prestigio de la democracia y a su poder de atracción sobre los pueblos: si los autócratas que, al atropellarla de frente, provocan por contraposición la nostalgia por ella, o los traficantes de la democracia cuando se valen del engaño y del soborno sistemáticos para arrancar una falsificación de asentimiento colectivo a fines que no corresponden al bien común ni a la voluntad general".

145

Así las cosas, debo hacer propia, como colofón de esta narrativa, la que hace Rafael Caldera y pide considerar Tristán de Ataide por las generaciones actuales y futuras: "La democracia, aparte de su contenido sustancial (que rechaza "el desconocimiento monstruoso de los derechos más elementales de cada ser humano"), se reviste de formas… Pero es indudable que las formas logradas hasta ahora distan de ser perfectas y que convertirlas en fetiches sería desconocer la dinámica que mueve la historia. Si los tiempos cambian, las formas tienen que adaptarse a los tiempos…".

Es esa, a fin de cuentas, la enseñanza crucial del presidente cuya memoria honramos e intenta darle sentido práctico al espíritu de libertad que prende el 23 de enero de 1958.

NUESTRA CRISIS DE CONSTITUCIONALIDAD Y EL AUTÉNTICO BOLÍVAR

31 de enero de 2016

Gladys Gutiérrez, Presidenta del TSJ y chavista a pie juntillas como sus jueces pares, afirma recién y en presencia de Nicolás Maduro, cabeza del Poder Ejecutivo, que "la supremacía (suya) le autoriza a revisar los actos de todos los poderes". El ucase emocionado de éste no se hace esperar.

¡Y es que el sentido de dicha colusión es atajar al titular del órgano representante de la soberanía popular, Henry Ramos Allup! La Asamblea y el mismo Maduro son órganos de elección popular directa y el resto de los poderes goza de soberanía derivada, según éste, a quien aquéllos no invitan al acto inaugural del Año Judicial.

Lo cierto es que los diputados opositores de mayoría hoy revisan la inconstitucional designación de los magistrados del Supremo Tribunal, designados por la última Asamblea Nacional que dirige el Teniente Diosdado Cabello, en sus postrimerías. Y la Gutiérrez, previo acuerdo con Maduro, sugiere que a los suyos no los tocan ni con el pétalo de una rosa.

Pero dejemos a un lado, por cierto, la inconstitucional aprobación, por anticipada y por enervar la lógica jurídica constitucional, del decreto de Emergencia Económica dictado por el Presidente y que la hace el TSJ antes de que lo repruebe el parlamento y aborte su judicialización. No hurguemos tampoco en lo elemental, pues el

Supremo ejerce su supremacía para el control de los actos de los poderes públicos, es verdad, pero en tanto y en cuanto lo haga conforme a la misma Constitución y las leyes, no con fraude u obviando lo no controlable constitucionalmente, es decir, los "actos políticos privativos" del parlamento.

El asunto de fondo y preocupante, pues desborda lo formal, es que después de las elecciones del 6D y conocida la voluntad soberana determinante del pueblo venezolano, emerge en Venezuela una crisis cabal de constitucionalidad. No se trata de una crisis constitucional o de un mero choque entre poderes que amerite ser resuelto imparcial y constitucionalmente; si acaso fuere eso el TSJ, imparcial, que no lo que es, por ser un ministerio de escribanos al servicio del gobierno y de la revolución. En 17 años ningún ciudadano le ha ganado un pleito al Estado.

Lo vertebral y de apreciar es que la mayoría del país, hoy representada en la Asamblea y en sus diputados opositores electos, reza en el catecismo de la democracia, decantado por décadas y constante en la Carta Democrática Interamericana. Cree en el voto, en el Estado de Derecho, en la separación de los poderes, y en la primacía de la persona humana por sobre el Estado y como base de la interpretación constitucional.

Empero, quienes aún permanecen como titulares del resto de los poderes, profesan la "doctrina constitucional bolivariana", forjada en los anaqueles de una parte de la escolástica medieval relativa al "origen divino del poder regio" y es fuente del despotismo y del "César democrático", que amamantan los positivistas de la dictadura gomera.

El Libertador prosterna desde Cartagena la sujeción del gobernante al parlamento (1812); prédica desde Angostura (1819) el senado vitalicio y hereditario formado por las armas y no por los hombres de levita; y al término, con su creación boliviana del presidente vitalicio (1826) defiende su potestad para escoger a dedo a su sucesor, en la persona de su vicepresidente (Maduro dixit).

Como puede verse, el asunto no es estético o iconográfico. La cuestión es raizal.

Al escribir mi Revisión Crítica de la Constitución Bolivariana (1999), Roberto Viciano Pastor, profesor que, desde Valencia, España, forma y prohíja a los líderes de Podemos y evalúa el proyecto constitucional chavista (a pedido de Isaías Rodríguez), dice

147

acerca de mi texto que prioriza "valores desde la que, desde luego, no es espejo fiel la nueva Constitución", a saber, los del Estado liberal de Derecho o del Estado social y democrático de Derecho.

En el mismo orden, al apenas entrar en vigencia, el magistrado supremo J.M. Delgado Ocanto, advierte que la Constitución ha de interpretarse a la luz y conforme a su teoría política subyacente, es decir, como lo confirma luego el actual magistrado F. Vegas Torrealba, la defensa y el sostenimiento del chavismo y su Socialismo del siglo XXI.

Hay, por lo visto, una crisis de constitucionalidad. Dos narrativas constitucionales antagonizan y se excluyen. La democrática que pide medios legítimos para los fines legítimos y sirve a los derechos de la persona humana, y la despótica –al mejor estilo marxista y/o fascista– que sirve al gobernante y a cuyo tenor el fin justifica los medios.

Habiendo renunciado Fernando VII, la soberanía es reivindicada por el pueblo, dicen nuestros Padres fundadores, los del 19 de abril de 1810 y del 21 de diciembre de 1811.

VENEZUELA EN EMERGENCIA

7 de febrero de 2016

El cierre del año alcanza la cifra histórica de 90 asesinatos por cada 100.000 habitantes. Venezuela es uno de los países de mayor violencia en el mundo. Las imágenes revelan la colusión oficial con delincuentes –les llaman "pranes"– quienes desde las cárceles controlan puertas afuera los secuestros y el narcotráfico, y poseen armas de gran calibre. Jóvenes igualmente, quienes se inician en la criminalidad a los 10 y los 11 años, se esparcen como moscas por toda la geografía metropolitana de Venezuela. Al llegar a los 20 años confiesan, confundidos, haber ejecutado 6 o 10 asesinatos. Luchan para sobrevivir en espera de sus muertes, ocupados en el negocio al detal de las drogas.

A la par, el presidente del Seguro Social habla de 4.000 pacientes con el virus del Zika y lo grave no es eso. No hay inmunoglobulina para tratar la epidemia y no hay dólares para importarla. Así de simple.

En los hospitales públicos y privados escasean los insumos médicos más elementales, como el suero y según lo indican los conocedores del área, solventar dichas necesidades exige disponer del 26% de las reservas internacionales que le quedan a la nación, apenas 15.577 millones de dólares; un monto inferior a lo que debe pagar la república por concepto de deudas, sólo hasta finales del año que corre. Y hablamos de oro, pues el dinero en efectivo no suma los 1.000 millones.

Y si se trata de los alimentos de la población, los anaqueles de los mercados están vacíos. Lo esencial no llega o se agota entre puñetazos que se dan los viandantes. Y la cuestión es que el desabastecimiento, para superarse, requiere disponer del 10% del ingreso anual petrolero, es decir, unos 3.500 millones de dólares, si cada barril se calcula a 40 dólares. Empero, el precio ronda los 25,27 dólares y sigue en caída. Y para colmo, Venezuela, ícono de la riqueza y con las mayores reservas de oro negro en el Occidente, a partir de ahora, decide importar petróleo desde los Estados Unidos. Revierte, en medio de su quiebra, el flujo que durante 100 años la transforma en exportadora hacia el mismo destino.

Desde hace varios años, la estatal petrolera se torna en importadora neta de gasolina –3,3 millones de litros diarios– que antes produce, hasta llegado el tsunami de la revolución con su latrocinio a cuestas.

Hablar de emergencia humanitaria es, entonces, constatar lo elemental, lo que viven los venezolanos al margen de los dimes y diretes entre el gobierno y la oposición democrática hoy sentada en la Asamblea Nacional.

Paliar la circunstancia parece ser lo inmediato. Requiere de medidas de política económica que únicamente puede poner en práctica el gobierno de Nicolás Maduro. Le han sido recomendadas, punto por punto, por el parlamento, al que no le basta un inútil decreto de emergencia. Pero aquél no reconoce al foro de la soberanía popular y reincide, junto a su ministro de finanzas, en su tesis de afirmar la cultura del racionamiento hasta el extremo, bajo la guía del único modelo que comprende y digiere, el cubano.

Lo cierto es que Cuba asume su fatalidad después de acostumbrarse a la nada, a la muerte en vida de sus habitantes, bajo la opresión oficial. Y viene de regreso, pasado medio siglo.

Los venezolanos, antes bien, no dejan de cultivar el consumo –exacerbado por el modelo de capitalismo salvaje impuesto por Hugo Chávez Frías para afirmar su liderazgo populista– y luchan por su bienestar, aun cuando algunos hagan ejercicios retóricos marxistas en los cafetines. Todos siguen apostando a la paz, en la inopia. No por azar acuden en masa, doblándole la mano a la abstención, a las urnas electorales esperando darle un giro radical al curso desgraciado reciente.

Maduro, entre tanto, sigue plantado en treinta y tres a lo Martin Fierro, pero sin trabajar ni hacer mérito para ello. Y el tiempo y la paciencia del pueblo se agotan.

Las nubes anuncian tormentas. Se ennegrecen al ritmo que crecen la hiperinflación desatada y la escasez de lo más elemental. Falta el jabón para bañarse y la ministro de salud se queja de la manía ciudadana de asearse cotidianamente.

Pronto, por lo visto, tampoco hará falta, pues la electricidad y el agua están siendo racionadas en medio de alarmas repetidas.

La cuestión es que la abulia y la omisión dominan en el Palacio de Miraflores. Sus ocupantes tiemblan de terror. El desespero por conservar el poder les paraliza y enajena. Y la retórica, esa sí, se les vuelve baratija que los atapuza. Entre tanto, los recién alejados del poder, vituperados por sus malas costumbres, calculan el momento. Imaginan el fin. Ensalivan sus fauces.

Plauto, a quien populariza Thomas Hobbes, si falta el reparo de nuevo cantaría: "Lobo es el hombre para el hombre, y no hombre, cuando desconoce quién es el otro".

LA VENALIDAD DE LA JUSTICIA AHOGA LA DEMOCRACIA

14 de febrero de 2016

La afirmación del título no es panfletaria, pues tiene sólidas raíces en la historia del constitucionalismo moderno. Y en Venezuela es la mala raíz de su larga y agoniosa transición política, que se inicia en 1989 y fenece, parcialmente, el pasado 6 de diciembre. Explica con su deshacer inconstitucional el fenómeno revolucionario que nos destruye como nación y como república.

De modo que, cuando la Sala Constitucional del Tribunal Supremo, en primer término, se adelanta a declarar la constitucionalidad del Decreto de Estado de Emergencia dictado por Nicolás Maduro, sin que lo haya considerado la Asamblea Nacional y, en segundo término, al decidir sostenerlo en su vigencia –desatendiendo lo que indican en contrario las normas constitucionales y la misma Ley Orgánica de Estados de Excepción– a pesar de su desaprobación por el órgano competente de la soberanía popular, no hace la Justicia servil sino ponerle una lápida mortuoria al régimen democrático.

Y no se trata de que algunos de los jueces supremos, recién y antes de concluir sus sesiones la última Asamblea Nacional desapoderada mayoritariamente por el pueblo, hayan sido designados venalmente; al trastocarse por razones ideológicas los procedimientos constitucionales dispuestos al efecto. Esto y lo anterior son meras manifestaciones de la metástasis que padece la república.

No huelga subrayar, a todo evento, los efectos devastadores que sobre la esperanza de superación de la emergencia humanitaria que vive el pueblo venezolano provocan, de suyo, ambas decisiones, criminales e irresponsables. La confianza en el Estado de Derecho y en la independencia de los jueces son las únicas palancas que hacen posible que las inversiones y los esfuerzos de cooperación económica fluyan en cualquier Estado, incluidos los más empobrecidos. Y ellas urgen a fin de revertir el curso de la tragedia que nos hace presa y que desde ya incrementa su primera manifestación luego de la escasez y la carestía: el racionamiento de guerra y la violencia criminal que le acompaña.

De modo que, más que Nicolás Maduro, los responsables de lo que ahora ocurre en el país –su desabastecimiento exponencial y el desborde de los robos y asesinatos por hambre– son los jueces constitucionales. También sus pares en la otras Salas, por cómplices necesarios.

Y no es que liberemos al Jefe de Estado de sus culpas –activas u omisivas– en la cuestión. Sino que, tal y como lo entendemos, en toda democracia, con vistas a los principios de separación y de auxilio entre los poderes públicos para la consecución del Bien Común, los yerros de un gobernante pueden enmendarse mediante el control parlamentario y el respaldo de los jueces; y las decisiones legislativas que afecten al orden constitucional, pueden ser corregirlas por los mismos jueces, si lo hacen con apego estricto a la Constitución y respetando su orden de competencias. Pero cuando éstos –los jueces– toman el camino de la venalidad ideológica o burocrática y del activismo político a fin de impedir el curso normal de la constitucionalidad y la legislatura, sobre los mismos pesa la responsabilidad y en grado superlativo.

No huelga recordarles, por ende, que el deslave cenagoso, aguas abajo, de este río de putrefacción que anega la vida de nuestro pueblo sufriente, tiene su origen en las desviaciones de la Administración de Justicia.

El primer motivo que impulsa la reforma constitucional frustrada de 1989, es el tema de la corrupción judicial y de allí la propuesta, vituperada entonces, de la Alta Comisión de Justicia. A renglón seguido, la Corte Suprema de Justicia de entonces –no podemos adornar nuestra opinión al respecto– derroca al presidente Carlos Andrés Pérez pues prefiere mirar más al estado de la opinión pública que al texto de los códigos. Y para saciar a esa opinión, sin atender a lo dispuesto por la Constitución, los jueces supremos le abren senda ancha al pecado original, a la Asamblea Nacional Constituyente, violando la Constitución de 1961. Tanto como, para satisfacer a las galerías, sin respeto por los principios del debido proceso, una Comisión Judicial de la citada Constituyente destituye a todos los jueces y los hace provisorios, pero para someterlos como lo logran Hugo Chávez Frías y sus causahabientes, hasta que los últimos, sin pudor republicano, temblorosos y huérfanos de voluntad, declaran que la Constitución y las leyes se interpretan según las necesidades revolucionarias.

El restablecimiento de la democracia y el Estado de Derecho, para que el bienestar colectivo abra sus pulmones, pasa primero por las puertas del Palacio de Justicia. Luego habrá que ponerle un cordón sanitario a la Casa de Misia Jacinta, y fumigarla contra el "zica".

LA DOCTRINA QUE NOS DIVIDE

21 de marzo de 2016

La trágica constatación de que el Derecho, dentro de la realidad venezolana, aún se rige por la máxima colonial hispana a cuyo tenor "la ley se cumple, pero no se acata", sería suficiente para advertir la necesidad de su reflexión por parte de todos los venezolanos.

En nombre de la democracia, las generaciones civiles del siglo XX reivindican el valor y la fuerza de la ley para conjurar nuestro culto raizal por el despotismo. Hoy, nuestros jueces supremos, hombres de toga, escribanos al servicio del despotismo, en nombre de la ley sacrifican a la democracia; y lo hacen en el altar de la venalidad ideológica y partidaria para otorgarle carácter constitucional, por encima del poder popular originario, al arcaico "gendarme necesario".

Lo vertebral y de apreciar es que la mayoría calificada del país, hoy representada en la Asamblea Nacional, busca releer y redescubrir el catecismo de la democracia. Intenta la forja de éste como novedad, pero anclada en lo que Rafael Caldera observa hasta el final de sus días: "Nos acostumbramos los venezolanos a vivir en libertad". Y para que finalmente encarne el Estado democrático de derecho, como forma de vida y estado del espíritu.

Las generaciones universitarias de 1928 y de 1936 acometen esa tarea desafiando a los positivistas ilustrados del primer tercio del siglo XX y a los gamonales que los mandan y que los tienen a su servicio, y por ahogar éstos el respeto y la garantía por parte de las instituciones de nuestras libertades fundamentales; justificando el hecho en nuestra predicada propensión natural como pueblo al autoritarismo y al militarismo.

Hoy, de modo intuitivo o informado o acaso por imperativo de las circunstancias que todos conocemos y padecemos, la mayoría nacional apuesta a la virtud regeneradora del voto; a las posibilidades del Estado de Derecho; a lo imperativo de afirmar la separación e independencia de los poderes; y a rescatar de su ostracismo la idea de primacía de la persona humana por sobre el mismo Estado y como base de toda interpretación constitucional.

153

Pero allí están los otros, buena parte de nuestros compatriotas-militares o civiles, o civiles quienes como en el siglo XIX se hacen chopos de piedra para que los llamen generales o coroneles y no más doctores o ilustrados o integrantes de alguna meritocracia - quienes profesan y practican, a pie juntillas, la "doctrina constitucional bolivariana".

Aquí cabe un alto para explicar de lo que se trata, al hablar de doctrina bolivariana, sin mengua de la inconmensurable obra épica que, para separarnos de la Madre Patria, España, realiza nuestro Padre Libertador y merece nuestra deuda de gratitud permanente. Emerge la misma, cabe subrayarlo, como una suerte de revancha y en contención entre Simón Bolívar y los Padres Fundadores de 1810 y de 1811, y decanta, la doctrina de éste, sobre los hornos de la escolástica medieval que predica el "origen divino del poder regio".

Esa es la fuente mediata del "César democrático", del padre bueno y fuerte que vela por el pueblo inválido e incapaz de gobernarse por sí mismo; y que amamantan los señalados positivistas que fungen de apologetas de la larga dictadura del general Juan Vicente Gómez hasta 1935.

Caldera, quien entonces frisa los veinte años de edad, se muestra consciente de ese grave dilema histórico. Tanto que, cuando escribe su primer libro, premiado por la academia y titulado Andrés Bello, refiere de este gran venezolano que "la impotencia del Libertador para conciliar las ventajas del régimen monárquico con el republicano, le habrán curado de lo que pudiera tener de aquella idea para el momento en que llegara a Chile; … le habría de convencer de que podía evolucionarse a través de una democracia restringida hacia un régimen de mayores libertades, dependiendo más de los hombres que de los sistemas el resultado bienhechor que aspiraba para América".

El Libertador, en efecto, prosterna desde Cartagena la sujeción del gobernante al parlamento y denuncia a la república aérea de la democracia, en 1812; prédica desde Angostura el senado vitalicio y hereditario, formado por las armas, que no por los hombres de levita, en 1819, pues es con los soldados que adquiere un compromiso impagable la república; y al término, nos deja la creación boliviana del presidente vitalicio, en 1826, para defender la potestad de éste de escoger a dedo a su sucesor en la persona de su vicepresidente. Nada distinto de dicho credo, como lo podremos apreciar ahora, es lo que pone en práctica el soldado Hugo Chávez Frías apalancado por sus jueces supremos, para instalar a Nicolás Maduro Moros en la Casa de Misia Jacinta.

El costo de este dilema, que resuelve y transa la Constitución de 1961, está a la vista de todos.

NICOLÁS, ¿DE DÓNDE VIENES?

28 de febrero de 2016

Trato de visualizar y entender el comportamiento de Nicolás Maduro como gobernante –que a diario enciende fósforos sobre un mar de gasolina– e intuitivamente concluyo en que es un apátrida activo; pues pasivo es todo aquél a quien su Estado o varios Estados les niegan tener nacionalidad. Y Maduro, en verdad, carece de alguna porque la oculta. O no se muestra dispuesto a aclararla. Los suyos, Tibisay Lucena, Elías Jaua, el gobernador tachirense, al defenderlo, confunden la cuestión aún más.

Venezuela ha tenido presidentes buenos, malos y regulares. Todos a uno con raíces –léase con patria– muy definidas.

A Bolívar le nutre la savia caraqueña y a Páez Herrera la de Curpa, anterior Barinas, ahora Portuguesa. Los Monagas proceden de Maturín, y los Guzmán son caraqueños, como El Libertador.

Castro, el nuestro, es de Capacho, y Gómez, su compadre, viene del polvo de La Mulera y se hace polvo en Maracay, su patria central. López Contreras y Medina Angarita, su sucesor, proceden como sus predecesores, del Táchira, uno de Queniquea y el otro de San Cristóbal. Y los Rómulos, los causahabientes, uno es caraqueño, Gallegos, y el otro, Betancourt, de Guatire e hijo directo de un canario. Y del "gordito" del Táchira, todos saben de dónde viene y qué pasta lo construye, pues Marcos Evangelista Pérez Jiménez, es oriundo de Michelena.

Leoni es guayanés, de El Manteco; Caldera, hijo de San Felipe El Fuerte; Pérez, de Rubio, si bien admite leer los diarios colombianos y tener parientes allí; pues no hay carreteras que miren hacia Venezuela hasta que el propio Gómez construye la transandina.

Lusinchi, nace en Clarines. Herrera, es de Portuguesa-Acarigua como su pariente Páez. Y don Ramón J. Velásquez, quien conoce mejor que nadie esta historia, ve la luz en San Juan de Colón. Es el último respiro de los andinos en la Casa de Misia Jacinta, hasta cuando, luego de Caldera, la ocupa el último hombre a caballo, el causante, Chávez Frías; cuyo sueño no realizado es morir en Sabaneta, en su Barinas, hasta que una febril locura le hace escoger como tumba la tierra que gobiernan –Cuba– quienes bañan de sangre y violan a la nuestra, los Castro gallegos.

Buenos y malos presidentes hemos tenido. Acaso se van a la tumba con sus equivocaciones, pero sin el pecado de maltratar y hasta patear, de mala fe y con saña, a la madre que les da la vida, Venezuela.

Maduro Moros es la incógnita.

De su progenitora, doña Teresa de Jesús, como de su tío José María, se sabe que integran la familia Moros Acevedo de la parroquia San Antonio de Padua, Cúcuta, Norte de Santander. Sus partidas de bautismo, transcritas a mano, no son un secreto a voces u oculto. En buena hora, los mormones, los de la Iglesia de los Santos de los Últimos Días, registran y conservan en microfilms los protocolos de todo ser humano con pie en este planeta.

El asunto es que Nicolás tiene desencuentros con sus raíces. Maltrata a los paisanos, al punto de hacerlos víctimas de migración masiva e imponerles una suerte de cordón sanitario a su alrededor.

El caso es que, así como prosterna su condición colombiana tampoco sostiene y menos aclara, como ocultando algo que le resulta desdoroso, ser hijo de la tierra que ya no manda y desgobierna.

De su padre, Nicolás Maduro García, se dice que viene de Falcón y su hijo tampoco despeja el entreverado: ¿es de Coro, de Sabana Alta o de Cumarebo? ¿O de los Maduro curazoleños?

Al igual que Dios, según parece, Nicolás prefiere tener el don de la ubicuidad. Nace en El Valle, en la Candelaria, en los Chaguaramos, y también en El Palotal, aledaño a San Antonio, ciudad vecina de Cúcuta. Es de todas partes y de ninguna. Así como veja a los neogranadinos, a nosotros, hermanos de éstos, nos mantiene en la hambruna. Se venga en el cuerpo de la nación con rabia recóndita, que no logra comprenderse.

Las raíces son centrales en la vida y devenir de todo ser humano. No por azar Papa Francisco, al hablar de la reconstrucción de la nación como desafío, refiere, como central y primer elemento, la "memoria" de las raíces. Ellas son la que otorgan identidad e impiden vivir del préstamo, de crecer a costillas de los otros. Bolívar lo sabe, a pie juntillas. Apenas pone pie en la vecina Cartagena de Indias en 1812 –en la patria de los ascendientes del presidente Maduro– precisa lo insoslayable para amortiguar el desarraigo del exilio: "Yo soy, granadinos, un hijo de la infeliz Caracas".

Vale preguntar y tienen derecho los venezolanos a preguntarle a Nicolás, entonces, lo mismo que Jesús a Saulo en el camino de Damasco: ¿Por qué me estás persiguiendo? O, mejor todavía, pueden decirle, como en el film Hitch con Will Smith: Nicolás, no puedes saber a dónde vas, si no sabes de dónde vienes.

EL DIÁLOGO ES CON LOS MILITARES

6 de marzo de 2016

Todos los poderes del Estado, en una democracia verdadera, están atados a la soberanía popular y sus dictados. El artículo 5 de nuestra Constitución así lo refrenda, sin espacios para la duda.

Y como la soberanía no se expresa, materialmente, todos los días, ella deja a los poderes públicos una guía de su voluntad cotidiana, la Constitución. Por lo mismo, también todos los poderes están sujetos a ella.

Pues bien, luego de 17 años de controlar todos los poderes una corriente política –mixtura de marxismo y militarismo– y de interpretar la Constitución a conveniencia, haciéndole decir lo que no dice, el pasado 6 de diciembre la soberanía dice, a bocajarro, que el hacer y deshacer de ese largo período ha destruido el país y cabe, de suyo, emprender un rumbo distinto.

Esa soberanía y ese mandato hoy reside en la nueva Asamblea Nacional, con su mayoría calificada. De modo que, el comportamiento que despliegan, coludidos, el Presidente y sus ministros y el Tribunal Supremo de Justicia, reconformado éste –con grave atentado a la Constitución– por sus acólitos, al verse derrotados y para mantenerse atrincherados con el poder del Estado, en modo

157

alguno plantea una colisión de poderes constituidos que amerite resolverse constitucionalmente. No media, tampoco, un choque de narrativas políticas que antagonizan, como si el país estuviese dividido en dos partes.

Se trata, cabe decirlo sin ambages, de una minoría nacional que mantiene secuestrados los poderes públicos, a excepción de la Asamblea; que desafía la voluntad general y determinante de la soberanía nacional representada en ésta; y que lo hace con abierto talante antidemocrático.

Lo cierto es que esa minoría política se comporta como los secuestradores exprés que sufren a diario los venezolanos, con cabal impunidad y desprecio por las leyes penales, para obtener el oxígeno dinerario que les permite seguir sobreviviendo con sus fechorías, en medio del cuadro de ingobernabilidad y violencia –la más alta del Occidente– que sufre Venezuela.

Pero cabe la pregunta. ¿Cómo una minoría, alzada contra la Constitución, haciéndola trizas para abroquelarse en sus asientos públicos y purificando sus delitos de Estado mediante la manipulación del Derecho, puede desafiar a la mayoría nacional y su representación?

La respuesta que avanza la imagen del secuestro basta. Hay falta de policías que frenen el delito o acaso hay policías, pero no actúan por ser socios del delito; o a lo mejor, los secuestradores ejercen sus chantajes sobre los policías por razones que ignora la víctima.

No es infamia decir que a Nicolás Maduro lo sostiene en el poder un "papelito" que guarda con celo o que dice tener y no tiene, su partida de nacimiento. Y eso lo saben sus cómplices.

No es venezolano, pues es probado –los documentos son públicos– que es colombiano; pero puede ser ambas cosas, visto que la primera la oculta o no la aclara el Presidente. Y si es ambas cosas –teniendo doble nacionalidad– no puede ejercer el gobierno de Venezuela.

¿Y cómo es que lo ejerce?

La respuesta vuelve de suyo: No hay policías o si los hay son chantajistas, y si no lo son acaso median razones que desconocemos los venezolanos.

La conclusión es perogrullada.

En Venezuela, cabe repetirlo, no hay dos tendencias partidarias que se desconocen recíprocamente y reclamen de mediación para que resuelvan sobre su mejor modo de tolerarse bajo las reglas de la democracia. La mayoría ya habló el 6 de diciembre, y ella, como único deber que le ata, no puede usar de su mayoría para anular la actividad política de la minoría.

Pero una cuestión es esta y otra que tal minoría secuestre el poder para seguir haciendo lo que la mayoría ha decidido que no puede hacerse más, a costo de más hambruna y de más complacencia con la narco-criminalidad que anega al propio Estado.

El juego sigue trancado. No logra destrancarse, aún, pues la minoría cuenta con quienes, en realidad, detentan el poder fáctico: la Fuerza Armada.

Ella se empeña en sostener a esa minoría. Busca reivindicar para sí los fueros perdidos, que les promete Hugo Chávez con sus golpes de Estado contra la civilidad y la democracia en 1992; que se los da a partir de 1999, con votos y con el Plan Bolívar 2000; que después se los quita a raíz del 11 de abril, para endosárselos a los hermanos Castro.

El único diálogo agonal que ahora se advierte, sobre la crisis terminal de la república en avance, por ende, es entre la Fuerza Armada y la minoría; con desprecio por la soberanía popular. El precio es notorio. Se negocia –de espaldas a la representación soberana– la fuente menguante de nuestra estabilidad nacional, el petróleo, y su naciente industria militar. Entre tanto los cubanos migran hacia mejores puertos, los de Obama.

LA CULPA ES DE LOS CAGATINTAS

13 de marzo de 2016

La experiencia venezolana de los últimos años es inédita, por cultivar la doblez; sin que por ello se obvie la importancia de sus lecciones para las actuales y futuras generaciones.

Hemos tenido en Venezuela regímenes militares, autoritarios y populistas, dentro o fuera de las reglas constitucionales, más acá o más allá del catecismo democrático. Pero nuestros gobernantes nunca buscan matizar sus realidades, menos trucar sus procederes. A lo más les agrada les llamen Beneméritos o pacificadores, tanto como piden se les reconozca como presidentes constitucionales. Nada más.

Ejercen sus dictaduras o dicta-blandas sin cortapisas, ni escrúpulos. No inmiscuyen a los escribanos del Poder Judicial para que disimulen sus despotismos. ¡Y es que asumen ser tutores o gendarmes de un pueblo al que no juzgan capaz de valerse por sí mismo, y ello todo lo justifica a sus ojos!

No es ese el caso del régimen de la mentira que instala Hugo Chávez y al que adhieren sus causahabientes.

Ni aquél ni éstos tienen el coraje de asumirse siquiera como pichones de dictador ni el intelecto para razonar sus procederes dictatoriales. Fingen ser lo que no son. No tienen estatura para ser lo que practican, por taimados. Y de allí la necesidad del cagatintas judicial a su orden. Ese que valida y legitima con sus escritos y sentencias los arrestos de clara arbitrariedad o las actuaciones criminales de un poder cobarde, haciéndole decir a la ley no que no dice o morigerando tras la ley a sus atentados.

Así nace la revolución bolivariana. Ella viola la Constitución de 1961 ayudada por los jueces. Arguye la vuelta al poder originario, para refundar el Estado de Derecho. Luego, al hacerse del poder y para que el Estado y sus fines sirvan de burladeros para el ejercicio disoluto del poder, secuestra a la Justicia y purifica sus ilegalidades en el altar del Derecho.

De allí la proverbial provisionalidad que afecta, desde 1999, a los cagatintas de los tribunales revolucionarios. Les hace dóciles a los caprichos de funcionarios enfermos, sacerdotes del ludibrio, intoxicados por el mal del peculado. Se trata de jueces distractores, para que sus comitentes hagan de las suyas y se coludan hasta con la narco-criminalidad y el terrorismo.

No por azar uno de estos, de conciencia y dignidad muertas, se presta para condenar a un editor guayanés, David Natera; quien, por cumplir con sus deberes constitucionales de informar sobre la corrupción va a la cárcel, por perturbar la constitucionalidad.

Ayer cuenta, en favor del mismo Chávez, la tesis del TSJ que pide, en su criticada sentencia 1013, sobreponer, incluso a costa de los derechos de la personalidad, el debate agrio y acre sobre los asuntos de interés público para bien de la democracia. Hoy se archiva, a conveniencia.

La cuestión, por ende, es de leguleyos sin alma.

Se trata de un modelo que se funda en la mentira. Que hace de la ilegalidad su fisiología y medra entre lo legal y lo ilegal, para proteger un crimen de lesa majestad, la mentira de Estado.

Con la misma mentira, antes, se hace preso a Nelson Mezerhane por un crimen que se ejecuta desde el Estado –el asesinato del Fiscal Anderson– y a fin de que éste, bajo chantaje judicial, permita que la mentira haga de las suyas desde Globovisión.

Por idéntica razón, se crean razones distintas de ésta y artificiosas, para ordenar el enjuiciamiento penal de los Zuloaga, Guillermo padre e hijo; tanto como para robarle a Marcel Granier su canal de televisión, RCTV, y castigarlo por ser veraz, el régimen de la mentira, con cagatintas a su disposición, esgrime razones distintas y nominalmente jurídicas. Y así ocurre con los editores de Tal Cual, La Patilla y el diario El Nacional, a instancias del ahora Supremo sobre los jueces supremos, Diosdado Cabello.

La condena de Natera mal diluye el escándalo de la masacre de Tumeremo, en predios codiciados por la milicia militante. No aminora la hambruna que corre como gasolina, ni el saldo del engaño de tres lustros: 259.447 homicidios más 28 mineros forzosamente desaparecidos.

La constante, a fin de cuentas, reside en el desprecio de nuestros autócratas por sus cagatintas y los miedos que éstos excretan cada vez que aquéllos –o el general gobernador Francisco Rangel Gómez– se les atraviesan en el camino.

Mariano Picón Salas, en su cuento Los Batracios, resume esto de modo lapidario: ¡A usted lo llamé para que redacte la proclama, no para que se inmiscuya en las cosas de la guerra de las que nada sabe, por civil!, afirma Cantalicio Mapanare, caporal y coronel graduado por sus peones, ante su leguleyo. Y al término, presos ambos, éste muere en la cárcel ahogado bajo la fetidez de sus aguas y la mirada escrutadora de los batracios, que nadan fríos a su alrededor.

LOS JUECES CAVAN SU TUMBA

20 de marzo de 2016

En Venezuela se da una inédita coexistencia, sobre el mismo espacio geográfico, entre una dictadura militarista-populista y una democracia; aquélla, atrincherada en el ejercicio de todos los poderes públicos, con excepción del parlamento, y ésta, en estreno, ocupando los escaños de diputados que la soberanía popular logra ganarse el pasado 6 de diciembre.

La minoría –deslegitimada como mayoría y en sus narrativas políticas– sostiene a rajatabla su dominio del poder constituido e impone su primitiva cosmovisión, para afirmar la violencia y miseria generalizadas que la anima; pero por una sola razón, la razón de la fuerza, la que le endosan el Alto Mando Militar y sus armas de fuego. Sin éstas, qué duda cabe, ninguno de tales poderes, sea el del Presidente de la República y Comandante en Jefe, sea la Sala Constitucional del TSJ o el Ministerio Público, osara desafiar, como lo hacen, la vigencia del Estado de Derecho y la misma soberanía popular.

¿Cómo logrará resolverse este entuerto?, es difícil saberlo. No hay vías que puedan imponerse a *priori* como dogmas. Sólo el hábil manejo de las realidades, salpimentado con una dosis de aplomo ético y paciencia, ha de facilitar que una u otra de las tantas opciones constitucionales que se barajan sea, al término, eficaz y antes de que el tremedal nos ahogue. Será la que mejor despeje ese dualismo morganático, que significa que los minoritarios cultores de la muerte –a costa de masacres como las del 11 de abril, fabricada entre Hugo Chávez Frías y su Fiscal General, Isaías Rodríguez, o las del Día de la Juventud y la de Tumeremo, en las que tienen metidas sus manos los hombres de uniforme y de caponas– se sobrepongan a los cultores de la paz "varguiana". Será la que evite, además, un pacto de connivencia, de transacción entre la legalidad y la ilegalidad, de servicio a la mentira de Estado.

Todas las vías, pues, han de llenar los vagones varios del ferrocarril que nos lleve hacia la transición y reconstrucción de la civilidad. ¿Qué vagón calza y se adosa mejor con la puerta de salida en la estación ferroviaria?, no lo sabe, jamás, ninguno de los pasajeros que allí se bajan o se suben.

Lo cierto es que, luego de tres lustros y algo más de resistencia, los venezolanos logran frenar con mano firme y desafiante el deslave de impudicia que reina, y derrotan a sus armas y sus millonarios recursos, obra del peculado, con votos, sin miedo, y en el silencio del acto comicial. ¡Que esa impudicia se presente ahora más escandalosa!, ello es obra del ruido de la asamblea y sus diputados de mayoría, por desafiantes de la censura, de la hegemonía comunicacional y propagandística del gobierno.

Poner el dedo sobre la llaga es, sin embargo, pertinente.

Allá con sus responsabilidades históricas la Fuerza Armada, por incapaz y dado su comportamiento coludido –en medio de centenares de bajas civiles y ninguna de milicianos– de estar a la altura de su misión, como de justificarla; más allá del oropel de los desfiles, de amorales compras de armamentos, o la utilería que destila en sus visitas al Cuartel de La Montaña.

Importa, sí, subrayar la conducta de los jueces, a quienes me refiero en mi columna "La culpa de es de los cagatintas".

La Sala Constitucional –suerte de paredón de fusilamiento– mal ha de encontrar como excusa para sus delitos de lesa patria, el argumento político. No les sirve a sus miembros, siquiera, en el acaso futuro de pretender beneficiarse de algún asilo.

Un Estado de excepción o emergencia, coloquialmente implica la suspensión de la ley y la restricción de derechos humanos. Por ende, en las democracias constitucionales jamás basta, para su forja, la sola voluntad política del gobernante. Es sacramental que concurra la opinión vinculante de la soberanía popular, como acto político no justiciable. A los jueces atiene, al respecto, solo ver y velar por la existencia o no de las garantías que lo hagan menos gravoso, y sólo eso. La vigencia de tales Estados, superados los obstáculos constitucionales, se explica en una expresión concursal ineludible y políticamente objetiva, sobre la que no puede opinar la Justicia.

De modo que, las violaciones de derechos humanos que se sucedan por la decisión "política" del TSJ usurpada, para forzar la vigencia de un decreto de emergencia que es obra de la voluntad unilateral de Nicolás Maduro y pone de lado la opinión de quienes representan a los afectados en la Asamblea Nacional, tienen desde ya como responsables individuales, interna e internacionalmente, a los jueces supremos. Las sanciones que aparejan sus comportamientos, activos u omisivos, son, en el caso, penales, no políticas. Eso deben saberlo éstos, a pesar de ignorarlo por ser huérfanos de credenciales y para sus oficios.

LAS DECLARACIONES DE MARÍA ÁNGELA

27 de marzo de 2016

Mujer inteligente, a quien tengo en aprecio, la Canciller de Colombia, María Ángela Holguín, asume una declaración que, en buena ley, no le es propia sino la prolongación de lo que piensa su gobernante neogranadino, Juan Manuel Santos: "No confiamos en la Corte Internacional de Justicia".

Sin embargo, por ser el órgano de las relaciones exteriores colombianas, el peso de su decir y sus ominosas consecuencias internacionales –o acaso por constatar lo evidente– la arrastran hacia el juicio de la historia.

Un país con una tradición institucional tan arraigada en lo jurídico, que logra sobreponerse y sostener su tejido e identidad nacional en medio de la más cruenta guerra que otro haya sufrido –son más de 60 años– y por ser la obra de una colusión entre el fanatismo ideológico y el narco-terrorismo, da un muy mal ejemplo. Lo declarado por Holguín, desde Santiago de Chile y al prestigioso diario El Mercurio, en nada ayuda al rescate de lo perdido; es decir, hace más gravoso el reencuentro necesario con el valor de la Justicia para el sostenimiento de la paz social y la gobernabilidad global.

Sea cual fuere la insatisfacción del Estado colombiano por las resultas del fallo que, en 2012, resuelve su problema limítrofe con Nicaragua, el lanzar un manto de duda sobre la confiabilidad de los jueces de La Haya, cuya elección y requisitos de autoridad profesional e independencia es de los más complejos que se conozcan, no es poca cosa. Cree María Ángela salvaguardar así la dignidad soberana de su país; pero esta de nada vale dentro de un contexto de relativización del sistema internacional y su relajamiento manifiesto.

La experiencia del tiempo previo a la Primera Gran Guerra del siglo XX y su tiempo posterior hasta que concluye la Segunda con el Estatuto de San Francisco, en 1945, demuestra bien que, a falta de un orden público internacional y su garantía institucional por sobre la añeja soberanía principesca de los Estados –derivada en competencias nacionales reguladas y sometidas al Estado de Derecho mundial– lo que queda o resta es el "ojo por ojo, diente por diente".

Y cabe preguntarse, ¿qué diferencia acusa esta postura contumaz –por razonada que fuese desde el ángulo doméstico– con la que otrora predica Hugo Chávez Frías y ejecuta su causahabiente, Nicolás Maduro Moros, al desafiar y declarar no ejecutables en Venezuela, por idénticas razones, los fallos de la Corte Interamericana de Derechos Humanos?

La cuestión no es baladí, si acaso se considera –y parece no serlo– que los ingentes problemas y desafíos que plantea la globalización y las amenazas demenciales que, en el mismo orden, esta apareja, como la criminalidad y el terrorismo transnacionales, mal pueden resolverse en el marco de una sociedad mundial primitiva y dislocada; como aquella que, a partir de 1648, se forja con soberanías yuxtapuestas e impermeables dentro de las que cada gendarme de ocasión hace de las suyas, hacia adentro y, hacia afuera apenas sostiene con sus pares meras relaciones de conveniencia.

¡No hay espacio del planeta que, con un patriotismo de bandera a cuestas, pueda sentirse invulnerable ante el mal absoluto o se crea capaz, por sí sólo, de acceder a los beneficios del árbol de la ciencia durante el siglo que ya corre!

La sana crítica del sistema judicial internacional –que en modo alguno es el Sanctasanctórum de Jerusalén– es lo pertinente, en modo de que ajuste su doctrina y la desarrolle en el marco del debate necesario entre los Estados partes; como pertinente es señalar que las falencias individuales de los jueces internacionales es obra directa de sus electores, los mismos Estados.

Lo que sí revela, por su autoridad personal y el del país que representa, lo afirmado por la Canciller Holguín es, nada más y nada menos, lo que con atinado lenguaje académico y también descarnado predica en su momento Benedicto XVI; cuya salud, por cierto, desmejora al paso de sus años, como ayer lo reseña la prensa global. Ha llegado –según el papa emérito Razinger– la dictadura del relativismo, del propio yo y sus ganas; cuestión central que urge abordar con seriedad, pues, en efecto, allí se juega su futuro la Humanidad frente al riesgo de la disolución: ISIS y Venezuela son apenas los síntomas minúsculos de una enfermedad que hace metástasis.

Tanto es así que, a fuerza de relativización y postergación de valores fundantes, hijos de la razón y que, a lo largo de la historia de los hombres y de los pueblos, animan el comportamiento social y de las culturas, hoy se construye el futuro, vaya Usted a saber cuál, en mesas donde transan y dialogan como pares la ley y el crimen, el terrorismo y la democracia. Así que, por lo pronto, los jueces y la Justicia, se encuentran desempleados.

URGE RECONSTITUIR A VENEZUELA

3 de abril de 2016

Hablo de reconstituir a la nación como imperativo de la hora actual, evitando prevenciones y dogmatizar sobre los medios. Ya que, si hablo de constituyente, no pocos tacharán mi tesis como parcial y los árboles impedirán mirar el bosque.

Que lo primero sea poner de lado al obstáculo más ominoso –ora Nicolás Maduro, ora el inconstitucional Tribunal Supremo forjado por el "pequeño Nerón" Diosdado Cabello– y, al efecto, demandar de aquél nos presente prueba de no ser colombiano o acaso revocarle el mandato o reducírselo, y a sus jueces despacharlos por colusión y corrupción, importa y mucho, pero no es lo fundamental.

Todas las vías que se dispongan para la ordenación social y política de nuestra anomia, siendo constitucionales mal pueden excluirse. Cada una ocupa un vagón distinto dentro del ferrocarril de nuestra historia por hacer. Y como la política es hacer posible lo deseable, las circunstancias y la voluntad dirán que vagón calza mejor, al término, con el andén y la puerta principal de la estación que nos espera.

Insisto, pues, en lo vertebral. Cabe desnudar, si acaso el propósito es darle viabilidad integral a Venezuela, la gran farsa constitucional que seguimos viviendo.

Aprobada la Constitución de 1999 –suerte de tienda por departamentos que junta formas autocráticas y totalitarias de poder con expresiones inflacionarias y nominalistas de derechos humanos– la mayoría de los votantes que la aprueba es, en su momento, una minoría dentro de la mayoría con derecho a voto: Un 80% del 40% que acude a las urnas y se casa consigo mismo.

Ese esfuerzo constituyente fue una pérdida. De nada le ha servido al país para situarle, con pie firme y en su diversidad, en los predios del siglo XXI. Y para su autor, el fallecido Hugo Chávez, significa un mero comodín, dispuesto como táctica para vaciar de contenido la experiencia civil y democrática que llena la segunda mitad del siglo XX y reducir nuestra historia a la nada. Su objeto es, a fin de cuentas, comenzar la historia desde cero y reemprender la obra cesarista de dominación que visualiza y no concluye Simón Bolívar. ¡Una verdadera esquizofrenia paranoide!

Mientras tanto a esa mayoría que se muestra indiferente poco le importa sea violada de modo contumaz la Constitución, o que se le haga decir lo que no dice, sobreponiéndosele la razón revolucionaria.

Lo paradójico es que aquella, sin saber de qué se trata o qué modelo o narrativa expresa La Bicha –así se la llama– redactada y enmendada por el propio Chávez y validada por su Asamblea Constituyente de circunstancia, más tarde la asume como su catecismo. Pero lo usa, igualmente, como comodín, para oponerlo al gobierno en modo tal de dejarlo en evidencia como régimen de la mentira.

El saldo no puede ser más ominoso. Quienes violan la Constitución durante 17 años de forma sistemática, ahora critican a sus detractores y opositores políticos por irrespetarla y no acatarla;

167

obviamente, no en su texto formal u ortodoxia sino en sus interpretaciones de conveniencia sentadas desde la práctica judicial servil. Entre tanto, quienes no la acompañan en su nacimiento y la rechazan en la hora lejana o no les importa, hoy se empeñan en hacerla valer a rajatablas.

Hasta la saciedad he dicho que la vigente Constitución jerarquiza al Estado por sobre la personalidad del hombre y mujer venezolanos, cuyo desarrollo es atributo de éste (artículo 3); se propone forjar al venezolano bajo un patrón ideológico unilateral –el bolivariano– (artículos 102 y 1) que de suyo niega, en lo real, al pluralismo democrático; y para ello instrumenta un totalitarismo comunicacional de base formativa para dichos fines (artículo 107). Todavía más, según ella, el Presidente de la República es el dueño de todo y de todos (artículos 185, 203 in fine, 236-6, 236-20, 240, 252,322, 323, 326, 337).

A fin de cuentas, tras una retórica constitucional y legalista discurre un juego de ping-pong entre la Asamblea opositora civil, y la dictadura sin disimulo residente en el Palacio de Miraflores y en la que alguna vez fuera casa de la Justicia. Mas, lo que parece preocupar al común no es el Estado de Derecho, sino la venida del Mesías –déspota de caponas y armado o uniformado con camisa tatuada de insignias y con gorra de beisbolista– que resuelva, de una vez por todas, el drama del "bachaqueo", la hambruna, y la inseguridad.

Pero esos problemas se han hecho gravosos, justamente, por obra de una narrativa que prefiere prohijar el autoritarismo y la arbitrariedad e impedir la emancipación popular. Y eso, tan elemental, no logramos discernirlo. Reconstituirnos y encontrar equilibrios para la convivencia civilizada –que las reglas de juego encarnen en la conciencia nacional– es lo importante, que no lo parece.

ENTRE LOS PELIGROS DEL CAOS Y EL CESARISMO

10 de abril de 2016

Muy oportuna como alerta –si nos dan los tiempos que se aceleran– es la advertencia de Fernando Egaña acerca de las dos dinámicas que corren separadas en Venezuela y que, de no ser ensambladas, pueden derivar en una verdadera tragedia.

El país político, por una parte, discurre sobre una autopista que hace relación prioritaria con el ejercicio del poder y el dilema del sostenimiento –real o con doblez según los distintos actores– del hilo constitucional. En tanto que, al país nacional se lo traga una espiral de violencia y crisis humanitaria sin precedentes históricos; de suyo indigna e injustificable como suerte de milagro económico al revés, si se considera que la república y su peculado dilapidan durante 17 años, a nombre del Socialismo del siglo XXI, una suma anual escandalosamente superior, ajustada en proporciones e inflación, a la que gasta el Plan Marshall para la Reconstrucción de Europa y beneficio de 285 millones de habitantes.

La pavorosa imagen de las filas de viandantes a las puertas de abastos y farmacias, por haber mudado éstos en destino de frustración y rabia: mixtura de carencias y mega-inflación, evoca en el imaginario a quienes caminan durante la Segunda Gran Guerra hacia las cámaras de la muerte. No exagero.

La salvaje cuanto inenarrable quema popular o el descuartizamiento, ante la impávida vista de autoridades y ciudadanos, de delincuentes a quienes se les encuentra robando en una hora de necesidades y angustias colectivas extremas, indica la forja de un coctel capaz de estimular lo peor; si, acaso, lo que ya ocurre no basta como para mostrar una realidad social en la que han cedido los lazos de afecto, la creencia en las reglas de convivencia común y su valoración como indispensables, en suma, la estima por la democracia profunda.

Entre tanto, el país político –gobernantes, jueces, diputados, partidos– resume su circunstancia en términos igualmente agonales pero ineficaces, dada la hora nona. Nicolás Maduro, a despecho de sus conmilitones irredentos, reconoce la victoria de la oposición en las elecciones parlamentarias del 6D, por presa, su revolución, de la heterodoxa marxista del siglo XXI; que usa de la democracia como medio para vaciarla de contenido. Pero ingenua es la expectativa, como se demuestra, sobre la suficiencia de la soberanía popular y su pronunciamiento para modificar la raizal cultura totalitaria del gobierno y el resto de los poderes públicos que controla, con el apoyo comprado –dicho literalmente– del Alto Mando Militar. Aquéllos no ejecutan ni reconocen las funciones legislativas y de control que constitucionalmente le corresponden a la Asamblea

Nacional opositora, y ésta, que cuenta con la legitimidad de su voz, carece de poder material coactivo. Es presa de un catecismo irrenunciable, el de los sacramentos de la libertad y el Estado de Derecho ante un adversario que le opone la violencia institucional desnuda y arbitraria.

Lo cierto es que, el ritmo palaciego de facto y el nominalismo constitucional parlamentario se cruzan en una lucha desigual mientras el paciente, los votantes del 6D, agoniza sobre la camilla del hospital republicano; espera que sus "médicos políticos" decidan si lo intervienen quirúrgicamente por la izquierda o por la derecha.

La cuestión no es de fácil solución, por inédita; salvo su parentela con la ominosa experiencia que viven los panameños bajo el régimen dictatorial de Manuel Antonio Noriega.

Hay un hecho que, además, cabe ajustar a la prevención de Egaña. La dinámica del "país político" sigue apegada a los cánones del siglo XX, a pesar del uso desbordado que hace –la parte que domina el régimen autoritario y militarista de Maduro– de la publicidad impresa, radial y televisiva, para sostener su deliberada abulia, simular unidad en medio de su fragmentación mafiosa, ganándole tiempo al tiempo. Entre tanto, el país nacional se mueve a ritmo de vértigo bajo la presión de las necesidades y el bombardeo de la información digital instantánea que procuran los millennials, articulando emociones sin darles direccionalidad cierta. Hay un caldo de cultivo que, siendo real, adquiere potencialidad mayor en el imaginario y que no espera por las resultas del diálogo parlamentario formal o del que promete la Roma vaticana con su milenaria cultura de sosiego a cuestas.

La historia, madre y maestra, salvando contextos y centurias, muestra, como lo dice Cicerón, que "no hay mar o incendio tan terrible, cuya violencia no sea más fácil apagar, que la de una muchedumbre... desencadenada" y, como lo apunta Lucrecio, que "la conducción política se hunde en la turbia oscuridad del gobierno de la muchedumbre, cuando cada cual intenta alcanzar dominio y supremacía para sí mismo".

HIPOCRESÍA DE LA UNASUR Y MASACRES EN VENEZUELA

17 de abril de 2016

El anuncio, coludido, de una Comisión de la Verdad entre Nicolás Maduro Moros y "sus" observadores electorales del pasado 6D, los de la UNASUR (Samper, Zapatero, Fernández y Torrijos), quienes se empeñan en salvarle del descalabro comicial que sufre y le fallan, reaviva, junto a los comportamientos de éstos y de ahora, la aguda observación del maestro Piero Calamandrei. El fascismo –característico del gobierno venezolano– es el régimen de la mentira.

Hugo Chávez y Maduro hacen de la ilegalidad su fisiología. La recubren de formas legales, justamente, para el engaño, la trufa, la estafa de la opinión. Pero esta vez, es tal la hipocresía que acompaña a aquella iniciativa –promover una Comisión de la Verdad en el instante en que sus patrocinadores acaban con la soberanía popular y desconocen la ley de amnistía y reconciliación que dicta la Asamblea Nacional electa por el pueblo– que, mientras el mendaz espectáculo tiene lugar, el Alto Comisionado de la ONU para los Derechos Humanos no encuentra más opción que censurar a sus promotores.

El señor Samper, público aliado de la narco-guerrilla que hasta lleva al foso de la podredumbre a su propio gobierno –al margen falacia ad hominem– no obstante, obvia lo notorio. Su pupilo, Maduro, firma el 29 de mayo de 2003, en presencia de la OEA y el Centro Carter, un compromiso para que el gobierno del que forma parte proceda a instalar una Comisión de la Verdad y Reconciliación "independiente" con motivo de la Masacre de Miraflores, la del 11 de abril de 2002. Pero deja al país y a las víctimas entendiendo. ¡Y es que su jefe Chávez –lo confiesa Isaías Rodríguez 10 años más tarde– sabe y prepara el escenario de la masacre! La usa para limpiar a sus Fuerzas Armadas de obstáculos a fin de apuntalar su salto al comunismo, que matiza como Socialismo del siglo XXI.

De allí los pistoleros de ocasión, los de Puente Llaguno, registrados durante su acción criminal y premiados por la revolución, bajo protesta del fiscal Danilo Anderson, después asesinado. Y al final, al mejor estilo castro-cubano, forja a los chivos expiatorios: Iván Simonovis, Vivas y Forero, condenados sin pruebas por la misma Justicia sirviente que hoy desconoce con sus actos a la Asamblea y cuya elección no alcanzan impedir Samper, Fernández, Zapatero y Torrijos.

A confesión de parte, relevo de pruebas. Lo dicho por el ex Fiscal General Rodríguez consta en la red, para su tragedia: http://www.noticias24.com/venezuela/noticia/102443/en-exclusiva-isaias-rodriguez-habla-de-chavez-profeta-del-amor-su-historia-y-otros-puntos-relevantes/

Vale mucho su manifestación, cabe decirlo. Él y Chávez conocen del riesgo y lo aceleran, con premeditación. Poco les preocupa el resultado. No amainan ni conjuran la masacre previsible y en puertas, lo que los hace penal e internacionalmente responsables junto a sus cómplices. 24 muertos y 222 heridos es el ominoso saldo.

Nada distinto de la mentira e hipocresía, como fisiología del gobierno y sus adeptos, y cuya conservación tanto preocupa al Secretario de UNASUR para blindar oscuros secretos, ocurre luego con la Masacre de Febrero. Ella se encuentra documentada ante la Fiscalía de la Corte Penal Internacional e ilustra la vocación de quienes viven en el mundo de la doblez a fin de que la opinión les pase sus crímenes, justificándoles con la razón revolucionaria. Pero la web, otra vez los desnuda y no les otorga "derecho al olvido": http://www.ventevenezuela.org/wpinter/uploads/2014/04/250384125DENUNCIA.pdf

Habiéndose iniciado una razzia militar y policial contra el monstruo de mil cabezas: los Círculos Bolivarianos que mutan en colectivos armados y son creados, desde 1998, por Diosdado Cabello, Freddy Bernal y Juan Barreto, entre otros, las reacciones intestinas dentro del gobierno que los cobija –acorralado por la protesta social– no se hacen esperar el día de la Juventud.

Sobre el choque entre colectivos y las armas del Estado, Maduro, al término, los usa a unos y otras para reprimir la ira popular en su contra. Enciende a mansalva la chispa de la vorágine y la atiza. Escoltas del Ministro del Interior asesinan al dirigente chavista Juan Montoya y a los estudiantes Bassil Da Costa y Robert Redman, antes de que la represión indiscriminada anegue de sangre la geografía total de la patria: 31 víctimas fallecidas, 461 heridos, incluidos los torturados.

A la sazón, otra vez aparecen los chivos expiatorios. Los fabrica, a dedo y con saña, el gobierno, y diluye sus masacres con el tu quoque de Julio César, el ¡tú también! de las guarimbas. Leopoldo López es así encarcelado al igual que Antonio Ledezma, y el primero condenado por una juez de utilería a quien premia su patrono, el teniente Cabello.

¡O tempora, o mores!

PLAN PAÍS: ¿EL FUTURO DE VENEZUELA O LA VENEZUELA DEL FUTURO?

24 de abril de 2016

La llamada crisis institucional que hoy acusa Venezuela –montada sobre un subterráneo de miserias y violencia que busca salida y pronto la tendrá, sea por encontrar un drenaje ancho que la ataja y diluye, o por explotar como volcán hacia la superficie– no es tal crisis como lo creo; menos se trata de una crisis institucional.

Tras el aparente conflicto de poderes que observamos –el legislativo intentando cumplir con sus tareas de representación democrática y la corte de escribanos al servicio de la dictadura presidencial empeñada en castrar a la soberanía popular– y que algunos observadores aprecian de resoluble, tarde o temprano, mediante el uso de las reglas constitucionales o el paralelo ajuste de las capas tectónicas que chocan y hacen sismo, lo cierto, a fin de cuentas, es que sucede un deslave grosero de anomia política y social.

Presenciamos la ruptura de los lazos mínimos de identidad que nos hacen nación y república. Vivimos un momento de prostitución de los sacramentos mínimos del Derecho y la civilidad –formalmente respetados hasta por nuestros más ominosos regímenes militares del pasado– y que emula, lamentablemente, el tiempo de nuestra vergüenza: el del decreto de Guerra a Muerte o de la "guerra larga" o guerra federal del siglo XIX.

El linchamiento o la quema de una veintena de pequeños delincuentes desde enero, ante la mirada indiferente de marchantes, es síntoma inequívoco de lo dicho. Es más indicativo que las dolorosas hileras de viandantes a las puertas de mercados y farmacias, que avanzan hacia el cadalso cotidiano de nuevas frustraciones.

Hablar de crisis institucional o constitucional significa, en efecto, que los poderes de un Estado y en pugna recíproca, en alguna medida se mueven dentro de reglas de juego compartidas y cuyo cumplimiento, de buena fe, se asume como algo sustantivo. No meramente instrumental. Cumplir con la Constitución y las leyes, en la hipótesis, equivale a respetar a los otros. Pero ese no es el caso nuestro.

Hasta ayer los poderes públicos venezolanos simulan la vigencia de un orden constitucional mientras no les desafía el descontento popular. Esta vez ceden en la simulación y alegan la razón política revolucionaria para vaciar de total contenido al Estado de Derecho. La mentira y el fraude constitucional derivan en abierta inconstitucionalidad. Y la paradoja no se hace esperar. Los diputados de la nueva mayoría cumplen con la democracia y los jueces supremos del oficialismo, a su turno, les atajan. Arguyen que los primeros la violan y la verdad legal se hace difusa, priva el galimatías, y se deprime la sociedad venezolana. Unos y otros usan diccionarios distintos, como en una Torre de Babel.

La política, en fin, implica administración de realidades. Alguna realidad pronto y al término se impondrá, dará su veredicto, sin que nos movamos de nuestros asientos. Y como autistas nos seguiremos preguntando: ¿Cuál será nuestro futuro como sociedad que ya no es?

Tal dinámica, cabe decirlo, conduce hacia a un callejón sin salida: la explosión social, su represión por los colectivos del régimen, la insurgencia militar, el golpe de estado, el milagro de la renuncia del presidente, o que los tiempos del revocatorio le ganen al ritmo de vértigo que nos lleva hacia el precipicio de la crisis humanitaria y el default.

Dicho panorama o perspectiva pronuncia la tristeza, incrementa las frustraciones sociales a costa de la esperanza, niega la utopía realizable que empuje la voluntad de todos venezolanos hacia mejores derroteros; distinta que es, cabe aclararlo, de la utopía utópica, de las religiones laicas, de los dogmas revolucionarios que desde siempre incuban el desprecio por la dignidad humana.

Urge, pues, de otra perspectiva para el análisis y la acción. Hemos de imaginar y proyectar la Venezuela del futuro, sin reparar más sobre el futuro de Venezuela.

Hay que hacer posible lo deseable.

Luis Ugalde en su Utopía política nos plantea, al efecto, el reto de "esa desconocida realidad conocida que vamos buscando"; que debe servirnos de horizonte en la brega cotidiana, de referencia deseable y a la vez posible –más allá de la coyuntura del despotismo iletrado que nos desgobierna– como susceptible de permitir que la esperanza vuelva a instalarse en el corazón nacional.

Si medramos huérfanos de una narrativa que nos permita dibujar a la Venezuela del porvenir, en lo inmediato acaso cambiaremos iletrados por letrados, militares por civiles, revolucionarios por contra-revolucionarios, prehistóricos por modernos, camisas rojas por gorras tricolor, pero todos a uno serán igualmente déspotas y alimentadores de mitos, que otra vez han de volverse decepciones y mudar a la política en oficio de mentirosos.

EL DESAFÍO RECONSTITUYENTE DE LOS VENEZOLANOS

1 de mayo de 2016

Evoca la actual circunstancia de Venezuela, y no exagero, el tiempo de nuestra vergüenza patria: el del decreto de Guerra a Muerte de 1813 que lamenta luego Simón Bolívar, El Libertador, o el de la "guerra larga" o federal que emerge durante la segunda mitad del siglo XIX como anticipo de la extensa dictadura que se traga la primera mitad y algo más de nuestro siglo XX.

Apunto a la suma de homicidios –en número de 27.875, equivalentes a 90 por cada 100.000 habitantes– sucedidos el pasado año de 2015 y que son, como se sabe, la consecuencia de la colusión revolucionaria el narcotráfico desde agosto de 1999. Pero me mortifica, aún más –como lo expreso en mi columna anterior– el fenómeno de los linchamientos y hasta la quema de ladronzuelos en zonas urbanas, por los marchantes que a diario luchan por encontrar alimentos o medicinas que escasean severamente.

Anomia y cisma constitucional, es decir, ausencia de la ley y su desconocimiento abierto y cabal por los mismos responsables de aplicarla son las características del momento venezolano; es lo que Émile Durkheim, en 1893, identifica como "un estado sin normas que hace inestables las relaciones del grupo, impidiendo así su cordial integración", como recién lo destaca el colega José Armando Mejía Betancourt.

Su contexto visible es una crisis económica y social sin precedentes históricos, bajo una suerte de milagro al revés susceptible de resumirse en pocas líneas: Chávez y Maduro dilapidan 2 billones de dólares, y casi la mitad –890.000 millones de dólares recibidos de exportaciones de petróleo sin contar tributos, dividendos, emisiones de bonos– equivale al 70% de la renta petrolera normal venezolana durante 98 años.

Convencidos de que el ingreso petrolero es infinito y permite importar bienes de todo orden, confiscan y paralizan el aparato productivo no tradicional y al término, al caer los ingresos petroleros, les faltan las divisas hasta para adquirir lo más elemental. La inflación anual ponderada llega a 392% para enero reciente. Se proyecta a 750% para finales del año y, según el FMI alcanzará 2.200% en 2017 y se disparará hacia una hiperinflación del 13.000%, de no corregirse radicalmente la política económica de sesgo cubano imperante durante algo más de tres lustros.

Esta es la cruda verdad. ¿Qué hacer a todas éstas?

Probablemente una guerra civil declarada tome cuerpo, como su represión por los colectivos del régimen, o la insurgencia militar, en medio de una confrontación entre soldados institucionales y soldados narco-socialistas. ¿Ocurrirá la renuncia del presidente en medio del caos; los tiempos del referéndum revocatorio en marcha le ganarán al ritmo de vértigo que nos lleva hacia el precipicio de la crisis humanitaria y el default? Nadie lo sabe.

Lo primero, convengamos, es ayudar a que la transición resuelva esta especie de Abraxas que marca nuestra dualidad existencial y constitucional con el menor costo posible, sin comprometer nuestro derecho a la democracia. Las opciones están sobre la mesa. No se excluyen. Todas a una deben hacer parte de la estrategia que apunte al cambio de gobierno. La tensa situación social y económica y su evolución habrán de determinar la viabilidad o no de ellas y su éxito.

Empero, para reconstruir a la nación e imaginar la Venezuela del futuro, es pertinente y de modo inevitable, volver a las raíces, sin que ello implique recrear lo imposible, es decir, el pasado, pues las variables constitucionales de la era corriente dominada por la virtualidad global serán inéditas sino distintas.

A lo largo de nuestra historia constitucional, que muestra 26 textos fundamentales o 28 si se incluyen el Acta de la Independencia de 1811 y el Estatuto Constitucional Provisorio de 1914, y salvo el programa constitucional de sabios equilibrios que representa la Constitución de 1961 –madre de nuestra república civil y la de mayor vigencia, casi 40 años– su evolución se nutre de mitos y de patadas. Entre simples circunstancias que motivan la mayoría de nuestras Constituciones –reformas a fin de asegurar la permanencia en el poder de nuestros gendarmes civiles o militares, todos populistas– lo determinante es el fondo que anima a las grandes corrientes intelectuales que nos hacen añicos como pueblo y tienen su peor emblema en el texto de 1999.

¿Acaso es llegada la hora de enterrar los mitos, incluido el colombino de El Dorado? ¿Será posible plantearnos la reinstitucionalización de nuestra Fuerza Armada en modo que los venezolanos alcancemos emanciparnos? ¿Seremos capaces de ponerle punto final al apalancamiento de la diarquía dictatorial de Maduro y Cabello por parte de las bayonetas, cuyos fueros privilegia Chávez hasta el momento de su muerte en La Habana?

LA HISTORIA DEL REVOCATORIO

8 de mayo de 2016

Tengo muy presentes a Nicolás y Aristóbulo como actores durante la Mesa de Negociaciones facilitadas por César Gaviria y Jimmy Carter –una suerte de Ernesto Samper, salvando distancias– y que llevan a los Acuerdos de Mayo de 2003; absurdo en países

177

donde funciona la democracia y se respeta el Estado de Derecho, porque en definitiva lo que se negocia entonces es que Hugo Chávez respete la Constitución y acepte sus mecanismos referendarios para sortear la crisis que él mismo crea para forzar su revolución marxista en Venezuela.

Veo por las redes la grabación en la que Chávez habla del revocatorio y lo elogia como suerte de novedad constitucional, obra de su pluma. Lo cierto es que, mentiroso de oficio como lo es desde muchacho –lo recuerdan sus amigos de infancia barineses– ni el elogio es cierto y su obra es un plagio. Los referendos como medios de participación democrática son parte de la reforma constitucional previa que elabora la Comisión Bicameral que preside Rafael Caldera y que los jefes políticos del "puntofijismo" se niegan a aprobar después, "para no hacerle un favor". Y tras el elogio sólo se recuerda la conspiración del propio Chávez, quien hace anular –por el inefable TSJ– el referéndum consultivo movilizado por la oposición. Seguidamente, a regañadientes, bajo presión internacional, acepta el revocatorio, pero lo hace posponer mediante tácticas de retardo –su llamada Batalla de Santa Inés– mientras recupera su debilitada imagen pública.

Entre tanto, él y los suyos –como los causahabientes mencionados– usan de toda la fuerza de persuasión que les permite el panorama petrolero favorable. Negocian y compran voluntades en el exterior, reduciendo así la presión internacional que demanda una solución democrática a la crisis política que se destapa el 11 de abril de 2002.

Al término, la historia es más que conocida. Chávez, en posición preeminente y con mucho dinero a su disposición condiciona su avance hacia el revocatorio. Y el Centro Carter, su aliado, hace lo necesario para moderar a la oposición –perseguida por el régimen y que expulsa hacia el exilio a los presidentes de FEDECAMARAS y la CTV– acusándola de ser germen del conflicto, por su intransigencia. Llega a Caracas un apaciguador de prestigio, William Ury, para lograr el cometido y, sobre todo, atemperar los apoyos a ésta por las televisoras.

Lo cierto es que el chavismo nunca acepta de buena gana someterse al referéndum, a ninguno y bajo ninguna hipótesis ni en sus distintas modalidades. Y al final lo "autoriza" Chávez después de hacer de su revocatorio un calvario para la oposición. Cuba –como lo reconoce éste– ordena las piezas de manos de Fidel Castro; crea la misión Identidad empujando votaciones artificiales y virtuales; y diseña estrategias para cambiar la voluntad de los electores reales a través de dádivas misioneras y amenazas no veladas a los votantes.

Es verdad que los tiempos son otros, pero Aristóbulo y el propio Nicolás tienen experiencia en cuanto a que el tiempo y las mañas todo lo resuelven. De allí su táctica de repetir ahora la que vivieran con intensidad antes. La democracia les importa un pepino y cumplir pactos no es su especialidad. No por azar, como cabe recordarlo, ambos quedan obligados desde aquél tiempo a permitir la formación de una Comisión de la Verdad que investigue la masacre de Miraflores y a ponerte freno y desarmar los colectivos violentos.

En cuanto a los últimos, una vez como se desatan del control político gubernamental bajo el gobierno actual de Maduro, sus jefes o cabecillas son pasados por las armas. Ello, a pesar de que éste, durante las negociaciones de 2002 y 2003 es considerado un "moderado".

Durante la ejecución de los acuerdos de mayo, cabe reiterarlo, sobre la capacidad de manejo en el sector oficialista. Atrasan el referendo y lo pierden, como se sabe, pero ganan arrebatando, bajo la mirada coludida del mundo clientelar de los gobiernos extranjeros. El oro negro es lo determinante.

En la actualidad no hay petróleo menos artes en el gobierno para convencer a los pares de Maduro –en especial si la diplomacia depende de los hígados explosivos de la actual Canciller– de que les den un apoyo que retrase el referéndum. Y la hambruna, que se agrava, no le ofrece buenas perspectivas de opinión.

El asunto es que ahora, a diferencia del pasado, queda sobre la mesa el verdadero problema que nos empuja a este ominoso presente y no quiso resolverse en 2003, a saber, el choque entre dos narrativas antagónicas e irreconciliables, una totalitaria –hoy aderezada con elementos criminales– y otra democrática. El tiempo del fingimiento está agotado. Bien lo saben la propia OEA y hasta el Centro Carter, cuyo espacio lo ocupa el tortuoso secretario de la UNASUR.

179

LA RUPTURA DEMOCRÁTICA DE VENEZUELA

15 de mayo de 2016

La ficción democrática y de estado de derecho, sostenida por el socialismo del siglo XXI durante casi dos décadas, se ha derrumbado de un modo vergonzoso. Lo hace de la peor manera, para frustración de todos y no solo de los que han puesto, de buena fe, sus esperanzas en ese proyecto de redención populista que, al cabo, no es otra cosa que el contrabando comunista del siglo XIX travestido con el andamiaje digital.

La lápida de la corrupción, sus efectos disolventes de la ciudadanía, la colusión de algunos de sus actores con la criminalidad global y el narcotráfico, es lo que queda para la memoria de castro-lulo-chavismo continental.

El manoseado choque entre derecha e izquierda, otra ficción recreada a propósito por los padres de este maléfico engendro –obra de profesores de Valencia, España, adiestrados en la Universidad de La Habana, y tanque de pensamiento del Foro de Sao Paolo– prende con buena fortuna dado el vacío de transición que causa la globalización en espera de su propia narrativa constituyente y democratizadora.

De un lado están quienes, justificándolo todo a nombre de esa revolución –a costa de vaciar el constitucionalismo democrático para aniquilar la alternabilidad, calificando de golpista a quien intente perturbar ese desiderátum– hacen de sus fines utopías utópicas cuya realización no depende de los medios. Del otro lado se encuentran los hijos de la modernidad, en sus distintas vertientes ideológicas, que defienden en común la moral democrática: medios legítimos para fines legítimos.

Así se explica, no de otra manera, que la señora Dilma Rousseff, al observar que el gran felón de la democracia, Lula Da Silva, quien con su comportamiento desprecia el principio de la responsabilidad y la transparencia, ejes vertebradores del ejercicio democrático, para burlar a las leyes, le nombre su ministro de la presidencia, procurándole intangibilidad, algo propio de las monarquías medievales. Y al ser víctima de su igual deslealtad a la democracia, no se le ocurra otra cosa que acusar golpistas a propias instituciones de la democracia.

180

Nada distinto, pero más agravado, ocurre en Venezuela. Huérfana de contrapesos, presa del gansterismo oficial y su apalancamiento militar, Nicolás Maduro Moros desacata sin pudor a la soberanía popular y busca hacer añicos a la representación democrática residente en la Asamblea. La acusa, por ende, de fraguar un golpe de Estado, por ejercer la democracia y demandar el restablecimiento del orden constitucional vulnerado por éste y su escribanía, la Sala Constitucional del Tribunal Supremo. ¡Y es que salvar el dogma revolucionario, justifica, por lo visto, gobernar por decreto, suspender las garantías de derechos y relajar al texto constitucional, como medio suprimible y subalterno!

En pocas palabras, el socialismo del siglo XXI hace las leyes de su religión laica y sus líderes y militantes, sin son consecuentes, quedan situados por encima y más allá de las leyes. Y en eso, este marxismo tropical, de estirpe castrista, alcanza su parentela con el fascismo del siglo XX. Son regímenes de la mentira, como lo apunta el jurista italiano Piero Calamandrei.

Así las cosas, vale y adquiere relevancia, tanta como la que tiene en su hora la Carta Pastoral de monseñor Rafael Arias Blanco, de 1957, el Acuerdo adoptado por la Asamblea Nacional el pasado 10 de mayo, pues declara sin ambages y por mayoría la final ruptura del orden democrático en el país.

Aquella, acicateada por tres declaraciones previas de Pio XII sobre la circunstancia social ignominiosa que padece Venezuela, le abre camino a la movilización que concluye con la caída del régimen de Marcos Pérez Jiménez. Ésta, en su correspondencia con varias manifestaciones del Papa Francisco, por el avance de la violencia popular y política que afecta a todos los venezolanos, víctimas de la hambruna y en un ambiente negado al diálogo civilizado, señala caminos para torcerle la mano a la fatalidad.

22 ex Jefes de Estado y de Gobierno, desde Iniciativa Democrática de España y las Américas (IDEA) ya han manifestado su mortificación por lo que sucede en nuestro país y llaman a la sindéresis, no tanto a Maduro Moros sino a sus pares, por mirar de lado mientras un clima de atrocidades se engulle a una de las patrias de mayor prestigio democrático y bienestar durante la última mitad del siglo XX.

La hora de la verdad se hace presente. Las posiciones ambiguas, melifluas, divisorias, temerosas de ser señaladas como de derechas o imperialistas –según el ritornelo verbalista de la escuela cubana y su socialismo del siglo XXI– vienen siendo aplastadas por el tren de la historia. Esa hora demanda sinceridad democrática y coraje para defender la libertad, sin complejos coloniales.

LA COMPLEJA TRANSICIÓN DE HISPANOAMERICANA Y ESPAÑA

22 de mayo de 2016

En anterior oportunidad escribí sobre el ominoso final del llamado socialismo del siglo XXI –suerte de empaque digitalizado del comunismo– y cuyo rostro no es nada distinto del que antes se oculta en la Unión Soviética previa al Glasnost, a saber, la demencial corrupción de su nomenclatura, la colusión con la criminalidad, su exponencial capacidad para multiplicar la pobreza.

De manera atenuada en Chile frente al deslave de impudicia que muestran a su término los gobiernos de la Kirchner y la Rousseff, en Argentina y Brasil, el caso de Venezuela no encuentra parangón histórico en cuanto al latrocinio de su régimen y la realización de un milagro económico al revés: su quiebra fiscal sobre un territorio bendito por la naturaleza.

Para algunos miopes de conveniencia la cuestión se reduce a un hecho pendular. Terminaría el ciclo generacional –de casi 20 años– de dominio de las izquierdas y se abre otro con sesgo de derechas, si cabe la terminología de estirpe revolucionaria francesa. Y de allí que, ante la estruendosa caída de esos regímenes controlados por la izquierda más "ultrosa" o militarizada –como el "castromadurismo"– y la creencia de una vuelta al ruedo del "capitalismo salvaje", del denostado "neoliberalismo", cuyos dolorosos programas de ajuste rigen a finales del siglo XX, se ponen en agonal vigilia algunos socialistas "democráticos".

Más allá de los comentarios de pasillo sobre supuestas ataduras clientelares que los amarran al ferrocarril de la bonanza "chavista" hoy exangüe, no cabe explicar –salvo dentro del citado contexto– la misión intempestiva de diálogo en la que se empeñan la UNASUR y su comandita de ex presidentes: Zapatero, Torrijos,

Fernández y tras de ellos Ernesto Samper, para estabilizar a Nicolás Maduro. Como tampoco se entendería el mendaz argumento de que media una polarización política, sobre un polvorín social –aquí sí y como verdad cabal– a punto de encender la pradera. Los gobiernos de Argentina, Colombia, Chile y Uruguay se han unido al coro. Y la Santa Sede opta por un discreto alejamiento.

Veo las cosas desde otra perspectiva. Mido las motivaciones palmarias: sea la que anima a la Canciller argentina, quien le dobla la mano a su presidente "derechista" Mauricio Macri, halagándole con la posibilidad de alcanzar el solio de la ONU si acepta coludir con la izquierda impresentable; sea la purificación constitucional y democrática del narcoterrorismo en Colombia, precio que paga el presidente Santos para firmar "su" paz.

No existe en la región, en efecto, un antagonismo real entre el socialismo del siglo XXI y las "derechas imperiales" que causan ojeriza a no pocos líderes "demócratas" en España e hispanoamérica. Se da otro parte aguas de muy añeja data, en renacimiento.

Carl Schmitt –escribano del nazismo hasta que éste lo purga, en 1936– cultiva el nomos europeo, que es anterior a 1945 y al Holocausto: la centralidad de la soberanía, la delimitación e intangibilidad de los espacios de gobierno, el gobernante constituyente, en definitiva, la legitimidad de tener enemigos con quienes se confronta o amigos que fraguan alrededor de dichos intereses y su preservación; de allí la relevancia del melifluo lenguaje diplomático clásico, que reivindican Zapatero y Fernández para la hora venezolana.

El caso es que otro paradigma, hijo de la Segunda Gran Guerra, predica la moralidad en la política y la primacía de la dignidad de la persona humana –que objeta Schmitt porque mata, según él, el sentido de la política– y que fija la diferencia –no ya amigos vs. enemigos– entre el delincuente y la ley. La neutralidad social pierde su sentido y las obligaciones de respeto a los derechos humanos –entre éstos el derecho a la democracia– adquieren validez universal. El lenguaje ambiguo cede en las relaciones entre gobernantes y de éstos con sus sociedades y adquiere obligatoriedad la transparencia: al pan, pan, al vino, vino. Al ladrón, ladrón, pues no es un justo adversario.

El ethos de la UNASUR –de los Maduro, los Santos, y sus cabezas de playa– tiene, pues, asidero histórico; pero está lleno de vergüenza. El ethos de quienes hacen valer la Carta Democrática Interamericana busca salvar los valores éticos en la política, trastornados por el relativismo de la globalización.

Sea lo que fuere y por apostar –debo decirlo– al diálogo que urge entre los venezolanos, afirmo que el mismo se ha de fundar en la verdad y en el uso compartido del lenguaje democrático, para que no termine en diálogo de sordos. Y la verdad es que la mayoría empobrecida de los venezolanos votaron por la libertad y el bienestar, y su ilegítimo régimen la desconoce; rompe el orden constitucional arguyendo la urgencia de defendernos del imperialismo y la derecha.

LA DEPRECIACIÓN DE LA MORAL POLÍTICA

29 de mayo de 2016

La política, señalan los entendidos, es manejo de realidades y solución eficaz de sus planteamientos. Pero la política de reciedumbre democrática, a la par de administrar circunstancias y procurar resultados orientados al Bien Común, se apuntala sobre valores éticos irrenunciables y fundantes.

El maquiavelismo se mira en el ombligo, es presa de la cultura de presente, es circunstancial y utilitario, en tanto que la ética democrática es como el dios de las puertas, Jano, que mira a la vez hacia el comienzo y hacia los finales. Aprende de su pasado y conserva sus raíces, para que al manejar lo cotidiano trascienda, deje ejemplos para las generaciones futuras.

De allí que, a la legitimidad de los medios, en la democracia, le venga aparejada la legitimidad de los fines y viceversa.

La referencia viene al caso a propósito de la ruptura que del orden democrático y constitucional y de la crisis humanitaria y de salud declara la Asamblea Nacional de Venezuela, con mayoría calificada de las fuerzas democráticas opositoras al régimen. Y vale, pues de no jerarquizarse la política venezolana, el quehacer político de trinchera, bajo el ruido de los disparos, puede mudar en traición a la propia democracia y a las víctimas de su desconocimiento.

Los hechos son los hechos y cabe tener memoria.

Los Maduro-Flores, los Rodríguez, los Jaua, hacen parte del clan cubano que se suma a los militares del 4F; los primeros, empeñados en hacer de Venezuela una fábrica de pobres esclavizados, en tanto que los últimos se asumen como los dueños reales del poder y en el camino, algunos, no todos, se coluden con el narcotráfico. No son chismes de pasillo.

El saldo está a la vista y es ominoso, escandaliza y desafía las leyes de la decencia universal. Venezuela es el país más violento del mundo y sufre la inflación más alta del planeta, luego de dilapidar 1.176 millones de millones de dólares. Sus instituciones democráticas han sido sepultadas por el morbo de la corrupción. Nuestro país es el mal ejemplo del que huyen las naciones y del que ahora marcan distancia negadores como el Apóstol Pedro y hasta Pablo Iglesias desde Madrid.

Pero ese experimento morganático –cívico/militar– tiene sus clientes, dolientes de vieja data, para quienes la real politik es forma de vida y estado del espíritu. No por azar, a lo largo de tres lustros y algo más se suman a la cohorte socialista del siglo XXI los Samper, los Fernández, los Zapateros, los Torrijos, quienes se cruzan de halagos con el castro-chavo-madurismo y se brindan lisonjas, marcadas hoy en la memoria colectiva con fierro candente. No son, por ende, honestos dolientes de los presos políticos de nuestra diarquía dictatorial Cabello-Maduro, ni de quienes padecen hambre en Venezuela. El jefe de UNASUR, ayer no más recibido en audiencia por Papa Francisco, rechaza esas verdades tan palmarias como ofensivas de la dignidad humana.

Les preocupa, sí, el derrumbe de la causa común, que no tiene fronteras ideológicas sino negocios a compartir. Les afana ponerle límites al deslave de la "derecha" en Argentina y Brasil. Pero a la vez, la crisis terminal de su causa, les ofrece otra oportunidad benefactora. Urge frenar la hambruna y para ello, lo saben, el andamiaje económico-financiero cuenta con una oportunidad de oro.

En ese contexto de datos que infaman, se imponen otros contextos.

La Cuba genocida de los Castro es ahora la meca de la paz, bendecida y visitada; en tanto que los narcotraficantes de Colom-

185

bia, según el pragmático decidido de su Corte Constitucional, son redentores de la civilización y autores de delitos "políticos". Atrás quedan y son purificados, al paso, los Samper y hasta del Cártel venezolano de los Soles. Nada que decir, entonces, de la auctoritas de dichos personajes y la secretaría de UNASUR para servir como puente de diálogo con los Maduro, los Jaua, los Rodríguez. Andan en búsqueda de "nuevos mejores amigos".

El discurso moralizador y democrático de la nueva OEA –"esclava del Derecho"– y de los ex presidentes iberoamericanos que se trasforman en albaceas de la Carta Democrática Interamericana y sus predicados, como la lucha por la libertad de los presos políticos y el respeto de la sagrada soberanía popular, en el instante podría quedar postergado. Pero privaría una realidad sin memoria – se repite en iguales términos la experiencia desaceleradora de las protestas democráticas en las que se asocian USA y el causante, Hugo Chávez Frías, y su causante, Fidel Castro Ruz, a propósito del referéndum de 2004 y de la aplicación que por primera vez se hace de la Carta mencionada a Venezuela– y vuelve al ruedo un probable diálogo sin destino; pero a costa de la moral y su depreciación. Celebran los Santos y también el diablo.

EL INFORME ALMAGRO Y LA NUEVA OEA

5 de junio de 2016

Sólo un "esclavo del Derecho" –con una narrativa ética o cosmovisión fundante– que se exige a sí apelar a la racionalidad profunda al evaluar las circunstancias del presente, y sobre todo a fin de mirar las deudas de éste para con las generaciones futuras, pudo ser capaz de provocar el terremoto que ha lugar hoy dentro de la OEA y resucitarla.

El Informe del Secretario General, Luis Almagro, a propósito de las alteraciones graves del orden constitucional y democrático que ocurren en Venezuela, víctima de una hambruna generalizada, le llevan a invocar la actuación del Consejo Permanente con base en el artículo 20 de la Carta Democrática Interamericana. Ello marca un parteaguas, sin lugar a dudas.

Con independencia de los primeros escarceos que provoca el petitorio –la indignación del dictador Nicolás Maduro o el auxilio coludido que le brinda a éste la canciller argentina– o las medianías que se hacen presentes para forjar transacciones morganáticas entre las víctimas de violaciones sistemáticas a sus derechos humanos y los violadores, lo cierto es que llega al seno de la OEA la hora de la verdad.

En el fondo pugnan, agonalmente, tras manipulaciones o interpretaciones a conveniencia de la citada Carta Democrática, dos perspectivas irreconciliables acerca del hecho democrático, una cesarista y otra libertaria, humana a secas.

Los corto circuitos que provoca el Informe Almagro van, así, más allá de un cuestionamiento a un régimen de oprobio, el de Nicolás Maduro, que trastoca la totalidad de los elementos esenciales de la democracia –irrespeto sistemático a los derechos humanos, ejercicio del poder de espaldas al Estado de Derecho, desconocimiento de la soberanía popular y del ejercicio de la participación ciudadana, negación del pluralismo político, ausencia de separación de poderes– y de los componentes fundamentales de su ejercicio: la narco-corrupción y la falta de acceso a la información pública, la negación de los derechos a la alimentación y la salud, la hegemonía comunicacional del Estado. Su informe y el informe anterior de la CIDH de 2009, son palmarios al respecto.

¿Cómo es eso, entonces, que al pedir Almagro de los Estados miembros que cumplan con sus obligaciones de seguridad colectiva de la democracia a tenor de la citada Carta de 2001 –interpretación auténtica y renovación de la Carta de Bogotá de 1948– sus gobiernos deciden por la dictadura de Caracas, le alivian sus cargas y ponen de lado sus "crímenes multifrontales"?

La propuesta de México, sincrética y de laboratorio, acogida por la mayoría del Consejo Permanente el pasado 1ro de junio, mediante su resolución 63, pide, en efecto, un diálogo directo –sin observación institucional interamericana– entre la ley y el delito, entre el secuestrador y sus secuestrados junto a los aliados del primero. Nada menos.

Puede argüirse que es propio de la diplomacia resolver melifluamente e imponer al final un fingimiento, que mejor evoca las prácticas mussolinianas de la mentira para satisfacción de todos: "Las palabras de la ley no tienen más el significado registrado en el vocabulario jurídico, sino un significado diverso... Hay un ordenamiento oficial que se expresa en las leyes, y otro oficioso, que se concreta en la práctica política sistemáticamente contraria a las leyes…", recuerda Calamandrei.

La Carta Democrática, antes bien, es la OEA del siglo XXI. Es el abandono de la organización del mundo bipolar. Y a diferencia de lo que afirma Susana Malcorra, no es sancionatoria –salvo en los casos de contumacia– sino fuente de procesos de acompañamiento y diálogo, de buenos oficios y mediaciones hasta superar las alteraciones democráticas en donde tengan lugar. Pero no cabe el diálogo sobre la nada o falaz. El diálogo democrático, para ser tal, ha de servir a la verdad como su justificación y límite, y de allí el valor del Informe Almagro.

La cuestión es que parte de nuestros actores "democráticos" –incluidos algunos opositores venezolanos– aún creen que la democracia es cosa de los gobiernos. Por ello la queja del gobierno de Venezuela que sensibiliza a Argentina y México. Mas, la democracia que predica la Carta –he ahí la ruptura epistemológica– es derecho de los pueblos, derecho humano a la democracia que los gobiernos deben respetar. Así reza el artículo 1.

La cuestión, en suma, es que unos –como Ernesto Samper o J.L. Rodríguez Zapatero– apuestan por el Príncipe y su estabilidad; reniegan de la regla *pro homine et libertatis*, propia de las sociedades emancipadas.

Es un problema escolástico que vuelve por sus fueros y mal perciben, obviamente, los déspotas iletrados, los albaceas de ese parque jurásico posdemocrático y digital que llaman Socialismo del siglo XXI.

¡ZAPATERO, A TUS ZAPATOS!

12 de junio de 2016

El título viene al caso como remembranza de un tiempo ido, pero no distante. Se corresponde con el de una columna que escribo el 1ro de abril de 2005, a propósito de la visita que hace a Caracas el entonces presidente del gobierno español, José Luis Rodríguez Zapatero; a la sazón objeto de crítica acre por sus copartidarios del partido Acción Democrática y con motivo de la venta de armamentos que aquél transa con Hugo Chávez Frías.

Se trata, por lo visto, de un contubernio que viene de muy atrás y es cultivado dentro del aquelarre revolucionario: el de los chavistas con un Zapatero a quien poco le importa armar a violentos, como tampoco la colusión de éstos con el semillero valenciano de profesores españoles, quienes desde 1999 y a través de La Habana tejen las reformas constitucionales del Socialismo del Siglo XXI y al término realizan su parto de montes, el movimiento Podemos.

Lo cierto es que, al escribir la citada columna, traigo a colación lo relevante, a saber, la doblez de comportamiento del gobernante hispano, quien celebra con el régimen militarista venezolano contratos para la venta de 4 patrulleras de vigilancia costera, 4 corbetas y 10 aviones de transporte C-295; y adocena, así, su amistad de hoy con el dictador Nicolás Maduro y la confianza que éste le brinda para que le saque las castañas del fuego y hasta llene de temores a los opositores.

Y su doblez radica, en aquél instante, no tanto en los negociados del caso cuanto a la crítica que le hace a su predecesor, José María Aznar, llamándolo belicista, y justificando luego, eso sí, su pacto de armas con la revolución bolivariana, sin considerar las necesidades vitales –menores a las actuales– que aquejan al pueblo venezolano y las preocupaciones de Argentina y Colombia por el armamentismo creciente del régimen de Caracas.

"No se trata de una transacción sobre fragatas, que sí tendrían un carácter ofensivo", alega Zapatero, para añadir, justificándose y al paso cubrirle las espaldas al soldado Chávez, que "tenemos que quitarnos de la cabeza que en la región hay algún tipo de situación que pudiéramos considerar conflictiva, en términos que haga pensar en un riesgo de rearme".

Obviamente, al personaje de modales reposados y diplomáticos le resultan inocuos o en su intimidad celebra los síntomas en contrario, con un Chávez ya ocupado de intervenir activamente en la vida interna de todos los países: El alzamiento del movimiento "etnocacerista" en Perú, con ayuda "bolivariana"; la falta de dominio del Presidente Gutiérrez sobre la realidad ecuatoriana y la efervescencia indígena –promovida desde Venezuela– en todo el altiplano; la insurgencia de Evo Morales: aliado de Chávez, en Bolivia; el ruido de los movimientos campesinos de Centro América, seguidores del Presidente venezolano según sus palabras; el fragor del Movimiento de los Sin Tierra en Brasil y su manifiesta adhesión al credo "chavista"; los amores de las FARC y del ELN con el Gobierno de Venezuela, entre otros tantos y no menos serios acontecimientos.

De modo que, el primer aliado que encuentra en su camino el fallecido Comandante Chávez para sostener su prédica o premisa revolucionaria –"llevamos adelante una revolución pacífica pero armada"– es, justamente, el taimado Zapatero. Tanto que, al superar aquél el referendo revocatorio de 2004 y anunciar, en noviembre del mismo año, su estrategia sucesiva: La Nueva Etapa: La Nueva Estrategia de la Revolución Bolivariana, declara su disposición de "utilizar todas las estrategias posibles, desde una estrategia de defensa móvil frente al gigante hasta el ataque"; quebrar el eje "monroista" que integrarían Bogotá-Quito-Lima-La Paz-Santiago de Chile; hacerse de una milicia popular armada y paramilitar; en fin, ejercer acciones cruentas en la frontera colombiana y con motivo de la ejecución del Plan Colombia.

Locura o no, realidad o ficción como lo apunto al escribir mi artículo sobre Zapatero, lo veraz es que al presentar Chávez su documento citado ante la Fuerza Armada confiesa que el embajador español es su aliado y un aliado de la izquierda; y deja por escrito el objetivo formal que explica el negociado armamentista del Presidente del Gobierno español: "El acercamiento a España es algo vital para nuestra revolución". "Eso es muy importante para nosotros, para nuestra estrategia, porque eso debilita la posición de los Estados Unidos", finaliza el mandatario venezolano.

Me sorprende y me pregunto, pues, ¿cómo es eso que el señor Barack Obama apoya a Zapatero como mediador en la crisis institucional y humanitaria que sufre Venezuela y que deja muertos a la vera, por hambre y por armas, de las que asimismo se benefician las FARC, ahora en otro sincrético negociado con Juan Manuel Santos, gobernante colombiano?

EL ARTÍCULO 20

19 de junio de 2016

Truenos y centellas anuncia Nicolás Maduro si la Organización de Estados Americanos decide, en sede de su Consejo Permanente, aplicar la Carta Democrática Interamericana –constitución fundamental de las Américas– para facilitar el restablecimiento de la normalidad democrática en Venezuela. Y sus áulicos, por ende, no hacen más que desfigurar realidades, interpretar a su antojo las normas de ese instrumento que, en su fase de redacción, busca frenar Hugo Chávez Frías, pero que, llegado el momento de la adopción, en 2001, cuenta con el ucase meritorio de su Canciller, Luis Alfonso Dávila.

No es del caso recordar que la citada Carta es el producto de una larga evolución histórica en las tesis democráticas latinoamericanas, siendo su penúltimo hito la Declaración de Santiago de 1959, que enuncia los componentes de toda democracia a fin de que sea considerada como tal y sin adjetivos. Pero es aquella, a la vez, una suerte de parte aguas. Hasta entonces la democracia encuentra como su opuesto las dictaduras militares, los golpes de Estado clásicos.

En lo adelante, observándose la experiencia del gobierno de Alberto Fujimori, en Perú, se advierte otro signo de distinto tenor al apenas finalizar el siglo XX. Como lo recordara hace pocas horas el ex presidente Alejandro Toledo, es mal hábito de ahora usar la puerta de los votos para la elección de gobernantes que, en su ejercicio, trastocan los elementos esenciales de la democracia –derechos humanos, estado de Derecho, separación de poderes, pluralismo, libertad de prensa, voto libre– para luego prosternar el principio de la alternabilidad y asegurarse mandatos perpetuos. Chávez, en efecto, es hijo legítimo de Fujimori y Maduro su causahabiente.

La abogada que hoy funge como órgano de las relaciones exteriores venezolanas, en la actual circunstancia y ante el Informe que sobre el régimen de Maduro elabora el Secretario de la OEA, Luis Almagro, opta, desesperada, por el fraude jurídico a conveniencia. Afirma que Almagro abusa, al no pedir autorización previa de su gobierno para invocarla y que, a fin de cuentas, no media en la hipótesis la presencia de un golpe de Estado.

El artículo 20, antes bien, se refiere a las alteraciones graves del orden constitucional y democrático, a saber, las que ocurren cuando son desconocidos por gobiernos originariamente democráticos los elementos esenciales de la misma democracia, que es derecho de los pueblos que éstos han de garantizar. De allí la novedad citada. Y en el supuesto, justamente, es cuando la Carta le ordena al Secretario General informar de ello al Consejo Permanente y a éste decidir sobre las medidas de intensidad creciente que permitan el restablecimiento de lo alterado, en cualquier país de la OEA, sin su permiso. Y nada más. De modo que las providencias en cuestión no son otras que las gestiones diplomáticas, buenos oficios, negociaciones, mediaciones, etc. Se trata de algo nada diferente a lo que, nominal y coloquialmente, pero como burladero, propone el gobierno ladino de Maduro.

La cuestión de fondo es que si su gobierno continúa relajando los elementos esenciales de la democracia –destruyéndola de raíz– en la fase de acompañamiento institucional por parte de la OEA y se comporta de mala fe, u obstaculiza la normalización democrática pretendida, al término puede ser sancionado. Es la última instancia.

De allí que pueda decirse que sólo un diálogo soportado por la OEA tiene destino cierto. En tanto que el diálogo organizado unilateralmente por Maduro y su canciller, con el respaldo del Secretario de la UNASUR y de ex presidentes a su medida, sin contar con la aprobación de los Estados miembros de esta organización paralela, carece de propósito democratizador. Si fracasa –que ya ha fracasado sin siquiera comenzar– nada pasa y todo pasa. Se gasta el tiempo; ese que buscan manejar a su favor Maduro y la Rodríguez para impedir que el pueblo decida en las urnas, en 2016, y ejerza su derecho al referendo revocatorio de la dictadura que le humilla y quita el pan.

30 ex presidentes miembros de la Iniciativa Democrática de España y las Américas (IDEA), le han expresado al Secretario Almagro su respaldo, sobre todo por el coraje de honrar sus obligaciones y dar testimonio de compromiso con la ética de la democracia.

Le ha dado vida al artículo 20 de la Carta cuya validez –despreciada por el gobierno venezolano– igualmente invoca Chávez al ser víctima del quiebre constitucional del 11 de abril de 2002, que se aplica en su mismo caso en 2004, y más tarde para salvar de su tragedia a su compinche, el hondureño Manuel Zelaya.

Almagro, por lo visto, no es lacayo del Socialismo del siglo XXI. No por azar la rabieta hace habitáculo en la Casa Amarilla, al toparse con un honesto "esclavo del Derecho".

AVANZA ALMAGRO

26 de junio de 2016

Los alineamientos políticos, por fuerza de las realidades, se han completado en Venezuela. El gobierno de Nicolás Maduro, contumaz frente a la OEA después de haberla reconocido al invitar a su seno y en calidad de "mediador" de la crisis venezolana al ex presidente español José Luis Rodríguez Zapatero, sostiene su línea de "diálogo amarrado": para estabilizarse y lograr –apoyado por Leonel Fernández y sus empresarios amigos– una mano que le tuerza el brazo al deslave de hambruna e indignación popular que amenaza con expulsarlo del poder. La Mesa de la Unidad Democrática, por su parte, se abroquela alrededor de la misma OEA, pide respeto a la soberanía popular, y hace valer su objetivo indeclinable: el referéndum revocatorio durante 2016.

El artículo 20 de la Carta Democrática Interamericana, diga lo contrario la gaceta de Maduro, Últimas Noticias, ya ha sido activado; lo es desde el instante en el que el Consejo Permanente de la OEA acuerda, bajo protesta de la Canciller venezolana, reunirse a pedido del Secretario General, Luis Almagro; recibir el Informe que elabora éste sobre las alteraciones graves del orden democrático y constitucional que ocurren en dicho país; y abrirle juego a una apreciación colectiva de la cuestión.

El primer apartado de la norma reza, en efecto, que: "En caso de que en un Estado Miembro se produzca una alteración del orden constitucional que afecte gravemente su orden democrático, cualquier Estado Miembro o el Secretario General podrá solicitar la convocatoria inmediata del Consejo Permanente para realizar una apreciación colectiva de la situación…". Pues bien, la convocatoria del Consejo y su realización, el pasado 23, de suyo predica la cristalización del supuesto normativo: Venezuela sufre de una grave alteración en su orden constitucional y democrático. Así de simple.

No agotaré líneas en explicar la diferencia entre esta hipótesis nueva de la Carta y la vieja hipótesis de la OEA de 1948, que autoriza la actuación autónoma del Sistema Interamericano de ocurrir golpes de Estado.

El artículo 20 no excluye el diálogo como medio, ese que nominalmente reclama Maduro y al que mal puede negarse la oposición. "El Consejo Permanente, según la situación, podrá disponer la realización de las gestiones diplomáticas necesarias, incluidos los buenos oficios, para promover la normalización de la institucionalidad democrática", es lo prescrito. Pero, en el marco de la OEA, todo diálogo se funda sobre un denominador común: el respeto a la democracia y sus estándares. Ha de ser un diálogo entre demócratas, que no un diálogo entre la democracia y sus enemigos. ¡He ahí la cuestión!

Es evidente que la sola mediación de Zapatero en nada contribuye a un diálogo así concebido, pues éste, de antemano, coincide con el propósito de Maduro. No cree en el revocatorio como solución electoral y le parece un exabrupto. No por azar alguien ha dicho que a los venezolanos tampoco les gusta el modelo constitucional monárquico al que adhiere el ex presidente.

En todo caso, habrá que resolver, si hay tiempo, y si el tiempo de la violencia social que se encuentra a la vuelta de la esquina lo permite, sobre un esquema de diálogo satisfactorio que implique mediadores imparciales o equilibre al existente con otros que piensen distinto; que con urgencia defina un campo de juego neutral, ya que a Maduro sólo le complacen La Habana y Santo Domingo; y en donde la agenda exija mínimos democráticos de comportamiento: El cese de la represión judicial, militar y policial; la libertad de los presos políticos; un canal humanitario para que la gente coma y se vea libre de chantajes; en fin, que el Poder Electoral respete al soberano y garantice su derecho a la participación política oportuna.

Cabe estar muy alerta, a todo evento, ante la diplomacia meliflua y tributaria de la "ceguera ideológica". Bien lo apunta, en 2006, Gabriel Salvia:

"Mientras resulta muy generalizado el rechazo internacional al dictador chileno, no sucede lo mismo con el cubano, ...Y, precisamente, uno de los motivos que ha mantenido en pie a la larga dictadura cubana es la complacencia internacional, ..., por la coincidencia con sus políticas "antiimperialistas" [la amenaza extrema "orwelliana", que para los Socialistas del siglo XXI justifica sacrificar libertades]. Y un ejemplo de lo anterior es el poco apoyo y la falta de solidaridad internacional que tuvo el Proyecto Varela, una iniciativa similar a la que en Chile permitió terminar con la dictadura de Pinochet. Efectivamente, al igual que en el país austral, la Constitución cubana contenía un artículo que permitía la convocatoria a un referéndum si se reunían como mínimo 10.000 firmas". Esas tenemos.

LEONEL Y LAS NEGOCIACIONES SECRETAS

3 de julio de 2016

Como especie de ruego, o sabedor de lo que viene o se habrá de imponer de forma inexorable, o acaso por ser presa de un delirio ahistórico –la invasión a República Dominicana de 1965– Leonel Fernández, ex presidente dominicano, pide de la OEA "cierta cautela" al invocar para Venezuela la Carta Democrática Interamericana.

¿A qué viene tal provocación de ánimos y extraña al racional comportamiento de su autor, quien al cabo sabe que la Carta ya se está aplicando?

¿Cautela pide Leonel, a pesar de los 28 niños venezolanos que fallecen cada mes por desnutrición, obra de una crisis humanitaria que no reconoce Nicolás Maduro y provocan sus políticas económicas de corte cubano?

¿Cautela ante la ola represora de un pueblo hambriento, que ejecutan mesnadas o colectivos armados y la pretoriana Guardia Nacional Bolivariana, dejando muertos y heridos a la vera y otros centenares de presos en Oriente y el resto del país?

195

¿Cautela, mediando un centenar de presos políticos en cárceles de ignominia, 2.000 perseguidos judiciales por razones de conciencia, y 5.853 ciudadanos detenidos por manifestar, desde 2014?

¿Y cautela frente a la rabia popular incubada y la justicia que por manos propias se practica en zonas urbanas, desde enero pasado, dando lugar a linchamientos por decenas y hasta la quema de algunos ladronzuelos de poca estofa, por atacar a marchantes en procura de comida?

Fernández es un hombre bien formado, perspicaz comunicador. De allí el peso de sus palabras. No da puntada sin dedal. No es el grisáceo y melifluo ex gobernante español, Rodríguez Zapatero, de cuyos antecedentes destacan su papel de artesano de la crisis social española, sus negociados de armas con la Venezuela de Hugo Chávez, y su embobada devoción por los hermanos Castro, Fidel y Raúl.

Tampoco es otro Martín Torrijos, habilidoso y huidizo, tejedor de negocios, quien llega a presidente de Panamá luego de fungir como gerente de la multinacional de hamburguesas Mc Donald y explotando su condición de heredero del "Líder Máximo de la Revolución Panameña", Omar Torrijos; suerte de Hugo Chávez a quien el propio Fidel reivindica en 1998, ante éste, al ungirle como el otro Comandante, y que al igual que el primero fragua como golpista, se hace del poder y lo ejerce como dictador, y los suyos luego atribuyen a sus cadáveres olor de santidad.

Lo único cierto es que todos a uno –Fernández, Zapatero y Torrijos– son los hombres del impresentable Ernesto Samper, Secretario de la UNASUR. A nombre de ésta, acompañan las elecciones parlamentarias venezolanas del 6D, como acompañantes del Poder Electoral del régimen.

Son ellos, por cierto, quienes, cuando Diosdado Cabello y los hermanos Rodríguez –Jorge y Delcy– se afanan, en la hora crítica, para revertir la clara voluntad popular que los derrota, le exigen "cautela" a otros expresidentes latinoamericanos, vituperados por el régimen ese mismo día y por demandarle trasparencia al organismo electoral.

De modo que, cuando el régimen desconoce abiertamente y con efecto retardado a la soberanía popular instalada la novel Asamblea Nacional de mayoría opositoria, Fernández y los otros se ofrecen de mediadores inocentes. Mudan en facilitadores de un diálogo espurio entre el sector que gobierna y los representantes de las mayorías democráticas determinantes. Reclaman, en suma, "cierta cautela" al hacer valer los imperativos de la Constitución y los estándares que acerca de la democracia consagra la Carta Democrática Interamericana, en lo particular, el derecho a la participación del pueblo mediante referendos o el respeto a la independencia de los poderes.

Lo dicho por Leonel, cabe decirlo sin ambages, encuentra parentela con la misma reserva que comparten Chávez, Maduro, Correa, Morales, Ortega, y le da vida fértil al nacional-socialismo y al fascismo; esa que se opone al universalismo angloamericano de finales del siglo XIX y primera mitad del siglo XX por cuestionar el nomos europeo: La política internacional son intereses, dirimibles entre soberanos y dialogantes en paridad; la política no es moral y no autoriza la resistencia civil o ciudadana contra Estados y gobiernos que fracturen la moralidad internacional. Así de simple.

La cuestión es que Samper, Fernández, Zapatero y Torrijos topan con un "esclavo del Derecho", Luis Almagro, Secretario de la OEA.

Cabe tener "cierta cautela", aquí sí y como lo pide Leonel, pero con su diálogo de interés, que pone precio a los caídos y encarcelados de la dictadura. No por azar, en negociaciones secretas realizadas entre PDVSA y funcionarios del gobierno de su correligionario, el presidente Danilo Medina, Maduro le condona a República Dominicana el 52% de la millonaria deuda petrolera que mantiene con Venezuela.

SOBRE LA RUTA DEL DIÁLOGO

10 de julio de 2016

El artículo 20 de la Carta Democrática Interamericana dispone que, ocurridas alteraciones graves a la democracia dentro de un país miembro de la OEA y recibidas como sean, por el Consejo Permanente, las apreciaciones del Secretario General, las medidas a ser adoptadas son de orden estrictamente diplomático: "las gestiones diplomáticas necesarias" conducentes a obtener la "normalización de la institucionalidad democrática" allí donde las instituciones de la democracia se han perdido o han sido desconocidas.

La gestión diplomática, por su naturaleza, enerva toda medida de coacción. Vale decir que, si hay éxito en el fin normalizador, el proceso del artículo 20 se da por agotado. Mas, si no se alcanza, el Consejo Permanente deja su tarea en manos de la Asamblea General de la OEA, que debe insistir en la ruta diplomática; salvo que, por virtud del artículo 21 de la citada Carta, advierta que han sido "infructuosas" esas gestiones y que media una "ruptura del orden democrático". Así y sólo así, ha lugar a la suspensión al Estado concernido "de su derecho de participación en la OEA".

Razón tiene el Secretario Luis Almagro al afirmar, entonces, que se está implementando el artículo 20. Tanto que, de diálogo ya hablan el gobierno como la oposición residente en la MUD.

Es verdad que el ex presidente español, J.L. Rodríguez Zapatero se ofrece como mediador motu proprio –Ernesto Samper, aliado del régimen, dice ser su arquitecto y de allí su reclamo a la MUD del 6 de junio pasado, para que acuda al diálogo, mientras que aquél, pudoroso, afirma que el mérito le corresponde a un opositor, amigo suyo– y, lo cierto es que la MUD, final e institucionalmente, le da su bienvenida el 19 de mayo.

Pero ésta le aclara a Zapatero que su iniciativa vale tanto y concurre con la del Secretario de la OEA, la de los ex presidentes Andrés Pastrana y Oscar Arias, y la del Papa Francisco. Y al paso tira de las orejas de Leonel Fernández por especular, desde República Dominicana, sobre avances en el tema económico venezolano involucrando a la oposición, sin haberla consultado.

En todo caso, la MUD afirma algo crucial. El diálogo pretendido es "nacional" y para serlo hay que escuchar al pueblo, y el pueblo lo que pide es respeto a la Constitución, vale decir, acatamiento de su decisión de ir a un referendo revocatorio innegociable.

El 27 de mayo sucesivo la propia MUD le agradece al mundo su mirada. Fija dos focos de atención, el de los ex presidentes del trío Zapatero: Fernández y Martín Torrijos, y el de los otros ex presidentes (los 36 de IDEA) –con Pastrana y Arias a la cabeza– quienes, recién, respaldan a Almagro. Pero a la sazón hace un llamado a MERCOSUR, invitándole también a movilizar su Cláusula Democrática. Y el 28 de mayo interpela a Zapatero: "El diálogo necesario es aquel que apuntale y promueva la realización y acatamiento de la consulta electoral", mediante el referéndum revocatorio, la libertad de los presos políticos, y la admisión de la ayuda humanitaria.

No por azar, entonces, el pasado 31, Almagro invoca el artículo 20 de la Carta. Por lo que el 21 de junio, el régimen de Nicolás Maduro convoca a la OEA para que apoye el "diálogo efectivo" del trío; en la idea errónea, producto de su ceguera, de abortar el pedido hecho por el Secretario de la OEA. La MUD aclara, ese día, que el diálogo ha sido "inexistente", que ha apoyado la invocación de la Carta, y que sus exigencias, junto al respeto de la Asamblea Nacional, siguen invariables.

No se percatan Maduro ni sus áulicos que el artículo 20 habla y demanda, justamente, de diálogo, de gestiones diplomáticas y nada más.

Logran, sí, la alteración de los factores sin afectar el producto. Acordado el diálogo y asumido por la OEA en su resolución del citado día 21, lo hace esta sobre una premisa que deja escrita: Venezuela vive una "situación" y amerita "la búsqueda de soluciones". Algo pasa, claramente, así la Canciller venezolana arguya que nada pasa; de donde Almagro, en su instante, dibuja tal "situación" bajo mayoría del Consejo.

En su último comunicado, la MUD, más allá de sus disonancias musicales, se repite sobre la ruta señalada. Vuelve el pasado 7 de julio sobre sus pasos del 19 de mayo.

Diálogo, sí, pero con mediadores de confianza para ambas partes – para el régimen que ya los tiene y para la oposición que reclama de los suyos, incluida la Iglesia y los amigos de la OEA. Diálogo, sí, pero sin secretos, en sede apropiada para ello, obviamente, en Venezuela. Diálogo, sin lugar a dudas, lejos de propósitos dilatorios de lo innegociable, el derecho del pueblo a la participación mediante referendo, sin que los poderes se atrincheren en formas inútiles o no esenciales, como claramente lo prescribe la Constitución.

ESQUIZOFRENIA CONSTITUCIONAL

17 de julio de 2016

La reciente decisión de Nicolás Maduro, transfiriendo el control total de la crisis humanitaria que vive Venezuela a la Fuerza Armada, en lo particular al ministro de la defensa, ha desatado una tormenta de murmuraciones y desencuentros en la opinión explicables.

Allí están, desde quienes a la chita callando se frotan las manos pues imaginan que así –ahora sí– se aproxima a su término el régimen imperante y su desenlace es arbitrio del sector castrense; por ser el primer interesado en que la desesperación por la hambruna, que recorre como corriente de alto voltaje sobre el espinazo de la nación, no se desborde o le obligue al ejercicio de la violencia institucional.

Otros pegan el grito al cielo, pues aprecian que tal medida refuerza la vocación pretoriana del gobierno, que aprieta las tuercas de su andamiaje de poder desvencijado para que no se le venga al suelo. No pocos hablan de la ocurrencia de un golpe de Estado al mejor estilo del Socialismo del siglo XXI, que le pone fin a la democracia usando de sus medios y cantándole loas.

Sean ciertas o no estas apreciaciones, lo constatable es el tácito reconocimiento por Maduro de que la escasez y carestía de alimentos y medicinas supera la capacidad de su gobierno o desnuda su propia incapacidad para sostener la gobernabilidad. No por azar, el general Padrino López afirma sobre su encargo que "el objetivo estratégico es gobernar".

Siendo esta la circunstancia, cabe preguntarse si el tema en cuestión, siendo de urgencia y primerísimo orden, ¿cabe ya como cuestión objeto del diálogo zapatista? Me refiero, obviamente, al que promueve por la libre el ex presidente español J.L. Rodríguez Zapatero, bajo auspicios tanto de Maduro como de un sector de la oposición partidaria.

En efecto, si el asunto es de falta de gobernanza y ella la suplen los militares, ¿a qué viene entonces dialogar al respecto?

El otro tema que salta de suyo es el de la incongruencia que significa, por una parte, la intimación al diálogo que le hace el gobierno a los opositores, y por la otra, el sostenimiento por éste de un decreto de excepción constitucional o emergencia económica, que impone la suspensión general de determinadas garantías. Es esquizoide o esquizofrénico hablar de diálogo democrático mientras opera una verdadera dictadura constitucional.

De modo que, la sospecha que toma cuerpo y dice sobre el uso o la manipulación oportunista del instrumento democrático del diálogo, se acrecienta. Como parece y puede serlo, a pesar de que piensen lo contrario los presidentes Zapatero, Leonel Fernández y Martín Torrijos, o de los propósitos que se hayan trazado, la tajada económica y social de la agenda se la ha engullido el sector militar venezolano por decisión de Maduro; convencido aquél, obviamente, de que las falencias en ese sector responden a un hecho veraz e inmediato: la ausencia de gobierno y no a la falta de diálogo.

Y si se trata de resolver sobre las graves alteraciones al orden constitucional y democrático denunciadas por la Asamblea Nacional y atentatorias de la Carta Democrática Interamericana, como lo pone de relieve el Secretario General de la OEA, Luis Almagro, todas a una de ellas tienen nombre y apellido comunes, el referéndum revocatorio, la vuelta a la fuente de la soberanía para que decida sobre la normalización democrática. La oposición, no obstante, ha sido clara. Se trata de un derecho constitucional extraño a cualquier diálogo o negociación que faciliten los ex presidentes.

A fin de cuentas, por lo pronto, rige en Venezuela una dictadura constitucional y militar avalada por el Tribunal Supremo, bajo protesta del parlamento, y su mantenimiento conspira contra toda posibilidad de ejercicio democrático consensual. Y en cuanto al fortalecimiento o acrecentamiento del poder militar, cabe aclarar o decir a los incautos, que el mismo es ortodoxamente constitucional, pero raizalmente antidemocrático, por obra de un pecado original, la Constitución de 1999.

Su título sobre la seguridad de la Nación y su artículo 326, una vez como consagran la corresponsabilidad cívico-militar al respecto, disponen dentro de tal rubro, además de la vigencia de la democracia y los derechos humanos, "la satisfacción progresiva de las necesidades individuales y colectivas de los venezolanos y venezolanas, sobre las bases de un desarrollo sustentable y productivo de plena cobertura para la comunidad nacional."

Este sí, dada la sensibilidad que suscita dentro de la mayoría del país el reciente empoderamiento miliciano, es un aspecto vertebral sobre el que cabe dialogar entre los venezolanos, durante la transición en curso y con vistas a un eventual gobierno de unidad nacional: ¿Mantendremos la máxima bolivariana del gendarme necesario, de la tutela del pueblo por las armas, o acaso es llegado el momento agonal de nuestra emancipación?

CARACAS, CORAZÓN DE VENEZUELA

24 de julio de 2016

Celebra Caracas su 449° aniversario; aun cuando deba decir que celebrar resulta algo macabro. ¡Y es que los caraqueños vivimos otra trágica circunstancia que, a buen seguro superaremos y es, en paralelo, tanto o más gravosa que el terremoto de 1812!

Filas de hambrientos desdentados pululan por la urbe. Los muertos de la violencia o por la falta de asistencia desbordan las paredes de la morgue, y la ley de la supervivencia se sobrepone a lo que nos da textura como ciudad, es decir, al hecho cultural, fundado en lazos de afecto y solidaridad.

Unos, desde sus ostracismos, desde tierras lejanas a las que han debido emigrar por la malquerencia de nuestros gobernantes revolucionarios, cantan entristecidos como lo hacía don Andrés Bello hace más de 2 siglos: Amada sombra de la patria mía…/ ¿dónde estáis ahora /compañeros, amigos / de mi primer desvariar testigos?... Otros, pegados a la oración de Andrés Eloy piden la mediación de la Virgen olvidada, Nuestra Señora de Caracas, y optan por orarle otra vez al Nazareno de San Pablo. Piden otro milagro, otro limonero para la cura: ¡Oh, Señor, Dios de los Ejércitos /La peste aléjanos, Señor…!

Entre tanto, mientras un personaje sin documentos se aferra como invasor a la vieja Casona de Misia Jacinta, otro más lúgubre, suerte de Marqués de Casa León, disfruta de su obra destructora. Recrea con su proceder la igual satisfacción que a algunos produce el sismo que sufre la Caracas antañona e impulsa a Bolívar, presa del terror, a gritar su impía frase: "Si la naturaleza se opone...". Y así cuenta José Domingo Díaz, que el mayordomo de los hospitales, con risa de psiquiatra enajenado, se llena de contento por el derrumbe de la casa de los españoles.

En verdad, Caracas vive épocas de luces y porfiada, cada vez que la tragedia o la traición intentan robarle su primado, renace; se niega volver al estadio previo a su fundación, cuando los primitivos habitantes del Valle de San Francisco, que mide 40 leguas hacia el este partiendo desde Borburata, viven unos de espaldas a los otros, disgregados en grupos al pie del Waraira Repano, el cerro Ávila que miman juglares y cantores.

La cuestión es que esta ciudad capital adquiere conciencia de identidad a lo largo del siglo XVII, cuando se ve dotada –por necesidad y también reclamo de sus habitantes– de instituciones que le permiten autogobernarse; como cuando disfruta de su universidad pontificia, es sede de la Capitanía General, tiene su Real Consulado y hasta una empresa Guipuzcoana que se ocupa de su economía, y que a la par nutre a la capital con navíos de la Ilustración; en otras palabras, el despertar de las fuerzas emancipadoras no vienen de la nada.

Pero esa entidad la pierde Caracas durante el siglo XVIII, desde cuando se ve sometida a la autoridad de Bogotá. Las guerras cruentas que la amilanan y el sueño de la Gran Colombia, dejan un testimonio elocuente. El propio Bolívar, su hijo ilustre, narra el deseo de su hermana de mudarse a los Estados Unidos, porque "Caracas está inhabitable". Y le escribe a su tío Esteban Palacios con su elegía desde el Cuzco "Ud. lo encuentra todo en escombros, todos en memorias. Ud. se preguntará a sí mismo dónde están mis padres, dónde mis hermanos, dónde mis sobrinos... ¿Dónde está Caracas, se preguntará Usted?".

Su otro momento de declinación es obra de la malquerencia de Juan Vicente Gómez. No se aclimata y prefiere a Maracay. Será necesario esperar la llegada del ronquito, el general Eleazar López Contreras, para que, asistidos por arquitectos franceses, bajo la guía de Carlos Raúl Villanueva, demos nuestro salto a la moderni-dad. La Reurbanización El Silencio es un testimonio de amor a los habitantes del Valle de San Francisco, pues hace ciudad y forja ciudadanía.

Pasaran 60 años, hasta 1999, durante los que, todos los presi-dentes, todos a uno venidos de la provincia, coquetean con la ciu-dad que es corazón de Venezuela. Le regalan sus autopistas, sus teatros, sus hoteles, su subterráneo, sus conexiones con el resto del país, sus grandes hospitales, su teleférico, elevándole a los cara-queños la expectativa de vida, desde 53 años suben a 74 años, por algo elemental que éstos reclaman a inicios de la democracia: ¡agua, agua, agua!

Nadie podía imaginar que Caracas se viese preterida, una vez más, por la infidelidad y una amante prostituida, La Habana de los Castro.

Ganar la libertad es hoy nuestro mayor deber ciudadano. Expul-sar al invasor, una obra de conciencia. Reivindicar nuestra capita-lidad, es un deber histórico. La posteridad le hará juicio a nuestra generación. Y a ese desafío me sumo, obligado, por haberle servi-do a Santiago de León como su gobernador, haber nacido en su esquina de la Fe, y antes de que su actual y celoso cuidador, el Alcalde Mayor, Antonio Ledezma, se viese encarcelado y con él la soberanía de Caracas.

LA DEMOCRACIA VENEZOLANA, VÍCTIMA DE SÍ MISMA

31 de julio de 2016

El destino de Venezuela tendrá como eje final de su realización a su propio pueblo. El tren de la historia apenas se detendrá por instantes en cada estación, para subir a los pasajeros más avisados –no a los distraídos o a quienes creen que dicho tren está a su dis-posición y pueden hacerlo retrasar– y para bajar del mismo a quie-nes son un lastre o se quedan, por carecer de perspectivas.

Lo anterior no significa que el mayor o menor tiempo que nos ocupe resolver sobre nuestro presente y su crisis de ingobernabili-dad haya de ser el producto de una voluntad arbitraria, que no calibre los factores exógenos que, inevitablemente, condicionan a la vida nacional y al comportamiento de sus élites en el poder.

Es cabal la dependencia de los ingresos internacionales del petróleo y escandalosa su mengua. La necesidad de divisas –que no tenemos pues se las ha tragado la corrupción revolucionaria– para importar lo que no tenemos, que es todo y por haber sido castrada nuestra capacidad productiva en aras de una ilusión marxista, impide dar a los venezolanos, afectados por una severa crisis humanitaria, lo esencial para su alimentación y salud, que no sea apelando a la ayuda internacional.

Allí están, además, las amarras que la misma revolución se impuso y que determinan lo anterior, a fin de procurarse una asistencia política extranjera, la cubana, que le permitiese mantenerse en el poder sin peligros de alternancia; eso sí, explotando hasta el paroxismo la utilería mediática del siglo XXI, que hace de lo virtual o latente una realidad patente y transforma a la mentira en política de Estado. Las obras de bien común sólo existen en el imaginario y en las vallas de publicidad.

No se ha hecho un inventario, por cierto, de las ingentes sumas de dinero dispendiadas en propaganda por la revolución y sus beneficiarios, en distintos países.

Entre tantos, uno es el caso de la Fundación española CEPS y su hijo, el partido español Podemos, cuyos operadores –Viciano, Iglesias, Monedero, los emblemáticos– ahora se mueven presurosos en búsqueda de fuentes alternas a la venezolana para su labor "misionera". Y, según las reseñas de prensa, miran a Colombia como el nuevo Edén, esperanzado en los frutos que le puedan allegar los acuerdos de paz Santos-FARC.

Lo que cabe subrayar, en suma, es que la dinámica local y social venezolana avanza hacia una implosión previsible e indeseada a la vez.

Ella acaso pueda trastocar las cuentas de quienes, en uno u otro bando –insisto en los actores venezolanos– y en procura, sea de frenar el deslave que acusa el Socialismo del siglo XXI en la región, sea de aprovechar ese viento favorable al restablecimiento de las libertades democráticas que hace sentir sus fuerzas regenerado-

205

ras en Brasil, Argentina y Perú, ajustan sus estrategias sin prevenir y confiados, y simulan diálogos sin horario en los cafetines de la estación ferroviaria.

Así como en el bando oficial revolucionario cubano-venezolano, la cuestión se reduce a un mero ejercicio de poder fáctico –en Caracas piden ilegalizar a la MUD y en Managua, para sostener a la dinastía Ortega, hacen otro tanto con el partido opositor, y en ambos sitios son destruidos los fueros parlamentarios por jueces serviles– y a conquistar aliados estratégicos externos con capacidad disuasiva, en los líderes democráticos pesa la confianza en el voluntarismo de calle y lo inevitable de su compromiso ético con el diálogo. Las alianzas útiles, a nivel internacional, las subestima.

De modo que, dos caminos gravosos para la democracia se sobreponen y confunden en la hora, y sobre ellos discurre el ferrocarril de nuestra política vernácula: Uno, la aceleración de la crisis humanitaria, cuyo desenlace violento deja en manos del pretorianismo local fijar los destinos del país y de los eventuales diálogos democratizadores.

El otro, son los condicionantes externos que sosiegan las expectativas democratizadoras de las mayorías, a saber, el citado diálogo "a cualquier costo", incluso del relajamiento de los activos democráticos y constitucionales, para evitar la violencia y saciar la hambruna, y que tendría como aliado natural al Vaticano; la apuesta de Juan Manuel Santos en favor de "su" paz con la guerrilla, aliada de La Habana, a cuyo efecto le es conveniente el adormecimiento del tema venezolano; en fin, la lucha desde La Habana por conservar sus trincheras en Caracas y en Managua, como últimas cartas que sostengan su poder de negociación ante los Estados Unidos y le permitan relanzar su estrategia revolucionaria; una vez como el mismo ferrocarril de la historia igualmente se les pase a los neonatos gobiernos liberales de Brasilia, Buenos Aires y Lima.

"El grado máximo de intensidad de una unión o separación, de una asociación o disociación", es determinada por la relación amigo-enemigo, según K. Schmitt y sus seguidores de La Habana; tanto como la soberanía, reside, según éstos, en quien decide, con poder real, en una situación excepcional o de crisis.

¿ALMAGRO O ZAPATERO?, ¡HE AHÍ LA CUESTIÓN!

7 de agosto de 2016

La afirmación de Luis Almagro, secretario de la OEA, a propósito de la tarea mediadora que cumple en Venezuela el ex presidente español, José Luis Rodríguez Zapatero, sitúa la cuestión democrática sobre un agonal parteaguas histórico.

Apreciarla en su fondo es indispensable para que la grave alteración que sufre el orden constitucional venezolano y, ahora, el de Nicaragua, encuentre una fórmula estable y auténtica, que reconduzca a ambos países hacia estadios de verdadera gobernabilidad democrática.

Ha dicho Almagro que el discurso de Zapatero ante la OEA "fue muy despectivo respecto a los principios principistas, fundamentales de la democracia". En momento alguno se refirió –mejor aún, eludió– a los temas vertebrales: el referéndum revocatorio como derecho constitucional de los venezolanos; la libertad de los presos políticos; la cooptación del poder judicial por el poder ejecutivo; el desconocimiento por ambos poderes de la nueva Asamblea Nacional, depositaria de la soberanía popular. Y concluye de modo lapidario: "Hay que tener mucho cuidado con los principios, porque lo que te separa en la política de los dictadores, son los principios y valores".

El marco de todo diálogo democratizador, según dicha perspectiva, lo determinan los valores éticos de la democracia, a saber y entre otros, la primacía de la dignidad de la persona humana, el respeto del pluralismo, el carácter subsidiario del Estado, la división del poder, la autoridad de la ley democrática. De donde resulta inadmisible cualquier diálogo o negociación cuyas resultantes impliquen menoscabo de la democracia, como cultura de la convivencia y respeto de sus "principios principistas".

Tanto es así que, incluso, las mayorías jamás pueden vulnerar o vaciar de contenido, legítimamente, los elementos esenciales de la democracia, como derecho de los pueblos.

¿A qué viene lo anterior?

En Colombia hoy se debate sobre la paz. A ella apuestan, tanto la Cuba comunista como la Santa Sede. Ésta, apunta a realidades crudas que mal pueden matizarse bajo reservas ideológicas, a saber, las muchas víctimas que dejan la guerra y el narcotráfico. Aquélla, entre tanto, ve una oportunidad; espera que los demócratas le garanticen a la narco-guerrilla espacios para obtener el poder por la vía electoral y beneficiarse de algún grado de impunidad. Lo que no es irreal, vista la experiencia de Venezuela, donde se usa a la democracia y al Estado de Derecho para acabar de raíz con sus componentes, tachándolos de manifestaciones burguesas.

Algo similar ocurre con los jerarcas venezolanos acusados de narcotráfico o la predica de la Justicia constitucional colombiana. Los actos revolucionarios –crímenes, secuestros, latrocinios, tráfico de drogas– gozan de impunidad, si su fin es sostener a una revolución como hecho político. No por azar, en Argentina, Hebe de Bonafini, cabeza de las Madres de Mayo, aliada de los Kirchner, al ser llamada a estrados por hechos de corrupción se rebela contra los jueces, y pide tomar las calles. En Brasil, el binomio Lula Da Silva-Dilma Ruosseff, a su turno, hace lo indecible para blindarse con la impunidad. Desafía a la magistratura y la acusa de burguesa e imperial.

¿A todas éstas, qué tenemos?

Lo último es el salto a la palestra del ex juez Baltazar Garzón, quien en nombre de los derechos humanos cuestiona que la Justicia democrática persiga a los "progres"; pues al caso, como acontece con el clan de los Flores o el cártel de los soles, negocian drogas sólo para envenenar a Estados Unidos, prodigar bienestar entre pobres y excluidos, como ellos, o financiar propósitos revolucionarios loables, como el de Podemos en España.

Así las cosas, si la democracia es un mero mecanismo procedimental para la formación y organización del poder, cabe admitir su transacción en mesas de diálogo, con vistas a lo superior, el logro de la paz, a costa de lo que sea. Y razón tendrían, entonces, Juan Manuel Santos, Maduro, Garzón, y Zapatero.

Poco importa que éstos sean apologetas o comodines de la economía de Estado y dirigida, del régimen de partido único, del culto a la personalidad del líder, del Estado policial y militar, de la hambruna igualitaria, típicos de las "democracias populares" y de vuelta en Venezuela y Nicaragua, en pleno siglo XXI.

Algo distinto entiende la comunidad internacional pasada la Segunda Gran Guerra, dispuesta a conjurar el mal absoluto y segregar a los Estados y gobiernos de estirpe totalitaria, subyugadores del hombre y su libertad.

La cuestión, por ende, es existencial

¿Dialogaremos para conservar, a medias, mediante un sincretismo de laboratorio, un espacio para los creyentes en la democracia verdadera y otro similar para los amantes del despotismo y propaladores de la mentira de Estado? ¿Tiene razón Almagro o acaso vale la pena apostar a Zapatero, ajeno a los "principios principistas" mínimos de la democracia?

LA DICTADURA SE ARREBATA, POR AHORA

14 de agosto de 2016

El endurecimiento del régimen militar de Nicolás Maduro y el manotazo que, a la fingida democracia nicaragüense, le propina su déspota –réplica de la zaga somocista– Daniel Ortega, expresan una misma agenda; cabalmente concertada. Ella es compartida y animada por su guía y primer interesado, Raúl Castro, autócrata de la Cuba comunista.

En medio de la incertidumbre que a éste y sus aliados les significa la separación del poder, en Brasil, de Lula Da Silva y Dilma Rousseff, artífices del Foro terrorista de San Pablo; la previa derrota electoral que le propina Mauricio Macri al clan argentino de los Kirchner, socios del chavismo en sus crímenes contra el patrimonio público y hoy objeto de grave escándalo ante los jueces; y el deslave de votos que le pone fin la fuerza popular del mismo chavismo y le otorga a las fuerzas democráticas venezolanas una mayoría calificada en la nueva Asamblea Nacional; resulta difícil creer que los fautores cubanos de tales "procesos socialistas" del siglo XXI permanecen impávidos.

ASDRÚBAL AGUIAR

No por azar, el 25 de junio pasado, usando como excusa la firma de los acuerdos entre Colombia y las FARC, en la misma Habana, emblema de los más horrendos crímenes de Estado desde la segunda mitad del siglo XX y ahora "meca de la paz" o suerte de ágora ginebrina en el Caribe, Maduro y Raúl conversan sobre Luis Almagro, Secretario de la OEA y su defensa de los presos políticos y del pueblo venezolano, víctima de una hambruna sin precedentes: "Venezuela se muere", es el último titular de la *Revista Time*. Y el 21 de julio siguiente, el primero se reúne con Ortega, en Managua, para reafirmar su alianza estratégica y acusar a los Estados Unidos de querer derrocar, según ellos, al régimen de Caracas.

La proximidad de Cuba a los Estados Unidos, en realidad transita por un limbo inevitable, el término del mandato de Barack Obama. De modo que, desprenderse aquélla de los territorios conquistados por su revolución –Venezuela y Nicaragua– no le es fácil, por lo pronto, como tampoco saber si la nueva administración que ocupe la Casa Blanca le será tan complaciente.

Ortega y Maduro, cierran filas. Avanzan sobre la misma senda que les asegure permanecer en el ejercicio del poder y, si posible, silenciando o encarcelando a todo aquel que se les atraviese en el camino.

Ortega ha intervenido judicialmente al partido opositor que le hace contrapeso –el PLI– y, a través del órgano electoral, remueve a 28 diputados propietarios y suplementes militantes de éste, para asegurarse que sólo él y su esposa, como candidata a la Vicepresidenta, concurrirán a las elecciones presidenciales del venidero 6 de noviembre. La competitividad y alternabilidad democráticas las extirpa sin miramientos.

A su vez, Maduro y su logia de los Rodríguez –Delcy, Jorge, Héctor, Isaías, y hasta el ex presidente José Luis–, entre tanto fingen un diálogo nacional para amortiguar desenlaces no deseados en medio de la crisis humanitaria que los atenaza. Y ante la pérdida cabal de legitimidad –entre el 80% y el 95% rechaza a Nicolás y quiere su salida del poder– todos a uno optan por avanzar sobre el mismo tablero concertado por Cuba. Sin disimulos, entierran de una vez por todas las posibilidades de un entendimiento con la oposición, al solicitar del TSJ inhabilite al movimiento opositor organizado: la MUD; paralizarle el presupuesto a la Asamblea Nacional opositora; ponerle freno al referendo revocatorio, en acto dónde las rectoras electorales oficialistas elogian al innombrable magistrado de la Sala Penal, Maikel Moreno; y ratificarle –mediante el concurso necesario de éste– la condena penal del líder Leopoldo López, a 14 años de cárcel.

En suma, las condiciones pedidas por la oposición institucional a fin de para abrirle espacio a un entendimiento con el gobierno y sus emisarios –Samper, Zapatero, Fernández, y Torrijos– aquél las patea y éstos callan.

Y mientras amarra su entente con las FARC, el presidente colombiano Juan Manuel Santos, ayer mismo, no más, se acuerda con Maduro para abrir la frontera y ponerle coto a la única variable que aún amenaza a éste con su derrocamiento y por sobre las bayonetas que lo sostienen: el hambre.

Los escenarios son desfavorables para la democracia, pero la presión internacional en contrario se sostiene, por ahora: el Secretario de la ONU denuncia que hay crisis humanitaria en Venezuela; el Secretario de la OEA, afirma que el diálogo ha muerto; 15 países del hemisferio –miembros de la OEA– piden se respete la decisión popular de ir a un referendo revocatorio de Maduro; y los presidentes de las democracias en afirmación –Brasil, Argentina, y Perú– califican de "desastre" lo que ocurre.

¡Ya veremos!, el 1$^{ro.}$ de septiembre.

LA REVOLUCIÓN DE SEPTIEMBRE

21 de agosto de 2016

Leo atento el libro de Leopoldo López: Preso pero libre. Su narrativa coloquial y sencilla recrea el drama del preso de conciencia, y el sacrificio humano y familiar que le significa estar bajo un régimen despótico. No tiene más opción que soñar con el porvenir. Dibuja, así, la democracia que explica sus desvelos y su alegato movilizador, que machaca como hijo de la generación digital: "Todos los derechos para todos los venezolanos".

211

Su precedente es el Acuerdo Nacional para la Transición, que suscriben el autor, Antonio Ledezma y María Corina Machado, en febrero de 2015; ese que le lleva a la cárcel junto a éste y a María Corina le gana su expulsión del parlamento, y la inhabilitación política.

El libro postula "un sistema de gobierno y de convivencia que vaya más allá de la elección…", que trascienda al establecimiento de la ley y la autonomía de los poderes republicanos; "nociones formales imprescindibles pero vacías si no incorporamos –lo dice Leopoldo– la aspiración social de cada venezolano de disfrutar también de los beneficios materiales de la democracia": "Todos los derechos para todos", es su criterio para "la democracia en este siglo XXI".

El acuerdo, a su vez y en consonancia, predica antes el "restablecimiento de la vigencia plena de las instituciones democráticas y los derechos", "el ejercicio efectivo de la libertad de expresión"; "la autonomía de los poderes públicos" y "la descentralización", "realizar elecciones presidenciales libres y absolutamente transparentes", "asegurar la lealtad y el apego de la Fuerza Armada Nacional a la Constitución", y, a fin de cuentas, "restablecer… el abastecimiento normal de alimentos y otros bienes de consumo esencial".

Nicolás Maduro y sus cortesanos entienden tales libelos como "señal" para un ataque golpista en su contra. Y, lo cierto es que, más que sugerir un cambio de autócrata al mando, buscan ponerle término a un sistema: por despótico y de clara factura monárquica, antes que comunista; que eso es el régimen que éstos y aquél forman y bien resume en su esencia el carcelero y violador de derechos humanos de Ramo Verde.

Se trata de un militar realista a lo Domingo de Monteverde. Éste envía hacia sus mazmorras de Cádiz al Precursor de nuestra Independencia, Francisco de Miranda, y declara estar, en su oficio, por encima de la Constitución liberal de 1812. Y en la inhumana humanidad del Coronel Homero Miranda, que lanza mierda (sic) en la celda de "sus" presos políticos, resucita: "Porque me da la gana y aquí mando yo. Y no me vengan a hablar de sus derechos ni de la Constitución", vocifera ante Leopoldo y sus compañeros, prohibiéndoles hablar.

Releo, en paralelo, a don Pedro Grases, del que Uslar Pietri afirma que nadie puede escribir sobre el pensamiento venezolano "sin servirse de Grases; sin seguir a Grases en toda la asombrosa variedad de sus pesquisas y hallazgos".

En su volumen "Preindependencia y Emancipación" encuentro el texto del que Gil Fortoul señala ser la partida de nacimiento de nuestra república civil y democrática: "El programa de 1797 contiene ya en germen lo que realizaron los patriotas de 1810 a 1811", señala éste.

Destaca, a la sazón, el discurso introductorio a los "Derechos del hombre y del ciudadano", dirigido a los americanos para fundamentar y animar la conspiración de Gual y España, atribuido a Juan Bautista Picornell. Las máximas de la república democrática que enuncia, como ahora lo hace Leopoldo en su libro, tienen por igual basa la idea de que todos los derechos son para todos. El programa citado, según lo prueba Grases, influye el diseño de nuestras primeras Constituciones, las de 1811, 1819 y 1830, por contener principios invariables para dar al traste con el oprobio del despotismo maquiavélico. Son premisas que luego se apagan y ocultan nuestros "gendarmes innecesarios" con la violencia, y son desvalorizadas ex novo a partir de 1999.

La revolución es medio para la fragua del "hombre nuevo" de Picornell, que plagian mal el Che y Chávez: a saber, el formado para la libertad. El documento de 1797, tan golpista como el de López, Ledezma y Machado, es tal para los Maduro y los Cabello, por predicar el gobierno popular y colegiado; representativo y participativo; sin burocracia ni servilismo; electivo como "principio fundamental"; alternativo como "equilibrio de la democracia"; momentáneo, responsable, sin reelección inmediata; transparente y de deliberación pública; negado a los estados de excepción; opuesto "a toda transacción de los derechos" y que algunos ven como "obstáculos para el restablecimiento de la tranquilidad general".

Si al voluntarismo político de la hora se sobrepone la conciencia colectiva de los derechos: "todos los derechos para todos", no cabe duda que el 1ro de septiembre presenciaremos una revolución auténtica: "Viva el pueblo soberano, y muera el despotismo".

LA FUERZA DE LOS DERECHOS

28 de agosto de 2016

Cada etapa de la historia tiene especificidad. Mal puede decirse, por ende, que la historia sea circular. Se negaría, como memoria de la experiencia, a la perfectibilidad de lo humano, tal y como nos la describe Dante, en la Divina Comedia.

Aún así, cabe admitir que la vida del hombre y de los pueblos se mueve entre antagónicos universales, como el bien y el mal, la guerra y la paz, el respeto de lo ajeno o su transgresión, la solidaridad con los otros o el egoísmo, lo que es más importante, el servicio a la verdad o el hábito de la mentira.

Releyendo los documentos fundacionales de nuestro pensamiento político libertario, y acicateado por la tragedia venezolana del presente –que muestra, en Nicolás Maduro y sus seguidores, el lado más oscuro de lo humano, traducido en represiones, cárceles, hambruna, desbordamiento del poder hasta hacerlo coludir con crímenes de lesa humanidad– encuentro a mano el discurso de Juan Bautista Picornell.

Su prédica hacia los venezolanos acerca de los Derechos del hombre y del ciudadano, es el soporte de la conspiración de Gual y España de 1797. Es el "germen" –lo admite José Gil Fortoul– de nuestra nacionalidad y cabe, por lo mismo, tenerlo presente para el mejor entendimiento de nuestra circunstancia actual y sus probables desenlaces.

Más del 80% de los venezolanos sabe, sin dejarse arredrar ya por los matices "muy propios de nuestro ser nacional", acerca la naturaleza oprobiosa y despótica del sistema que nos oprime –haciendo responsables de hechos imprescriptibles a sus actores, los Maduro, los Cabello, los Rodríguez– y que a todos nos envuelve, incluidos quienes eran devotos seguidores del chavismo.

Nada agregaré al respecto, por consiguiente, al glosar a Picornell.

Dice, éste, en su discurso, sobre los horrendos crímenes de los que somos víctimas bajo la tiranía borbónica, y tienen su explicación sobre doble riel: uno, que quienes los realizan afirman ejecutarlos "como actos de rigurosa justicia": "se valen de los fines más

214

justos y honestos para engañar a los hombres, alucinar a los pueblos" y así encubrir sus maldades; otro, que por haber permitido nosotros que nuestra dignidad como pueblo fuese pisoteada y corrompida, ello "nos ha hecho perder hasta la idea de la dignidad misma de nuestro ser".

De modo que, para salir de tal estadio, de "los horrores del despotismo", lo primero que cabe es rescatar la conciencia de nuestros derechos –"todos los derechos para todos" como se predica ahora– y disponer de "los medios más eficaces" para "restituir al pueblo su soberanía"; que es innegociable, por ser la expresión o suma de nuestros derechos y del derecho a proveernos de un orden que los garantice. Por lo que recuerda que "esperar por más tiempo, sería consentir en las más execrables maldades y cooperar a nuestra entera ruina".

Picornell, al ilustrarnos sobre nuestra hora fundacional compara realidades, para que no haya duda sobre el desafío planteado: "el envilecimiento y la corrupción son el apoyo de todo gobierno despótico", ya que el hombre que pretende sobrevivir dentro del mismo, es el "el adulador más vil, el político más falaz, el delator más pérfido, el malvado más enorme". En tanto que, visto que "la virtud y la magnanimidad forman la esencia del republicanismo", en una república –democrática– no se reconoce "otro poder que la justicia y la razón".

El autor del discurso habla también del "hombre nuevo", de suyo y por lo mismo extraño al que buscaran forjar mediante un mal plagio nuestros déspotas del siglo XXI; y lo hace para señalar que sólo es "nuevo" quien como ciudadano se reconoce en su dignidad y la mantiene en estado de vigor. La conciencia, en fin, es la base "del primer movimiento de toda revolución" verdadera; pero no basta la conciencia individual, pues la república es un cuerpo político en donde todos sus miembros participan: "El ocioso en una democracia es despreciado del público como un ser inútil... y como un ejemplo escandaloso", enseña.

¿Qué medio elegiremos, para librarnos de tan insoportable esclavitud y para salvar a la Patria?, se pregunta Picornell. En su disyuntiva, al haberse agotado la posibilidad de las reformas dentro de la monarquía y con ayuda de liberalismo conservador, dice bien que "no hay otro que el de la fuerza". Le acusan, por ende, de radical, y Manuel Gual y José María España, sus seguidores, terminan, uno ahorcado y el otro envenenado. Sus máximas, empero, iluminan la actuación de nuestros padres fundadores en 1810 y 1811.

Leyéndolo a la distancia de 220 años, en el contexto corriente, su enseñanza es ímproba. Cabe derrotar a la tiranía militar y despótica de los Maduro con la fuerza de nuestros derechos, en la calle, haciéndole ver dónde reside la soberanía, este 1ro. de septiembre.

EL CACEROLAZO DE VILLA ROSA

4 de septiembre de 2016

Es probable que lo ocurrido hace pocas horas en la población satélite de Isla de Margarita, Villa Rosa, durante visita que dispensa Nicolás Maduro un día después de la llamada Toma de Caracas, fije el parte aguas de su trágico derrumbe.

Pocos habitantes, audaces e indignados, en sitio aledaño a una cancha deportiva, desafían al mandatario. Le golpean cacerolas a su paso.

El caso es que el pueblo pierde el miedo, a pesar de la represión y el terrorismo de Estado que se incrementan. Y éste, Maduro, haciéndose el jaquetón y bocaza de oficio, opta por bajarse del vehículo presidencial. Camina por las calles de dicha comarca. Sus habitantes le propinan el severo cacerolazo al grito de ¡libertad! Y como toro herido de muerte, en plena faena muge y patea rabioso. Confronta directamente a quienes le abuchean y no hacen cesar el ruido sobre las pailas que lo ensordecen.

No es ni será el primero ni el último de los políticos que viva una hora menguada, antes de volver por sus fueros. Sin embargo, el cacerolazo de Villa Rosa sugiere algo más. Es revelador, es anunciador.

En vísperas de realizarse en Isla de Margarita la Cumbre de los No Alineados –anhelada por Maduro y sobre todo por Raúl Castro– y disponerla como suerte de salvavidas, dentro de la marejada del desprestigio internacional que abraza al gobierno venezolano, el abrebocas es el drama del rechazo popular a Maduro; ese que sus áulicos le ocultan y que aquél, a la vez, se resiste a reconocer.

El desencuentro de Villa Rosa corre ahora como pólvora ardiente entre los agentes de seguridad y las avanzadas de los gobernantes y dignatarios que se harán presentes en Isla de Margarita. Es y será la comidilla.

Como el Rey Desnudo de Hans Christian Andersen –¡pero si va desnudo!, grita un niño en plena manifestación– Nicolás se descubre engañado por los pícaros y charlatanes del entorno –los Cabello, los Rodríguez, los Flores, los Rangel– a quienes encomienda comprar tela y confeccionarle un traje digno de su condición, como líder de multitudes imaginarias; pero éstos se quedan con el oro y el moro antes de que finalice la bochornosa trama y la policía política, como hiena al acecho, allane casas, encarcele pobladores.

El cuento –ignorado, ¡qué duda cabe!, por el atribulado inquilino del Palacio de Miraflores– tiene su moraleja: la mentira, como política de Estado, de ordinario fabricada por hombres bajos, aduladores viles, delatores pérfidos, malvados enormes, políticos falaces que usan y se sirven del gendarme de ocasión –copio los giros de Picornell– siempre pisa sobre lodo cenagoso: me refiero a la mentira y no sólo a su mayor víctima.

Al concluir la Toma de Caracas y la paralela concentración oficialista del pasado 1-S, al teniente Cabello no se le ocurre –¡oh genialidad!– sino usar una vieja foto de archivo que hace correr entre los suyos, para ocultarle a Maduro su barranco: perdió la calle y es enjuta, macilenta, la reunión que le organizan sus funcionarios en la Avenida Bolívar.

El otrora vicepresidente, enfermo del oído y de vista corta por nonagenario, allí presente, confunde el velorio oficial con el deslave o tsunami de sus adversarios en la zona este de la capital: "En la marcha opositora sólo hay 30.000 personas", dice José Vicente Rangel. Y es esa la cifra exacta de la militancia disgregada que ocupa el régimen y tiene ante sí, en el tercio de una vía pública que mide 1300 m. por 42 m de ancho.

¿Cómo falsearle a Maduro o no darse cuenta éste, que el país cuyas gentes no le respetan y hasta le desprecian con hilaridad, logran pleno en tres arterias que suman 18 km?

217

Los habitantes de Villa Rosa, gente inocente, afectada por el hambre y la falta de medicinas –como el niño de Andersen y en la fábula que se dice la inspira el Conde Lucanor, escrito por Juan Miguel en el siglo XIV– le espetan a Maduro que está desnudo; le toman por los hombros y a ruido batiente le despiertan de su sueño dionisíaco. De allí que al toparse con lo real su primera reacción sea el intento de irse a los puños al ritmo de las cacerolas: todos recordamos al diputado, hoy Presidente, que se lía a golpes en la Asamblea y, más luego, gobernante, los ofrece a su conterráneo, Álvaro Uribe Vélez.

Nadie puede predecir cuál y cómo será el desenlace venezolano. Lo veraz es que el gobierno agoniza en terapia, enfermo de aislamiento y cerebralmente cadáver. El invento modélico del socialismo del siglo XXI –el intento de acabar a la democracia para instaurar una revolución marxista mediante los votos de la propia democracia– está siendo enterrado por obra de su mendacidad raizal. El Cronos de la revolución, que se engulle a sus hijos luego de asesinar a su padre, a la libertad, regurgita con fuerza, enloquecido con las cacerolas de Villa Rosa.

JUECES QUE SERÁN JUZGADOS

11 de septiembre de 2016

La cooptación política del andamiaje judicial y del proceso de interpretación y aplicación de las leyes en Venezuela, para sostener a la dictadura, es, vista la cuestión aguas abajo, una característica dominante del Socialismo del siglo XXI. En ello comparte éste, cabalmente, la experiencia totalitaria del nacional socialismo y el fascismo del siglo XX. Todos a uno son regímenes de la mentira.

Al asunto me refiero en libros anteriores y en El problema de Venezuela (2016). Ocupa, también, la actividad intelectual de Allan R. Brewer Carías, en La mentira como política de Estado. Nuestra guía es el ensayo de Piero Calamandrei (1889-1956), jurista florentino, El fascismo, como régimen de la mentira, que ve luz apenas en 2014.

Su narrativa es advertencia a las generaciones futuras sobre el peligro latente –espejo en el que hemos de mirarnos cada día– que viven ciertas sociedades, una vez como logran superar períodos de vergüenza y colusión con los mentirosos instalados en el Estado.

Se refiere el maestro, en efecto, a las dictaduras que viven de "la simulación de la legalidad". Que son el fraude, "legalmente organizado, a la legalidad". Donde "las instituciones se entienden no por aquello que está escrito en las leyes, sino por lo que se lee entre líneas dentro de éstas: Las palabras no tienen más el significado registrado en el vocabulario, sino un significado diverso y de ordinario opuesto al vocabulario común", que sólo entienden los servidores del autócrata para sus fines aviesos. En fin, son dictaduras que implican el "gobierno de la indisciplina autoritaria, de la legalidad adulterada, de la ilegalidad legalizada, del fraude constitucional".

El tema viene al caso, entre nosotros, por los presos políticos y de conciencia: perseguidos y torturados como colectivo con identidad y sistemáticamente por la diarquía Maduro-Cabello, y por ser disidentes, opositores; quienes son detenidos sin orden judicial, que luego forjan a conveniencia el Ministerio Público y el juez penal de turno sin mediar proceso, como en los casos de Antonio Ledezma, Daniel Ceballos y ahora Yon Goicoechea; detenidos y libertados pero sujetos a investigación y presentación periódica ante sus jueces, sin existir delitos; juzgados y condenados sin pruebas, como en los emblemáticos casos de Iván Simonovis y Leopoldo López.

Lo insólito es la reciente detención, arbitraria, ilegal e ilegítima, de Alejandro Puglia, por su supuesta relación con un juguete, un dron que tomaría fotografías en una manifestación opositora, nada ilegal como lo admite el Fiscal designado, pero cuya cárcel crea y confirma una juez titular, Yesenia Maza, para complacencia del Gobierno; o la ilegal investigación que inicia la policía política, señalándole al Alcalde de El Hatillo, David Smolansky, haber violado la Constitución por no informar de modo veraz y denunciar las torturas que sufre Goicoechea en la prisión.

Las violaciones sistemáticas y generalizadas de derechos humanos, consistentes en la persecución de un grupo con identidad y por motivos políticos, tipifican verdaderos crímenes de lesa humanidad, y son imprescriptibles.

Y la responsabilidad penal y civil, nacional e internacional, por la comisión de éstos, pesa y compromete de modo individual –sin excluir al propio Estado– sobre quienes los realizan o facilitan.

Algunos de nuestros jueces –como la célebre ex jueza Susana Barreiros– esgrimirán que cometieron un error, una sola vez, por temerosos de perder el cargo. Otros se preguntarán ¿cómo pueden los jueces, llamados a decir judicialmente la verdad, hacerlo con independencia dentro de un régimen de la mentira? Y lo cierto es que, de ordinario, los sistemas judiciales en América Latina medran limitados en su capacidad efectiva para perseguir a quienes, desde el poder, atentan contra la dignidad de las personas. Mas lo de Venezuela es palmariamente distinto.

La cúpula de nuestra magistratura y sus resortes se han sometido, de modo aparatoso, a la narco-estructura criminal gobernante. Casi que rezan, junto a ésta, el credo de los jueces del horror: "Juramos por el espíritu de nuestros muertos, …, juramos por el alma del pueblo alemán que seguiremos a nuestro Führer en su camino como juristas alemanes, hasta el fin de nuestros días".

De modo que, los nombres de los jueces citados, como el de Ali Paredes, quien persigue a su colega María Lourdes Afiuni ante el reclamo de Hugo Chávez Frías, evocan las condenas que sufren, por crímenes de lesa humanidad, en Chile y en Argentina, simples empleados y hasta cooperantes temerosos; al haber sido, justamente, tuercas, incluso ocasionales, de sus maquinarias de terrorismo oficial.

Las víctimas, han de saberlo los jueces venezolanos, jamás olvidan a sus verdugos. Y si fallecen, sus viudas y familiares, les siguen y son la memoria.

LA DICTADURA EN SU DESNUDEZ Y EL DESAFÍO DE LA UNIDAD

18 de septiembre de 2016

Vistos los años transcurridos desde la entronización hasta el despido de Hugo Chávez –ahora hecho estatua de bronce frío, símbolo de la opresión venezolana y que ha de durar mientras esta dura, mordaz testimonio en el sitio que humilla y hace correr a su heredero al golpe de las ollas vacías por la hambruna, Isla de Margarita– se observa, claramente, que muerto aquél también muere su habilidosa ficción democrática. Se derrumba su régimen de la mentira, el Socialismo del siglo XXI.

Beneficiario de la manipulación posdemocrática –a saber, su afirmación como líder mediante el uso exponencial de la tecnología mediática y su propaganda instantánea– explota su tiempo dionisíaco apalancado sobre una manida legitimidad electoral. No hay elección que pierda. El argumento mayoritario le basta para encubrir violaciones sistemáticas de derechos humanos y alteraciones graves del orden constitucional que provoca sin miramientos, con la complicidad de gobernantes extranjeros envidiosos con el inédito espectáculo.

Lo cierto y veraz es que ni Chávez ni Nicolás Maduro, su causahabiente, menos los "Montesinos" de aquél y de éste, llámense Cabellos, llámense Rodríguez, creen en las elecciones.

Al apenas salir de la cárcel el primero demoniza a su conmilitón golpista, Francisco Arias Cárdenas, por someterse al escrutinio de las urnas y ser gobernador del Zulia bajo las reglas de la democracia representativa. Le tacha por traidor.

Y apenas forma su primer movimiento político, controlado por militares retirados, como paradoja bebe de la misma medicina. Sus primeros aliados civiles –Maduro y Cilia Flores– le señalan de corrupto por pensar y admitir, convencido por Luis Miquilena, sobre la conveniencia de la vía electoral para acceder al poder. La violencia, el terrorismo, el uso de las armas para imponerse sobre el colectivo quedan atrás, en la historia, "por ahora".

Entre 2002 y 2004, cuando su popularidad se ve amenazada y la oposición promueve un referéndum consultivo sobre su gobierno, Chávez lo anula usando el Tribunal Supremo a su servicio. Y al demandársele luego, que se someta a un referéndum revocatorio, lo aleja lo más posible. Al final lo acepta a regañadientes. Se lo imponen Jimmy Carter y César Gaviria, pues la calle hierve y amenaza, y las recolecciones de firmas –rebanadas en cada oportunidad por los áulicos del régimen en el Poder Electoral– superan todo obstáculo.

"Si no hubiéramos hecho la cedulación, ¡hay Dios mío! yo creo que hasta el referéndum revocatorio lo hubiéramos perdido, porque esta gente [de la oposición] sacó 4 millones de votos... Entonces fue cuando empezamos a trabajar con las misiones, diseñamos aquí la primera y empecé a pedirle apoyo a Fidel". Le dije, confiesa Chávez: "Mira, tengo esta idea, atacar por debajo con toda la fuerza, y me dijo: si algo sé yo es de eso, cuenta con todo mi apoyo".

Informado por el CNE de los opositores que firman por su salida, los persigue a mansalva y los transforma en "muertos civiles", y Rodríguez –auxiliado por Tibisay Lucena– se encarga de instalar el andamiaje digital que daría el puntillazo y otra vez le pondría careta de demócrata al soldado felón de La Planicie.

Chávez y Maduro, en suma, nunca han creído en elecciones democráticas competitivas y equitativas, ajenas a las meras contabilidades entre mayorías y minorías como si fuesen salchichas de ventorrillo, que no reparan en condimentos ni en su procedencia. Menos esta vez, cuando los recursos del petróleo faltan y no bastan para la democracia de utilería, obra de la astucia, esa que, a la manera del Reineke, el zorro de Goethe, practican incluso algunos opositores de mirada corta.

La desnudez de la vocación dictatorial y totalitaria agarra al último, a Maduro, en medio de la calle, aturdido por el ruido de las cacerolas de Santa Rosa. Le quedan como compañía, en burbuja protegida por esbirros, la estatua que inaugura y el Movimiento de No Alineados, club de parias creado por Cuba –la proxeneta– y cuyo último emblema es el dictador zimbabuense, Robert Mugabe.

La hora de la ficción ha finalizado. La lucha opositora pide mucho coraje; sabiduría para discernir sobre las acciones éticas pero eficaces, que hagan cesar la falacia y renueven la unidad en el sacrificio común. Exige de serenidad emocional, sintonía permanente con el dolor del pueblo, sobre todo visión de conjunto, narrativa que dibuje al país posible y a todos nos comprometa como mito movilizador posible.

La hora de las medianías políticas y de quienes juegan a la supervivencia como marqueses de Casa León, se agotó. Como enseñanza y como prevención ante los sincretismos de laboratorio, diría Miranda, El Precursor, que "mal comienzo es contar con gente de mala laya en la refundación de la Patria".

LOS CRÍMENES DEL PODER ELECTORAL

25 de septiembre de 2016

La mayoría determinante y calificada de venezolanos que vota contra el régimen de Nicolás Maduro el pasado 6 de diciembre y luego se expresa como río sin madre en la manifestación del 1ro. de septiembre, ha sido abofeteada por el Poder Electoral.

El disfraz tras el que se ocultan Hugo Chávez y su causahabiente –la inflación de elecciones– a fin de amortiguar las violaciones sistemáticas de derechos humanos y las graves alteraciones constitucionales que se suceden durante sus gobiernos, se les encogió. Dentro de aquél no caben la vida opípara y los latrocinios de los practicantes del marxismo tropical y militarizado que hoy hace presa de Venezuela. De modo que, las llamadas "comadres" del Consejo Nacional Electoral, áulicas de la dictadura, lo han dicho sin decirlo: ¡No más elecciones y si se trata del referéndum revocatorio de Maduro, olvídense!

El camino hacia el último, lo ha comentado la prensa internacional, es un campo minado. Las rectoras –Tibisay Lucena a la cabeza– mudan un típico acto comicial de carácter nacional, para ejecutar ahora 24 procesos distintos conforme son 24 las jurisdicciones que integran a la república. El tope de recolección de firmas del 20% ha de cumplirse de modo uniforme en todas éstas. Lo que da como absurdo –más allá del atentado constitucional y a la sana lógica– que, si 28 millones de 30 millones de venezolanos firman en contra de Maduro y este vence en una sola jurisdicción pequeña y despoblada, permanece en su cargo como Jefe del Estado.

No es esto, sin embargo, lo que pretendo destacar. Es probable que hacia sus adentros las rectoras rían su trastada, su acto de viveza, uno más y sin relevancia –creerán ellas– dentro de los muchos que tiran por la borda el orden democrático y el Estado de Derecho en el país, tal y como lo constata la OEA.

La cuestión es que, las acciones y omisiones deliberadas del Poder Electoral tienen el propósito de servirle, con eficacia, así sea como una simple tuerca, a la maquinaria criminal, a la asociación ilícita en que han derivado el gobierno y sus poderes fácticos coludidos, como el Tribunal Supremo de Justicia.

A partir de 2004 cuando se instala La nueva etapa: el nuevo mapa estratégico de la revolución, se desata la persecución sistemática de opositores al gobierno. Se les criminaliza por ser opositores y, a no pocos, por ser cabezas del capitalismo local. Los presos políticos se multiplican y no son excepciones los que sufren torturas. Algunos mueren. Y dentro de esa estrategia citada, que se reitera como propósito, hacia 2010, en el texto fundacional del partido de gobierno luego de declararse marxista, consta el objetivo de transformar a la oposición en un colectivo de "muertos civiles": "El enemigo está ahí. Esto que estoy planteando acá es la continuación de la ofensiva, para impedir que se reorganicen, hablando en términos militares, y si se reorganizaran: para atacarlos y hostigarlos sin descanso", afirma el propio Chávez.

Pues bien, cuando el inolvidable Francisco Carrasquero ejerce como presidente del CNE, en 2004, la actual rectora Lucena y su jefe inmediato, Jorge Rodríguez, entregan al Gobierno el registro de los millones de venezolanos que se les oponen y piden con sus firmas votar por la salida del presidente. De allí surgen las listas Tascón y Maisanta, usadas por el mismo régimen y sus colectivos armados para hostigar, perseguir, remover empleados, negar documentos de identidad, suspender becas, evitar el suministro de alimentos, en fin, bajo un ambiente de terror generalizado, condicionar el ejercicio de las libertades y hasta la sobrevivencia de los más pobres.

Esta práctica ha vuelto por sus fueros a manos de la ya experimentada Lucena y de sus colegas, pero agravada bajo el cuadro de crisis humanitaria que vive la nación, agónica por la falta de lo vital y por su pánico a la cárcel si manifiesta su desespero o intenta votar.

Lo que no advierten las rectoras electorales es que las prisiones políticas y las torturas sistemáticas, y la hambruna popular por decisión de Estado, que sufren todos nuestros compatriotas por una razón de identidad democrática, constituyen típicos crímenes de lesa humanidad. Y son imprescriptibles. Pero pensará la Lucena, antes bien, que el candado que le ha puesto a la expresión de la soberanía nacional es, en su caso, un mero pecadillo. Se equivoca.

Tengo muy presente el célebre Caso Arancibia, que ocupa mi discurso de ingreso a la academia de Buenos Aires. Narra la situación de un espía, llevador de chismes al servicio de la dictadura chilena. Arancibia es condenado a cadena perpetua, justamente por ser eso, una mínima pieza, pero necesaria, útil para la operación y mantenimiento de la asociación ilícita dictatorial y la ejecución de sus crímenes contra la Humanidad.

¡Que Dios agarre confesadas a las rectoras!

COLOMBIA Y LA PAZ ARMADA

2 de octubre de 2016

Tengo presente la hilaridad con la que Juan Manuel Santos explica, en una asamblea de la SIP, por qué no se ha referido a la Venezuela de Hugo Chávez en su intervención inicial y al hablar sobre su gestión. Con ello titula el diario El Nacional de Caracas: ¡Ah, mi nuevo mejor amigo!

Nunca he tenido claridad, hasta ahora, acerca del giro sobre su relación con la dictadura marxista y militarista que rige en nuestro país. Fue acre como ministro de defensa del presidente Álvaro Uribe, sin que ello signifique que éste no hubiese medido su corrección de comportamiento como mandatario. Tanto que le escuche decir a éste, conversando sobre el deterioro democrático que sufríamos los venezolanos: "Una cosa es lo que piensa Uribe –ustedes lo saben– y otra las obligaciones de representación nacional del presidente de Colombia.

Lo que sí sé es que la relación del régimen bolivariano con la guerrilla vecina viene de muy atrás. Desde antes de que Chávez asumiese el poder por la heterodoxa –para él– vía electoral; a cuyo efecto se hace del apoyo de aquélla –incluido el ELN– buscando apuntalarse en la zona fronteriza. Más tarde le paga con creces.

Seis meses luego de iniciado su gobierno y en plena jornada constituyente, Chávez pacta con las FARC un modus vivendi. La ayuda en su lucha armada contra el gobierno de Bogotá. El arreglo, documentado, implica el uso de territorio venezolano como aliviadero, el acceso a mecanismos de lavado de dineros bajo el nombre de banca de los pobres, el suministro de asistencia, con una sola condición, no adoctrinar ni entrenar a venezolanos sin la previa autorización y el concurso suyos.

Años después los gobiernos miembros de la OEA se niegan a debatir al respecto, a pesar del pedido de Uribe, por cómplices del silencio; siendo una realidad palmaria la simbiosis entre el régimen de Caracas y la narco-guerrilla vecina. Tanto que Chávez, desde el solio parlamentario y en mensajes que dirige a la nación, reconoce el estatuto de beligerancia de las FARC y les presta, efectivamente, el territorio nacional para su uso como madriguera de terroristas. Hasta los guerrilleros votan en las elecciones nuestras. Y eso, ¿qué duda cabe?, lo sabía el hoy presidente Santos.

Por ende, la razón de su cambio de perspectiva, al apenas inaugurarse su administración, no es tanto la cuestión de la deuda pendiente de Venezuela con empresarios colombianos, argüida por sus diplomáticos, como el ser consciente de que la negociación de paz que ya se proponía pasaba, obligatoriamente, por el Palacio de Miraflores.

No me detendré en consideraciones acerca de lo que más preocupa a los colombianos y han de decidir soberanamente mediante un voto referendario, como lo es su ferviente deseo de paz y la cuestión de la rebatiña de impunidad que supondrían los acuerdos con las FARC firmados en La Habana y refrendados en Cartagena. Allí están, como ejemplos, las experiencias centroamericanas y las del Cono Sur, en materia de leyes de perdón y punto final. Al cabo, la comunidad internacional es como las prostitutas: cambian de cliente según la ocasión y no se enamoran. Así que dejemos la cuestión para después, si nos alcanza la vida.

Lo predecible, aquí sí, es el comportamiento político que, dentro de la democracia neogranadina, se espera de los miembros pacificados de la guerrilla. Siguen siendo marxistas militantes y vienen de la vertiente tropical más radical. No por azar la meca de éstos es La Habana.

¿No ilustran, de modo suficiente, las realidades de Venezuela, Ecuador, Bolivia y Nicaragua, con la sola excepción del gobierno uruguayo del presidente Mujica?

El socialismo del siglo XXI –parque jurásico del siglo XIX y XX, pero a ritmo digital– llega al poder y usa a la democracia para vaciarla de contenidos. Y con opípara desmesura explota al capitalismo –a fin de hacer capitalistas a sus áulicos leales, no a los otros– para después enterrarlo y predicar contra la globalización.

Todos a uno, no solo Nicolás Maduro o Diosdado Cabello, son pícaros como el zorro de Goethe –Reineke– y le cantan loas a la paz para mañana repetir como Chávez que la revolución es pacífica, pero armada.

Los venezolanos bien sabemos el costo en vidas e integridades humanas que tiene cualquier intento para desalojar del poder a los discípulos de los hermanos Castro. No creen en la alternabilidad democrática y la regla sigue siendo la de siempre, el fin justifica los medios. Si no, observen el tono desafiante de Lula Da Silva y Dilma Rousseff, cuando la Justicia brasileña, como en toda democracia que se respete, busca poner en práctica el principio de la responsabilidad y realizar juicios de residencia.

Aun así, le deseo lo mejor a Colombia y de corazón espero logre el sueño de la paz.

EL NOBEL DE LA PAZ COLOMBIANA

9 de octubre de 2016

El tema de la paz de Colombia sigue sobre el tapete de la atención internacional. Todavía más cuanto que, la decisión del Comité del Premio Nobel de otorgarlo con motivo de aquella al presidente Juan Manuel Santos, revela una apuesta a la incertidumbre. No se premia la obra acabada o una trayectoria personal sin fisuras en los ámbitos de la misma paz: "Hay un riesgo real de que el proceso de paz se paralice y de que estalle de nuevo la guerra civil (sic), lo que hace todavía más importante que todas las partes mantengan el respeto al alto de fuego", reza la motiva.

Reforzar este proceso en cabeza de quien lo ha liderado hasta ahora y a pesar de que la mayoría colombiana expresara sus reservas éticas sobre los acuerdos a los que llegara el mismo Santos con las FARC, es, pues, el desiderátum. De modo que, otorgado el Nobel de la Paz con fino sentido político, como lo creo y lo sugiere el columnista de La Nación de Buenos Aires, Daniel Lozano, su propósito claro es darle un respiro al gobernante neogranadino –derrotado democráticamente– para que en su descalabro no arrastre al propio proceso, sean cuales fueren sus deficiencias. La paz de todo el país, víctima durante medio siglo de la guerrilla narcoterrorista, se le sobrepone.

ASDRÚBAL AGUIAR

Ingrid Betancur, secuestrada por las FARC, después de saludar al premiado, cree que debió compartirse el Nobel con la guerrilla, autora de crímenes de guerra y lesa humanidad; lo que habría sido, más que un despropósito, un verdadero atentado a los mínimos de la moral democrática por parte del Comité noruego. Su desafío a las resultas del proceso democrático referendario ocurrido ha sido bastante.

Asociada hoy al eje cubano-venezolano del Socialismo del siglo XXI, las FARC, antes que comprender el mensaje reprobatorio de los acuerdos sometidos a referéndum y el reclamo legítimo por sus enmiendas, prefiere, antes bien, sacar cuentas sobre lo que aprecia de victoria pírrica del voto NO: Habrían logrado dividir y polarizar a la nación, como lo hacen los gobernantes marxistas áulicos de tal corriente jurásica, en Brasil, Argentina, Ecuador, Bolivia y Nicaragua. La lucha de calle y por el poder –bajo esa perspectiva y como lo creen los jefes de las FARC– tiene, a la sazón, un camino a la mano y prometedor.

Lo esencial, la búsqueda de paz, no siempre perfecta, es, entonces, que ella no se pierda o detenga en el marco de las miserias políticas, y como parece, esa y no otra es la razón del Premio Nobel dado a Santos. En la práctica se trata es un premio por adelantado, que ha de pagarse con creces y justificarse.

No es el premio, por ende, una reprobación –lo supongo de buena fe– a la lucha que en contra de los acuerdos despliegan los ex presidentes Álvaro Uribe Vélez y Andrés Pastrana Arango, pues todos a uno sostienen el compromiso con la paz: La paz sí, pero no así, es el mensaje que comparten con su pueblo. Si fuese lo contrario estaríamos ante el absurdo de que la paz y la democracia se excluyen, y a aquella se la entendería como silencio de la guerra, y nada más.

"La paz sí, pero no así", es, por consiguiente, el hilo que anuda al Premio Nobel de la Paz para que no sea desvirtuado en las cenagosas y putrefactas aguas del revanchismo; sea el de la izquierda irredenta, frustrada por el desenlace democrático adverso a sus querencias y la cota más alta de justicia que le imponen los colombianos, sea por la desengañada comunidad internacional presente en los actos de propaganda oficial en Cartagena, queriendo condicionar el voto libre de los colombianos por los acuerdos.

Luego de ocurridas violaciones sistemáticas de derechos humanos, a la memoria de éstas y su fijación, como verdad, ha de seguir la justicia, como acto reparador sustantivo. En la tríada democracia, Estado de Derecho y derechos humanos, son inadmisibles los tribunales especiales o de excepción, los construidos ad hoc por las partes beligerantes sin mirar a los ojos de las víctimas. La justicia, obviamente, no es un acto de venganza, ni responde a la ley del talión, como en su fuero interno –por motivos explicables– lo desearía cada víctima de un atentado a su dignidad. Eso habrán de entenderlo los negociadores y los colombianos.

Dejo de lado otras consideraciones sobre los acuerdos y el Premio Nobel de la Paz. Llaman la atención, no obstante, los dobles raseros que buscan establecer con éstos las izquierdas, para sí, postergando los estándares impuestos en el siglo XX a los criminales de la derecha, los del fascismo, el nazismo, y las dictaduras militares del Cono sur latinoamericano, en el siglo XX; y la exigencia novedosa de que sean santificados en la "meca de la paz" caribeña: La Habana, algo tan exquisito como tomar baños termales en las pailas del infierno.

SIN LEGALIDAD NO HAY LIBERTAD

16 de octubre de 2016

Hasta un tiempo reciente podía discutirse acerca de la naturaleza del régimen instalado en Venezuela, luego de la elección, en 1998, de un militar que, previamente, atentara contra el orden constitucional y democrático. Ahora no.

Sus desvaríos dictatoriales sitúan a Hugo Chávez sobre zonas grises, entre la legalidad y la ilegalidad constitucional. De allí que se hable de la presencia de un gobierno populista con falencias democráticas, pero democrático al fin; mientras algunos aprecian el advenimiento de una dictadura inédita, propia del siglo XXI, acaso en los odres de la "posdemocracia" –relación mediática y carismática entre el líder y la audiencia, ajena a las instituciones– no faltan otros quienes califican a tal fenómeno, por extraño e indefinido y, en el caso, mediar la simbiosis de un militarismo electivo con desviaciones marxistas cubanas, de autoritarismo competitivo.

Lo cierto es que, sobre una ola de inflación electoral que se mantiene durante 17 años y en lo adelante se proscribe, pues ya no basta, para sostener la ficción, desdibujar las reglas de la equidad y la transparencia comiciales, el país ha marchado sobre la ruta de la demo-autocracia: El pueblo, democráticamente, elige entonces vivir en dictadura y acepta que su dictador –como en las monarquías antiguas y medievales– piense por todos y por todos decida, encarnando al pueblo.

Lo novedoso del siglo en curso –dominado por la virtualidad y la fugacidad de las imágenes que se trasmiten globalmente a través de las redes subterráneas de la información, extrañas al valor del espacio geográfico y político– es la potencialidad expansiva de esa realidad de dominio, nada distinta de las conocidas, pero cuyos alabarderos renuevan con el mote de Socialismo del siglo XXI, en declinación acelerada.

Aguas abajo, los venezolanos hoy somos testigos de la desnudez de un engaño que se mantiene mientras la competitividad electoral logra encubrir al autoritarismo, a saber, mientras el chavismo, apalancado sobre el dispendio de la riqueza petrolera alcanza sostener el favor popular. Llegados ambos a su término, el régimen sucesor de Chávez se queda solo en la calle y su autoritarismo se hace procaz.

Visto en retrospectiva, lo constatable y veraz es la vivencia por la nación de una suerte de fascismo "tropicalizado", que ahora se desmorona en medio de la anarquía.

El fascismo italiano de mediados del siglo XX es, en esencia, un régimen de la mentira. Crea leyes a diario para que el bosque legislativo se torne tupido y confuso ante los ciudadanos y horade sus seguridades, antes fundadas en el conocimiento colectivo de los límites democráticos de la libertad; el deslave legislativo hace inefectivas a las normas y facilita su manejo arbitrario y a conveniencia desde el poder; en suma, la realidad de la "legalidad falsificada" queda sobre un puente que une la legalidad formal con el fraude sistemático de la ley. Nadie, al fin, sabe a qué atenerse. El riesgo de la cárcel por violación de la ley manipulada se hace agonal.

Nicolás Maduro, sin recursos dinerarios para sostener tal ficción de legalidad y sin legislatura que controle, no tiene más opción que inmolarse. Así lo ha dicho su vicepresidente, Aristóbulo Istúriz. El restablecimiento de la legalidad sustantiva auténtica lo amenaza, a él y a los suyos. Los crímenes de lesa patria y lesa humanidad cometidos tras las cortinas de la impostura, de la mendacidad hecha norma de Estado, arrebatan y reclaman Justicia.

La elección de una Asamblea Nacional mayoritariamente opositora da lugar, así, desde enero pasado y antes de que se instale, a la forja inconstitucional de un Tribunal Supremo aliado de la dictadura. No logra éste, sin embargo y por lo indicado, fingir otra vez la legalidad democrática, menos ocultar sus aviesos delitos –y los de Maduro– contra la república. Y los jueces togados, imposibilitados de renovar el engaño político por la pérdida de los factores citados que lo mantuvieran –el patrimonialismo del poder político y el apoyo popular– prostituyen sus oficios. Tiran la ley al albañal ejecutando órdenes presidenciales.

Le hacen decir a la ley lo que no dice o la reescriben, prosternando la soberanía popular. Todavía más, declaran estar por encima de la ley, a la manera del Rey Sol.

La verdad queda a la vista. Sólo dos opciones restan.

Una, que la hambruna y la indignación colectivas fijen un camino de rescate de la libertad, forzándolo en los hechos y para obligar el respeto de la legalidad, por el gobierno y sus jueces; otra, que emerja un pacto espurio entre la democracia y sus destructores, entre quienes predican y practican el valor de la legalidad y los que la burlan alevosamente –jueces incluidos– con sus crímenes de lesa patria y humanidad, esperando les cubra el manto de la impunidad como en Colombia.

SIN EUFEMISMOS

23 de octubre de 2016

Luis Almagro, Secretario General de la OEA, en reunión con los ex Jefes de Estado y de Gobierno firmantes de las declaraciones de IDEA (Iniciativa Democrática de España y las Américas), ha sido claro. Sin eufemismos, dice, donde hay presos políticos y se vulnera a la soberanía popular rige una dictadura.

El deslave de atropellos a la menguada democracia formal venezolana que organiza Nicolás Maduro Moros antes de partir hacia

231

el Medio Oriente, poniendo de lado el ejercicio de sus atribuciones constitucionales y abandonándolas en la práctica, explica los actos de cierre de esa obra teatral ominosa que ha durado 17 años: El gran engaño.

El primero de éstos, a título de recapitulación y síntesis del abierto desconocimiento por el gobierno y el Tribunal Supremo de Justicia –que éste controla– de la soberanía popular y su legítima representación en la Asamblea Nacional, es el llamado de la mayoría calificada de los diputados, el pasado 13 de octubre, a la Fuerza Armada, para que rescate la democracia y el respeto a la Constitución.

Los dispositivos cuarto y quinto del acuerdo instan a los militares para que le exijan al Presidente de la República y al Poder Electoral garantizar el ejercicio de los derechos políticos y respetar la realización del referendo revocatorio, pedido por el mismo pueblo, y la elección de gobernadores arbitrariamente postergada hasta el año que viene. Se reclama de los hombres que cuidan las armas de la República, en concreto, "coadyuvar al restablecimiento del Estado de Derecho, de la vigencia de los derechos fundamentales y de los principios democráticos". Al caso, sin decirse, se invoca el artículo 350 de la Constitución y se demanda del poder militar, eso sí, "velar por el sometimiento de los representantes del Poder Público" a la autoridad de aquélla.

Sólo la clara consideración de que la democracia y el Estado de Derecho han llegado a su final en el país –algo más que las graves alteraciones que predica la Carta Democrática Interamericana– explica tan grave pronunciamiento parlamentario. Ante un régimen de hecho o de facto en vigor se invoca la acción fáctica militar constitucionalizada, para rescatar las libertades. No otro es el significado de ello, sin eufemismos.

Tanto es así que ese deslave de golpes de Estado a la democracia y a su fuente primaria, el ejercicio del derecho a votar y a que se acaten los dictados de la soberanía, de seguidas y sin solución de continuidad da pie al acto segundo. La Sala Electoral del TSJ, mediante sentencia inconstitucional o para-constitucional obliga a quienes piden revocar el mandato de Nicolás Maduro, reunir firmas equivalentes al 20% del registro electoral, pero en "cada Estado" o circunscripción regional. La Constitución demanda que tal suma se alcance en toda la jurisdicción nacional por negarse al absurdo, como sería predicar que el presidente de Venezuela, para serlo, debe vencer en la totalidad de los circuitos electorales de nuestra geografía.

La inconstitucional medida –dentro de una clara y deliberada estrategia para impedir que el pueblo se manifieste a través del voto y resuelva sobre la severa crisis de gobernabilidad que potencializa su hambruna– demuestra, junto al citado texto del Acuerdo de la Asamblea Nacional, cómo, tuerca por tuerca, se desmontó, cabal y sibilinamente, el puente de la democracia. Y explica por qué, luego de la antidemocrática decisión de los Jueces Supremos "maduristas", ahora los jueces subalternos se dan la licencia de ir más allá. Es el tercer acto y el de cierre.

Los jueces penales de los Estados gobernados por militares y cómplices del narco-régimen militarizado que hace presa de todos los venezolanos, en efecto, han ordenado suspender la recolección del 20 por ciento de firmas para el referendo revocatorio en sus Estados respectivos; por lo que, en línea con lo dispuesto por el TSJ, no cabe la posibilidad de que el pueblo democrático venezolano reúna las firmas necesarias a fin de darle una salida democrática y en paz a la insurrección social que espera en la antesala del abismo institucional que la alimenta.

El Socialismo del siglo XXI –que usa de la democracia para llegar al poder y después la vacía de contenido, y que oculta sus prácticas antidemocráticas, justificándolas hasta ayer tras una inflación de elecciones– queda al desnudo y en medio de la calle; pierde lo más elemental en democracias ineficientes, como lo es su legitimidad de origen.

Lo bueno, en medio de lo malo, es que en lo adelante sólo los cómplices de la dictadura podrán matizarla o dialogar con ella. Los venezolanos alcanzan, a fuerza de golpes, su unidad real. Se hacen de una narrativa compartida y desbordante de los personalismos políticos: la resistencia a la dictadura.

SOY VENEZOLANO, DE ESTE DOMICILIO

30 de octubre de 2016

Jamás tuve dudas de mi nacionalidad, aun cuando busco sin encontrarlos a mis ancestros españoles. No he aceptado que a alguien se le discrimine por disponer –como derecho humano tutelado– de una o de otra, o de varias a la vez.

Mal puedo referirme con encono y por tal motivo a Nicolás Maduro Moros, de cuyos orígenes colombianos nadie duda; menos luego de su error garrafal, como pretender hacerse de una partida supletoria de nacimiento elaborada por el Tribunal Supremo a su servicio; ello, sin mediar juicio, menos todavía lo elemental en todo proceso ante la Justicia, a saber, el debate sobre las pruebas que se arguyen para sostener un derecho o contestar el del contrario.

En mi caso, soy caraqueño –nacido en la esquina de la Fe, en casa aledaña a la Capilla de la Santísima Trinidad– pero de sangre guara. Mi padre nace en Río Tocuyo hacia 1920 y mi madre en Siquisique, en 1923, en esa Venezuela rural que acaso ofrece a sus habitantes obtener un título de bachiller si se mudan a las capitales de sus Estados; o también el universitario, de hacerse un viaje casi sideral hasta Santiago de León de Caracas, como el que hace mi padre –Hermágoras– en autobús y con un solo traje a cuestas hasta la Casona de San Francisco, en 1939.

Sé que mis antepasados por la rama paterna mueren en Río Tocuyo. No sé si mi abuelo nace allí o acaso en Boconó, Estado Trujillo, pues en su registro sólo consta el nacimiento de su hermano mayor, según inscripción que hace su padre, Magdaleno Aguiar Camejo, de profesión agricultor, pero de orígenes sin rastro. Muere éste, sí, en Rio Tocuyo. Al fin y al cabo, la patria está allí donde quedan sepultados los afectos. De mi madre Aura y sus antepasados, los Aranguren, sólo sé que eran señalados de ser guerrilleros en tiempos del castro-gomecismo. Así lo reseña la prensa de la época.

De modo que, ejercí como gobernador de mi ciudad natal, titular de dos carteras ministeriales, y Presidente encargado de Venezuela, siendo venezolano por nacimiento, mayor de 30 años, y con domicilio cierto.

En mi época no se admite la doble nacionalidad. Es una conquista luego de aprobarse el texto de 1999. Pero, incluso así, determinadas funciones del Estado –entre éstas las del Presidente– sólo pueden ejercerlas aquellos venezolanos por nacimiento que no posean dualidad de afectos por la tierra propia o de los antepasados. Es algo elemental.

Ese estatuto que nos ata como venezolanos, siendo consistente con su apertura en materia de nacionalidad, admite, de tal modo, la elección de gobernadores bastando que sean venezolanos. A los diputados, si son naturalizados se les pide tener 15 años de residencia. Y a los ministros ser venezolanos, sin que se precise tener o no nacionalidad originaria o adquirida.

No es el caso del vicepresidente y Presidente de la República. Han de ser venezolanos por nacimiento y no tener doble nacionalidad. Y si la tienen, antes de ser elegido éste o nombrado aquél, deben renunciar a la nacionalidad extranjera que posean y hacerlo constar.

Maduro, qué duda cabe, tiene nacionalidad colombiana adquirida por lazos de sangre con su madre. Es un misterio su nacimiento por el suelo. Él dice –lo ha dicho públicamente– haber nacido en Los Chaguaramos de Caracas y ahora "su" bufete de escribanos registra y declara que nace en La Candelaria; lo que prueba hasta prueba en contrario que sigue en el limbo su nacionalidad originaria.

En buena hora para quienes se ocupan de la cuestión y en mala hora para él –para Nicolás– los libros que registran el nacimiento de su madre no han sido quemados, tampoco han desparecido, gracias a la labor titánica que realiza en todo el mundo la llamada Iglesia de los Santos de los Últimos Días, que los preserva digitalmente.

En suma, luego del empastelamiento que provoca la sentencia de la Sala Constitucional para acallar el ruido de sables –es el alegato del propio Maduro– y frenar, una vez más, la labor investigadora de la Asamblea como órgano representante de la soberanía popular, se explica –no de otra manera– la violencia que el mismo ejerce contra sus paisanos en la frontera. Se empeña entonces en demostrar que ningún afecto o vínculo guarda hacia su patria chica, Cúcuta, la de su madre, Teresa de Jesús.

Sigue siendo un misterio su partida de nacimiento, su número, su tomo de registro, su fecha de expedición, pero no así la de doña Teresa, que lo hace colombiano. Consta que es bautizada en San Antonio de Cúcuta el 19 de octubre de 1929, hija de Pablo Antonio Moros y Adelina Acevedo, y casa en Bogotá con Nicolás Maduro, en 1956, según lo prueba la documentación original manuscrita que conserva en la red Family Search.

Maduro, al cabo y como todo venezolano, tiene derecho a su doble nacionalidad y a sentirse orgulloso de ambas; pero para gobernarnos debe probar que renunció a su nacionalidad colombiana por la sangre. Eso lo manda la Constitución y no lo pueden escamotear unos jueces coludidos.

REFLEXIONES PARA MONSEÑOR CELLI

6 de noviembre de 2016

El enviado papal para el acompañamiento del "diálogo" en Venezuela se muestra preocupado, y con gravedad, por su desenlace: "Si fracasa el diálogo nacional, el camino podría ser el de la sangre", declara Monseñor Claudio Celli a la prensa de Buenos Aires. Y señala que la oposición no se hubiese sentado a la mesa con el gobierno de Nicolás Maduro sin la presencia vaticana.

Más allá de los contubernios utilitarios que hoy medran con y entre los ex presidentes del Grupo Samper, por lo visto la oposición es consciente de su debilidad frente al régimen. ¡Y es que a las armas de la razón y a la razón de los votos, una vez más se le opone, por un sino de nuestra historia de pequeñeces palaciegas y traiciones políticas, la razón de las armas!

¿Hasta qué punto Monseñor Celli puede requilibrar tal desbalance y asegurarse que el gobierno dialogue de buena fe?, es una pregunta sin respuesta.

Si algo ha de tener claro ese pequeño y moralmente poderoso Estado sito en medio de la antigua Roma, es la estirpe del régimen que heredara y dirige Maduro.

Errores de apreciación, ausencia de cosmovisión, preeminencia de aspiraciones en el liderazgo, en suma, falta de sentido de la oportunidad y de experiencia real en el manejo de las cuestiones del poder y del Estado, pueden atribuirse a algunos de quienes hacen vida en la MUD. Pero, en contrapartida, no es un secreto que en Venezuela se instala, a partir de 1999 –con amagos que se inician en 1998 y denuncio sin eco para la época– una organización de gobierno coludida con la narco-guerrilla colombiana y monitoreada desde La Habana.

Desde entonces el crimen organizado y los grupos paraestatales –colectivos armados para la defensa de la revolución– no confrontan con la autoridad constituida, antes bien, son la misma autoridad. La muerte –la sangre a borbotones– salta en escalera. Las víctimas de homicidio se mineralizan en una cifra promedio de 20.000 durante cada año y desde 1999. El desafío por delante, así las cosas, no es ya el camino de la sangre sino hacer cesar la condición casi exangüe del cuerpo nacional.

El impúdico peculado público y los conmovedores videos que muestran el linchamiento de ladrones de comida quemados vivos, o encarcelados practicando el canibalismo, expresan el grado de perturbación moral extrema que aqueja al país, víctima del mal absoluto y de un régimen de la mentira; de un modelo político, social y económico de dominación que le ha arrebatado al pueblo su dignidad y le ha secuestrado para la práctica del chantaje. Le entrega a cuenta gotas una bolsa de comida para ganarse su silencio o le da la libertad a 3 detenidos a la manera de una graciosa dádiva, luego de haber sumado a los presos políticos otras decenas para integrar su botín de negociables.

Lo anterior, como perspectiva y para conocimiento apropiado del entorno, es, como lo creo, lo vertebral. Pero también, favorecer un diálogo o acaso –y en propiedad– una negociación que le ponga término a ese ominoso panorama reclama de una lógica similar a la de la autoridad policial que confronta a un secuestrador.

Si en el juego aumentan los temas o puntos de diálogo a buen seguro que el interesado en salirse con la suya –el delincuente– ganara terreno. Y no hay duda, no debería haberla en el Vaticano, en cuanto a que, en el fondo de todo, de lo que ocurre es el desconocimiento abierto de la voluntad popular y su derecho a decidir mediante el voto por el gobierno. Lo demás, siendo importante, es subsidiario.

La cuestión se hace más compleja si acaso Monseñor Celli es consciente de la característica de los tiempos que corren. Papa Ratizinger, con elegancia, la resume en la idea del relativismo, pero es algo más y muy pernicioso en una mesa de diálogo, a saber, la habilidad de los seguidores del Socialismo del siglo XXI como experiencia "posdemocrática" para trastocar y manipular el lenguaje político. Los hermanos Rodríguez son unos expertos.

Los pacíficos son acusados de guerreristas. Los divisores de la concordia hablan de paz y como demócratas de impostura usan las formas democráticas y el argumento de la paz para vaciarlas de contenido. Piden se les trate como pacíficos y demócratas. Y los demócratas, amigos de alcanzar la paz por el Derecho, son presentados como enemigos de la libertad. Maduro les acusa de terroristas.

El diálogo y la negociación, ¡qué duda cabe!, son el camino para alcanzar la paz, según la Doctrina Social de la Iglesia. Pero la misma precisa, lo sabe el Enviado Papal, que la paz "se funda en una correcta concepción de la persona humana y requiere la edificación de un orden según la Justicia y la caridad". Es esto, justamente, lo que divide al gobierno de Venezuela de la oposición democrática, por lo indicado.

LOS DERECHOS NO SON TRUMPS

13 de noviembre de 2016

Enrique Krause describe a Donald Trump como un hombre peligroso, destinado a ser dictador: "Ha reivindicado la figura de Mussolini, … y yo creo que se le parece por su sentido histriónico, por el contacto directo con el pueblo, por su capacidad de comunicación –no sólo televisión y radio, sino Twitter– y sobre todo por su discurso violento, visceral, emotivo con pleno de afirmaciones de identidad blanca americana y por otro lado de teorías de la conspiración con respecto al exterior", afirma. Y para diferenciarlo de los demás presidentes norteamericanos esgrime lo central y lo ve más fascista que populista: "No solo Lincoln, incluso Reagan –podían criticársele sus políticas–, pero los presidentes republicanos y demócratas se movieron siempre dentro de una franja donde la institucionalidad prevalecía y con un liderazgo siempre acotado por… ¡los valores republicanos y demócratas!".

En vísperas de cristalizar la victoria del magnate, ajusta Krause que, gane o no las elecciones, su campaña ha puesto en entredicho y pisoteado, con su lenguaje, la transparencia del voto y hasta las bases de la misma democracia norteamericana, a saber, "la convivencia cívica, el respeto elemental hacia el otro y lo otro", es su apreciación.

Sin mengua de lo anterior, creo que lo ocurrido tiene de novedad su acaecimiento en el seno de la nación más poderosa del mundo. Pone en evidencia que el carácter envolvente y actual de los liderazgos desenfadados, con gula de masas, dicen algo más que el ser una mera desviación o defecto de países cultural y democráticamente inmaduros.

Extraña, por ende, que cuando desde Venezuela, Ecuador, Nicaragua, o España, sus reservas democráticas reaccionan frente al daño que les procura el neopopulismo, el renacimiento de los autoritarismos, o la irreverencia como regla del quehacer político, la comunidad internacional muestre una tolerancia que le regatea a Trump.

En la república neogranadina, después de que la Casa Blanca y hasta el Vaticano transforman a La Habana de los Castro en la Meca caribeña de la Paz, emergen como referentes integradores e indiferenciados de su naciente moral republicana tanto las fuerzas del narcoterrorismo como las representativas de su tradición democracia y constitucional. Todo en nombre de la paz.

En Venezuela, cuyo aristocrático narco-gobierno usa "jueces del horror" para desconocer la voluntad popular y el derecho ciudadano a la participación política –puertas "santas" y de entrada a la experiencia de la democracia–, ocurre una similar paradoja. Se exige de la paridad entre aquél, el régimen dictatorial, y la representación mayoritaria del pueblo; y a éste se le exigen gestos de desprendimiento y renuncia por cuenta de la paz, para que la violencia oficial no se acreciente.

Lo anterior, de conjunto, es el síntoma terminal de un quiebre global en la historia de la civilización humana, que privilegia al tiempo –a la velocidad digital de las comunicaciones– por sobre los espacios –los límites políticos nacionales– dejando en la des-

239

nudez al sentido de la identidad en la ciudadanía, haciendo indiferenciadas las alternativas partidarias y hasta las morales.

La reconstitución de las identidades que se pierden o ahogan ante el avance demencial de las migraciones, es morigerada bajo el alegato del cruce inevitable de las civilizaciones y la emergencia legítima de nichos sociales primarios. Toma lugar el relativismo. Se impone el derecho de cada grupo o sector y hasta comandita de salteadores a ser reconocidos en su vocación fundamentalista y excluyente de los otros. Muerto Dios todo vale, todo cabe, a la manera de Zaratustra.

Se habla, pues, de democracias de plastilina o "prudenciales", axiológicamente neutrales. Con razones de peso, Esperanza Guisán, en su ensayo Más allá de la democracia (2000), demanda en su defecto de una democracia moral y profunda. Y recuerda que los derechos no son un triunfo (Trump) sino cosas valiosas, por su naturaleza.

El caso es que, llegada, por lo visto, la hora de la posdemocracia –expresión debida a Colin Cruch y acuñada también en 2000, luego de que en 1995 se la vendiese Norberto Ceresole a Hugo Chávez Frías– sus síntomas no son el patrimonio de las izquierdas ni de las derechas. Antier fue Silvio Berlusconi, ayer el Comandante Eterno, ahora Trump. El líder y su personalidad atrabiliaria obvia lo institucional, lo formal, se impone al todo, mediáticamente, con sus enlatados de circunstancia.

Llegada a su final la idea del Estado como cárcel de la ciudadanía, el viejo ciudadano, errante, busca de nuevos lazos que le devuelvan las seguridades perdidas. Y en ese teatro acrítico –pleno de orfandades– hacen su jugosa presencia los traficantes de ilusiones. La moralidad postiza medra por ausencia de innovadores de la democracia.

El triumph (triunfo) de Trump es obra de ese vendaval. Es una respuesta que puede terminar en desengaño, o acaso no. Cabe esperar.

DEMOCRACIA SI, PERO NO ASÍ

20 de noviembre de 2016

La democracia, como procedimiento de organización del poder del Estado, ha entrado en fase terminal. Parece despuntar la democracia moral como derecho de la gente y bajo su guía directa.

Ese fenómeno, que para los venezolanos encuentra un punto de ignición –incluso violento– en el año de 1989, con el Caracazo, sólo ahora se hace evidente, pasada casi una generación. Colombia, Venezuela, y ahora Estados Unidos, son los laboratorios, sus pruebas de fuego.

Caída la Cortina de Hierro, estudiosos sobre la democracia –Giovanni Sartori, Arturo Uslar Pietri– celebran la derrota de la manipulada democracia popular, tanto como afirman el triunfo final de la democracia prudencial o liberal en la que todo cabe. Y hasta los partidos políticos del siglo XX, siguiendo a Francis Fucuyama, aceptan la muerte de las ideologías, derivan en meras franquicias electorales, y se tornan en iglesias del relativismo; ese que denuncia mortificado Joseph A. Ratzinger, en vísperas de su elección como Benedicto XVI.

El escrutinio electoral democrático entre alternativas políticas diferentes cede. Y todo se hace igual e indiferenciado, lo que explica que ante las fallas previsibles de la acción política las mayorías pidan indignadas que se vayan los políticos, sin distingos.

Y es que sobreviene, además, otra consecuencia que fija el final de los Estados como odres o acaso cárceles de la ciudadanía en que degeneran a su término. El valor histórico de los espacios y de las fronteras políticas soberanas, fuentes hasta entonces de identidad en lo nacional y proveedores de arraigo y seguridad, se debilitan. Se abre paso la civilización digital, hecha de tiempo, alimentada por el vértigo y negada a lo raizal.

La fugacidad y brevedad de las ideas o datos que discurren a través de las redes impiden su fijación institucional. La realidad política se hace inestable e imprecisa –por pérdida de cosmovisión– como impreciso es el comportamiento de las bolsas de valores.

Dos corrientes se solapan signando la pulverización de lo social, base del Estado, con efectos perversos sobre la democracia como organización de la convivencia: Una es la de los millenials o internautas, sin relación con la otredad humana más que a través de sus aparatos electrónicos, con los que practican la dictadura: incluyen o excluyen a quienes les molestan o critican; otra es la de quienes, huérfanos como aquéllos del sentido de la ciudadanía, buscan nuevas identidades en nichos sociales primarios, acaso legítimos pero de vocación fundamentalista, asimismo excluyentes de la otredad por afirmarse sobre sus derechos a ser diferentes (ecologistas, feministas, étnicos o de género, comuneros, neo-religiosos, descamisados, etc.).

Dentro de este contexto, como primera respuesta y ante la ausencia sobrevenida de los anclajes formales o políticamente correctos que ofrecen reposo y seguridades básicas al común de los mortales, sobrevienen y se hacen inevitables los traficantes de ilusiones con sus fardos neo-populistas.

Las desviaciones democráticas que así se suceden, como las que postula el Socialismo del siglo XXI: reedición jurásica de una ideología totalitaria oculta tras las formalidades de la añeja democracia y su Estado de Derecho, no son vistas, por miopía, sino como eso, como meras desviaciones autoritarias que cabe corregir. Mas, por lo visto, ahora se demuestra que no se trata de un mal exclusivo de los remozados gobernantes marxistas latinoamericanos.

Silvio Berlusconi marca la pauta desde Italia, a inicios del presente siglo. Le siguen Alberto Fujimori en Perú y Hugo Chávez, en Venezuela, quienes arguyendo necesidades populares hacen renacer de sus cenizas al "gendarme necesario" decimonónico. Y el último, a la par, provoca la inflación de los derechos humanos hasta banalizarlos. Acelera, con base en éstos, la citada fractura –favorecida por la Aldea Global– de la identidad común en lo ciudadano y moviliza en su favor, en defecto de la agotada "sociedad de clases" comunista, la emergencia de los nichos sociales fundamentalistas citados.

Juan Manuel Santos, demócrata, pierde un juicio en la Corte de La Haya y sin rubor anuncia que no acata los dictados de la Justicia; mientras ésta, en nombre de la paz y en lo interno, declara que el narcotráfico colombiano se justifica si media una razón política. Sugiere de loable, pues, negociar democráticamente con el crimen y los enemigos históricos de la democracia, como ocurre en Venezuela. La relatividad es el signo de los tiempos.

Dilma Rousseff, desde Brasil, acusa a la Justicia de querer ejecutar un golpe de Estado, por intentar juzgar al presidente Lula Da Silva por hechos de corrupción; y la actuación parlamentaria –que es expresión de la soberanía– la cuestiona, considerándola por lo mismo antidemocrática. No por azar siguen su ejemplo Nicolás Maduro desde Caracas y Daniel Ortega desde Managua, cuyos gobiernos, hijos del relativismo absoluto, son ollas podridas que se niegan al control parlamentario opositor. Y en USA, Donald Trump pone en duda la pulcritud del voto, y al ganar, los demócratas, sus adversarios, a su vez casi que le desconocen.

Álvaro Uribe y Trump, sin embargo, condenados a la derrota y cercados por los gobernantes del siglo XXI, por los medios de comunicación social, por el establecimiento internacional, y hasta por el Vaticano, triunfan electoralmente apoyados por el periodismo subterráneo. Derrotan a las encuestas. Y media en ambos una razón o demanda que se hace agonal y contradice radicalmente la línea de quienes usan de la globalización y la misma democracia para afirmar sus relativismos éticos.

Esa demanda social insatisfecha parece ser la necesidad sobrevenida en la gente del sosiego, de la vuelta a la rearticulación moral alrededor de la patria y conforme a unos valores fundantes no negociables ni transables en mesas de diálogo o acuerdos de élites, a saber, los valores de la decencia humana, inscritos en el Decálogo, animadores de la democracia profunda.

LOS DOGMAS QUE INMOVILIZAN A LA DEMOCRACIA

27 de noviembre de 2016

Dos postulados, suertes de aporía, inmovilizan el espíritu democrático de los venezolanos, a pesar del calor de los debates parlamentarios. Y no ha sido fácil, por lo mismo, revertir esa neutralización recíproca de voluntades en la que se encuentran sumidos los actores gubernamentales y los de la oposición partidaria. Su muestra es la Mesa de Diálogo.

Al decir esto lo hago con ánimo constructivo, para ayudar a despejar el camino de nuestra actual incertidumbre.

En momentos agonales, a lo largo de la última generación –desde 1989 y en un ciclo que, teóricamente, habrá de concluir en 2019– se instalan dogmas paralizadores del escrutinio crítico ciudadano. Ellos reducen, cada vez más, las posibilidades de un desenlace democrático a nuestras diferencias como sociedad, tal y como nos lo merecemos.

Sabemos, salvo quienes sufren de miopía democrática, que de nada sirven los votos cuando su ejercicio deja de ser razonado y al término es obra de las pasiones, del relativismo moral que hasta nos permite optar democráticamente por la dictadura. Tanto como sabemos lo que de nosotros y sobre nuestro ser dice Ramón Díaz Sánchez: El venezolano "ama la libertad, es individualista, rebelde e igualitario en la misma proporción en que es místico, déspota, aristocrático, supersticioso y anticientífico".

De modo que, en nombre de la libertad e imbuidos de nuestro espíritu igualitario, en 1998 optamos por un traficante de ilusiones, especie de mesías con arrestos de déspota iletrado y amigo de lo supersticioso. Intentar desafiarlo entonces, como opción, casi que se torna en herejía para el colectivo. Quien lo critica es tachado como cultor del pasado y encubridor de sus corruptelas. Y como, además, conforme a nuestra tradición patria, somos generosos y abiertos, sobre todo para los odios, la diferenciación ética –el respeto de la persona en todo lo que la constituye, preterida por el candidato y soldado Hugo Chávez– cede en dicho instante y las complicidades entre élites indiferenciadas no reparan en las fronteras entre lo que sirve o no al bien de la democracia.

En la oposición de última hora, que fragua y se amalgama a empujones para enfrentar al lobo que viene, la identidad común es, por lo mismo, de base trivial –huérfana de narrativa– y por ello condenada al fracaso. La unidad en la cosmovisión es un artículo de lujo.

Pues bien, en los años sucesivos y en el marco de la confrontación que se sucede luego del quiebre constitucional o parteaguas del 11 de abril de 2002 y hasta el presente, otros dos dogmas vuelven a congelar la voluntad social, fracturan al país en dos pedazos, se divorcian de lo universal –fundamento de la moral política– y hacen girar a sus adeptos alrededor de sus respectivos ombligos, no más allá.

En una banda, el régimen afirma y asegura que de su estabilidad depende la paz: "Somos una revolución pacífica, pero armada", a fin de recordar que quien atenta contra la estabilidad del poder chavista es enemigo de la paz y procurador de la violencia. Así, la acción de oposición debe reducirse hasta el límite que no signifique un desafío a esa premisa o manipulación letal. "Hay que dialogar, para evitar la sangre", nos recuerda recién a los venezolanos el Enviado Papal.

En la otra banda, la Unidad, franquicia eficaz y medio para la lucha electoral de la oposición democrática, llega al punto igual de mutar en dogma prohibitivo de la crítica democrática propia; sea para la construcción de narrativas mínimas que le den identidad a quienes militan en su seno, sea para afinar los rumbos en la lucha por la libertad y conjurar las medianías.

Rómulo Betancourt, en su hora, denuncia el "unanimismo de los déspotas" tan caro a los comunistas, quienes niegan, por ende, su firma en el Pacto de Punto Fijo; visto que fija la concordancia entre sus fuerzas partidarias para enfrentar al "gendarme necesario" y anima, a la vez, la pluralidad de perspectivas en la lucha por la libertad.

El miedo a la violencia, atizado hoy desde el régimen –como si acaso no estuviésemos los venezolanos enfangados en la cultura de la muerte y como víctimas de la hambruna– ha logrado inmovilizar a los adversarios de éste; y el sacrosanto respeto por la unidad opositora, tilda de traidores de la causa a los críticos conmilitones de sus fallidas estrategias de diálogo. Ambas posturas desnudan vocaciones despóticas y proscriben lo que es sustantivo en la democracia. Todo es debatible y lo que no lo es, no es democrático.

No por azar, en una acera, la del gobierno, se juega como objetivo a la dispersión de la protesta y la desintegración de la voluntad

245

democrática opositora hasta doblegarla, y en la otra, la de la MUD, el miedo se hace ley de unidad para la supervivencia.

Sin raíces que aten y tensionen hacia la práctica de democracia profunda, el presente con sus circunstancias será motivo cotidiano de fracturas, e impedirá el sueño de largo aliento por el que luchar sin desmayo ni transacciones subalternas, en beneficio de los que vienen y no de los que estamos.

VENEZUELA EN MANOS DE LAMIA

4 de diciembre de 2016

Un "guerrero del teclado" –al caso este columnista lo es por oficio y a disgusto de quienes nos critican mientras hacen política self-service, por las redes– afirma que el fanatismo hace presa de los adversarios de Nicolás Maduro; pues pretenden responsabilizarlo por la dolorosa tragedia que le pone fin a la vida de los futbolistas chapecoenses y una veintena de periodistas, todos a bordo de un avión de la empresa "socialista" LAMIA.

La cuestión –es lo importante– consterna, aun cuando su noticia llega en el momento en que la vida nada vale en Venezuela: 90 homicidios por cada cien mil habitantes, más los que caen por la hambruna o la crisis de la salud. El caso es que los muertos eran cultores de la virtud y el valor (areté), iniciados –dirían los griegos– en la vida civilizada; hoy víctimas de los inciviles, de la corrupción política.

La improvisación, el tráfico de influencias, la colusión con testaferros, la fanfarronería de gobernadores venezolanos –los "generales" de Mérida, Nueva Esparta, y Bolívar– y funcionarios aeronáuticos bolivianos para quienes el servicio público es una trapisonda de ocasión, permite el nacimiento de la citada línea aérea, hija de una revolución incestuosa; que dispone de un avión viejo a la manera de una valla publicitaria: de esas que sintetizan a la nada, a la obra oficial que sólo existe en las afiebradas y disociadas mentes de los Maduro, los Cabellos, los Rodríguez, los Ramírez, los Morales desde El Alto, como engaño para los incautos.

El asesinato que en propiedad le pone término a la vida de ese casi centenar de seres humanos que dejan sus restos en el Cerro Gordo de la Antioquia colombiana, pasajeros de un avión de utilería que se detiene en el aire por falta de combustible sin que sea el resultado de una causa meteorológica o la eventual falla de la misma aeronave, recrea la igual tragedia que hoy vive nuestra república.

Desde cuando mengua el coraje popular, ese que la penuria no alcanza a disminuir durante el año 2016 y es apuesta de buena fe por un horizonte prometedor, los venezolanos nos encontramos como suspendidos en el aire, en total oscuridad; conscientes de lo que viene al cesar el rugir de los motores de nuestra vida cotidiana, hecha hilachas.

En los días recientes, palmaria la burla mordaz que deja al descubierto la Mesa de Diálogo entre el régimen y la oposición institucional –aquél gozando con sarcasmo de su trastada y ésta intentando explicar lo inexplicable, pues frisa 17 años de cortesanía política sin resultados– la gente, la de a pie, camina como zombis, sin rumbo cierto. Al hombro lleva una pesada valija de papeles sin valor, cuando los reúne o se los vomita algún cajero en mal funcionamiento, buscando adquirir lo que no encuentra y que tampoco puede saldar con inservibles tarjetas bancarias, pues fallan –como en el aéreo de la muerte– todos los puntos de venta electrónicos.

Rasga el alma ver las cotidianas colas que se asemejan a ciempiés aletargados bajo el sol o la lluvia, a la espera de una bolsa de arroz o de harina que no llega, o el llanto ahogado por la impotencia de las madres cuyos infantes caen de sus manos como el agua líquida y por falta de insumos médicos o leche, u observar el vahído de éstas en plena vía debido al ayuno impuesto por la corrupción al estilo LAMIA, el delito hecho régimen, la violencia mudada en hábito, la helada sangre de las mafias instaladas en los poderes virtuales –por ausentes– de la Nación.

¿Qué diferencia hay entre el desquiciado joven copiloto alemán de Lufthansa que estrella su avión contra los Alpes franceses con 150 personas a bordo el pasado año, el piloto de LAMIA quien por imprudencia manifiesta lleva hasta el cadalso a 75 víctimas inocentes, o los conductores de nuestra nave nacional, con 30 millones de habitantes a bordo sitiados por la muerte, el hambre, la escasez, la desesperación, la fractura de sus familias, la pérdida de todo proyecto de vida, para sostener con vida a los secuestradores del futuro?

Creo que ninguna. Todos a uno, narcisos, se miran en sus ombligos, corroídos por la vanidad del poder. Desprecian la otredad, que no sea para ilustrar un twitter o un Instagram de circunstancia, como el de los generales gobernadores, quienes ahora miran de lado.

Entre tanto, Maduro, capitán de nuestra línea nacional, opta por viajar a la prehistoria para celebrar a quien muere en su cama de La Habana y celebra su obra macabra, elogiado por una generación de intelectuales tan miopes e insensatos como el piloto de la tragedia chapecoense.

Pero los símbolos trágicos en buena hora iluminan en horas de escepticismo. La mirada alegre de los jóvenes futbolistas, registrada y que corre por las redes, cuando cantan sus glorias antes de rendirle gloria a la eternidad, prueba que la decencia y la bondad, humanamente frágiles, sí existen.

EL TEATRO DE LA DEMOCRACIA

11 de diciembre de 2016

El título no sugiere, aun cuando algunos lo piensen, que la obra democratizadora que reclama Venezuela sea una orfebrería de utileros; de esos que apenas se ocupan de vestir a los actores, mover los andamios, preparar la escena para la representación de un drama o una tragedia, y luego cobrar por sus servicios.

Hablo del teatro democrático –sigo en ello la enseñanza de Laurence Whitehead, profesor de Oxford– pues es la imagen metafórica que me sirve para mejor describir y ayudar a superar, en esta hora de incertidumbre para los venezolanos, los errores de una lucha por la libertad que se hace agonía.

Un drama, una tragedia a ser representada requiere, primero que todo, de narrativa, de un texto consistente, susceptible de animar y rescatar al público; sobre todo al escéptico por la mala calidad de las obras que antes presenciara, como aquella de El Diálogo.

Sólo el texto de una obra permite ordenar el reparto adecuado de los actores, para que, al margen de sus actuaciones respectivas, todos a uno logren armonía de conjunto y aseguren un desenlace a la trama. Para que, al término, ganen todos con la satisfacción emocionada del auditorio que les mira, que también es partícipe central de la obra que convoca.

La democracia es un teatro. Y esto importa entenderlo, sobre todo con vistas al final exitoso de toda transición democrática o democratizadora luego de períodos de autoritarismo político; como el que inicia Hugo Chávez Frías en 1999 y ha de concluir, lo más pronto posible, con Nicolás Maduro Moros, su peor causahabiente.

El texto o la narrativa de una obra teatral a veces es complejo, otras no, pero siempre ha de ser susceptible de amarrar a cada actor, permitiéndole mimetizarse con su personaje. Esto garantiza parte del éxito.

En el caso de la democracia, la narrativa de su obra actual no es la misma de los griegos y tampoco la escrita al concluir la Segunda Gran Guerra del siglo XX. Es una trama de proceso abierto, bajo debate constante, según las inéditas coordenadas del siglo XXI. Pero ha de contar con anclas que la fijen en un punto no debatible –el respeto a la dignidad y naturaleza de la persona humana– y que le permita, como a toda nave anclada, moverse de un lado hacia el otro dentro del límite invariable de lo que es.

A la luz de los acontecimientos recientes –la trampa del diálogo y la profundización de la deriva dictatorial– cabe preguntarse si ¿la MUD tiene entre sus manos una narrativa, así sea esquelética, que revele el modelo de democracia hacia el que apunta y que intentan representar sus actores y sea capaz de sugerir el desenlace de ese final claramente comprometido, aquí sí, con el destierro de la infamia?

Por lo pronto, el público que la observa desde la galería capta en sus actores de escena discursos distintos e inconexos, que pueden corresponder o no a los niveles distintos y las variantes de los diálogos de una narrativa que –suponemos– esta se ha planteado; mas lo cierto es que la desconocen quienes ocupan las butacas del teatro y ya han pagado su abono con el sufrimiento. Tanto que de pronto, es lo cierto, los actores secundarios asumen roles protagónicos y los protagonistas se ocultan tras el telón y, de ordinario, la representación dramática o trágica se queda sin predicado.

Luego del clímax de la obra –de la expectativa y hasta las rasgaduras de vestidos que, como ejemplo, tienen lugar entre el público y en las horas previas y posteriores al fallido encuentro de República Dominicana, seguido por los de Caracas y de donde emergen tres libretos distintos: el de la MUD, el del gobierno, y el de Monseñor Celli– todo es confusión. No se resuelven los conflictos entre los personajes de la trama. La audiencia, olvidada por los actores y tenida por ausente como en las horas de ensayo, se encuentra decepcionada. Y la crítica, como era de esperarse, no es complaciente. Ha hecho correr ríos de tinta.

Dice bien Whitehead que "si la democratización se considera esencialmente como una cuestión de pacto entre las élites ¿en dónde encontramos los elementos de la persuasión y simpatía pública necesarios para construir el entendimiento y apoyo ciudadanos más amplios que requiere el acuerdo alcanzado?

Volvamos, pues, al principio. Toda obra teatral exige de un guion y contenidos, a objeto, además, de fijar los momentos del diálogo entre los actores y sus protagonismos. Y al caso, como lo recuerda el catedrático a quien invoco, cabe entender que el liderazgo político –como en toda representación teatral– implica tener capacidad para la retórica, oído para la musicalidad del lenguaje, para conjurar imágenes de futuros posibles, y para desviar la atención de obstáculos insalvables.

Toda transición democratizadora, en suma, carece de destino si en ella sólo priva la improvisación. Si falta el orden previo para las salidas a la escena será un desastre. Si cada actor, presa de su egolatría, incluso considerándose el mejor, no es fiel al conjunto de la narrativa que le da cobertura a la obra ni es capaz, con su actuación, de alimentar el apetito de la audiencia, de ganar su atención, de mover su adhesión emocional, al final, tampoco será capaz de entregar un culmen satisfactorio.

La democracia no es medianía.

ES HORA DE CONSTITUIR A VENEZUELA

18 de diciembre de 2016

Somos, según las estadísticas, el país más violento del planeta, de peor gestión económica y mayor inflación. De suyo, tenemos la más desarticulada de las sociedades que se conozca, cuando menos en el Occidente.

A prueba de fuego lo ha sometido la dictadura de Maduro, confiscándole los dineros al pueblo llano hasta para la compra de los bienes más esenciales y midiendo la resistencia de éste a sus desafueros, en su loca deriva hacia el comunismo totalitario. ¡Y es que aquélla ha cerrado todas las puertas y el fingimiento, la heterodoxia democrático-electoral que experimenta el Socialismo del siglo XXI –sin abandonar las armas– llega a su término el 6 de diciembre de 2015!

Hemos dejado de ser una nación. Nuestras raíces las extirpa la revolución, las destruye a mansalva y desfigura con narrativas de conveniencia, en la búsqueda criminal –suerte de experimento nazista– de un "hombre nuevo" irreconocible para lo que éramos. Por lo demás, que es lo más importante, al perderse todo sentido de solidaridad colectiva bajo imperio de las leyes de la supervivencia y constatarse que nuestras élites políticas, por huérfanas de cosmovisión, medran en sus narcisismos, somos ahora la nada social.

La expresión de la nación como cosa pública ha desaparecido. Ha perdido su legitimidad de conjunto, no sólo por haber desconocido o traicionado los poderes del Estado a la fuente constituyente, a la propia soberanía, que a diario la corrompe o desestima bajo presión de las urgencias primitivas creadas por éstos a mansalva.

Lo que es más grave, la legitimidad moral del mismo Estado rueda sobre el piso al constatarse que sus más altas esferas coluden con los criminales de mayor reprobación para el género humano, como los terroristas y narcotraficantes, asiduos visitantes palaciegos.

El andamiaje de lo que fuera el Estado venezolano es hoy una lavandería de podredumbres: ¿O acaso no lo muestra el reciente robo de juguetes por los funcionarios del mismo Estado; el asalto por éstos de almacenes para obligar a sus propietarios a la quiebra mediante la venta de artículos por debajo de sus costos reales; el latrocinio a la gente pobre de sus devaluados billetes de 100 bolívares, que no compran siquiera la más ínfima cifra de un centavo de dólar; o la "indolencia" de unos parlamentarios que no acuden a su plenario y convalidan la usurpación inconstitucional por el Tribunal Supremo de las competencias de la Asamblea?

El haberse asfixiado la esperanza unitaria del pueblo, que generosa y como ola de regreso hace clímax hace doce meses, es el crimen de mayor entidad que pueda registrar la historia de esta Sodoma contemporánea y sus explotadores, comenzando por la comandita de los Samper.

Lo central, a todas éstas es tener conciencia que, a los venezolanos, otrora ciudadanos de una ciudad que ha dejado de existir, nos espera el desierto. Hemos de purgarnos y volver de nuevo a ser nación, reencontrar nuestras raíces, constituirnos, como lo hicieran los judíos a su salida de Egipto.

Para lograrlo nunca hemos de olvidar lo ocurrido, lo vivido en estos casi cuatro lustros de iniquidades, pues como lo previene clarividente Hannah Arendt, sólo puede sostenerse y cultivarse el árbol de la libertad mirando a diario la amenaza del totalitarismo y a los ojos de sus cómplices y hacedores.

Si bien la idea del contrato social es la metáfora del momento constituyente en toda democracia constitucional, llegada la hora cabe no olvidar que la autonomía de los constituyentes y la soberanía originaria que detentan no pueden empujar la secularización al punto de hacer de la Constitución el producto de la arbitrariedad mayoritaria, o de la decisión minoritaria ante el silencio de las mayorías, como ocurriera en 1999 con su morganática Constitución.

No por azar, ese pecado original nos deja el régimen personalista y transversalmente militarista que padecemos hasta la destrucción cabal de la república. Conservando las formas de una democracia civil decente, copiando las líneas de la Constitución de 1961, luego se truca para hacerle espacio al despotismo; anular los equilibrios de poderes; liquidar la autonomía municipal; causar la incapacidad para satisfacer –era su propósito– la forja exponencial de derechos humanos haciéndolos triviales y al término propiciar la entropía social, como el tupido bosque de leyes que la recubre: inescrutable hasta para los entendidos y facilitador de la venalidad que observamos en los jueces de la maldad.

El poder constituyente, en una democracia moral y al ser oportuno, vuelvo a repetirlo, ha de quedar siempre atado al principio supremo del respeto a la dignidad de la persona humana. Eso lo entienden los alemanes concluida la Segunda Gran Guerra, sobre los despojos del Holocausto.

LA CRISIS GLOBAL Y VENEZOLANA DE LA DEMOCRACIA

25 de diciembre de 2016

La crisis abierta, profunda y extendida de la democracia –la caída del gobierno lulista en Brasil por corrupción y el argumento del golpe de Estado judicial según la Rousseff; la pérdida del referéndum por Santos en Colombia y su desconocimiento; la destitución de diputados por Ortega y el nepotismo autoritario en Nicaragua; la asfixia de la prensa libre y la disidencia en el Ecuador de Correa; el derrumbe por peculado del gobierno guatemalteco; la crisis económica masiva y el propósito reeleccionista de Morales; la agonía partidaria norteamericana y el fenómeno de Trump; o, en el extremo, el secuestro de las elecciones, la hambruna colectiva, el desconocimiento de la Asamblea Nacional y la ocupación política del Tribunal Supremo de Venezuela para la purificación de los despropósitos dictatoriales de Maduro– puede indicar, aguas abajo, en lo negativo, el manido desencanto popular con la política, y en lo positivo, el reclamo popular por una mejor calidad de la democracia.

Dentro de esta última perspectiva, tal fenomenología sugiere ser el síntoma de una mutación paulatina de la propia democracia. Acaso su acelerada desestatización junto a su radicalización intensa, al ahora comprometer a sectores antes ajenos a la politización y que a la par rechazan al Estado como cárcel de ciudadanía; o ser el anuncio de su posible final como sistema de organización del Estado y el gobierno.

Esta crisis, de conjunto y como lo creemos, es causa o efecto, por una parte, de la llamada "pos-democracia"; esa suerte de neo-populismo autoritario negado a la mediación institucional y apalancado en el ejercicio de la política a través del mundo instantáneo de las redes digitales y sus videos. Y por la otra, según lo dicho, de la transformación de la propia democracia en "derecho humano totalizante" y de los pueblos, que los gobiernos han de garantizar para lo sucesivo, tal y como reza la Carta Democrática Interamericana.

Emergen, por ende, dos corrientes o ríos que avanzan –el de la pos-democracia o neo-cesarismo, y la citada radicalización de la actividad política y democrática no partidaria, en el seno de nichos sociales múltiples y desarticulados– y no alcanzan ser contenidos y conciliados dentro de una misma cuenca.

Luigi Ferrajoli, agudo observador y teórico florentino de la democracia, ante los trastornos demenciales que provoca la globalización en el ámbito orgánico y normativo de ésta, advierte, por ende, llegada la hora de nuevas categorías constitucionales que reflejen mejor las inéditas realidades que plantea el siglo en avance. Reclama, dicho en términos coloquiales, se proceda a constituir la democracia del siglo XXI sin empeñarnos tanto en reconstituirla, como consecuencia de la señalada crisis que ella sufre en su naturaleza.

Piénsese, a manera de ejemplo y para mejor comprensión de lo indicado, en la realidad palmaria de la ciudadanía digital en curso de afirmación.

La gente, al abandonar la cárcel del Estado y desbordar sus muros territoriales y desplegarse transversalmente –con perspectiva globalizadora– sobre la miríada de formas primarias y hasta primitivas de adscripción social sustitutivas del viejo odre estatal, lleva hasta el plano de lo público y desnuda sobre las redes hasta su vida íntima como sus orfandades sobrevenidas por la acusada "muerte de la política". Pero el control y escrutinio de esa naciente esfera pública, mediante el ejercicio de un periodismo subterráneo y personalizado (Facebook, Instagram, Twitter, Snapchat), se lo reservan con celo dictatorial sus propios agentes, los usuarios involucrados.

Lo privado deja así de ser tal y muda en hecho colectivo, que incluso desafía y excluye los intentos de censura de los neo-autoritarismos en boga.

Lo anterior, si observamos con agudeza el caso venezolano y lo vemos más allá de sus circunstancias, probablemente explica la incapacidad actual de la dictadura de Nicolás Maduro para cerrar su círculo despótico marxista a pesar de la violencia que ejerce y de la hambruna que provoca, como medios terroristas para someter a los venezolanos. Tanto como es una respuesta posible al igual fracaso de la oposición –incluso siendo mayoritaria, dominando la Asamblea Nacional, y representando a la soberanía popular– en sus intentos de torcerle el brazo a ésta. Ambas fuerzas se rechazan y se neutralizan a la vez, recíprocamente.

¿Será entonces que ejercitan la política anclados en la experiencia del siglo anterior, sin narrativa de largo aliento, y en cabal incomprensión del tiempo nuevo?

Donald Trump logra lo imposible y derrota al establecimiento tradicional de la democracia en USA, usando eficazmente la red digital. Otro tanto hace, en Colombia, Álvaro Uribe, enfrentando al orden mundial y hasta al Vaticano. Mas las redes de los hoy ex ciudadanos, por sí solas de nada sirven contaminadas por el narcisismo político y a falta de mensajes coherentes, capaces de contener la arena social entre las manos. Esa es la lección por aprender.

2017: EL DESAFÍO DE LA LIBERTAD

31 de diciembre de 2016

Cierra el año de 2016 con cuentas pendientes. Son muchas. Han causado dolor y desazón a nuestro pueblo.

Los beneficios a cuentagotas que otorga la dictadura venezolana –la dosificación de alimentos y medicinas o la liberación de presos políticos– como partes de un gran paquete que ésta acrece, administra y negocia bajo su arbitrio criminal, no modifican la ominosa realidad. Pienso hoy en los más débiles, como en los encarcelados sin esperanza: verdaderos peligros para quienes han secuestrado a la nación y repartido como herencia venal.

Prefiero ver las cuentas, en esta hora, como desafíos. No son fracasos sino oportunidades. Ellas probarán la reciedumbre ética de nuestro liderazgo, y se resumen en la libertad, que no es palabra hueca o consigna para el uso de narcisos o acaso una prédica que disimule transacciones de mala ley.

El inventario es necesario, para fijar medidas, medir posibilidades, calcular los esfuerzos.

En lo institucional, salvo para quienes no tienen interés en admitirlo, es claro el propósito de la dictadura. La revolución no tiene marcha atrás y es armada.

Que la oposición obtenga victorias locales y regionales en nada le preocupa. Sabe que el poder, histórica y constitucionalmente, es centralizado: presidencial, económico, y militar. Lo que explica la crisis que le provoca la emergencia de una Asamblea Nacional opositora, y su urgencia para desmantelarla con un diálogo de útiles y de utilería.

Mientras las cabezas de ésta afanosamente reivindican el principio de la alternabilidad democrática y hasta encuentran eco en una OEA que luego traicionan, el régimen se afirma en su ortodoxia, de neta factura cubana. Repite lo que predica desde sus inicios, en colusión con la Justicia: la Constitución sirve a la revolución y se interpreta según lo demanden las exigencias revolucionarias.

La constitucionalista cubana Martha Prieto Valdés, no por azar afirma que la visión occidental de la democracia y el Estado de Derecho es inconciliable –no transable– con la socialista, que se niega a la alternabilidad en el ejercicio del poder y la separación de los poderes públicos.

En lo económico no hay nada que agregar. La penuria rasga sobre la humanidad de nuestra gente. La confiscación de la economía privada –objetivo trazado en 2004 con La Nueva Etapa– ha dado sus resultados, a saber, la esclavitud del pueblo por la boca y por el estómago. La inflación promedio de 2017 será de casi 500% y la contracción del PIB de un 10%.

A la revolución sólo le importa sostenerse en pie.

Como se lo enseñan los cubanos, las relaciones financieras y crediticias con el extranjero son prioridad. Satisfacer las necesidades endógenas relaja el dominio, y pagar las deudas apacigua las fuerzas que amenazan.

En lo social y político, la "explosión del desorden" se ha profundizado.

La gente abandona, desde el lejano 1989, la cárcel del Estado y a los partidos, en búsqueda de otro norte que mejor satisfaga sus orfandades. La adhesión a la ciudadanía como base de la identidad pierde sentido, desde entonces. El alineamiento incondicional con aquél y con éstos se hace nulo, y los partidos mutan en franquicias electorales.

El rompecabezas venezolano está latente como nunca antes. Se ensambla o separa al ritmo del mismo ritmo de la bonanza y el asistencialismo petrolero. Si llega, baja la protesta y simula unidad alrededor del gendarme. Si falla, crecen las protestas y gana la oposición en abstracto, como Unidad ficticia, cercada por el poder real de la dictadura.

La "explosión del desorden" es propia tanto del debilitamiento de los espacios públicos, a raíz de la globalización de la virtualidad, como de la inflación y fragmentación de los derechos humanos para beneficio de los nichos o cavernas sociales particulares emergentes. Hace fenecer la regla moral democrática –"todos los derechos, para todas las personas"– y a la seguridad en el Estado de Derecho. La selva legislativa revolucionaria es, por ende, caldo de cultivo para la discrecionalidad arbitraria de jueces y gobernantes en Venezuela.

Y en lo criminal, que seamos el país más violento del planeta –91,8 homicidios por cada 100 mil habitantes– y prisionero, desde el esqueleto sin carnes del Estado, de las mafias del narcotráfico y terroristas a su cabeza, ha impuesto la regla del chantaje social y político, y en sus víctimas la ley de la supervivencia: Libre yo, presa Venezuela.

¿Cuál es el desafío para el 2017?

Primero, abandonar el campo de las ficciones y el diálogo de sordos entre élites narcisistas. Segundo, siendo el país un rompecabezas, comprenderlo desde sus partes, no desde el Estado y sus órganos formales vacuos, neutralizados recíprocamente y en sus imaginarios existenciales. Tercero, encontrar un hilo de Ariadna que ate y anime a las partes, que las mueva de conjunto fuera de las madrigueras del crimen y las anime a "constituir" en una nueva tierra, bajo valores esenciales mínimos, compartidos en la diversidad, que le den sentido a la libertad y otra vez a lo venezolano.

Cada Año Nuevo nace de un sueño, que es esperanza. Es anclaje para acometer, dentro de las limitaciones humanas, sin olvidar que somos perfectibles.

¡Feliz Año, a la Venezuela sufriente!

III. CIVILIZACIÓN Y BARBARIE (2017)

LA EXPLOSIÓN DEL DESORDEN

8 de enero de 2017

Sin complejos copio el título de la obra del militante ecologista de izquierda, español, Ramón Fernández Durán (1947-2011), para referirme a la realidad venezolana.

Si bien una parte importante del militantismo izquierdista global es cómplice, tanto como los gobiernos de derecha que nos miran desde una óptica utilitaria, de nuestra tragedia, el diagnóstico inicial sobre la actual explosión del desorden lo hace la izquierda y es muy certero. Lo malo es que luego lo usan para alimentar, sobre tal explosión y el desarraigo o desencanto con la ciudadanía democrática, mitos, providencialismos y, al término, imponer la dictadura mediante el consenso de sus víctimas.

Lo que intento decir es que Venezuela, en 1998 y al igual que hoy, es un rompecabezas. Las ataduras ciudadanas dentro del Estado desaparecen y el sentido de la territorialidad política y partidaria hace aguas, desde el mismo momento en el que se derrumba la Cortina de Hierro y sobreviene la globalización de las comunicaciones.

Aquí y en otras latitudes emerge la desarticulación social y las sociedades pierden su direccionalidad común atrapadas por lo virtual y la velocidad de vértigo que es propia del mundo digital, y hecho inevitable como el nacimiento de la imprenta.

Los ex ciudadanos, huérfanos y ajenos a las cárceles de ciudadanía que son sus Estados y gobiernos, o bien se hacen "millenials" para mirarse en el ombligo a través de las redes sociales y en sus móviles, o acaso regresan hacia atrás en búsqueda de identidades primitivas sustitutas. Se integran en cavernas o nichos sociales fundamentalistas y excluyentes, negadas a la otredad democrática y aprovisionadas por inflados derechos a la diferencia, como las ambientalistas, feministas, indigenistas, afrodescendientes, LGBT, esotéricas, alternativas, de descamisados, y paremos de contar.

Durante el período de simulación democrática que cubre Hugo Chávez (1999-2012) tal realidad se profundiza, pero queda oculta, sin solución constitucional adecuada. Ello por la preeminencia del carisma articulador que éste despliega –une el desorden social a su alrededor– y por la simulación que impone de un Estado de bienestar históricamente agotado, apalancándolo sobre la bonanza petrolera asistencialista.

La oposición democrática, entre tanto, desvencijada por provenir del andamiaje partidario que le sirve de correa a la caja de huesos y sin músculos que es el Estado-Institución a partir de los años '90, se reagrupa individual y paulatinamente. En buena lid moviliza voluntades con eficacia y las armoniza, montada sobre un riel binario en el que combina la dialéctica propia de la organización pública democrática ortodoxa declinante con la urgencia de contener y darle salida a la anomia en curso, que el mismo Chávez usa para afirmar su dictadura marxista electiva.

Durante los años 2002 a 2004, la oposición al régimen militarista y marxista de Chávez, que cuenta con una legitimidad de origen democrático mientras vacía a la democracia de su contenido, alcanza interpretar al país invertebrado y apartidista. Lo refleja sin tapujos en la forja de la célebre y luego denostada Coordinadora Democrática (CD).

¡Que el contenido político de los Acuerdos de Mayo logrados por ésta con la mediación de la OEA y el Centro Carter no haya sido respetado por el gobierno, salvo en lo electoral, o que la oposición no hubiese alcanzado su objetivo de revocarle el mandato al presidente, no desvirtúa la premisa ni la idoneidad de su mecanismo de representación!

El contexto geopolítico internacional es otro e indiferente a la heterodoxia de Chávez, dado el poder factual que le confiere su manejo a discreción de la industria petrolera y la misma relatividad que muestra la experiencia democrática en la región.

Pero muerto Chávez y pasado el tiempo de las vacas gordas, llegados sus causahabientes, incluso herederos del narco-estado que aquél forja a partir de 1999, la verdad aflora con mayor crudeza y es neta la explosión del desorden.

El colegiado dictatorial venezolano es consciente de lo improrrogable del engaño democrático. Maduro casi pierde o pierde su elección presidencial, pero se queda en Miraflores sin pueblo, menguante, bajo los cuidados de un Tribunal Supremo a su servicio. Y ese pueblo de hilachas, otra vez, durante las elecciones parlamentarias del 6 de diciembre de 2015, lo aísla más, a él y a sus conmilitones.

En contrapartida, si bien la nueva fórmula orgánica unitaria de la oposición –la Mesa de la Unidad Democrática– se ve favorecida, la razón de ello salta a la vista. Es la frustración, la indignación, la hambruna, la desnudez del engaño revolucionario, pero no la adhesión a los partidos que dominan dentro de aquélla o a las cosmovisiones inexistentes dentro de éstos, simples franquicias electorales, como tampoco a la MUD por su falta de representatividad.

El colegiado gubernamental dispone en lo inmediato de fuerza de violencia para sostenerse, tanto como intenta articular al rompecabezas venezolano con base a las dádivas de unos CLAP de utilería que no engañan. Mas la Asamblea y la MUD, debo decirlo en tono constructivo, giran sobre el eje de una dinámica política formal que es mera ficción, extraña a lo objetivo.

En suma, golpeándonos la explosión del desorden y presa Venezuela de las urgencias y en lucha vital por su sobrevivencia, de nada le sirve ahora la dramatización teatral democrática. Sólo quien mire al rompecabezas en su conjunto podrá mover y armar sus piezas, y podrá salvar a nuestro pueblo de las garras de un narco-estado ante el que nadie es inmune, y que se alimenta de la selva de los egoísmos sociales y de la tolerancia moral de los políticos para reinar en paz. No hay espacio para los narcisistas.

CON LA IGLESIA HEMOS DADO

15 de enero de 2017

La expresión que contiene el título puede aludir, como lo indican algunos intérpretes cervantinos, a la presencia de un obstáculo

261

que impide seguir adelante y recrea un diálogo entre Don Quijote y Sancho Panza; como lo fuera, acaso, el temor que acusan algunos venezolanos de nuestra hora inaugural en cuanto a aceptar a la república y desafiar el Derecho divino de los reyes, pues pudiese ser pecaminoso.

Lo cierto, sin embargo, es que la última cuestión es despejada por Juan Germán Roscio, uno de nuestros padres fundadores de 1811, quien al afirmar los orígenes de nuestra nacionalidad y en su texto Homilía sobre el Cardenal Chiaramonti (1817) afirma que: "Muy lejos de ser repugnante al cristianismo la forma popular de gobierno, ella es la más conforme a la igualdad, libertad y fraternidad recomendadas en el Evangelio".

Desde entonces, Venezuela, al mirarse sobre su presente lo hace siempre tensionada hacia atrás y con la mirada puesta en el porvenir; como corresponde a todo pueblo con raíces culturales propias –en nuestro caso las cristianas– así hayan sido maltratadas y hasta fracturadas por los sinos de una historia recurrente, asaltada por el despotismo; y al no ser fácil presa de la colonización ese pueblo, por ende y según lo muestra la experiencia, en sus horas nonas encuentra el impulso que le permite imaginar el porvenir con esperanza, dejando atrás sus desgracias.

De allí la importancia del papel que en momentos agonales y en lucha abierta contra las dictaduras juega nuestra Iglesia Católica y su episcopado, tal y como vuelve a hacerlo esta vez, para ayudarnos a atajar la deriva totalitaria marxista que nos hace presa.

Se recuerdan, así, el intento de Antonio Guzmán Blanco de separar de Roma a nuestra Iglesia durante el Septenio (1870-1877) o la expulsión por el régimen gomero de Juan Bautista Pérez (1929) del Obispo de Valencia, caroreño, Salvador Montes de Oca, quien a la sazón muere en el exilio fusilado por los nazis. Nada que decir, en igual orden, de la lúcida defensa de nuestra república democrática por Monseñor Rafael Arias Blanco, arzobispo de Caracas, cuya Carta Pastoral de 1957 corroe las bases de establecimiento militar dictatorial de Marcos Pérez Jiménez.

En suma, por sobre las dudas que a tirios y troyanos suscita recién el papel del Vaticano en los diálogos de utilería que propicia la narco-dictadura de Nicolás Maduro y terminan en fracaso rotundo, por acción u omisión, incluso, como cabe reconocerlo, de la dirección opositora, lo importante es que la Conferencia Episcopal pone sobre rieles despejados su clara posición al respecto. De allí su significado.

Precisa la Iglesia, en primer término, al referirse a nuestro oscuro panorama, que nos domina una "cultura de muerte"; que "nunca antes habíamos visto tantos hermanos nuestros hurgar en la basura" para sobrevivir; y que todo ello es obra de "acciones y decisiones moralmente inaceptables", las que al paso "descalifica éticamente a quien lo provoca".

¿Y de quién se trata, quién es el provocador? Lo responde sin ambages la propia Conferencia: "el empeño del Gobierno de imponer el sistema totalitario [que llaman]... Socialismo del siglo XXI".

Su admonición no se hace esperar. Acusa, en primer término, al Poder Electoral, por haber frustrado el derecho del pueblo a resolver mediante el voto sobre su destino, a través del referendo revocatorio, optando entre el marxismo que destruye en todas las partes en donde logra instalarse y la opción constitucional democrática.

Luego, al reivindicar el diálogo como forma natural de entendimiento entre todos los actores de cualquier sociedad de vocación democrática –avalada por Papa Francisco– precisa que en Venezuela no es posible un diálogo sin condiciones previas. Ellas ha de realizarlas el propio Maduro auxiliado por "su" Tribunal Supremo de Justicia, como actores de la dictadura totalitaria: Liberar los presos políticos, facilitar un canal humanitario, restituir el derecho a las elecciones, y respetar la autonomía de la Asamblea Nacional como directa representante de la soberanía popular.

Mirando hacia nuestras raíces, con un claro diagnóstico del presente, los Obispos de Venezuela, plantean a los venezolanos como conjunto trascender, es decir, reconstruir a la Nación como mito movilizador o desafío existencial: "Reconstituir el tejido social fracturado, valorar la ética personal, familiar y comunitaria, fomentar la honestidad y la responsabilidad en la vida pública, promover la reconciliación entre las personas y grupos y, en definitiva, renovar la vida completa del país".

Es una tarea de todos, en fin, no solo de la oposición formal o del parlamento en el que ésta detenta una mayoría que es desconocida por la dictadura, "lograr puntos de encuentro que favorezcan la articulación de los diversos sectores en un proyecto común de país", señalan los purpurados.

¡Maduro ha topado con la Iglesia!

TRUMP Y LA EXPLOSIÓN DEL DESARRAIGO

22 de enero de 2017

Tengo muy presentes las palabras de Ramón J. Velásquez, dichas para describir la realidad venezolana de finales de siglo e inicios del actual. "El pueblo abandona sus casas y se lanza a las calles sin disposición de regresar, en actitud constituyente", me dice. Su descripción metafórica sobre los sucesos de 1989 y 1992 indica con lucidez que los tiempos por venir serán distintos y sin anclajes en lo conocido. Destaca la explosión del desarraigo, la pérdida de la textura social a raíz del agotamiento del modelo de Estado y de organización partidaria que a todos –en Occidente y no solo en Venezuela– nos lega la modernidad.

Se trata de un fenómeno coetáneo a la globalización –inevitable como la revolución de la imprenta, sucedida hoy por la virtualidad e inmediatez de la información– y al debilitamiento de los espacios territoriales, contenedores hasta entonces de la identidad cultural y ciudadana.

Que luego el chavismo acierte en la constatación de ese fenómeno en 1999 y a la sazón, antes que resolverlo, prefiera la forja de categorías constitucionales profundizadoras de la división social a objeto de imponer luego un retorno esquizofrénico hacia el socialismo real o comunismo, no le resta veracidad a la premisa.

Que el Socialismo del siglo XXI sea expresión del mismo disparate que fueran las fallidas experiencias de la Unión Soviética y Europa oriental, en modo alguno trastoca lo esencial. La república democrática hace crisis –no los valores de la cultura occidental, abandonados por sus albaceas– desde el instante mismo en que el tiempo y la velocidad de vértigo pasan a ser más importantes que el espacio enrejado del Leviatán.

América Latina vive su transición histórica adelantada y sus desafíos se frustran al predominar el tráfico de las ilusiones, al maridarse la corrupción política con el narcotráfico y manipularse los elementos de la democracia bajo la regla del usa y tire, para favorecer los autoritarismos; pero esta vez el deslave de la liquidez social empapa a la madre de nuestras democracias, la de Estados Unidos, y se topa con el muro de Donald Trump.

Apenas concluida su inauguración los disparos en su contra no se hacen esperar. No pocos esperan que traicione o modere su discurso de campaña. Un agudo comentarista lo resume –peyorativamente– como "nativista".

Obviamente, para el mundo liberal norteamericano, emparentado con los populismos latinoamericanos, Trump es la negación de lo "políticamente correcto". Mas, lo paradójico, es que aquél y éstos tachan de populista al mandatario en estreno por remitir su discurso inaugural al pueblo, reiterándoles su promesa de volver a las raíces. Afirmar la patria –lo dice pertinente otro comentarista de CNN, próximo a Trump– no significa avalar comportamientos discriminatorios.

Tal criterio, por cierto, lo esgrime y comparte Francisco, admirado por los "progres" y sus áulicos de la izquierda globalizada. En La nación por construir (2005), el Cardenal Jorge Mario Bergoglio señala como primer paso para la superación de la "política pactista sin proyecto hacia el Bien Común", volver la mirada hacia la patria, hacia las raíces.

"Se ha roto la relación entre el hombre y su espacio vital, fruto de la actual dinámica de fragmentación y segmentación de los grupos humanos. Se pierde la dimensión identitaria del hombre con su entorno, su terruño, su comunidad. La ciudad va poblándose de no-lugares, espacios vacíos sometidos exclusivamente a lógicas instrumentales, privados de símbolos y referencias que aporten a la construcción de identidades…", son las palabras del Cardenal.

La personalidad y el sentido mesiánico de la empresa que se propone acometer Trump, suscita temores obvios, incluso en quien esto escribe. La historia nos nutre de ejemplos al respecto que al final mutan en tragedias humanas. Pero su primera afirmación, aun así, es impecable a la luz de la ortodoxia democrática: "Lo impor-

265

tante no es que los partidos controlen al presidente, sino que el presidente se deje controlar por el pueblo". La segunda, su predicado de la vuelta a los orígenes para mirar con pie firme el porvenir, es coherente como respuesta a la liquidez de la realidad social en boga: "Un pueblo que no tiene memoria de sus raíces y que vive importando programas de supervivencia, de acción, de crecimiento desde otro lado, está perdiendo uno de los pilares más importantes de su identidad como pueblo", dice Bergoglio y lo repite Trump.

Ante la explosión del desarraigo, en síntesis, cabe seguir el ejemplo de Juan Pablo II, levantarnos: "Revitalizar la urdimbre de nuestra sociedad" para contener la fuerza disolvente de las izquierdas irredentas y el terrorismo, que sólo se propone facilitar al Oriente engullirse las leyes morales y pluralistas de Occidente.

APUNTES PARA DIALOGANTES

29 de enero de 2017

Es explicable que los venezolanos, por víctimas del narco-régimen que nos secuestra, medremos todos, hoy, en una línea de supervivencia. Todos a uno somos presas de la trinchera, que nos libra de los disparos mientras apenas imaginamos cómo salvar nuestras vidas. Lo que vale, incluso, para quienes bregan tratando de dirigir a un colectivo muy arisco y desconfiado. De allí la incertidumbre nacional. Todos a uno nos miramos en el ombligo y vemos neutralizadas nuestras fuerzas de lucha a la manera de quienes le tiran golpes al viento.

En pocas palabras, ni el secuestrador logra domeñarnos como colectivo, salvo para agredirnos a diario con espíritu de sevicia, ni la oposición formal –por electoral– alcanza a sujetarnos como nutriente constante de su actividad política; pues al no ser conjunto social y en nuestra liquidez, apenas coincidimos como apostadores desesperados por el cambio, como cuando le entregamos a ésta el dominio de la Asamblea Nacional.

Cabe pues, ensayar críticamente y como autocrítica, una revisión de nuestro panorama. Por lo visto, cuando menos desde abril de 2002 –en mi caso desde 1999– tirios y troyanos hemos aplicado distintas terapias para contener la deriva autoritaria marxista y resolver sobre nuestra anomia, y los resultados, pasados 18 años, siguen siendo negativos. O la medicina no es la adecuada, o el diagnóstico es equivocado, o ambas cosas a la vez; o los pretendidos médicos de la nación somos tan inexpertos como un "médico cubano".

Lo constatable, si miramos hacia atrás para encontrar algún punto de partida, como Estado y sociedad incipientes o en forja, cabe señalar que durante la primera mitad del siglo XX nos hacemos república militar alrededor de los cuarteles.

Todos a uno, entonces, aspiramos a que las peonadas nos llamen Coronel o General. Y mal que bien contamos con un arraigo, que le pone freno a nuestro nomadismo originario.

En la medida en que la población crece y se educa, ese molde se rompe. Lo sustituye otra narrativa, distinta a la de la fuerza y elaborada a lo largo de una generación (1928-1959); que si bien no disminuye el peso del Estado lo equipara al de una sociedad articulada alrededor de los partidos civiles y del sueño democrático. Son éstos los nuevos elementos de la identidad ciudadana. Y así casi que concluye nuestro único siglo, el siglo XX, el de nuestra real existencia como república.

Pasada otra generación bajo la llamada república civil, a partir de 1989 cede tal identidad partidaria y el país se hace hilachas. Se cuece paulatinamente como tal y en medio de la violencia que les propia, y que salta en escalera, pues ya ni los cuarteles logran dominarnos y la adhesión que concitan los partidos desaparece.

La república con sus poderes y mediadores se tornan para lo sucesivo en franquicias. Derivan en cascarones vacíos, acaso útiles sólo para sostener en pie lo único que aprendemos los venezolanos desde nuestra hora germinal, como chopos de piedra o militares profesionales o bajo firmes liderazgos civiles de fuerza caudillista, a saber, votar, una y otra vez, y tener puestos.

No hay espacio para argumentar ahora el por qué, otra vez, nos hicimos rompecabezas, salvo para subrayar que llegada la globalización y caído el Muro de Berlín la territorialidad política y sus cárceles de ciudadanía ceden en el Occidente. Todos pasamos a la desnudez y mutamos en "babeles" de ex ciudadanos.

No por azar, Carlos Andrés Pérez se distancia de su partido socialista de afiliación para resolver sobre nuestra anomia, con técnicos calificados a su servicio. No por azar Rafael Caldera habla del rompecabezas, se separa de su partido humanista cristiano y se empeña en una reforma constitucional, que los partidos matan en el camino "para no hacerle ese favor", arguyen.

No por azar, el tercer hombre de esa agónica transición que se inicia en 1989, Hugo Chávez, una década después ofrece como salida lógica y oportuna la constituyente, y en mala hora se hace traición y engaño. Prefiere sobreponer su personalismo autoritario esquizofrénico, a la manera del monstruo que se alimenta del desencuentro social, disimulándolo tras su carisma.

Al morir, llegado Nicolás Maduro, a quien la Providencia le niega todo ángel o virtud, la realidad sigue allí y se hace palmaria. Más que al principio, casi pasada otra generación, todos a uno de los venezolanos nos descubrimos sin *affectio societatis*. Somos un gentío al garete.

En síntesis y como enseñanza, cabe decir que los ejercicios de diálogo realizados en las tribunas y entre quienes las ocupan –si cabe la comparación– no podían tener otro alcance que el de los pactos entre quienes, cómodos y en sus sillas, arreglan a conveniencia los resultados de una carrera de caballos que aún no comienza. La cuestión es que los jinetes contratados no dominan a los caballos y éstos, suerte de pueblo fuera de madre, corren dispersos sobre la pradera. Nada ni nadie lo atrae, por ahora.

LA MEDIOCRIDAD DEMOCRÁTICA

5 de febrero de 2017

Un diálogo democrático auténtico no es transacción negociada ni decisión sobre coyunturas, partidos o individuos. Es, antes que todo, un debate abierto entre narrativas que no se dejan ahogar ni por el ruido de los estómagos ni por los gritos en las cárceles políticas de la infamia; sin que éstos dejen de ser, eso sí, alertas, testimonios, suertes de faros que iluminan cualquier propósito serio y honesto de rescate de la democracia. A menos que se imponga la mediocridad democrática o que no exista el propósito sincero en sus actores de cauterizar tales pústulas que, en el caso de Venezuela, ofenden a la dignidad, atentan contra toda vida decente y el sentido mismo de la libertad.

De allí que me atreva hurgar en lo sustantivo, lejos de los dolores de cabeza que a todos nos causa la dictadura primitiva y militarista de Nicolás Maduro; esa que a lo largo de 18 años hace trizas nuestra identidad nacional, que se forja a empujones es verdad, modelada unas veces con el cincel de las zancadillas y otras bajo armisticios civiles, o que se nutre de símbolos patrios que son fetiches pero que al cabo –es lo que importa– nos dan madurez y desarrollan un sentido de la solidaridad que hoy ha desaparecido.

El caso es que se vive, aquí y más allá de nuestros predios, una crisis abierta de la democracia constitucional. Así como en Colombia Santos realiza un referendo, que luego desconoce en la práctica, electo Trump lo deslegitiman los demócratas como inquilino de la Casa Blanca. Nada que decir del Ortega, quien en Nicaragua destituye diputados para afirmar su nepotismo tribal enmendando la Constitución, o que Maduro, en nombre de la constitucionalidad, pida de sus jueces enterrar a la soberanía popular.

Todo ello muestra, aguas abajo, en lo negativo, los porqués del manido desencanto general de la gente con la política y, lo que es peor, la irreverencia de los propios políticos con la democracia; y en lo positivo, mejor aún, trasunta el reclamo de la gente por una mejor calidad de la democracia, de la política, y sobre todo de los políticos.

La crisis o devaluación contemporánea de la democracia y sus instituciones, como lo creo, es lo que permite, por una parte, que algunos sectores intelectuales, desde inicios del presente siglo, hablen de "pos-democracia": suerte de neopopulismo autoritario que se niega a la mediación institucional y se apalanca, para el ejercicio de la política, en el mesianismo y en lo mediático, léase en el narcisismo de los actores políticos, explotado a través de las redes digitales y la televisión. Es un mal de las izquierdas y las derechas de actualidad, estén en el gobierno, sean de la oposición.

De modo que, la primera constatación sobre la crisis de la democracia o de las exigencias que plantea la re-democratización de nuestras sociedades, y pienso en la nuestra, hecha añicos e invertebrada, es que ahora son éstas las que han de contener y justificar a la democracia y no a la inversa, como cuando se la apropian los gobiernos y los parlamentos, y hasta los jueces, que son sus meros garantes.

Resolver sobre lo anterior plantea, entonces, la necesidad de un diálogo nacional verdadero, como nos lo plantea en su reciente Declaración la Conferencia Episcopal venezolana, en línea distinta del diálogo de élites en el que se empeñan los emisarios vaticanos o los ex presidentes que oxigenan al parque jurásico del Socialismo del siglo XXI.

Por lo pronto cabe afincar un primer principio. La política es democrática o no es política, entendiendo por democracia aquella forma de sociedad que es expresión del espacio público, del estar con los otros, es "un proyecto colectivo nacido de los imaginarios sociales" dentro del llamado teatro de la democracia; en el que importan para su éxito el guion o la narrativa compartida, los actores apropiados que la representen, sobre todo la capacidad de éstos para integrar al público en la dinámica de la obra, pues de lo contrario ganaran abucheos.

Otro principio o enseñanza es que, a pesar de la crítica sobrevenida a la democracia liberal o formal, dada su insuficiencia para resolver las insatisfacciones muy variadas y exponenciales de legiones de ex ciudadanos insatisfechos, víctimas del efecto global de demostración, cabe rescatar los resultados de su crítica histórica al totalitarismo en el siglo XX. Éste, no lo olvidemos, es el producto de una elección, a saber, "reducir la radical pluralidad de perspectivas éticas, estéticas y políticas... a una única visión del mundo".

El siguiente principio es que en democracia todo es discutible. Lo que no lo es no es democrático. Los paradigmas de la democracia –salvo el ancla de la dignidad de la persona humana y de su naturaleza, que ata al barco y le permite moverse dentro de ciertos límites– son todos debatibles. En cada período de la historia de la democracia aquéllos se han transformado al ritmo de las olas.

¿Cuál es la ruta, entonces, que no será corta y requiere de liderazgos más que de candidaturas?

270

Refundar los vínculos sociales; revitalizar la urdimbre de nuestra sociedad apelando a la ética de la solidaridad, tanto como buscar la unidad del pueblo en la memoria de sus raíces civiles; permitiéndole sostener su identidad en la diversidad necesaria, dentro de los bordes que permitan sostener el mínimo de coherencia social que demanda la gobernabilidad sin mengua del pluralismo que es esencia de la democracia.

Se trata, en fin, de hacer a nuestra gente y a los políticos invulnerables a la lógica de la supervivencia o al manejo de tácticas de salvataje, que derivan en dogmas de fe –el pecado del relativismo– para aquella y para éstos, y que, por lo mismo, no pocas veces los empuja hacia fórmulas de negociación y decisión en diálogos sin debate razonado, bastándoles los mendrugos para consolarse en la cotidianidad y en sus egoísmos de "pájaros bravos".

ENTRE QUIJOTES Y SANCHO PANZAS

12 de febrero de 2017

Reviso la prensa y constato que la oposición venezolana visita al secretario de la OEA. Lo impone de los últimos atentados que, contra el orden democrático, ejecuta la dictadura militarista de Nicolás Maduro Moros. Al aplastamiento que hace de la Asamblea Nacional –en comandita con su Tribunal Supremo– hasta convertirla en una junta de condominio, ahora se le suma a su treta de ilegalización de los partidos que le irritan. Busca asegurarse que la revolución no encuentre obstáculos para hacer y deshacer con las elecciones y mantenerse en el poder, como en la Nicaragua de la familia Ortega.

El desconocimiento de la soberanía popular y su pulverización por el régimen es una cuestión de vieja data. Ello cabe tenerlo presente, a pesar de que cause escozor en algunos compatriotas asumir la alétheia, la realidad palmaria de la tiranía dictatorial que a todos nos mantiene como presas.

La memoria nacional es precaria. Y la de algunos de nuestros políticos, ni se diga.

Desde noviembre de 2004, la revolución adopta La Nueva Etapa y se traza una línea inamovible: "Esto que estoy planteando acá es la continuación de la ofensiva, para impedir que se reorganicen

271

[los opositores], hablando en términos militares, y si se reorganizaran para atacarlos y hostigarlos sin descanso", dice entonces Hugo Chávez. De seguidas devela la estrategia: "Evitar la transformación social de la organización de base en estructuras partidistas" y alcanzar el "fortalecimiento de una instancia única de coordinación y toma de decisiones de las organizaciones con fines políticos que apoyan al proceso". Las otras no cuentan, ni existen.

Elecciones y partidos, bajo la regla del pluralismo democrático, es algo que no registran las neuronas atrofiadas del marxismo tropical instalado en Venezuela. De modo que, ninguna forma competitiva o de diálogo, de equidad la confrontación democrática, ha lugar para ellos. Y si se da, como en el diálogo fallido propuesto por Maduro, instrumentado por su amigo Ernesto Samper desde la UNASUR y al que sirven de obsecuentes facilitadores los ex presidentes Rodríguez Zapatero, Torrijos y Fernández, jamás tiene propósitos democratizadores. Dádivas y mendrugos habrán, eso sí, pero mientras sean útiles a la estabilidad revolucionaria.

De modo que, al constatar el encuentro con Almagro vuelvo páginas atrás. Observo que, sin ambages, con razón aquilatada, declara antes que "mientras el Vaticano este ahí definitivamente no tomaremos ninguna acción de impulsar la Carta Democrática". "Si nos dicen que ese diálogo terminó y hay una comunicación formal de oposición y Vaticano al respecto recomenzaremos los esfuerzos a la hora de tomar medidas", concluye.

De modo que, celebrando la disposición de Almagro de actualizar su informe sobre Venezuela y al ras analizar las posibilidades de que la Carta Democrática sirva de carril para situar cualquier gestión que haga cesar el comportamiento antidemocrático del gobierno venezolano, se me hace ininteligible la otra iniciativa paralela que la misma oposición anuncia desde Caracas.

La Mesa de la Unidad Democrática, forzando otra vez la posibilidad de un sincretismo de laboratorio entre la dictadura y la oposición, le plantea a la UNASUR y sus ex presidentes volver a la mesa de marras –que a la sazón declaran capítulo cerrado– pero si Maduro cumple con lo no cumplido, a saber: liberar a los presos políticos, facilitar la ayuda humanitaria, realizar elecciones, y respetar a la Asamblea Nacional.

En mis columnas precedentes he insistido en la figura del teatro de la democracia. No me es propia. La elabora Laurence Whitehead para su teoría y experiencia de la Democratización. No obstante, la juzgo de apropiada para los amigos de la oposición.

Ningún drama o tragedia a ser representada tiene éxito si los actores manejan libretos o guiones distintos. Cuando menos reinará la confusión y un diálogo de sordos; el público no logrará sincronizar con la obra y al término su frustración será mayúscula. Correrán ríos de tinta a manos de los críticos, que en democracia no tienen por qué hacer concesiones, menos si nadie les convence o dice antes que se trata de una experiencia dialógica inédita que, al término, sorprenderá con su oculta armonía.

Los visitantes de Almagro, por lo demás, desnudan su petitorio ante la opinión pública, mientras que una breve nota de prensa de la MUD da cuenta de un Acuerdo dirigido al régimen, cuyo contenido apenas conocen los mismos dolientes de Maduro, los ex presidentes.

Me vienen pues, a la cabeza y para ser optimista, discernimientos que a la vez que se oponen alcanzan integrar la obra magna de Cervantes, según sus exégetas: "Las andanzas del Caballero de la triste figura, en particular, han sido sometidas a la interpretación moral de un modelo de deber ser heroico y coherente del Quijote y una crítica de la inmediatez y banalidad de la actitud de su escudero Sancho Panza. Don Quijote de la Mancha representa el deber ser del idealismo y Sancho Panza la futilidad superficial y la vida fácil sin más proeza que comer y beber".

SEÑORES GENERALES

19 de febrero de 2017

Vuelvo la mirada atrás. Me asalta la imagen de mis encuentros, que son varios, con los golpistas detenidos del 4F. Suman centenares, entre oficiales subalternos y suboficiales. La víctima, Carlos Andrés Pérez, quien me ha pedido esa gestión siendo yo juez de la Corte Interamericana, en un gesto de magnanimidad que a todos confunde, decide perdonarlos y enfrentar el fondo de la crisis, sin distraerse en los traspiés.

Pero lo tumban y la tarea queda en manos de sus sucesores, antes de que el cabecilla de la felonía llegue al poder, Hugo Chávez.

Situados ante mí, en postura desgarbada, desafiantes de toda disciplina, sobrados, los golpistas desgranan sus excusas. Y me equivoco al presumir antes que los empuja a la aventura el anuncio del mismo Pérez, de su eventual arreglo con Colombia sobre las aguas del golfo. No visualizo, allí, lo que el propio presidente me dice e intuye: ¡Están penetrados por Bandera Roja y extremistas de la izquierda!

La memoria aún me es fiel.

Uno de los muchachos se me queja de no poder visitar a su familia los fines de semana libres, pues le obligan a repartir vasos de leche por órdenes de políticos "corruptos"; a lo que agrega otro que la cuestión es el abuso de sus superiores, quienes los usan de cachifos o choferes y hasta han de calarse los gritos de sus mujeres. "En la academia nuestros anaqueles no requieren de candados, pues ningún cadete roba a su compañero", ajusta un tercero al comentar que el Alto Mando les da un ejemplo contrario. "Son unos corruptos nuestros generales", espetan a coro.

La cuestión no queda allí. Hablamos de temas geopolíticos, sobre las relaciones nuestras con el Palacio de Nariño. Les cuento sobre el largo proceso de nuestros desencuentros fronterizos y quedan pasmados, pues creen que revelo cuestiones tan secretas que ellos mismos no conocen y ningún superior les detalla; siendo que apenas hago crónica coloquial de lo que informa la prensa cotidiana.

Uno de los alzados –no retengo su cara, pero revivo sus ademanes violentos y la acusación gruesa que vierte– grita: ¡Han prostituido al Palacio de Miraflores con sus amantes y humillado a los edecanes!

Me despido sin dejarme atrapar por el ambiente febril. Trato de hacer gala de mi experiencia, recordando los primeros días de cada año lectivo en la universidad, cuando la primera tarea que se nos impone a los profesores es domar a quienes inician el curso y como perros marcan sus territorios. El trato, al término, es cordial. Hasta me detengo alguna vez para almorzar con ellos, en sus mismas viandas.

Han pasado casi 25 años desde entonces. Y esa vuelta hacia atrás para calibrar el presente me causa asco, como a todo venezolano a quien le duela la patria. Una mayoría de los golpistas –otros en buena hora abandonan el barco de la ignominia– ha secuestrado el cuerpo del Estado y lo horada hoy como el cáncer, cuando hace metástasis. Mucha agua ha corrido desde aquel día en que los enfrento en las dependencias de Fuerte Tiuna o la Escuela de Geografía, y queda una lección de historia que los venezolanos hemos de aprender: Los sueños que nacen de arrebatos, con tontos útiles de ocasión, terminan en tragedias y pesadillas.

Superadas las complicidades de los gobiernos que se beneficiaron de la riqueza venezolana mal habida y desnuda la vulgaridad de su dispendio, encontrándose nuestra nación tan empobrecida como Haití, escandalizan ahora quienes se dicen escandalizados por los juicios de narcotráfico a miembros de la familia presidencial Maduro-Flores o por la condición de capo criminal del segundo hombre al mando del país, declarada, recién, por la Secretaría del Tesoro norteamericana.

Nada se dijo cuando Chávez, en 1999, firma un modus vivendi con la narco-guerrilla colombiana o, en 2010, cuando provoca una crisis diplomática con el gobierno de Uribe, que le acusa ante la OEA de proteger al terrorismo. Hubo silencio cuando Obama, en 2015, declara a Venezuela "amenaza para la seguridad nacional" y ordena sanciones contra generales y altos cargos civiles, antes de que el Departamento de Estado le proponga un diálogo a Nicolás Maduro, facilitado por Thomas Shannon.

Las preguntas pendejas se me atragantan: ¿Qué pasó con los jóvenes que empuñaron sus armas para desafiar al deshonor y las corruptelas, para reclamar el trato de peones que les daban los políticos de la democracia, y esta vez, envejecidos, barrigones, ponen rodilla en tierra para defender al narco-régimen terrorista que nos queda como herencia vil? ¿No reparará el general Padrino, más allá de sus debilidades afectivas por el entorno palaciego o las confusiones ideológicas acerca del imperialismo, que se trata de un grave dilema moral que daña a Venezuela, a sus ciudadanos de uniforme, y que mata de mengua a toda la población?

275

¡TÚ TAMBIÉN, HIJO MÍO¡

26 de febrero de 2017

El país pide se le abran caminos, luces de esperanza en medio de la oscuridad que le aprisiona y hace temblar las piernas de la república. Lo pide a gritos la gente, en medio de lágrimas todavía pacíficas, las de la impotencia, las de la tristeza, y que amenazan ser las de la rabia colectiva.

No se trata sólo del hambre que nos lleva a hurgar comida en medio de la inmundicia o de las medicinas que se mendigan a través de las redes. Se trata de algo más vertebral. Es el asesinato moral que se ejecuta a manos de la dictadura y algunos pocos opositores –que los hubo también en las dictaduras de Pérez Jiménez y en la de Pinochet como me consta– funcionales a la misma. Busca inhibir los reflejos nacionales, esos que todo ser humano despierta ante el peligro extremo cuando le acecha y para salvar su vida y la de los suyos.

Quienes lo procuran no tienen más propósito que la rendición de los ánimos de nuestra sociedad hecha de hilachas, para luego hacerse, en su obra de destrucción, de los mendrugos restantes de una patria que ha dejado ser tal; que expulsa a los hijos buenos –diría Andrés Eloy– o los lleva a sus ergástulas; que perdió su tensión hacia el pasado y se empeña en negar el porvenir, predicando "la muerte de Dios". Y no olvido que fue Zaratustra la biblia que lee el causante en su agonía habanera, antes de transferir los venenos de su aprendizaje a sus muchos causahabientes; pues no es sólo Nicolás Maduro el culpable de que hayan cedido entre nosotros hasta las leyes universales de la decencia.

Este diagnóstico, así de crudo y ajeno a los circunloquios, no es pesimista. Tampoco inútil desahogo. Expresa, sí, el coraje y la indignación de quienes desde nuestros teclados denunciamos situaciones, posturas, actitudes dentro de la vida política nacional, que emergen como mala raíz para contaminar a la yerba buena y ante las que cabe alertar. "Recojan primero la mala hierba, y átenla en manojos para quemarla; después recojan el trigo y guárdenlo en mi granero", rezan las Sagradas Escrituras.

Que a las cabezas de los poderes públicos –el Ejecutivo y el Judicial– y a sus entornos les aparezcan expedientes criminales que dicen –según la prensa nacional independiente que agoniza y la extranjera, con apoyo en investigaciones sustanciadas durante años– sobre sus vínculos presuntos con el narcotráfico, el terrorismo y el asesinato, es algo muy grave y desdoroso. Es motivo suficiente para la vergüenza de quienes somos los gobernados.

Lo peor, no obstante, es que los que han de salir en defensa de esa vergüenza pisoteada y escupida, prestos y diligentes ahora impiden que se censure parlamentariamente a los responsables o afirman que esas nimiedades no deben distraernos del camino pactado y dialogado, o acaso en lucha, para llegar hasta unas elecciones. Ello representa un acto de traición y lesa majestad. Revela, en quienes así se conducen, ausencia total de fibras éticas; cosa distinta del sentido práctico de la política o de las argumentaciones de quienes, indigestos con la obra cumbre de Nicolás Maquiavelo, El Príncipe, reducen la ciudad a una mera lucha existencial del poder.

Nadie duda de la importancia de bregar por las elecciones, bajo una dictadura que las niega. Luis Almagro, Secretario General de la OEA y en buena hora "esclavo de los principios", se las reclama a Nicolás Maduro, sin más. Sabe que son un sagrado derecho del pueblo, innegociable, a contrapelo de quienes, también de manos de la propia dictadura y traídos a nuestro suelo por algunos opositores funcionales a ésta –ellos saben que lo son y el país sabe a quienes me refiero, pero no merecen mención para los anales– se empeñan en transarlas, con ucase vaticano. Se escudan en la idea de evitar que la sangre inocente llegue hasta el río, omitiendo que en 2016 quedaron a la vera 28.479 votantes asesinados y otros muertos por inanición, cuyas sangres ya anegan nuestra total geografía.

Pero volvamos a lo que importa, pues quienes llegan como emisarios de la UNASUR y del ex presidente colombiano marcado por sus vínculos con el narcotráfico, no lo hacen por obra propia sino de quienes los apañan y abogan por dos impresentables: el vicepresidente de la república y el neo-presidente del Tribunal Supremo. Y me viene a la mente, de modo inevitable, la expresión de Julio César ante Brutus, su protegido y asesino: ¡Tú también, hijo mío!

Las elecciones, en una democracia, no se olvide ello, para que sean democráticas no basta con que se realicen y sean libres y justas, como reza la Carta Democrática Interamericana. Han de ser elecciones informadas. Todo votante ha de saber a favor y en contra de qué o de quién vota. Y una cosa es votar o no a favor de un gobierno incompetente, y otra elegir, "democráticamente", a narcotraficantes, terroristas, asesinos y sus cómplices, quienes nos hacen pasar hambre y miserias como parte de sus "narcisismos malignos".

ES LA MORAL LO QUE NOS DIVIDE, DENTRO DE LA PATRIA

5 de marzo de 2017

Francisco Santos, ex vicepresidente de Colombia, escribe recién acerca de los síntomas que, en su criterio, vuelven atrás las páginas de la historia. Fija una fecha, 1648. La Paz de Westfalia es el parto de los Estados-naciones tal y como los conocemos, suertes de Leviatán que se oxigenan con el concepto de la soberanía.

Le preocupan a Pacho el Brexit, la elección de Trump, y la posible victoria de Jean-Marie Le Pen. La popularidad de esta dice la prensa, se nutre y crece sobre la infelicidad de los franceses, pues se sienten parias dentro de su propia casa.

No hay duda en cuanto a que tales aguas encrespadas resultan del choque y se nutren, por una parte, de las autopistas sin alcabalas que transitan con desenfado y narcisismo sumo los "millenials" –quienes excluyen de sus redes a los molestos o quejosos– y, por la otra, de las cavernas o nichos sociales que emergen dentro de los mismos estados, anulándolos en su interior. Se integran con ex ciudadanos que reclaman el derecho a ser diferentes, a no ser confundidos con los otros, por decirse unos y otros distintos en sus argamasas comunales, raciales, étnicas, de sexo, urbanas, verdes, religiosas, y paremos de contar.

Pero si lo anterior es máxima de la experiencia, cabe decir que desde la academia –es el caso de Luigi Ferrajoli, filósofo florentino discípulo de Bobbio– se demanda sin éxito de los responsables de la política construir narrativas, imaginar categorías inéditas para lo inédito; que permitan la reconstrucción del orden internacional que llega a su final –la ONU y la OEA son cascarones sin eficacia ni poder– y también procuren la reordenación de las localidades domésticas ante la mutación que sufren los Estados.

Sugerir que la salida de la Unión Europea que se plantean los británicos es un atentado contra la integración, debe al menos discutirse. La afirmación del neo-presidente norteamericano –"no soy más el presidente del mundo" – o que los galos pidan a gritos se le ponga un freno al deslave musulmán sobre su patria, léase, que se levanten otros muros como los que cuidaban de los castillos medievales, no implica, de suyo y como argumento, la resurrección del dogma de la soberanía.

Y es que en los discursos de los involucrados con las cuestiones citadas el tema que se plantea no es ese con exactitud; alude mejor a quejas morales y moralizadores de la gente común. Pues de soberanía sólo hablan –con ella nutren sus discursos políticos– los rufianes del siglo XXI, a fin de asegurarse espacios de impunidad para sus crímenes y desde los gobiernos que mantienen bajo secuestro. Venezuela, Cuba, Ecuador, Bolivia y Nicaragua, y acaso Colombia de tanto en tanto, son los emblemas.

Creo que la experiencia que mejor desanda o desata el nudo gordiano de la importante cuestión que ocupa y preocupa a Pacho Santos, es la victoria del NO en su querida Colombia. ¿Acaso la campaña en contra del SI liderada por Álvaro Uribe fue una apuesta a la violencia y no a la paz, defendida con ardor por la comunidad internacional y hasta por el Vaticano? ¿Tenía o no razón el ex presidente al predicar que ¡la paz sí, pero no así!, como aún la pretende el presidente Santos?

El asunto de fondo, pues, es moral. Es lo que nos divide adentro y afuera, a unos y a otros.

¡Y es que Trump dice que no quiere a extranjeros con expedientes criminales en su casa! ¿No es razonable su criterio, así le incomode a quienes defienden lo políticamente "correcto"?

Viene al caso citar el diálogo entre el ahora ex presidente Obama y la dictadura criminal de los Castro, que se cuece mirando a los lados, pasando por alto los aberrantes crímenes de lesa humanidad ocurridos en Cuba durante más de medio siglo. Fue, no lo olvidemos, el telón de fondo para favorecer ese otro diálogo, "rebatiña de impunidad", entre el presidente Santos y las FARC; tanto como éste, en la espera de una victoria del SI, aspiraba construirle un piso firme al reclamado diálogo de la oposición democrática con la narco-dictadura venezolana, en el que trabajan coludidos el ex presidente Rodríguez Zapatero y Nicolás Maduro. No por azar, luego de la victoria del NO, el último acaba con las elecciones.

En fin, lo vertebral no es la oposición entre lo global y lo nacional sino entre la tolerancia internacional de quienes arguyen el derecho a ser diferentes en lo nacional, incluido el ser traficantes de drogas, para luego acabar con los otros, y los que le fijan fronteras morales a la democracia, que no son otras que las leyes universales de la decencia.

Al observar, hace pocas horas, el desenfado de miradas cómplices que se cruzan en el Palacio de Justicia el vicepresidente de Venezuela, acusado de crímenes de narcotráfico y terrorismo, y el Presidente del Tribunal Supremo, un ex convicto, vuelvo atrás, muy atrás y dejo volar mi memoria para superar el cuadro del horror. Me encuentro ante los ojos del sacerdote salesiano y Cardenal Arzobispo de Santiago de Chile, Raúl Silva Henríquez. Lo miro en su reciedumbre y recibo en silencio su enseñanza, como imberbe embajador. ¡No le hago misas al gobierno de Pinochet; que se confiesen primero ante sus víctimas y hagan acto de contrición!, me dice en 1980.

Entonces regía la máxima moralizadora y de equilibrio entre lo mundial y el coto cerrado de los Estados, sembrada sobre la experiencia del Holocausto: "Nadie puede tremolar la soberanía para encubrir ofensas a la dignidad humana".

RENUNCIA NICOLÁS, POR FAVOR

12 de marzo de 2017

Las manifestaciones populares ocurridas frente a la casa del beodo gobernador de La Guaira, general García Carneiro, para reclamarle comida y los asaltos de camiones de alimentos por pobladas en la entrada de Caracas, en Tazón, son el anuncio del tsunami que se aproxima a la capital, eje de la estabilidad de la república. No exagero. Es el principio de un final que, de no impedirse ya, lamentaremos durante varias generaciones.

Nicolás Maduro, boceto de un mal estadista, víctima de su Messalina, por ignorante de la historia y la psicología de la especie humana es incapaz de discernir sobre lo anterior. Le falta a su lado un colaborador o ministro sensato como Llovera Páez, quien oportuno le dice al dictador Marcos Pérez Jiménez, en 1958, ¡mejor vámonos, que el pescuezo no retoña!

No ve Maduro más allá de su habilidad para las triquiñuelas, para jugar con los mendrugos de su poder agónico o realizar sin crítica ni juicio las instrucciones que recibe de Raúl Castro. Tanto que su esfuerzo o el de sus adláteres –los Rodríguez o los Cabello, los Chávez o los Padrino, los Jaua o los Carreño, los Chacón o los Reverol, los Calixto o los Maikel– apenas sirve para lo "políticamente" trivial o como cebo de sus iniquidades patológicas: Que si mantener tras las rejas a los líderes opositores con mayor fuerza de conducción; que si rebanar a los partidos de la Unidad a fin de que sobrevivan los más cómodos a su tranquilidad; que si acusar al Imperio de sus fracasos; que si sembrar cizaña en los predios de los opositores, dividiéndolos entre dialogantes o no dialogantes, con la ayuda de un personaje deleznable –José Luis Rodríguez Zapatero– a quien le temblarán las piernas al término de este espectáculo que muestra sus fauces muy ensalivadas.

¡Y es el que Zapatero, por Dios, cree ser una suerte de Teyllerand sin siquiera calzar los zapatos del aventurero e intrigante Ripperdá, Primer Ministro de Felipe V!

Los presos políticos son caldo de cultivo para la mayor irritación de un país irritado con el régimen militarista, de trazos primarios marxistas, de despliegues sin pudor de riquezas mal habidas que le llevan hasta el límite de su inanición. El desconocimiento de la Asamblea Nacional y el secuestro del voto le cierran su válvula de remota esperanza de cambio. Y al impedírsele otear, en medio de la oscuridad y con manos propias, ejerciendo el voto como drenaje de los ánimos, se ve situado ante lo fatal: ¡O vive, o se muere por acción del hampa, por falta de medicamentos, o por extenuación corporal!

Huérfano de rumbo –guillotinada toda forma de veraz entendimiento con la propia nación o de disposición honesta para sortear el vendaval que lo anega, conjurando al crimen organizado (terroristas, narcotraficantes, asesinos, "bolichicos") que lo atenaza– el régimen recrea entre nosotros a la Francia de 1793 y 1794.

Instalado el "reino del terror" y su Comité de Salvación Nacional –léase el Comando Antigolpe del Vicepresidente El Aissami– las consecuencias fatales no se hicieron esperar en París. Lejos de Maduro una figura como Dantón, colgado por sensato y moderado, su revolución se fractura y derrumba como le ocurriera a Maximilian Robespierre. La autocracia, las persecuciones, la incertidumbre generalizada, los juicios por traición y conspiración que ordenan de modo indiscriminado –ayer Robespierre y hoy Nicolás– terminan por la propia inestabilidad que generan. En su caso Robespierre es arrestado por sus seguidores y termina mal. Media una confrontación agonal de naturaleza política como la que sostiene Maduro con los suyos y con los ajenos; mientras los ajenos y los suyos, por poco precavidos o distraídos, no escuchan el rugir de las aguas embravecidas que origina el hambre.

Si Maduro y sus generales no hacen un alto y leen las páginas que explican los orígenes remotos de la lucha de clases, todos a uno de los venezolanos seremos testigos y víctimas, a la vez, de una violencia animal darwiniana y freudiana en gestación y que catapulta la ley de la supervivencia cuando se instala.

En la Venezuela del momento no es la supervivencia de la revolución o de los revolucionarios y sus amigos lo planteado. Se trata de la existencia del pueblo, de su vivir y para ello comer, que es lo que le falta y lo que Maduro le niega a todos; incluidos aquellos que aún cree le siguen o respaldan bajo la atadura de una bolsa de alimentos que ofrece y no llega, pues sus funcionarios o se la roban o la trafican.

El pueblo ha perdido el miedo. No le teme a los soldados y sus disparos, como en Tazón, pues éstos, como parte de aquél sufren escasez y carestía.

¡Maduro, renuncia! Evítanos el baño de sangre.

ALMAGRO PONE A PRUEBA A LOS PRESIDENTES

19 de marzo de 2017

La primera respuesta de los defensores del gobierno dictatorial y narco-corrupto –lo dicen los datos del Informe Almagro– de Venezuela, ante el pedido del Secretario General de la OEA de intimarlo para que cumpla ya con la democracia o se atenga a las consecuencias sancionatorias que aparejan su conducta contumaz, ha sido la de señalar que el mismo no logrará los votos para ello.

Al gobierno de Costa Rica le basta decir que no acompaña la suspensión de Venezuela como miembro de la Organización, en tanto que el peruano apoya la invocación de la Carta Democrática Interamericana, que a su vez la canciller argentina –muy resbaladiza– considera que no resolverá la crisis. Las posiciones finales dentro del hemisferio, sin embargo, no se han dilucidado, salvo lo ya dicho por el acusado: ¡No lograrán condenarme!

Pues bien, quienes se contentan con estas nimias y triviales percepciones sobre el Informe de actualización del otro original, que les entregara Luis Almagro a los gobiernos de los Estados miembros de la OEA –éste de 30 de mayo de 2016 y aquél de 14 de marzo de 2017– no hacen sino desviar o diluir –¿interesadamente?– la cuestión de fondo, crucial para la vida del Sistema Interamericano y su razón de ser.

Decir que hay o no votos para acompañar las recomendaciones de Almagro equivale a la cínica respuesta del delincuente quien se mira descubierto y se burla de sus acusadores: ¡Preséntenme las pruebas! O al caso les pide que lo lleven ante el juez, seguro de que no le condenará. Es su coludido, beneficiario de sus crímenes y corruptelas.

Almagro, no me canso de decirlo, recibe su mejor elogio de quien –el ex presidente Mujica– luego de años de amistad y al decirle que su relación llega hasta allí por haber dicho del régimen de Maduro lo que dijo y ahora completa, agrega lo esencial: ¡Es un esclavo del Derecho! Es un sirviente de los principios.

Almagro, sin titubeos, disecciona con escalpelo diestro el diálogo de utilería, parcializado e ilegítimo, que impulsan los ex presidentes José Luis Rodríguez Zapatero, Leonel Fernández y Martín Torrijos, todos de mano del ex presidente Ernesto Samper para apuntalar a Nicolás Maduro y los suyos, denunciados por vínculos con el narcotráfico y el terrorismo. Es un libelo, asimismo, dirigido a los gobiernos americanos y a sus presidentes en ejercicio. Si bien señala a Maduro antes lo hace con la lenidad y el silencio de los que, sabiendo lo que ocurre en Venezuela, optan por mirar de lado con excusas inaceptables: que, si cabe esperar por la gestión de Zapatero, o que si dejar que sea el Vaticano el que fije el punto de inflexión al respecto.

En los días recientes, al establecimiento político y democrático del continente se le ha sometido a una prueba diabólica. Los gobiernos del socialismo del siglo XXI, tras la excusa de su servicio a los pobres, muestran sus manos e instituciones enlodadas, emporcadas con los dineros corruptos de la ODEBRECHT. Pero como siempre ocurre con las mafias criminales y las políticas, ellas cometen sus crímenes o tropelías y se blindan de antemano. Corrompen a la vez –lo he dicho– a sus posibles y futuros juzgadores, a sus adversarios, neutralizándolos, haciéndolos cómplices.

¡Que si Lula y la Dilma están comprometidos!, al caso lo están junto a quienes los echan del poder; tanto como al igual que los miembros del inenarrable régimen venezolano reciben dineros de la contratista brasileña también los dirigentes de la campaña de Santos, en Colombia, tuvieron su parte.

Nada distintos son, cabe señalarlo, los dineros de la corrupción administrativa de los que reciben de los cárteles de la coca los generales venezolanos puestos al descubierto por la DEA, y que a la par recibe, en su momento, el dialogante mayor y cancerbero del chavismo, Samper, ex Secretario de la UNASUR, como candidato presidencial.

No repetiré lo que todos a uno sabemos en las Américas. El régimen de Maduro rompió el hilo constitucional y democrático; acabó con las elecciones; tiene presos políticos y los tortura; cerró la prensa libre o la compró con sus testaferros; hizo del Estado una empresa al servicio del narcotráfico vecino y la lavandería de sus dineros manchados de sangre; ha hecho del país que desgobierna el más violento del mundo, tanto como lo ha empobrecido a niveles de Burundi.

Lo que importa, al término, es lo vertebral. Almagro pide de los actuales gobernantes una regeneración colectiva y poner de lado la cultura del cinismo. Les exige hacerlo con el coraje de quienes redimen y refundan sociedades: "Sería inmoral que las acciones políticas que se instrumenten y ejecuten hoy en Venezuela sean simplemente movidas de fichas en un tablero que pretendiera disfrazar de democracia un país que sufre la violación sistemática de los derechos humanos de su pueblo".

No se trata de votos más o de votos menos. O todos volvemos a los caminos mínimos de la decencia, o nos enterramos todos en los miasmas y otra vez mancharemos las páginas de la historia regional. Atrás quedaran, como pequeñas y anecdóticas, las dictaduras del Cono Sur, los genocidios de los Castro, o las guerras centroamericanas.

LA OEA, ENTRE EL CINISMO Y LA DECENCIA

26 de marzo de 2017

Desde la adopción de la Carta Democrática Interamericana hasta el momento en que el Secretario General de la OEA, Luis Almagro, presenta su informe actualizado sobre la ruptura del orden democrático y constitucional de Venezuela, el Sistema Interamericano no ha vivido un momento tan dilemático como el actual. Está sobre un parteaguas, en una hora en la que debe avanzar hacia el porvenir de manos –para no exagerar con los estándares de la democracia– de las reglas más elementales de la decencia o volver atrás, hasta las líneas en la que el cinismo y la mordacidad se hacen característicos de los gobiernos de sus Estados miembros.

Pienso, a propósito, en la época en la que, orillando la dignidad humana de los pueblos que oprimen las dictaduras militares sentadas y dominantes en su seno, afirma, desde Caracas, en 1954, que el ejercicio "efectivo" y cabal de la democracia reclama, entre otras medidas de relieve "los sistemas de protección de los derechos y las libertades del ser humano mediante la acción internacional o colectiva".

Samuel Huntington, politólogo norteamericano fallecido, describe bien las olas democratizadoras que ha vivido el mundo: una con las revoluciones francesa y americana; otra como hija de las enseñanzas de la Segunda Gran Guerra; y la que ocurre, finalmente, con la globalización, que da cuenta de los procesos democratizadores de Europa oriental. Mas antes de hablarnos de su tercera ola, hacia mediados de los años '70, al alimón con Crozier y Watanuki, Huntington da cuenta de la crisis de la democracia por la ingobernabilidad que provocan la incapacidad sobrevenida de los Estados y sus instituciones ante las demandas exponenciales de una ciudadanía en avance social autónomo, al punto de sugerir la reinvención de aquéllos y de ésta. Como es obvio, dentro de procesos de final abierto y sirvientes del Mito de Sísifo.

Pero cabe decir que, para los parteros de la democracia civil contemporánea en las Américas, a diferencia de Huntington –para quien ésta se reduce a la vigencia de métodos electorales– una cosa es el origen de la democracia y otra sus condiciones obligantes de ejercicio real; para que no se presenten equívocos o confusiones entre quienes, con fuerza de carboneros, luchan por la forja de democracias verdaderas y socialmente sensibles.

Es verdad, incluso así, que Rómulo Betancourt, asistente a la Conferencia de Bogotá de 1948, afirma que los "regímenes que no respeten los derechos humanos, que conculquen las libertades de sus ciudadanos y los tiranicen con respaldo de policías políticas totalitarias, deben ser sometidos a riguroso cordón sanitario y erradicados mediante acción pacífica colectiva de la comunidad jurídica interamericana". Hoy, la tesis de la exclusión ha cedido, pero no los principios de la democracia y menos la tolerancia hacia sus enemigos.

Como consta en la Carta Democrática de 2001, los miembros de la OEA deben dar asistencia "para el fortalecimiento y preservación de la institucionalidad democrática", "adoptar decisiones dirigidas a la preservación de la institucionalidad democrática y su fortalecimiento", "promover la normalización de la institucionalidad democrática". Empero, ante "una ruptura o una alteración que afecte gravemente el orden democrático", no pueden admitir que el gobierno responsable siga ejerciendo, sin más y con desprecio por sus pares, los derechos que le confiere su membrecía dentro del club de las democracias. Así de sencillo.

De modo que se trata de una suspensión –no es una expulsión– y ha lugar cuando las gestiones para que cese la ruptura se hacen infructuosas y se mantiene hasta tanto la democracia alcance su restablecimiento.

La Carta, cabe recordarlo, no es causahabiente de un delirio de los gobiernos que la adoptan al apenas iniciarse el siglo XXI y sobre supuestos devaneos neoliberales, como lo arguyen sus enemigos socialistas de nuevo cuño. Ella se mira, como antecedente inmediato, en la experiencia peruana de Alberto Fujimori, precursor de las neo-dictaduras que luego practican Hugo Chávez, Rafael Correa, Evo Morales, Daniel Ortega, y ahora Nicolás Maduro. Llegan al poder mediante los votos, para luego vaciar de contenido a la democracia. Y es ese, justamente, el mal contra el que intenta vacunarse el Sistema Interamericano, puesto a prueba con la cuestión de Venezuela, donde al paso hasta las elecciones se han acabado.

En 1959 nuestros gobiernos democráticos forjan un catecismo que la Carta Democrática asume como una suerte de relectura. Desde Santiago de Chile, reunida la OEA, precisan, justamente, que la democracia, para ser tal y no su caricatura, exige: "Imperio de la ley, separación de poderes públicos, y control jurisdiccional de la legalidad de los actos de gobierno; gobiernos surgidos de elecciones libres; proscripción de la perpetuación en el poder o de su ejercicio sin plazo; régimen de libertad individual y de justicia social fundado en el respeto a los derechos humanos; protección judicial efectiva de los derechos humanos; prohibición de la proscripción política sistemática; libertad de prensa, radio y televisión, y de información y expresión; desarrollo económico y condiciones justas y humanas de vida para el pueblo".

Todas las exigencias de la democracia enumeradas y como lo confirma Luis Almagro con su memorable informe de actualización, han sido pisoteadas bajo un gobierno procaz –el de Maduro– que no es siquiera capaz de disimular. El general Marcos Pérez Jiménez, con vistas a la reunión de la X Conferencia Interamericana y para quedar bien, como anfitrión, al menos puso en libertad a los presos políticos.

ZAPATERO Y EL NARCO-SOCIALISMO DEL SIGLO XXI

2 de abril de 2017

El quiebre terminal de toda simulación de la democracia y el Estado de Derecho en Venezuela, con la decisión del Tribunal Supremo de Justicia que clausura de modo definitivo a la Asamblea Nacional de signo opositor –en accionar coludido de Diosdado Cabello, Nicolás Maduro y, como ahora se constata, del mismo Vladimir Padrino, desde el 6 de diciembre de 2015– deja un sabor amargo en nuestra sociedad, que provoca vómitos.

No es sólo la constatación de lo que sabemos y que con coraje –por ser un esclavo de los principios– desnuda Luis Almagro, Secretario General de la OEA, al señalar, ante su Consejo Permanente que el régimen venezolano no ha dejado en pie un solo artículo de la Carta Democrática Interamericana.

En pocas palabras, se violan de modo sistemático los derechos humanos y su emblema son los presos políticos y las torturas a que se les somete; no se ejerce el poder conforme al Estado de Derecho, ahora sustituido por un "régimen de la mentira" que purifica los crímenes gubernamentales en el altar de una justicia venal; el régimen de partidos ha sido puesto en cuarentena por el poder electoral; han desaparecido las elecciones y de suyo el valor de la soberanía popular; la separación de poderes sólo existe entre las cuotas dinerarias y de armas de los miembros del cártel gubernamental; no hay subordinación de los militares al poder civil sino control por sus Altos Mandos de los negociados oficiales y hasta del tráfico internacional de cocaína; la prensa libre ha desaparecido y la sustituye el totalitarismo comunicacional que ejercen el gobierno y sus testaferros del "sector privado", construido a la medida "bolivariana"; y nada que decir de la transparencia, pues basta mirar el empantanamiento con las "coimas" de la Odebrecht y el grotesco peculado en la industria petrolera, PDVSA, que hoy la obliga a importar gasolina para nuestro consumo. Más no se puede.

Aun así, los socios de causa de Maduro, a saber y, en primer término, el ex presidente español José Luis Rodríguez Zapatero, consideran lo anterior como una minucia, un mero traspiés en la polarización política que observan ocurre en Venezuela desde hace 20 años.

Para Zapatero y sus colegas, los ex presidentes Leonel Fernández de República Dominicana y Martín Torrijos de Panamá, los venezolanos hemos de tener paciencia. Hemos de avanzar, según ellos, hacia un reconocimiento recíproco y en un diálogo de largo aliento, paciente, con el gobierno de Maduro; para lo que obvian que la mayoría determinante del pueblo soberano lo rechaza por su inmoral conducta pública.

A esta altura, vistas las cosas y nada ocultas, ¿cree aún Zapatero que se trata de una mera oposición entre el modelo progresista de quienes forjaran en América Latina el Socialismo del siglo XXI –unos muertos, otros en estrados de la Justicia– y los supuestos defensores de la democracia formal y liberal, por cultores de la derecha?

Es cosa nimia para estos ex gobernantes, apenas atribuible a las maldades de Imperio o la insensibilidad del capitalismo, que parte de la familia presidencial venezolana haya sido encontrada responsable del crimen de narcotráfico; que al vicepresidente se le señale como cabeza de uno de los cárteles de la droga y agente del terrorismo islámico; o que al presidente del Tribunal Supremo de Justicia le aparezcan antecedentes penales por homicida.

El caso es que el secretario Almagro plantea como solución al grave entuerto señalado la realización de elecciones generales. Así de simple. Es decir, que ante la disolución práctica del Estado y la invertebración nacional ocasionada por los males que sufre Venezuela lo pertinente es volver a las fuentes de la soberanía. Diez gobernantes de la región, no obstante, socios y beneficiarios de los dineros del narco-socialismo venezolano han preferido acompañar a Maduro y la tesis Zapatero en el seno de la OEA. En buena hora 20 Estados y 2 neutrales, antes bien, consideran que la cuestión debe analizarse pues es grave, imposible de disimular o traspapelar con las argucias diplomáticas.

La pregunta que se hace Almagro y que interpela a los Estados miembros del Sistema Interamericano en esta hora nona, es si éstos se encuentran dispuestos a defender el decálogo contenido en la Carta Democrática Interamericana y sostener a la OEA como el club de las democracias. O acaso regresar al estadio en el que alrededor de la mesa de las Américas se sentaban las espadas de las dictaduras junto a los gobernantes civiles electos por sus pueblos.

Creo yo, que la cuestión es más agonal y hace relación directa con el relativismo de la política contemporánea que busca tomar cuerpo desde inicios del presente siglo. Todo se tolera en nombre y con abuso de la democracia y del derecho de cada quien a ser diferente; sea terrorista, quien mal se abroquela para sus crímenes de lesa humanidad en El Corán, sea narcotraficante, quien pacta un modus vivendi con sus víctimas para que en nombre de la paz se le aseguren escaños como diputados del pueblo en sus países.

Así las cosas, la pregunta pertinente es otra: ¿Habrán de sentarse en la OEA los gobiernos democráticos que practican las leyes universales de la decencia humana con quienes hacen de la democracia y sus instituciones empresas para el crimen y el lavado de sus dineros ensangrentados? ¿Es esa la opción, señor Zapatero?

EL PODER INMORAL

9 de abril de 2017

Era predecible, según el catecismo de amoralidades diseñado por Hugo Chávez, Nicolás Maduro, Diosdado Cabello, Tarek El Aissami y hasta el juez supremo Maikel Moreno, entre otros tantos, el desconocimiento por éstos de la nueva Asamblea Nacional. Y es que les disgrega el "todo" revolucionario, de estirpe bolivariana. Se empeña en reconstituir ésta una moral pública distinta de la forjada en el curso de los últimos 17 años. La más vieja y anterior, con sus falencias, al menos censura mandatarios, castiga a ministros, expone a la miríada de funcionarios corruptos y sus cómplices a la reprobación social.

La visión "ética" de quienes integran el actual Poder Moral venezolano, a saber, el Contralor de la República, la Fiscal General, y el Defensor de Pueblo, muestra, por ende, signos que perturban, visto el saldo de sus ejecutorias.

Me refiero, justamente, a lo que con coraje describe el Secretario de la OEA, Luis Almagro, en su Informe de actualización sobre el gobierno de Nicolás Maduro y que el Poder Moral acalla: "La implicación en actividades de narcotráfico llega a los niveles más altos del Gobierno venezolano, así como al círculo familiar del Presidente."

Si se trata del Contralor Manuel Galindo Ballesteros, compadre de Maduro, su empleado antes, como lo fuera de la primera combatiente y consorte de éste, Cilia Flores, y encargado a la sazón de vigilar el comportamiento y virtudes de su mismo compadre, se ocupa de perseguir a quienes desafían a la narco-aristocracia que éste comanda. Henrique Capriles, es su más reciente víctima.

Transparencia ha acusado a Galindo de la práctica de nepotismo, que despliega a profundidad y sin miramientos, pues la califica de "nepotismo positivo" al ser sus familiares, según él, competentes y eficaces a la hora de no vigilar la falta de probidad pública de su compadre.

En el caso de la Fiscal General, Luisa Ortega Díaz, recién abona en su beneficio el coraje –puesto en duda por la opinión– de declarar como ruptura del orden constitucional y democrático el golpe de Estado ejecutado desde un Tribunal Supremo que dirige el ex convicto juez Moreno. Parece ser, se dice, que no acompaña a sus pares del Poder Moral en la decisión de no aceptar sean removidos por la Asamblea los jueces venales quienes participan de la felonía. No obstante, la duda sobre aquélla no se despeja, pero podrá despejarse, si asume la iniciativa penal que sólo ella tiene, para que éstos sean castigados con una pena que oscila entre 12 y 24 años de prisión. Ya se verá.

Lo de Tarek William Saab, Defensor del Pueblo, es de otra catadura y clama a los cielos. Se dice poeta y defensor de derechos, desde cuando me visita en mi Despacho como gobernador de Caracas, en 1994, sirviéndole al alcalde Aristóbulo Istúriz, mi vecino de plaza.

Le dije el manido 11 de abril que lamentaba el desprecio que sufriera por sus vecinos amotinados, pues junto a él estaban sus hijos, pequeños, padeciendo sin ser responsables, sin comprender lo que ocurría. Le insistí, días después, que mirase más allá de los árboles patentes. Que en beneficio de sus hijos y también de los míos, se preguntase sobre el porqué de la severa censura social que recibiera y con rabia contenida. No me hizo caso.

De defensor del pueblo Tarek se ha hecho su represor. Algo insólito. Así lo registrará la historia, para su vergüenza. La violencia de los cuerpos armados y paraestatales contra quienes marchaban

291

hasta su oficina para demandarle, como cabeza del Poder Moral, castigo para los jueces al servicio de un Estado transformado en asociación de criminales, quedará para la memoria de la infamia.

Habrá de escribir Tarek poemas fúnebres. Acaso llorar en silencio pasada la tormenta que sufre Venezuela, mientras, desde la distancia, le observarán entonces sus hijos, y mis hijos, y los hijos de nuestros hijos a lo largo de las siguientes generaciones, sin comprender el porqué de la hora de inmoralidades e impunidades que anegara a la república.

La figura o institución del poder moral, de origen bolivariano entre nosotros, tiene raíces en la llamada "costumbre de los ancestros" romanos (*mores maiorum*), preservada por los Censores. Es célebre el edicto de éstos que guarda Suetonio para la posteridad: "Todo lo nuevo que es realizado de manera contraria al uso y costumbres de nuestros antepasados no parece estar bien".

Bolívar, artesano de un Poder Moral que replica casi 200 años después el causante, Chávez, lo imagina distinto, centralista y totalitario; busca la forja de una ética social sin historia, que permita la fusión y amalgama del pueblo con su Estado en igual forja.

Cree que todo ciudadano debe amar a sus magistrados –léase a Nicolás Maduro y sus compinches– y a la patria, que no sería hoy otra distinta de la bolivariana: "Todas nuestras facultades morales no serán bastantes, si no fundimos la masa del pueblo en un todo; la composición del gobierno en un todo; la legislación en un todo; y el espíritu nacional en un todo".

Es llegada, pues, la hora de enmendar el camino. Por falta de referentes moralizadores inmediatos, la trinchera de lucha ha pasado a manos de nuestros hijos y de los nietos, los estudiantes. Son ellos la esperanza segura.

HIERVE LA SANGRE EN LAS VENAS DE LOS VENEZOLANOS

16 de abril de 2017

Han pasado 207 años desde cuando los venezolanos damos nuestro primer paso formal hacia la Independencia, el 19 de abril de 1810, y para la forja de una identidad nacional propia, hecha de sangres que se cruzan sin cesar y nutren de sus culturas raizales respectivas –indígena, hispana, africana– hasta alcanzar, lo dice Vasconcelos, su actual mestizaje cósmico.

Pero se trata de dos centurias y algo más en las que, entre avances y retrocesos, hipotecados por el Mito de Sísifo, seguimos en el empeño de hacer cristalizar nuestra libertad en procesos que se nos hacen inacabados y de final incierto.

Nunca antes como ahora y otra vez ese desafío adquiere tono agonal, porque nunca antes como esta vez nos hemos visto los venezolanos secuestrados por la felonía y la barbarie instalada en el Estado.

Es como si el espíritu de José Tomás Boves se hubiese metido en el alma de algunos hijos de nuestra misma tierra, empeñados a sangre y fuego en preservarse como centuriones, esta vez, de un régimen inmoral extranjero –el de la Cuba de los Castro– que viola el cuerpo de nuestra madre patria, hasta hollarlo y mancillarlo cabalmente.

De modo que la reacción popular virulenta e in crescendo que hoy tiene lugar contra el narco-régimen militarista y primitivo que conducen Nicolás Maduro y sus áulicos –suerte de sociedad de criminales que escapa a los moldes de nobleza que forman a las repúblicas– encontrará otro hito de importancia crucial, este miércoles, 19 de abril de 2017.

Nadie alberga dudas sobre el desafío monumental que tienen en sus manos los actores fundamentales de nuestra empresa democratizadora, los de adentro y los de afuera. Pero así mismo, ambos no han de dudar del compromiso que asumen con las mayorías que son víctimas actuales de la represión humanitaria y les vigilan desde sus trincheras de lucha. No hay más espacio, cabe decirlo, para las debilidades; para las transacciones espurias; para la confusión interesada de lo que no es confundible, a saber, la naturaleza genocida de quienes, tras disimulos ideológicos como ese del socialismo del siglo XXI, han optado por preservar su poder al costo que sea, para seguir usándolo como madriguera de delitos que claman al cielo: el narcotráfico, el terrorismo, el lavado de dineros ensangrentados, los asesinatos, los encarcelamientos y torturas de quienes se les oponen, y párese de contar. ¡El costo de salida lo han elevado Maduro y sus compinches hasta niveles siderales y de suyo impagables!

Especular acerca de los escenarios posibles, probables, inmediatos, que seguirán a esta hora de desenlaces en la trama de la tragedia que vive Venezuela, es tanto como navegar sin vela ni destino. Pero los ejercicios ayudan para obviar las sorpresas y minimizar los riesgos.

El Urogallo, el Taita, se inmola en su tiempo, en 1814, como lo pretende Diosdado Cabello, el más comprometido dentro de la dictadura por sus sevicias contra el pueblo venezolano y no solo por ser el ícono de la narco-podredumbre que nos contamina como nación y deja a la vera, cada año, más de 28.000 asesinatos. Aquél topa con Urica y allí deja su fama de bestia a caballo, a 56 km de El Furrial.

Maduro y su vicepresidente, entre tanto, sufren de dislocación intelectual. Ni siquiera los incidentes de Villa Rosa y San Félix les previenen sobre el infierno que les espera y alimentan. Por iletrados desconocen la historia de Robespierre.

La gente, no obstante, en su sabiduría y paciencia infinita, sigue en procura de un desenlace pacífico, que intuye a la vuelta. No lo visualiza con claridad, pero lo hace y cuece a fuerza de constancia y protestas cada día. Espera acaso, guiado por el optimismo de su voluntad, se le permita volver a las urnas, para que el país no se llene de urnas. Cambia votos por balas. Pero ni Maduro ni sus socios parecen entenderlo. Ofrecen nuevos maquillajes a través de los Zapatero, los Fernández y los Torrijos.

La república está destruida. La sociedad es colcha de retazos, pero está unida en su indignación. Y antes o después, lo sabe ésta, logrará unas elecciones generales. Sabe, por experiencia, que de nada sirven las guarimbas parlamentarias, ni las gobernaciones, ni las alcaldías, mientras el crimen conserve su control desde el Palacio de Miraflores. Habrían de saberlo quienes fueran electos diputados con poder calificado el 6 de diciembre de 2015 y luego descubren que no tienen más influencia que una junta de vecinos. Lo sabe mi amigo, Antonio Ledezma, electo Alcalde Mayor de nuestra capital y quien se descubre, días después, desnudo y sin palacio, ahora puesto tras las rejas por el dictador que estira y dilapida el tiempo como si le sobrase a él y su consorte.

Las horas son magras y el vértigo empuja. Nuestros marchantes parecen haber leído, para este 19 de abril, la enseñanza de 1810, constante en la Gazeta de Caracas: "Si hay tranquilidad y sangre fría –y se pierde el calor en las venas– a la hora de defender la patria y sostener los derechos del hombre, apenas habrá frenesí revolucionario antes de que llegue el letargo bajo el sable del despotismo militar". No hay otro camino, pues, que el de la libertad.

EL MURO DE LA VERGÜENZA EN VENEZUELA

23 de abril de 2017

Hartado el pueblo venezolano de la podredumbre que le significa el narco-régimen de Nicolás Maduro, sin regreso mientras permanezca en el poder y sin beneficio –como lo sugiere la ONU– de diálogo: que no sea para organizar una despedida con menos violencia, ha fijado dos símbolos que dicen mucho y a profundidad. Los recordará nuestra historia, una vez como se escriba sobre este agonal momento que tiene como hito la efeméride reciente del 19 de abril de 1810.

Primero, los jóvenes –en mega marcha que supera al millón de almas– se sumergen en el Río Guaire y sus aguas servidas. Escapan de sus represores y a las balas de los paramilitares –"colectivos armados"– que los apoyan. En ellas prefieren bañarse pues la fetidez es menor que la excretada por los represores. Luego, levantan aquéllos para su memoria y la de las generaciones por venir el Muro de la Vergüenza. En el fijan las fotos de quienes, comenzando con Maduro, atrincherados en el poder para la ejecución de verdaderos crímenes de lesa humanidad, señalan como sus responsables. No le arredran las amenazas de 2015 y 2017: "Prepárense para un tiempo de masacre y muerte si fracasa la revolución", "hay que garantizar un fusil … para cada miliciano".

En la represión intencional, generalizada y sistemática del pueblo por la narco-dictadura no media un propósito ideológico: el Socialismo del siglo XXI, que tampoco la justifica. No reprime ésta para salvar al país de algún peligro mayor que tampoco la explicaría o acaso, a la manera del nazismo –tocado por una dislocación mesiánica– porque fuese necesaria para el bienestar nacional. Delinquen Maduro y los suyos, antes bien, para lo más vil y profano.

Realizan asesinatos, practican secuestros, torturan a sus presos, hacen morir de mengua a la gente, todos a uno como sicarios del narcotráfico y el terrorismo que, todos a uno, comparten como única razón de sus presencias en la política. Y al país que no le es funcional lo declaran civilmente muerto, siendo la mayoría.

Se trata, cabe decirlo sin ambages, de una réplica al calco de la serie sobre Pablo Escobar –El Patrón del mal– que esta vez tiene a otros actores de reparto: A Maduro y sus familiares, en espera de ser condenados por tráfico de drogas; a Tareck El Aissami y el general Reverol como el teniente Cabello, ejes visibles del negocio de la muerte y perseguidos por la DEA; el comisario Bernal y el señalado Cabello, regidores del narco-paramilitarismo popular; los magistrados Maikel Moreno y Gladys Gutiérrez como la inefable juez Susana Barreiros, purificadores de los crímenes de Estado; el Defensor del Pueblo Tareck William Saab y quienes le anteceden, German Mundaraín y Gabriela Ramírez, sordos ante los asesinatos y heridos que manchan, antier, a Hugo Chávez e Isaías Rodríguez durante la Masacre de Miraflores, ayer al general Rodríguez Torres por la Masacre del Día de la Juventud y, esta vez, a todos los señalados por la represión en curso.

No exagero. La línea roja ha sido traspasada por los que están y los que faltan en el Muro de la Vergüenza.

En buena hora y como una campanada que ha de impedir errores en el camino hacia el desenlace, la Asamblea Legislativa de El Salvador, país donde gobierna el Frente Farabundo Martí, ha ordenado a sus directivos adherir a la denuncia que contra la mafia criminal de represores y de militares que oprimen a la población venezolana y violan sus derechos a la vida, a la libertad e integridad personal, ha sido presentada ante la Corte Penal Internacional, registrada con las siglas OTP-CR-201/16 y suscrita por CASLA.

Antes, a propósito del 11 de abril de 2002, con sus 20 muertos y 100 heridos a cuestas, y de febrero de 2014, con sus 41 muertos por protestar y sus centenares de heridos como miles de encarcelados que ahora se repiten, similares denuncias se consignan ante La Haya. La penúltima ha sido suscrita por una pléyade de parlamentarios latinoamericanos.

Son acciones que intiman y comprometen a los demócratas venezolanos, pues si no hay verdad mal puede alcanzarse la reconciliación; si toma espacio la impunidad huye la Justicia y no restañarán las heridas causadas por la narco-dictadura; y sin memoria –como la del Muro de la Vergüenza– los atentados a la dignidad humana volverán a repetirse, una vez calmadas las aguas.

La disyuntiva de la comunidad internacional, incluido el Estado Vaticano e incluidos nuestros propios liderazgos, es elemental. En Venezuela no media una crisis política e institucional por obra de narrativas distintas acerca de una vida democrática deficiente, menos una polaridad entre banderías irreconciliables, sino el secuestro de toda una nación y su Estado por los cárteles de la droga y otros agentes del narco-terrorismo y el fundamentalismo islámico; a menos que prefieran hacerse cómplices por omisión y tolerar los crímenes de éstos, que claman al cielo.

LA OEA NO ES CLUB DE LA NARCO-POLÍTICA

30 de abril de 2017

Si pudiese argumentarse sobre el porqué del fracaso de la resurrección marxista a manos de la satrapía cubana en Hispanoamérica –que golpea otra vez con la misma piedra– de nada servirán las explicaciones hijas de la experiencia u obra de la racionalidad empírica o teórica; como las que nutren a la literatura política en vísperas y después del derrumbe de la Cortina de Hierro. Esta vez aquella se entierra bajo el excremento de la corrupción, el peculado, el narcotráfico, los crímenes de terrorismo y lesa humanidad en sus modalidades sistemáticas de secuestro, asesinatos, torturas, represiones, diluidas tras la profanación del nombre de Bolívar.

¡Y es que, al paso y por lo visto, la claque de filibusteros que se posa sobre Venezuela, Ecuador, Bolivia y Nicaragua, en la Argentina de ayer y el Brasil que desnuda Lava Jato, lo hace para capturar sus gobiernos y disponerlos como maquinarias al servicio del delito! No les basta a aquéllos el robo de los dineros públicos ni la expoliación de los bienes privados, sino que, al término, descubren, como antes lo hicieran los hermanos Castro, las ganancias jugosas y siderales del tráfico y comercio de las drogas.

Hace casi 28 años, ante el ruido pionero que ello hace internacionalmente, Fidel ordena el fusilamiento de la camarilla de sus socios: el general y "héroe de la república" Arnaldo Ochoa junto a otros 19 generales inculpados de narcotráfico, en la llamada Causa 1, para limpiarse aquél su rostro con la sangre de sus subalternos y ponerle distancia a la cuestión.

Desde entonces, sin embargo, en 1989 el mismo cocina su vuelta al ruedo como cabeza de la mafia narco-política y prepara como territorio para sus operaciones a Venezuela. No por azar, al encumbrarse Hugo Chávez –su segundo Ochoa– en el poder, le encomienda arreglarse con la vecina guerrilla colombiana. Se forja, así, un "modus vivendi" que a todos les deja dividendos en la empresa de muerte que los ata, purificada para lo sucesivo bajo una nueva e inédita modalidad: Se delinque con los votos de la democracia; se incrementan los socios en los gobiernos para ganar sus silencios; y, al cabo, se controlan a los jueces para que, con sus sentencias, legalicen las violaciones de la legalidad requeridas para la prosperidad de la empresa de narcóticos cuya holding y mesa de diálogos reside en La Habana, ahora la Ginebra del Caribe.

Tengo a mano el papel que recoge las instrucciones del fallecido Comandante Eterno, quien a partir de 1999 ordena a los suyos suministrarle a las FARC "medicamentos especiales", venderle "petróleo", registrar sus "empresas en el área bancaria" con el nombre de Banco de los Pobres, apoyarlos con "asilo y tránsito", garantizarles sus contactos con el "Alto Mando", y obligándose ella, eso sí, a "no entrenar militantes venezolanos sin consentimiento del gobierno" ni realizar "en territorio venezolano" actividades ilícitas.

El saldo de esa mudanza atrabiliaria de Venezuela en un patio de criminales explica nuestra quiebra actual como nación anegada por la violencia. Que sus poderes inhabiliten a la disidente Asamblea Nacional que los observa y es disidente, era de esperarse. Revela el travestismo oficial por qué urge Chávez a la OEA, bajo el secretariado de Insulza y el concurso de muchos gobiernos cómplices, la aplicación de la Carta Democrática en el caso de la Honduras de Zelaya. Requería salvarlo, salvando junto a él un territorio privilegiado para el negocio y tránsito obligado hacia el norte del continente. Indica lo que es vergüenza para quienes somos parte de la Venezuela decente, a saber, la colusión de los altos cargos para sostener el ferrocarril de la cocaína y demás basuras conexas, pues eso vale si se trata con ello de intoxicar al Imperio.

He allí la razón o sin razón de los costos que como víctimas ahora pagan, con luto y heridas, las muchedumbres que han decidido abandonar sus casas y no regresar a ellas hasta que renuncie la satrapía que mancha el honor patrio. He allí porqué ésta no tiene como pagar su precio de salida, que no sea inmolándose o tomando pasaje hacia las penitenciarías más cercanas.

¡Que el narcotráfico instalado en el gobierno de Venezuela anuncie su retiro de la OEA, su separación del club de los demócratas que conduce un hombre esclavo de los principios, Luis Almagro, es una nimiedad, causa hilaridad! Lo que no la causa es que aún queden gobernantes dentro de esta que se declaren neutrales al respecto, o todavía apoyen al dictador Nicolás Maduro, procónsul del Castro que sobrevive y de su cartel socialista del siglo XXI.

LA PAZ DE TIBISAY

7 de mayo de 2017

Son 40 los muertos que ya causa la "masacre de Tibisay" en Venezuela desde este abril luctuoso, que trae a la memoria el otro abril, el del 11, el de la "masacre de Miraflores" de 2002.

No olvido el llamamiento que entonces hacen a sus paramilitares [mal llamados colectivos] el ministro de la defensa, José Vicente Rangel, y el diputado Juan Barreto, al grito de "no pasarán" los opositores. Quedan a la vera 20 muertos y un centenar de heridos quienes intentan pasar. Los hemos olvidado tras el debate bizantino sobre un "golpe de micrófonos" entre militares al que sigue la razzia que monta el propio Hugo Chávez días antes, en comandita con Julián Isaías Rodríguez Díaz, a la sazón Fiscal General de la República y embajador de la dictadura de Nicolás Maduro en Roma.

Isaías, antes que conservar el silencio de un arrepentido, se solaza con su participación en el rito funerario del año citado. Y ahora vuelve para participar de otra treta que entierre la memoria de los caídos por culpa del Poder Electoral y por acción coludida de militares, paramilitares y presos a las órdenes de la ministra Iris Varela. Me refiero a la calificada "prostituyente" y la confiscación previa del derecho al voto de los venezolanos.

La inconstitucional convocatoria por Nicolás Maduro de una asamblea comunal bajo el nombre de constituyente, para que le ponga final a la república democrática, a sus elecciones universales, y asegure la instalación de un esquema en Venezuela que, réplica del cubano, haga perpetua su revolución asesina, busca, al cabo, acallar el llanto de los padres y hermanos de las víctimas de sus masacres.

La consigna que otrora lleva hasta la boca de un Ejército de felones el mismo Chávez –Patria, socialismo o muerte– se hace realidad cruda y muda, como lo fue en 2014 con la "masacre del día de la Juventud". Llega la muerte porque los causahabientes de éste pierden los votos. Les quedan en herencia las balas.

Así se explica, no de otra manera, la operación de desconocimiento y secuestro paulatino de la soberanía popular y del sagrado principio democrático: una persona, un voto, que se monta a partir del 6 de diciembre de 2015, cuando es electa una Asamblea Nacional de mayoría calificada opositora. Son la razón de las inconstitucionales negativas del referéndum revocatorio y la moratoria de las elecciones de gobernadores y de alcaldes, en las que ayudan los ex presidentes Zapatero, Fernández, Torrijos y Samper, observadores electorales al servicio de la Lucena y, sucesivamente, sicarios de la dictadura para enterrar a la libertad.

Balas y no votos es el parteaguas que se hace agonal. A partir de él pueden discernirse las responsabilidades por los crímenes de lesa humanidad –masacres generalizadas, hijas de la discriminación política, obras de una política de Estado– acometidos hoy y en el curso de los últimos 17 años.

Chávez usurpa la soberanía y se sitúa por encima de la Constitución dando lugar al 11 de abril. Después usa la mano de Tibisay Lucena para ocultar el fraude del referendo revocatorio que le habría expulsado del poder en 2004, y así se agita aún más la llama de la protesta social. Luego Maduro persigue judicialmente a quienes cuestionan su elección –con vicios de todo orden– y arde la pradera hacia el 2014. Derrotado políticamente en 2015, desconoce al parlamento y he allí los resultados. El saldo está a la vista. Muertos, heridos, encarcelados por miles, por demandar votos y rechazar las balas.

El cinismo criminal de quien se presta y dispone de los poderes que le otorga la Constitución para desviarlos, permitiendo que se mancille el sagrado derecho al sufragio y con ello se desate la violencia en todo el país, tiene una lápida lapidaria escrita por la Lucena: "La constituyente nos dará la paz que todos nos merecemos", a saber, la paz de los sepulcros.

Venezuela nace y amanta su historia patria de desencuentros, entre intersticios de paz verdadera, a partir del primer predicado existencial que nos damos los venezolanos antes de que las espadas se impongan durante el siglo XIX y parte del siglo XX: "La soberanía es por su naturaleza... indivisible [y] todo individuo, corporación o ciudad, que usurpe la soberanía, incurrirá en el delito de lesa Nación", declara el 1° de julio de 1811 nuestro primer Congreso. Más tarde, sobre el reclamo popular del voto universal, directo y secreto en 1945, vuelven esas espadas con la saña de Caín, para hacer caricatura del sufragio ciudadano.

Tibisay Lucena, Sandra Oblitas, Socorro Hernández y Tania D'Amelio, rectoras electorales, al permitir la confiscación de los votos por la dictadura, han regado de gasolina el suelo patrio. Son las madres desnaturalizadas de la masacre. Habrán de responder, Dios mediante, por los asesinatos de nuestros muchachos, que ejecutan bajo sus estímulos "colectivos armados y uniformados" según la enjundiosa investigación del periodista Francisco Olivares.

LA REVOLUCIÓN DE LOS PANTALONES CORTOS

14 de mayo de 2017

Tocados en la epidermis por complejos de ancianidad política o por "machistas" –actualizo la expresión de mi admirada Soledad Morillo cuestionando la minusvalía que se le endosa a la hija del innombrable, alcalde menor de Caracas– quienes hacemos parte de las generaciones nacidas en el siglo XX arriesgamos debilitar y hasta frustrar la fuerza moral, el ejemplo de dignidad y coraje en la lucha por la libertad que libran nuestros muchachos en las calles de Venezuela.

Soy un convencido de que esta generación de la esperanza, nacida en los años previos al cierre del siglo XX y en los primeros del corriente, víctima del gran engaño del Socialismo del siglo XXI y emergida con fuerza desde el Día de la Juventud de 2014, tiene en sus manos las llaves del porvenir. Salvo por traición de sus mayores no las soltará, en modo alguno. No cesará en su empeño por derrumbar los muros de tanquetas y doblegar a los sicarios de la narco-política militarizada.

Los jóvenes, con su imaginativa resistencia de pantalones cortos, nos dan una bofetada a todos, incluidos los gobiernos extranjeros quienes por acción u omisión aún guardan silencio o se descubren coludidos con esa cloaca de delincuentes que secuestra el andamiaje del poder venezolano. Nos sacan del letargo y expulsan de los terrenos en los que se adormecen los principios y pululan los Zapateros.

Al igual que ocurre con la generación de 1928, cuando los mayores toman bajo sus riendas la empresa de sacarnos de la dictadura larga, la de Juan Vicente Gómez, mediante un pacto en el que privan los cálculos propios para organizar la transición con los Dominici, los Smith, los Pocaterra, los Delgado, la de ahora como aquélla y con sus mártires a cuestas ha dicho ¡basta!

La precedente y fundadora de nuestra democracia civil, pasados los años del fracaso de la invasión de El Falke en 1929, donde muere baleado el estudiante Armando Zuloaga Blanco, encuentra como la actual su febrero propicio en 1936. Provoca, sin tutelas, las manifestaciones que obligan al general Eleazar López Contreras, sucesor de Gómez, a pedirles "calma y cordura". Éste suspende las garantías constitucionales y hasta prohíbe las reuniones de más tres personas. Han caído, como ahora, otros jóvenes más, con decenas de heridos y son muchos los presos. Pero la ola de indignación juvenil no se detiene. A su frente se pone, obligado por la circunstancia e interpretándola en su legitimidad, el mismo Rector de la Universidad Central, Francisco Antonio Rísquez.

La destitución del represor, el gobernador Galavís, no les basta a los estudiantes, casi de pantalones cortos pues sus padres les permiten alargarlos después de la mayoridad. Su tenacidad es puesta a prueba y no bajan la guardia frente al objetivo ético: abrirle sendero claro y firme a la democracia. El sacrificio de vidas muda en victoria. López se aviene y los jóvenes son quienes dialogan con él una salida. Y así nace el Programa de Febrero, que en su evolución partea los partidos y al término origina el voto universal, directo y secreto.

El "calma y cordura" que otra vez y de espaldas a la historia, como parece, algunos buscan esgrimir en esta hora agonal para la república, subestimando a nuestros muchachos y queriéndoles inhibir bajo la idea desnaturalizada de una guerra civil en ciernes, impone preguntemos sobre ¿cuál guerra civil? ¿La de los muchachos con su revolución de escudos y banderas a cuestas, protegiéndose de las balas de Nicolás Maduro y su ministro militar narcotraficante, cabeza de las policías y de los uniformados y paramilitares a su orden? ¿Guerra civil o mejor represión militar a la civilidad?

Los malos olores de un "no se qué" parecen cocinarse a fuego intenso, con Santos y mitras distantes. Llegan desde lejos y hasta la Venezuela sufriente, sobre las cenizas de Miguel Castillo Bracho y los otros 80 pantalones cortos caídos desde 2014 hasta ayer. Sus efluvios corren desde el Cono Sur y un mensaje de un resurrecto empresario invoca desde el norte otro entendimiento, a la manera de Obama y de Francisco: con Cuba, Colombia, y USA como actores. Y aparece en la escena, otra vez, el Palacio de Nariño con sus asesores españoles a sueldo, amigos del sincretismo, del maridaje entre la decencia y el mal absoluto, para que haya transición a la medida y no una "guerra civil": ¿Cuál guerra? ¿Entre los mismos revolucionarios verdaderos de pantalones cortos, acaso víctimas de la felonía, masacrados por el narco-madurismo?

Mi condiscípulo Edgar Cherubini Lecuna hace crónica, esta semana y en buena hora, sobre la caída del Muro de Berlín, cuando la lucidez de sus estadistas –Helmut Kohl en primer orden– les permite advertir el paso del Manto de Dios, que no se repite. Y todos se empinan por sobre la mediocridad y se agarran de él fuertemente, antes de que se les vaya de las manos. El momento se inicia cuando los mismos soldados, escaldados, deciden bajar la guardia y rompen el muro junto a su pueblo y con este las amarras del totalitarismo despótico y comunista.

CUENTA REGRESIVA

21 de mayo de 2017

Venezuela se aproxima, aceleradamente, hacia otro parteaguas histórico, distinto de los que ha conocido casi siempre pasada una generación y desde su aurora republicana.

Esta vez, trata que su lucha agonal –con costos de vidas, heridos y encarcelados– le permita renacer como nación, como sociedad con textura y más allá de sus partes, comprometida con prácticas políticas ajustadas a la moral, a las leyes universales de la decencia, desaparecidas a lo largo de los últimos 17 años; pero arrebatadas tales leyes y sus frenos desde el instante mismo en que una logia narco-terrorista se apropia del andamiaje del Estado.

Impedir la prórroga de ésta y que se frustre la empresa de libertad que guían jóvenes y hasta niños con admiración de sus mayores –la he llamado "revolución de los pantalones cortos"– es un deber inaplazable.

Toda duda, toda omisión, toda falsa discreción o prudencia, incluida la de gobiernos extranjeros que se neutralizan alegando no querer darle aliento a una "guerra civil" en ciernes e imaginaria, pues es, antes bien, represión abierta y criminal –casi genocida– por parte de militares y paramilitares contra ciudadanos quienes protestan en paz al régimen de Nicolás Maduro, expresa complicidad con éste, responsabilidad compartida por los crímenes que a diario se le suman.

No exagero. El milagro de la tecnología digital hoy impide la censura, el ocultamiento dictatorial y la desfiguración de realidades crudas como las señaladas. Nadie puede decirse ajeno o ignorante. Quien no reacciona con indignación ante el oprobio es socio y cooperador activo o pasivo con la vesania que se fragua desde los laboratorios del Palacio de Miraflores y sus ministerios de defensa y del interior; éste último, bajo la dirección de una suerte de Pablo Escobar acusado de ser la cabeza de uno de los cárteles de la droga que ha secuestrado al país.

Los disparos, las torturas, las patadas de guardias nacionales y colectivos criminales organizados por el propio Maduro para sostenerse en pie por sobre el dolor de un pueblo inerme pero corajudo, son verdades palmarias que aceleran los latidos de todas las opiniones públicas en el mundo.

Cada día son más quienes se deslindan del régimen, con valentía que cabe admirar en la hora, pues es más fácil el alineamiento de quienes a él se oponen como víctimas sufrientes que el de otros, como la Fiscal General de la República, que han convivido con la dictadura y mezclado con sus tuétanos, y ahora la abandonan vomitando intoxicados ante los propios y escamados frente a los ajenos.

La responsabilidad de quienes tienen en sus manos las riendas para administrar y ordenar las protestas –es el caso de la Asamblea Nacional, depositaria de la única legitimidad democrática que resta en medio de la total desarticulación del país– y, sobre todo, de darles su propósito final, es más exigentes que nunca. Se requieren acciones concretas, decisiones incluso simbólicas que anuden al conjunto en su rechazo a lo insostenible, a la presencia de Maduro y su mafia criminal en el poder de facto que a todos intenta dominar. Y ello impone un diálogo, pero no con el crimen, jamás con los criminales, sino con ese resto de actores propios y ajenos, sean nacionales o internacionales, quienes desde sus distintas y no pocas veces antagónicas o diferentes posturas puedan darle una pronta salida al mal absoluto que lucha por sobreponerse de forma definitiva, para salvar sus pellejos incluso sobre un río de sangre inocente que va inundando el suelo de la patria doliente.

La Conferencia Episcopal Venezolana y su presidente, monseñor Diego Padrón, han sido contestes al respecto. Si de conversar se trata bien, pero sólo para que se le devuelva al pueblo el ejercicio cabal de su soberanía, se respeten las competencias de la Asamblea, se liberen a los presos políticos, y la ayuda humanitaria restañe las heridas vitales que causan la hambruna y la falta colectiva de medicinas.

El hemisferio y el mundo, a través de sus organismos más calificados –la OEA y la ONU, y la OEA en primer término como lo ha dicho la ONU– ya marca rumbos, pero ellos son, al fin y al cabo, el público o audiencia que ha de estar presente en el teatro de nuestra reconstrucción democrática. Es a los actores, a los venezolanos, con sus narrativas oportunas y ordenadas, como dueños de la trama y su desenlace, a quienes corresponde salir a la escena y llevarla hasta su clímax antes de que cierre con el éxito que todos esperamos. Vivimos un drama. Hemos de evitar que derive en tragedia.

Apenas falta que los ejecutores materiales de la violencia, los soldados, bajen sus armas y adquieran conciencia de que son igual carne de cañón por obra de un gobierno criminal y los generales que los mandan; para que se sumen –como ocurriera en la Alemania comunista– a quienes se esfuerzan en derrumbar los muros de la vergüenza, las paredes que a todos nos han separado siendo hermanos.

Las horas cuentan, las horas pasan.

OTRO GOLPE DE ESTADO EN VENEZUELA, EL DE LA LUCENA

28 de mayo de 2017

Me resisto a toda consideración jurídica y formal sobre el nuevo golpe de Estado que, en sucesión del acometido por la Sala Constitucional del Tribunal Supremo de Justicia y les cuesta sanciones individuales internacionales a sus jueces por enemigos de la democracia, ahora llevan a cabo las rectoras electorales, suertes de "tarazonas" de Nicolás Maduro. Algunos se dejan traicionar por el leguleyismo, arguyendo su nulidad de pleno Derecho como si acaso un golpe constitucional fuese algo jurídicamente debatible, antes que aceptación oblicua del macabro juego de la dictadura.

La convocatoria por éste de una suerte de constituyente comunal a fin de apalancarse en el poder por sobre la sangre de los centenares de muertos y heridos que ya deja a la vera su labor represora: su masacre de jóvenes que representan el futuro del país, y la autorización por aquéllas del esperpento electoral que desde ahora organizan a la medida de quien se encuentra incurso en crímenes contra la Humanidad, quedará registrada dentro de las ignominias ocurridas en la historia republicana de Las Américas.

Las innombrables Tibisay Lucena, Sandra Oblitas, Socorro Hernández y Tania D'Amelio, habrán de responder por este otro acto de violencia contra la soberanía popular venezolana y contra la mayor conquista democrática alcanzada por ésta desde la Constituyente de 1947, a saber, el derecho al voto universal, directo y secreto, es decir, un voto, una persona, y un derecho al voto para todas las personas, sin distinciones ni separaciones de origen u oficio.

Esa regla tan elemental, que incluso respeta en su momento la heterodoxa constituyente que organizara Hugo Chávez Frías en 1999, padre de nuestra tragedia actual y causante del felón quien ahora entierra sin honores su obra constitucional, desaparece por obra de las inefables rectoras, por meras cagatintas de la dictadura.

Que Maduro invoque artículos y los manipule con aviesa conducta de estafador de la legalidad, pues manda dentro de un régimen de la mentira –diría Piero Calamandrei– y le hace decir a la constitución y las leyes lo que no dicen ni permiten, en modo alguno purifica lo que es, repito, un atentado al orden democrático, una ruptura del pacto que nos rige a los venezolanos, un golpe de Estado más, tan simple como eso.

Intentar crear una asamblea de comunas a la medida, con representantes de grupos sociales escogidos a dedo por el dictador –en una suerte de mal calco del corporativismo de estirpe fascista mussoliniana– a fin de, otra vez y por enésima vez, refundar la república y nuestro sistema constitucional, implica sin lugar a dudas la continuación, ahora a manos de las rectoras electorales, del golpe sistemático de Estado que ejecuta desde diciembre de 2015 el cártel que ha secuestrado a Venezuela. Y no exagero ni vilipendio, a pesar de que aquél y éstas arguyan que la imponen como un camino "para la paz que nos merecemos", a saber, la paz de los sepulcros que abren a diario en todos los cementerios de Venezuela.

El prestigioso The Washington Post ha sentenciado, no por azar, que "Venezuela está gobernada por el más poderoso cártel del mundo".

Lo esencial salta a la vista, como razonamiento elemental. Si la Lucena, directa responsable, junto a sus colegas, de la prohibición de una salida constitucional y electoral oportuna –el referendo revocatorio y la elección de gobernadores– que conjurase la violenta crisis que provoca el golpe de Estado ejecutado por los jueces constitucionales para desconocer a la Asamblea Nacional y sus competencias de control y de legislación, ahora hablan de elecciones a la "medida" para que se logre la paz, ellas son las responsables de la masacre que ejecuta Maduro. Los muertos, heridos, torturados y presos tienen como agentes materiales a Guardias Nacionales, Policías Bolivarianos y grupos paramilitares; pero la espoleta de la granada que mancha de sangre inocente a la geografía patria, es el efecto de las prohibiciones de CNE, negando y posponiendo "*sine die*" los actos electorales constitucionalmente previstos, para salvar a la cabeza del narco-andamiaje en que ha mudado el Estado venezolano.

En suma, lo que al término cabe señalar como corolario es que si Maduro enloqueció por incapaz de pagar el costo de su salida junto a sus colaboradores, implicados en crímenes de tráfico internacional de drogas al que se suman los asesinatos del pueblo que han aprisionado a la manera de escudo protector, son responsables de todo ello las rectoras del CNE. Son culpables de la tragedia que nos enluta, por serviles, por indignas de ocupar las sillas de un poder del Estado cuya autonomía relajaron para entregarlo a manos del despotismo criminal e iletrado. Les llegará su ergástulo, a manos de la Justicia, cuando venga de regreso, muy pronto. No podrán dormir hasta entonces.

LA REVOLUCIÓN SÍ, PERO NO ASÍ

4 de junio de 2017

Soy un simple profesor y desde tiempo inmemorial –medio siglo que recuerde– un columnista de opinión, ajeno a las ciencias ocultas. No sé, pues, qué se nos viene encima a los venezolanos al final de esta dura lucha contra la represión más desalmada que conozcan nuestros anales patrios. De nada ya sirven las reglas de la política o la historia, pues la lógica de la dictadura transita mejor por los predios de lo policial.

Algo me tranquiliza, a saber, que la mayoría determinante, macerada en el dolor y en las carencias que nos son comunes desde que se instalará la mal llamada revolución, ha alcanzado el territorio de lo transcendente. Todos a uno hemos abandonado el miasma de la cotidianidad que nos mantiene bajo secuestro y quizás tapándonos las narices por su aún cercanía miramos finalmente hacia el horizonte, con nombre de libertad.

Venezuela renace de sus cenizas y –no exagero al decirlo– observa éstas para hacer memoria de un sentir propio que se hizo subterráneo sin perderse y da razones suficientes para rescatar una identidad germinal que han silenciado las espadas y sus cuarteles; que nos permite avanzar hacia una obra de recreación democrática con las seguridades de su éxito.

Releo a El Publicista de Venezuela, que circula en 1811, nuestra hora inaugural. En sus páginas consta que el Congreso General de Venezuela, en su sesión legislativa establecida para la provincia de Caracas, declara que el olvido y desprecio de los Derechos del pueblo, ha sido hasta ahora la causa de nuestros males; por lo que se declara convencido que, antes de formar una Constitución, debe prescribirse: (1) la residencia imprescriptible, inenajenable e indivisible de la soberanía en el pueblo, en su conjunto, no en sus partes; (2) la voluntad del pueblo como única que otorga legitimidad y legalidad a los gobiernos, que han de ser temporales; y (3) la igualdad fundada en la ley y en la compatibilidad de los actos del gobierno y los magistrados con el respeto, ora de la soberanía, ora de los mismos derechos del hombre.

A guisa de dicha lectura me encuentro con el debate de competencias en el que se cruzan nuestros primeros poderes en sus fases de transición, a cuyo respecto la claridad de miras de nuestros Padres Fundadores es proverbial: "Si el Poder Legislativo dictase una ley, y el Poder Ejecutivo no administrase y gobernase por ella, no negaría el Poder Judicial, que éste se excede". Mas a pesar de esa independencia con que efectivamente deben obrar los tres Poderes en sus respectivos ramos –rezan las actas de entonces– "están recíprocamente sujetos a la observación de sus operaciones, para que ninguno traspase la línea de su autoridad; y si como quiere el Poder Judicial, no pudiesen los demás censurarle sus juicios, y contenerle, sería el más déspota de los tres".

La preeminencia actual del irrespeto a la Constitución y la ley por el gobierno y los jueces ha llegado a límites, por lo visto, hoy irreconocibles para nuestra auténtica tradición republicana, incluidos los tiempos en los que los militares hacen valen la ley de la fuerza, pero cuidan de las fórmulas sacramentales.

Esta vez los corifeos togados, antes bien, elaboran panfletos que mejor hablan de culto a la mentira, de la impudicia desembozada desde el poder que ya no encubre sus felonías, ora contra el soberano, ora contra los derechos esenciales del ser humano.

En este punto, por mirar u otear el bosque, no el árbol que tapa nuestra vista, considero de valor extraordinario el comportamiento republicano que en la circunstancia agonal del país despliega la Fiscal General de la República, Luisa Ortega Díaz. Ha dejado los odres del narcisismo y la enajenación revolucionaria para casi decir, cambiando lo cambiable, lo que diría el ex presidente Álvaro Uribe: ¡La revolución sí, pero no así!

De modo que, al pedirle al procónsul Maduro suspender su adefesio de "constituyente comunal", acepte se pronuncie la soberanía popular de un modo cabal, y procure un diálogo que asegure la paz y tranquilidad en Venezuela, acaso hace lo que le corresponde hacer –sin que concite admiración– a cualquier titular del Ministerio Público en una democracia. ¡Que lo haga bajo la dictadura, traicionándola, en medio de la violencia sin Constitución ni respeto por la vida que secuestra al país, reclama reconocimiento! Lo relevante es que salva con su hacer el catecismo raizal de la patria.

Una corrección o precisión si exige su invitación al diálogo, que es una mala palabra en Venezuela.

Vaclav Havel, quien sabe y conoce a cabalidad de transiciones hacia la democracia desde el comunismo, distingue bien al efecto: "Si la humanidad ha de sobrevivir... el orden... debe ir acompañado por un respeto mutuo y sincero... de buscar y encontrar aquellos valores o imperativos morales básicos que tienen en común [las distintas culturas, naciones, o personas]"; pero, asimismo, se debe confrontar el mal desde su seno, de lo contrario debe eliminarse por la fuerza".

HABEMUS FRANCISCUS

11 de junio de 2017

Ha sido, para muchos, bastante complejo entender los aparentes movimientos zigzagueantes del Vaticano con relación a Venezuela, a su abierta y desenfadada narco-dictadura, y al sufrimiento sin límites de todos los venezolanos, incluidos quienes apostaran al éxito de la manoseada y vacua "revolución bolivariana".

Derivada ésta en "proceso", mudada en "chavista", luego en "marxista" y al término en "neo-cubana", hasta que al llegar Nicolás Maduro queda al desnudo como el secuestro por una aviesa claque criminal del andamiaje de nuestro Estado para sus fines delictivos trasnacionales, se opera entre nosotros un milagro político y económico al revés. De venezolanos sauditas pasamos a ser la Burundi latinoamericana, y en nombre de la democracia sustituimos los votos por las balas. No podía ser de otra manera.

La Conferencia Episcopal Venezolana, teniendo a la cabeza a ese titán de la humildad, del compromiso militante, de abierta sensibilidad para la comprensión de nuestras miserias humanas y políticas reconduciéndolas hacia su mejor senda, factor de entendimiento que es Monseñor Diego Padrón, su presidente, arzobispo de Cumaná, ha llamado siempre las cosas por su nombre. No ha matizado la tragedia que hoy nos afecta y enluta. Tampoco se arredra en sus convicciones cuando, sin mengua de su dignidad y haciendo respetar a la Iglesia, escucha las razones de nuestros victimarios; y sin agredir también discierne sobre las falencias que aún ha de colmar el liderazgo democrático.

En unión de sus hermanos en el Episcopado presentes –los Cardenales Arzobispos Urosa y Porras, y los Obispos Moronta, Azuaje, y Basabé– y ante Papa Francisco ha sido muy claro: "Hoy en Venezuela ya no hay propiamente un conflicto ideológico entre derechas e izquierdas o entre "patriotas" y "escuálidos"... sino una lucha entre un Gobierno devenido en dictadura, autorreferencial que sólo sirve para sus propios intereses y todo un pueblo que clama libertad y busca afanosamente, a riesgo de las vidas de los más jóvenes, pan, medicamentos, seguridad, trabajo y elecciones justas, libertades plenas y poderes públicos autónomos, que pongan en primer lugar el bien común y la paz social".

Y si se trata de la mutación constitucional que, como parte de un golpe de Estado continuado, ahora provoca el narco-régimen militar de Nicolás Maduro a objeto de realizar una asamblea constituyente comunal que le permita afirmarse con los votos de sus funcionarios y los beneficiarios de dádivas oficiales, ajusta Padrón lo vertebral. En sus palabras, que reflejan el criterio concordado de la Iglesia y su preocupación, ella "será impuesta por la fuerza y sus resultados serán la constitucionalización de una dictadura militar, socialista-marxista y comunista, la permanencia ilimitada del actual Gobierno en el poder, la anulación de los poderes públicos constituidos, particularmente de la actual Asamblea Nacional, representante de la soberanía popular, el aumento de la persecución y exilio de los opositores al sistema político dominante y la ampliación de las facilidades para la corrupción de los gobernantes y sus adláteres.".

A Papa Francisco se le critica por la tibieza de su lenguaje al respecto, que no busca exacerbar, concilia, y es propio de una institución que por ello mismo frisa dos milenios. Quizás se le recrimina su respaldo al diálogo de utilería que convoca la dictadura a objeto de ganar tiempo para estabilizarse y apagar la protesta social. Mas lo cierto es que a través de un representante papal sólo participa para facilitar los encuentros, que la propia Mesa de la Unidad Democrática avala sin medir las consecuencias ni prevenir sobre la sabida complicidad con el gobierno de los ex presidentes que los arbitran: Zapatero, Fernández, Samper, y Torrijos. El fracaso lo reconoce y hace evidente el Secretario de Estado vaticano, Cardenal Pietro Parolin y no éstos, por taimados y pillos; tanto que el purpurado, en nombre del Papa, reclama la burla de Maduro y el incumplimiento de lo acordado por su gobierno: respeto a la Asamblea, liberación de presos, canal humanitario, y elecciones.

El comunicado que resulta del encuentro reciente entre el Santo Padre y los obispos venezolanos es crudo y revelador. Describe entre sus líneas la tentación que el mal absoluto quiso llevar otra vez a cabo ante el Solio de Pedro y a deshora: "[Algunos de los que sirvieron como facilitadores en el fallido intento de diálogo del último trimestre del año 2016, han insistido en solicitar a la Santa Sede su participación en un nuevo proceso, sin embargo, la respuesta ha sido contundente: La Santa Sede, sólo tomará parte en una nueva iniciativa de diálogo, siempre y cuando el gobierno cumpla con las cuatro condiciones ya expresadas...".

Padrón ha dicho –con el visto bueno papal– que "diálogo en Venezuela quiere decir hoy consultar la libre opinión del pueblo soberano... Pero el diálogo en nuestro país debe tener, no como condición sino como punto de partida o presupuestos de real eficacia, los Acuerdos alcanzados, pero no cumplidos", concluye.

Francisco está al tanto, pues, de todo lo que nos ocurre. Ha ratificado su apoyo al Episcopado y pide el acompañamiento de las víctimas. Queda conmocionado ante el milagro hecho dolor y clavado de espinas. Los obispos le han mostrado la foto de Neomar Alejandro Lander Armas. ¡Enhorabuena!

IDEA Y LA OEA, ANTE UNA AMENAZA DE LA HISTORIA

18 de junio de 2017

23 ex jefes de Estado y de Gobierno, en el marco de Iniciativa Democrática de España y las Américas (IDEA) se han pronunciado desde México sobre el golpe de Estado sistemático que ocurre en Venezuela. Que muestra carácter terminal, según lo indican dichos ex gobernantes, luego de la convocatoria de una asamblea constituyente inconstitucional por Nicolás Maduro para ponerle punto final al voto universal, directo y secreto, única fuente y puerta de entrada a la experiencia de la democracia.

El punto de no retorno es el 30 de julio. Es la fecha en la que, según el Poder Electoral controlado por el propio Maduro, tendría lugar la selección "a dedo" y bajo su control de "sus" constituyentes. Desde entonces y de ello ocurrir, se instalará con fuerza totalitaria otra narco-dictadura en la región, sobre el calco de la experiencia cubana matizada. Así se lo han hecho saber a Papa Francisco, también, los miembros de la Conferencia Episcopal Venezolana.

Los ex gobernantes, en su declaración que dirigen a los gobernantes de los Estados miembros de la OEA, reunidos desde el 19 de junio en Cancún, les intiman con seriedad, sin cortapisas: "Todos los gobiernos de la región están llamados a asumir un comportamiento consistente con su adhesión a la Carta Democrática y con los más esenciales sentimientos de solidaridad y humanidad. Nadie, en este aciago momento para Venezuela, puede ser indiferente al grito de protesta de la gente en la calle, al dolor infligido a quienes pacíficamente desafían las acciones represivas, al llanto de las madres por sus hijos asesinados, a las escenas de hambre que gol-

313

pea a los niños, a la plegaria de quienes en las cárceles siguen resistiendo la injusticia de su detención aferrados a la esperanza de que la comunidad internacional finalmente escuche".

El texto de la declaración, que recuerda las 72 víctimas fatales provocadas por el narco-régimen venezolano en su ola represora de los dos últimos meses, precisa al término que "nadie puede ser indiferente al sufrimiento de Venezuela; mucho menos los máximos representantes de los pueblos de nuestro hemisferio quienes miran con indignación y estupor la inexplicable inacción de algunos de sus gobiernos".

Cabe, pues, refrescar la historia olvidada y señalar el carácter agonal que tendrán ambas reuniones de la OEA –la de Consulta de Cancilleres y la Asamblea General– ya que pueden marcar un antes y un después, para ella y para las Américas.

Puede o no cerrarse allí un capítulo ominoso, todavía atado –aun cuando parezca increíble– a los odios de la izquierda irredenta que no alcanzan despejarse con la caída del Muro de Berlín y el fin de la bipolaridad a finales del pasado siglo. En el caso de América Latina, alude a las frustraciones incubadas por dicha izquierda luego de fracasar su insurgencia armada de los años '60, en un maridaje morganático de algunos venezolanos con la Cuba de los Castro.

El Socialismo del siglo XXI, que luego se cuece como experimento en la Caracas de Hugo Chávez y se expande hacia la región polarizando sociedades, haciendo renacer la perversidad del populismo: la banalización del sufrimiento no es, a ciencia cierta y como hoy se demuestra, otra cosa que un parque jurásico con facturas por cobrar, pero adornado con la ingeniería del siglo XXI narciso y distraccionista.

En 1964, a raíz de varios hechos puntuales previos y sucesivos –la ruptura entre Rómulo Betancourt y Fidel Castro, pues éste le pide al primero, sin lograrlo, petróleo venezolano gratuito, en 1959; la protesta de Betancourt contra Castro por sus fusilamientos y la condena de la OEA a Cuba, en 1960; la expulsión de Cuba en Punta del Este, en 1962, a pedido de Colombia, por sus injerencias en la región; la emergencia del movimiento guerrillero en Venezuela, apoyado con armamento cubano, y la otra condena a Cuba, en 1964; y finalmente, la invasión armada frustrada de Cuba al territorio venezolano, en 1967– le hacen decir al presidente Betancourt, con talante premonitorio de lo actual, lo siguiente:

"Fácil resulta explicar y comprender por qué Venezuela ha sido escogida como objetivo primordial por los gobernantes de La Habana para la experimentación de su política de crimen exportado. Venezuela es el principal proveedor del Occidente no comunista de la materia prima indispensable para los modernos países industrializados, en tiempos de paz y en tiempos de guerra: el petróleo... Resulta así explicable cómo dentro de sus esquemas de expansión latinoamericana, el régimen de La Habana conceptuara que su primero y más preciado botín era Venezuela, para establecer aquí otra cabecera de puente comunista en el primer país exportador de petróleo del mundo".

A partir de 1999, de manos del soldado felón a quien sucede como causahabiente un colombiano trucado de venezolano y formado por los Castro, Cuba logra su objetivo. Hace del andamiaje público venezolano –explotando la coyuntura y usando de los votos que luego desprecia al perderlos– su holding para el negocio del narcotráfico; ese que luego expande a Bolivia, Argentina, Nicaragua, Ecuador, y tiene como socio principal a las FARC de Colombia. Esa es la cuestión que hoy tiene entre sus manos la OEA y mortifica a los expresidentes.

No es un asunto ideológico –como reza el texto que leyera el arzobispo Diego Padrón ante el Santo Padre– entre izquierdas y derechas. Es algo más penoso y diabólico, mutación de la Cuba comunista del siglo XX, apoyada en la realidad global, a saber, el dominio en la política del relativismo moral. El secuestro por el narcoterrorismo y sus cárteles de los poderes de un Estado para oprimir a las mayorías que les rechazan y lograr con ello se les acate. Se les respete bajo las leyes del miedo y el chantaje a los gobernantes.

VETE, SATÁN

25 de junio de 2017

En mi precedente columna: "IDEA y la OEA, ante una amenaza de la historia" hablo de la misma historia para traer hasta el presente lo fatalmente olvidado por las generaciones del presente, a saber, la denuncia que hace el presidente Rómulo Betancourt en 1964, para dar cuenta de la voraz maldad, de la soberbia codicia del régimen cubano de los Castro. Desde entonces medra éste interesado en la conquista de Venezuela, y la logra. Busca desde entonces sujetarla como perro de presa y disponerla a su servicio, a la manera de un puente, para expandir, usando de su petróleo y dineros, la revolución marxista y divisora de voluntades que cubre a buena parte del continente después de 1999.

Desde México, los ex Jefes de Estado y de Gobierno de Iniciativa Democrática de España y las Américas subrayan lo más penoso y obligante en el caso venezolano, a saber, que tras el remozado y engañoso molde Castro-cubano con su pórtico socialista del siglo XXI, emerge ahora su esencia, el constructo, que no es otra cosa que una suerte de perro de Hades, un Can Cerbero que cuida con sus tres cabezas las puertas del infierno venezolano, víctima de secuestro por el narcotráfico, y en lo adelante con su nuevo adefesio, la narco-para-constituyente.

Cerbero ayer se ocupa de las puertas del inframundo griego para que los muertos no salgan y los vivos no entren. Hoy lo hace para impedir que, en el inframundo de Venezuela, ni los dueños ni los beneficiarios directos o indirectos del cártel que conducen Nicolás Maduro, sus ministros, sus jueces, sus rectoras electorales, puedan abandonarlo una vez llegados al hartazgo, y para evitar que los denunciantes de sus muchos crímenes de lesa humanidad, anunciadores de un tiempo de civilidad distinto de la barbarie, puedan romper con sus luces el círculo de oscuridad dominante.

Ese Can Cerbero, sin lugar a dudas y sin dudas de ningún género o especie, es la para-constituyente imaginada por esa triple alianza, el eje La Habana-Caracas-Bogotá, con la que intentan blindar de un modo definitivo y bajo desesperación el negocio del mal que los ata; para alejar todo peligro que los amenace hacia el porvenir, como el que le significa antes la derrota de los acuerdos envenenados de las FARC –orientados a asegurar el dominio final del narcotráfico sobre la política en la patria de Santander, centro de producción– y el que le significa, en la hora actual, la desestabilización de su centro de gestión y distribución más importante, sito en la patria de Bolívar y fuente de estabilidad para el taimado gobierno cubano.

No por azar Maduro, a quien algunos de sus observadores tachan de torpe y por su proverbial incultura, afirma, sin ocultar su hilaridad, que los puntos cardinales son cinco.

¡Y es que a los cuatro conocidos –el norte o la ayuda humanitaria de las víctimas del hambre, el sur o la libertad de los presos políticos, el este o el respeto a la voluntad popular sita en la Asamblea Nacional, y el oeste o las elecciones generales como destino para la renovación de la vida democrática en el país– le agrega a propósito ese cardinal quinto dominante, su narco-para-constituyente!

Y es que cree, él mismo, a pie juntillas, que de lograrla e instalarla, e imponerla contando con la fuerza de la violencia sistemática y generalizada que ejerce con sus "tonton macoute" –guardias nacionales y paramilitares– todo lo prometido en la espuria mesa de diálogo que regentaran Zapatero y Samper, y que da lugar al reclamo severo del Cardenal Pietro Parolin, Secretario de Estado de Papa Francisco, será pronto letra muerta; cosa del pasado, olvidada.

La narco-para constituyente es la asamblea de accionistas del cártel de Maduro. Y ella purgara a los suyos, a quienes les pierda la confianza, incluidos quienes se le opongan, señalándoles a todos de "enemigos del pueblo", como ocurriera en la extinta Unión Soviética; les llevará a manicomios como lo pide Pedro Carreño y lo practicara la República Federativa Socialista de Yugoeslavia. No habrá más presos políticos y tampoco necesitados de ayuda humanitaria, pues los políticos y quienes protesten por sufrir de hambre o carecer de medicinas, serán declarados judicialmente dementes.

No habrá, pues, necesidad de diputados y tampoco de un Ministerio Público. Y las elecciones, por burguesas y antiguallas representativas, quedaran como cuestión superada. El orden será otro, muy distinto, si lo logran.

Nadie recordará los diálogos que nos trajesen hasta este punto ominoso y de no retorno. Los arrepentidos serán sumados a la legión de inhábiles, a esa lista de muertos civiles que se inaugura con las listas de Chávez y nuestros inhabilitados opositores. Y de la MUD no habrá restos, pues se ha iniciado ya su cadalso con el carcelazo preventivo del que sabe bien de matemáticas electorales, por ende, peligroso para el Estado narco-para-constituyente en cierne, Roberto Picón.

Hay al acecho una fecha mefistofélica, el 30 de julio, y un mal absoluto cuyas tinieblas y ciénagas, con sus decenas de muertos y miles de víctimas horadadas en su integridad o privadas de libertad, comprimen los espacios del inframundo madurista. Ojalá llegue a tiempo un exorcista, que sea sensible a la bondad hecha futuro, la de nuestros jóvenes protestatarios quienes ofrendan su vida en holocausto.

Es casualidad o un signo providencial que el Vaticano, al apenas iniciarse la tragedia de Venezuela y para América Latina, en 1999, haya hecho imprimir en cuero rojo y presente actualizado el Manual del Exorcista. Tiene apenas 84 páginas. Contiene un rito lapidario que inicia y concluye lapidariamente: "Satán, te ordeno ...Vete, Satán".

LA NARCO-BARBARIE VENEZOLANA

2 de julio de 2017

La perspectiva épica que acompaña la gesta por la independencia en Venezuela y le domina desde la caída de la Primera República en 1812, deja oculto un hecho crucial de nuestra historia: el de la guerra fratricida que tiñe de rojo nuestro ingreso al concierto de las naciones y tiene como telón de fondo el "affaire" de Antonio Nicolás Briceño.

El mismo evoca cuanto ahora vemos y presenciamos: 80 jóvenes asesinados por las huestes serviles de Nicolás Maduro y el premio que éste le otorga a uno de sus sicarios: coronel Bladimir Lugo, por maltratar al presidente de la Asamblea Nacional y orinarse sobre la soberanía popular que en número de 14.000.000 de votantes se expresa en las elecciones parlamentarias de diciembre de 2015.

Briceño, próximo al Libertador Simón Bolívar, mientras se organiza desde Cúcuta la invasión a Venezuela y como proemio del Decreto de Guerra a Muerte, redacta la Providencia N° 9. Su texto es emblema de la barbarie: "Se considera ser un mérito suficiente para ser premiado y obtener grados en el ejército el presentar un número de cabezas de españoles europeos, incluso los isleños; y así, el soldado que presentare veinte cabezas de dichos españoles será ascendido a alférez vivo y efectivo; el que presentare treinta, a teniente; el que cincuenta, a capitán".

La queja posterior de Bolívar frente a Briceño es que mal puede hacer lo que propone sin su previa consideración, sobre la gravedad del caso y su ajuste a las leyes. Pero nada más.

Manuel del Castillo y Rada, coronel cartagenero y segundo al mando, reacciona con vergüenza republicana ante la primera baja que provoca el dispositivo: "Me ha estremecido el acto violento que Usted ha ejecutado (…); pero me ha horrorizado más el que, deponiendo todo sentimiento de humanidad, haya usted comenzado a escribir su carta con la misma sangre que injudicialmente se ha derramado". Y concluye lapidario: "Devuelvo la cabeza que se me remitía. Complázcase usted en verla, y diríjala a quien tenga el placer de contemplar las víctimas que ha sacrificado la desesperación".

Maduro y la corte de rufianes militares que lo mantienen alelado, por lo visto se solaza como Briceño por los actos de violencia primitiva que promueve. Pero la diferencia con el pasado, sin que se justifique ese pasado, es proverbial.

A los hombres de espada de la Independencia anima, quizás, el quítate tú para ponerme yo: que salgan los peninsulares para que gobiernen los españoles criollos, sin que ello signifique la verdadera libertad del pueblo, hasta que en 1830 el catire Páez, otro general, devuelve las espadas hacia las haciendas o fundos de sus detentadores para que las luces, la ilustración civil, dibujen la república naciente. Se hace célebre, entonces, el altercado del sabio y rector José María Vargas con Pedro Carujo, otro coronel felón como Lugo: "El mundo es del hombre justo. Es el hombre de bien, y no del valiente, el que siempre ha vivido y vivirá feliz sobre la tierra y seguro sobre su conciencia".

A la dictadura hoy imperante en Venezuela, desnuda tras los golpes de Estado sistemáticos que propina: desde el desconocimiento de la Asamblea en 2016 hasta el mamotreto de su narco-para-constituyente inconstitucional en 2017, en las antípodas de la historia comentada apenas le importa la consolidación, a raja tabla, de su empresa colonial y cubana de narcotráfico y lavado de dineros, disimulada tras las banderas del socialismo marxista.

No hay barbarie más extrema que pueda concebirse que la cocinada en las hornillas del mal absoluto, del tráfico internacional e interno de drogas, sobre todo cuando involucra a una política de Estado sistemática y coludida. Y es en este punto en el que cabe abrir los ojos de la opinión pública, para que entienda lo agonal de la tarea agónica de libertad que tiene por actores a las generaciones más jóvenes de venezolanos, a sus vidas ofrendadas en holocausto.

Solos no podrán llevar a término su propósito, que no es político sino de liberación del secuestro que sufren a manos de una delincuencia criminal hecha gobierno. Con la solidaridad de la comunidad internacional ello será posible, pronto. Y esa solidaridad crece, a pesar de los tropiezos, como el habido recién en la OEA. Allí los representantes de los países que menos representan, pues suman apenas el 1,81% de la población de las Américas, impidieron por razones leguleyas que los gobiernos cuyas poblaciones suman 850 millones de habitantes se pronunciasen de manera concluyente en contra del Cártel de los Maduro-Flores y Cabello-Reverol.

Los gobiernos huidizos al castigo de Maduro deben ser sometidos, por ende, a severo escrutinio. No por haber adoptado una decisión soberana, sino por la razón de fondo que la anima: ¿Acaso hacen parte de la estructura logística del negocio de la muerte los gobernantes de Bolivia, Dominica, Nicaragua, St.Kitts, St. Vicent, Surinam, Trinidad, Haití, Granada, El Salvador, Ecuador, Antigua y República Dominicana?

El narcotráfico es sinónimo de muerte. Ya suman 29.000 los homicidios promedio de cada año, que se inician de modo selectivo y por órdenes del Palacio de Miraflores desde que Hugo Chávez firma su pacto de alianza con las FARC, en 1999.

Cuando se abra la caja de Pandora el capitán Diosdado Cabello, el actual presidente del Supremo Tribunal, y ex fiscal General Isaías Rodríguez, tendrán mucho que cantar. Entonces hablarán, por boca de otros, los muertos del silencio: El fiscal Danilo Anderson (2004), Gamal Richani (2005), Arturo Erlich y Freddy Farfán

(2004 y 2009), Richard Gallardo y Luis Hernández (2008), el gobernador William Lara (2010), Nelly Calles (2011), el gobernador y Capitán Jesús Aguilarte (2012), la embajadora Olga Fonseca (2012), el General Wilmer Moreno (2012), el diputado Omar Guararima (2013), el Capitán Eliézer Otaiza, el colectivo José Miguel Odremán, y el diputado Robert Serra (2014), por lo pronto.

MADURO Y LOS BATRACIOS

9 de julio de 2017

Suman centenas de miles los civiles venezolanos víctimas mortales de la violencia criminal oficial en Venezuela, durante los últimos 17 años. No son sólo los centenares de asesinatos de Estado –allí el fiscal Danilo Anderson– y los miles de heridos y encarcelados a quienes la memoria no olvida, pero no es capaz de enumerarlos porque su número se hace infinito y busca símbolos: Iván Simonovis, Antonio Ledezma, Leopoldo López –medio libre como si su libertad fuese la gracia del déspota que lo encarceló– y que son la consecuencia de la represión política, por originarse en el mismo Estado.

Ello encuentra hitos ominosos, como los sucesos de abril de 2002 y sus masacres, la de Miraflores y la de Plaza Altamira, obras de Hugo Chávez Frías; la Masacre del Día de Juventud de 2014 y la corriente, atribuibles a su causahabiente, Nicolás Maduro, y que ya es desbordamiento y se torna en rebelión –la última– pues el régimen de éste ha decidido sostenerse con las armas, no con los votos.

Generalizar las responsabilidades no es lo pertinente. Mal se puede decir que todos los actores del Estado se hayan coludido en esta empresa de violaciones sistemáticas y masivas de derechos humanos. No se puede ni se debe generalizar, pero lo ocurrido tiene nombre o realidad omnicomprensiva: la Fuerza Armada.

A los militares corresponderá, entonces y en un momento de lucidez, ponerle otra vez freno y término a este conflicto agonal, a esta polaridad cultural y no sólo política; que anega a nuestra geografía, que se traga a nuestra gente común toda y no solo a la más humilde o joven siendo sin duda la más sufrida, y que se resume en el choque entre civilización y barbarie. Esta se inaugura con los nombres de Antonio Nicolás Briceño, Simón Bolívar, y José Tomás Boves.

Es y se trata, en efecto, de lo que vuelve a nuestro recuerdo colectivo y coloquialmente se expresa en el desencuentro habido entre el ex rector y presidente José María Vargas y el coronel Pedro Carujo durante la Revolución de las Reformas, en 1835: "La patria es de lo valientes", dice éste, a lo que agrega el primero, "es del hombre justo".

El calco reciente de este diálogo, revelador de nuestra esencia o dilema patrio, pero en términos más primitivos y horadadores de la conciencia –llegan en vivo y directo a través del andamiaje digital para invadir los lechos de nuestros hogares– revela que aún se encuentra pendiente de resolver, a pesar de su adormecimiento durante las varias décadas de la República civil que fenece en 1999, el nudo existencial de nuestra historia: civilización o barbarie.

Los empujones que le propina al diputado presidente de la Asamblea Nacional, Julio Borges, el coronel Bladimir Lugo, junto a expresiones suyas que escupen al templo de la civilidad y la democracia, han de concitar, pues, una seria y severa reflexión hacia el interior de los cuarteles. También en quienes, desde la acerca del partidismo, hacen vida política civil y ciudadana. Pues no es sólo que la cuestión haya quedado inscrita con fuego de luces y no de balas en las páginas de Doña Bárbara, obra de nuestro novelista Rómulo Gallegos, o que busque su resolución pedagógica en los diálogos entre Tío Tigre y Tío Conejo, escritos por Antonio Arráiz.

Es que el origen de todo esto mejor lo describe el desprecio que por el mundo civil manifiesta nuestro propio Libertador desde Cartagena, a la caída de la Primera República. Tilda de locos enfebrecidos a los doctores y profesores quienes redactan nuestra Constitución de 1811, y en Angostura, en 1819, pide a los legisladores crear un Senado vitalicio y hereditario integrado por las espadas para que nunca olvide Venezuela que debe su libertad a éstas, no a las luces.

Eso es lo que recoge lapidariamente el cuento de Manuel Díaz Rodríguez, Los Batracios. Nos muestra al capataz de una hacienda vernácula, el coronel Cantalicio Mapanare, reunido con su peonada para darle un golpe de Estado al jefe civil del pueblo y quién, al ser recriminado por su abogado, su cagatintas, le responde con la igual voz golpeada del coronel Lugo: ¡No se meta en política! Lo llamé sólo para que redacte mi proclama.

Esas tenemos. Bajo dictaduras y en democracia, ahora más bajo la narco-dictadura militar imperante, la ofensa mayor que se le hace al cadete es la de llamarlo civil.

Lo peor no es eso. Lo dice bien el poeta Andrés Eloy Blanco: el problema no es civilizar a los militares sino frenar el gusto de los civiles por hacerse militares.

Obviamente que el cuadro actual es dantesco, para decirlo con palabras suaves. Nuestros militares –no todos, pero no son pocos– se han coludido, por decisión del fallecido soldado Chávez, con la industria de la muerte, con el narcotráfico. Y a los civiles que arrastran tras de sí, desde agosto de 1999, los usan para que hagan política o negocios con el Estado y les preserven sus espacios para no abandonarlos jamás.

Maduro, en fin, es otro cagatintas, apenas el ordenanza sometido. Al igual que el letrado del coronel Mapanare –quien luego de su tropelía y celebrándola se pone a sí las caponas de general– junto a "sus" generales terminará los días en una celda, inundada, pestífera, llena de batracios.

LOS LÍMITES DEL DIÁLOGO Y LA NEGOCIACIÓN EN VENEZUELA

16 de julio de 2017

Siempre se afirma, con razón, que en democracia lo que no es debatible no es democrático. De donde podría colegirse, por un intérprete de mala fe, que es democrático debatir, sobre todo concluir en alternativas que, fundadas en un consenso de los liderazgos y en el voto de las mayorías, lleven la democracia hacia el patíbulo, hacia el territorio de las dictaduras.

El principio, entonces, cabe ajustarlo, a saber, que es pertinente debatir sobre todo y acerca de todo, dialogar, ajustar consensos y señalar caminos que no impliquen prosternar la experiencia que hace posible el diálogo, de suyo a la misma democracia. De admitirse lo contrario sería el final de la democracia o su desfiguración.

¿A qué viene esta premisa?

Acaba de declarar el Secretario General de la ONU, António Guterres, a propósito del quiebre institucional en Venezuela y el escenario de violencia que ya suma 94 víctimas mortales por la represión sistemática de la dictadura de Nicolás Maduro, que "es urgente una concertación nacional entre gobierno y oposición con dos grandes objetivos: erradicar la violencia, los abusos, el fanatismo", y al efecto "preservar un camino constitucional concertado".

Habla, al efecto, de "un acuerdo político entre gobierno y oposición", pero el desiderátum es claro, preciso y dicho sin ambages por el máximo representante de Naciones Unidas: "Preservar un camino constitucional concertado".

De modo que, puestas en paralelo las dos iniciativas en marcha, la de una asamblea constituyente espuria y hecha a la medida del dictador, que lo salve de cualquier pronunciamiento de la soberanía popular, y la de la consulta popular convocada por la Asamblea Nacional, a objeto de que opine sobre la anterior, es evidente que Guterres no se refiere a la primera; que no la cita expresamente, pues como veterano diplomático prefiere mantener la cuerda sin mucha tensión hasta lograr su objetivo: que el gobierno negocie con la oposición su salida constitucional antes de que la vorágine se trague a la nación.

No se trata de un análisis parcial –admitiendo la parcialidad democrática de quien escribe esta crónica– pues, es evidente que el gobierno de Maduro pretende fracturar a la soberanía popular, dividirla en sectores a imagen de su partido y con la participación de sus militantes, modelar las jurisdicciones y representaciones electorales para escapar del voto universal, directo y secreto que lo castigaría y es inherente como propio de toda democracia que se respete. Antes bien, la consulta popular a la que ha invitado la Asamblea Nacional al pueblo, para que opine –llámesele plebiscito, encuesta, o como quiera denominársele según lo señala con demoledor argumento Leonardo Padrón– es un ejercicio abierto de libre expresión democrática; vinculante o no, no es lo planteado.

Se trata de que el pueblo, mediante una manifestación clara y sin cortapisas, opine a favor o en contra de su arrastre, como res que va al matadero, hacia el narco-totalitarismo que promete la constituyente constitucionalmente prostituida.

Y si acaso a los leguleyos les preocupa todavía el debate sobre la cuestión, les bastará leer, sin más y sin mayores devaneos, cuando reza al respecto en la Constitución, en lo particular su artículos 5, que fija la residencia de la soberanía en el pueblo, no en el Palacio de Miraflores; su artículo 70, que cita a la consulta popular como medio de participación democrática del pueblo; en fin, el artículo 187,4, que le da competencia a la Asamblea Nacional para organizar –ella misma, no otro poder del Estado– y promover "la participación ciudadana en los asuntos de su competencia".

"La salida –lo señala el Secretario de la ONU en línea coincidente con el Vaticano– es el acuerdo, con elecciones –léase devolviéndosele a la soberanía popular sus poderes y fuerza decisoria; respeto a los derechos fundamentales– en otras palabras el cese de la represión de Estado que casi alcanza al centenar de asesinados por militares y paramilitares al servicio de la narco-dictadura; y el igual respeto a los poderes constitucionales, en suma, restituirle sus competencias a los poderes que han sido castrados en su autoridad y competencias: el parlamento y el Ministerio Público.

Fracasado el diálogo engañoso y criminal manipulado por el vocero del gobierno dictatorial, José Luis Rodríguez Zapatero, quien diera lugar a la masacre que inunda de sangre inocente a Venezuela toda y cerrara las puertas a la vía constitucional prevista para resolver crisis como la presente –el referéndum revocatorio de mandatos– el desafío es restituir la vía constitucional; y si es ella, vale su negociación, pero para purgar del escenario a quienes la han desviado y con ello enterrado, por lo pronto, al Estado de Derecho y la democracia.

La justicia transicional luego dirá cómo habrán de establecerse las responsabilidades del conflicto que deja como saldo casi una centena de muertos, y heridos y presos políticos por miles. Zapatero y los suyos, cuando menos, habrán de pedirle perdón a los venezolanos.

TABARÉ VÁZQUEZ, MÉDICO FORENSE

23 de julio de 2017

El presidente uruguayo, Tabaré Vázquez, una vez como su canciller consensua un texto severo, dentro del MERCOSUR, sancionando a la dictadura de Nicolás Maduro, le ha puesto freno y en seco.

Arguye –como lo hace en el pasado el hoy ex Secretario de la OEA, el inefable José Miguel Insulza– que implica "una injerencia" indebida en los asuntos internos de Venezuela, léase, se inmiscuye en las violaciones sistemáticas y generalizadas de derechos humanos que el mismo Maduro irroga a su pueblo inerme y famélico.

Nadie en el hemisferio occidental, ni siquiera quienes rinden culto a la experiencia "revolucionaria" que inaugura el comandante Hugo Chávez y deriva, como tal experiencia y en sus efectos, luego de su muerte, en una tragedia social y humanitaria, no solo institucional y democrática, de proporciones inéditas, ahora se atreven a dudar de lo que es el gobierno instalado en Caracas, una verdadera satrapía narco-criminal.

Lo cierto es que, en su "ineditez", como miseria o prostitución de la política, esta provoca un quebradero de cabezas. No plantea una cuestión política o ideológica, ni expresa una divergencia entre alternativas legítimas de poder o cosmovisiones acerca del ejercicio de la democracia.

No se trata de una controversia que, a pesar de la importancia geopolítica que adquiere Venezuela por ser la joya de la corona cubana, plantee un choque agonal entre derechas e izquierdas; a pesar de que dichas perspectivas nominales representen un parque jurásico en pleno siglo XXI y acaso sólo le interese sostenerla a los albaceas del Foro de San Pablo.

La estructura del Estado venezolano fue penetrada e integralmente cooptada –se le han zafado después de 17 años la Asamblea Nacional y el Ministerio Público– por el narcotráfico. De allí que la recuperación de dichos espacios por los jefes de los distintos carteles que se juntan bajo el paraguas de la organización pública venezolana les sea vital. Les plantea una cuestión de supervivencia. Tanta que, el régimen de la mentira que se instala bajo la Constitución de 1999 lo sacrifica esa tetrarquía mefistofélica, la de Nicolás Maduro-Cilia Flores-Diosdado Cabello, que son los verdaderos capos y quienes deciden sobre sus respectivos cómplices.

Han tirado por la borda a la democracia de impostura que los disimulaba y se han inventado a propósito una constituyente, inexistente en su configuración dentro del texto constitucional formal que tantas veces han violentado y se diera el propio Chávez. Lo confirma la Comisión de Venecia. Intentan recuperar "las rutas" perdidas, sin importarles lo que opinen los gobiernos extranjeros y la comunidad internacional en su conjunto, incluso MERCOSUR.

¡Y es que el narcoterrorismo sabe y es consciente de tener más poder que el poder formal de los Estados que rige durante el siglo XX y, como se constata, de poco sirve sobre las autopistas de la globalización, en las que gana el más rápido, quien mayor habilidad de movimientos demuestre!

¿No recuerdan, acaso, la igual acción desesperada que ejecutan de conjunto, en su momento, Chávez, Cristina Kirchner, y el señalado Maduro, para recobrar el territorio hondureño transitoriamente perdido a la caída de Manuel Zelaya? Estuvieron a punto de invadirlo con la complacencia y participación del propio Insulza, por lo que hoy se sabe y constata: el 75% de los vuelos del narcotráfico pasan por ese territorio, así como el 85% de la cocaína que transita desde el eje colombo-venezolano hacia el Norte.

Al término, no lográndose ello, rápidamente pactan un modus vivendi el mismo Chávez-Zelaya y Porfirio Lobos, sucesor de éste y cuyo hijo es apresado en Haití por narcotráfico, siendo el mediador Juan Manuel Santos, presidente de Colombia.

Cuba y sus socios, en suma, no duermen ante el desmoronamiento que sufre Maduro. Estudian soluciones, pues éste pone en riesgo el edificio de la narco-política del siglo XXI, que se oculta tras las vestimentas de la democracia y manipula sus estándares, prostituyéndolos, incluido el significado real de sus símbolos y palabras.

Lo insólito es que gobernantes que se precian de demócratas y sobre todo de decentes, alejados de imposturas, cuyos servicios diplomáticos y de inteligencia les mantienen cabalmente informados del acontecer real que subyace bajo la grave crisis venezolana y cobra víctimas mortales: las 100 de los jóvenes protestatarios de los últimos tres meses y las casi 30.000 de la violencia narco-criminal con la que cierra el año 2016, se comportan dudosos, son melifluos en sus decisiones ante ésta.

Si acaso Tabaré no sufre como médico, menos como estudiante parisino, los rigores de la dictadura militar uruguaya: se dice que apenas sufre un arresto policial a los 11 años, bien pudo mirarse en el rostro de quienes fueron víctimas de ésta, en su propia patria, y desde ella mirar los rostros de los acribillados por las armas de Maduro antes de decir que no puede tener injerencia. Ha cambiado de ramo. De medico sanador del cáncer, muta en médico forense de nuestra democracia.

¿Dónde carajo estaba, cuando en las escuelas políticas del siglo XX se enseñaba que ante las violaciones generalizadas y sistemáticas de derechos humanos –Hitler, Mussolini, Pinochet, Castro, Somoza, Videla, Bordaberry son los precedentes– jamás se admite tremolar la soberanía? ¿Jugaba Tabaré al futbol, entonces, hacía de arquero, cataba vinos?

Los muertos, los torturados, los encarcelados por las dictaduras hacen responsables a los dictadores y a sus cómplices, es verdad. Pero más responsables son, quienes, llamándose o fungiendo de demócratas, por cobardía, "corrección política", omisión, narcisismo, o por intereses electorales y vaya usted a saber por qué otra cosa, pavimentan el camino de los verdugos y meten zancadillas a los que les frenan.

AL DÍA SIGUIENTE DEL GOLPE CONSTITUYENTE

29 de julio de 2017

El proceso de montaje, por el Poder Electoral, de una espuria constituyente pedida e inconstitucionalmente convocada por el narco-dictador Nicolás Maduro, de buenas a primera recuerda la similar tropelía que ejecuta el Consejo Nacional Electoral de la dictadura de Marcos Pérez Jiménez el 15 de diciembre de 1957, antes de caer ésta el 23 de enero de 1958.

La Constitución de 1953 disponía que al vencer el quinquenio debían convocarse elecciones generales para presidente de la república, diputados y senadores al congreso, legisladores regionales y concejales municipales. No obstante, tanto como Maduro, el dictador las suspende y ordena realizar un plebiscito a su medida.

La situación del General dictador se ve comprometida –a pesar de sus obras faraónicas y de los ingresos fiscales ingentes que recibe– y su prestigio mengua. ¡Y es que el país de entonces es una república de letrinas cruzada, sólo su capital como una suerte de boutique, por obras de ingeniería y arquitectura impresionantes!

La migración del campo a las ciudades y la miseria de vida en que vive la clase trabajadora muestran el rostro ominoso de los pocos que se enriquecen en el poder, mientras la mayoría sufre víctima de una crisis humanitaria sin razones. Ello provoca la reacción adolorida de la Iglesia Católica con la célebre la carta pastoral del arzobispo de Caracas, Monseñor Rafael Arias Blanco. Entre tanto las cárceles pululan de presos políticos y las torturas son hábito en los sótanos de la Seguridad Nacional.

El dictador, así las cosas, amenaza a los funcionarios que no voten por él. Les ordena devolver a sus jefes la tarjeta roja opositora en prueba de haber depositado la de color azul que lo apoya. Sus rectores electorales trucan los resultados. Le otorgan la victoria al llamado "gordito del Táchira". Ese fue el principio de su inmediato final. Lo demás es historia.

Hoy, Tibisay Lucena, esbirro electoral –en comandita con el estafador comicial que ha sido siempre Jorge Rodríguez, negociador de las célebres máquinas Smarmatic– monta un tinglado y organiza, en breves días, unas elecciones de conveniencia entre los suyos. Busca se cambie el orden de la república para que la revolución no abandone jamás el poder. Eso creen. Eliminan las garantías de pulcritud que han de revestir a los votos y abren centros de voto masivo a los que pueden acudir sus pocos votantes, arrastrados como bueyes.

Ayer, no más, en otras elecciones como las del 15 de diciembre de 2015 –salvadas por la disciplina vigilante opositora– obligan a los venezolanos a viajar hasta mesas distantes de sus residencias para frustrar los votos en contra del régimen.

Les llenan de alcabalas electrónicas para ello. Ayer, no más, suspenden el referéndum revocatorio presidencial y las elecciones de gobernadores y alcaldes, arguyendo todo tipo de dificultades y obstáculos reglamentarios, inexistentes ahora y en la hora.

Tengo presente en mi memoria la patraña que se monta por este equipo truhan –el de la Lucena y Rodríguez– a fin de revertir los resultados del referéndum revocatorio de 2004, cuando el ex presidente Jimmy Carter acude en auxilio de Hugo Chávez como lo hace esta vez el impresentable Rodríguez Zapatero con Maduro.

En vísperas del golpe de Estado constituyente en curso, por si fuese poco, Zapatero lo declara legítimo. Le pide a Maduro tomar decisiones luego de ello. Y afirma el desacato en que se encuentra la actual Asamblea Nacional, electa libremente por el pueblo, mediante voto universal, directo y secreto. Esas tenemos.

No abundo, pero anoto lo que afirma, asimismo, en estos infaustos instantes en los que la vergüenza no encuentra recodo, otro ex presidente tan caro a ciertos actores de nuestra oposición, Ernesto Samper. Después de hacerle tanto daño al país junto Zapatero –responsables al igual que Maduro del asesinato de más de 100 jóvenes venezolanos– confiesa su devoción por la vida y obra del genocida cubano fallecido, Fidel Castro.

Y pide de las generaciones políticas latinoamericanas actuales emular su ejemplo; que para mí no es otro que el mal ejemplo de un asesino que fusila en el paredón y mata de hambre a sus compatriotas antes de coludirse con el negocio del narcotráfico, e imponérselo más tarde al gobierno chavo-madurista.

Al día siguiente del golpe constituyente, que habrá de consumarse este domingo 30 de julio, la Venezuela decente y amante de la libertad sabe de su ruta; la que le fijó su consulta popular del último 16 de julio y 7.600.000 votos: Ha de desconocer, desde su primer día, a la constituyente golpista; seguir en su esfuerzo por exigir de la Fuerza Armada se lave el rostro y acate el orden constitucional; y reclamar de la Asamblea Nacional acelere su esfuerzo para organizar un gobierno de unidad nacional y transición hacia la democracia.

A la cárcel ya han ido los primeros jueces supremos designados por la Asamblea, otros les seguirán, sin lugar a duda; lo que no arredra, por lo visto, el sentimiento de resistencia nacional. El pueblo llano y los jóvenes, a la cabeza, saben mejor que la lucha por la libertad tiene su costo en dictadura. Lo están pagando, dándonos un ejemplo que ha de avergonzar a no pocos acomodaticios.

En suma, luego del nuevo golpe por consumarse nada cambiará en el corto plazo. Ya la Sala Constitucional –constituyente de 7 miembros avalada por Zapatero– ha profanado la Constitución y hecho mutar su texto, para desconocer la soberanía popular representada en la Asamblea y anular el Ministerio Público. Los presos políticos, ahora más de 400, allí siguen. Los miles de heridos se lamen sus heridas como símbolos de dignidad. El hambre no cesa ni la falta de medicinas. Queda, eso sí, algo muy claro: Desnudos y al aire como se encuentran los Zapateros y Lucenas el país sabe que sólo cambiaran las cosas cuando caída la dictadura haya elecciones libres, sin presos y con un poder electoral sano, reconstituido, ajeno al miasma revolucionario.

ASÍ FINALIZAN LAS DICTADURAS

6 de agosto de 2017

Afirmar que las dictaduras terminan a través del voto implica yuxtaponer conceptos que se excluyen, aparte de que carece de sustento histórico ese postulado. Lo que no significa que en la lucha contra ellas la opción sean las armas, o dejar que se cocinen en su propia salsa hasta la extinción.

En Venezuela, la finalización de la larga dictadura del general Juan Vicente Gómez con la caída del gobierno de Isaías Medina Angarita, sucesor de Eleazar López Contreras, quien a su vez sucede a ese "padre bueno y fuerte" que llamaran El Bagre, ha lugar con el golpe cívico-militar del 18 de octubre de 1945. Sólo de seguidas, después de una transición que conduce Rómulo Betancourt, logra el país su primer ejercicio del voto universal, directo y secreto.

El decenio militar de Marcos Pérez Jiménez, cuya constituyente de 1952 arrastra hasta su mesa a algunos opositores coludidos, más allá de las protestas cívicas o huelgas habidas como de la célebre carta del arzobispo de Caracas, al término concluye cuando se dividen las Fuerzas Armadas y se forma una Junta de Gobierno, presidida, sucesivamente, por el Contralmirante Wolfgang Larrazábal y el académico Edgar Sanabria. Y es ésta la que organiza las elecciones de 1959 en las que vence el mismo Betancourt y que inauguran la democracia civil que concluye en 1999.

Despacho, sin más, la experiencia nicaragüense, a la que fui cercano como vicepresidente del Comité del SELA para la Reconstrucción Nacional en 1979. No termina su dictadura con votos sino mediante la renuncia del dictador Anastasio Somoza quien provoca una guerra civil con 30.000 muertos animada por la represión de su Guardia Nacional. La OEA –que arguye categórica que nadie puede tremolar la soberanía para ocultar violaciones a la dignidad humana– y Estados Unidos la hacen posible. Somoza se va una vez como le ofrecen las garantías de su asilo. Lo demás es historia.

La dictadura represora del general Jorge Videla (1976-1981) en Argentina, sucedido por sus compañeros de armas Viola y Lacoste (1981), Galtieri y Saint Jean (1981-1982), finaliza cuando el gobierno de transición del general Reynaldo Bignone toma posesión y convoca elecciones, en las que vence Raúl Alfonsín, bajo cuyo gobierno se restablece la democracia civil.

La larga dictadura del general Augusto Pinochet en Chile, entre 1973 y 1990, encuentra su límite una vez como la junta militar favorece la aprobación de la Constitución de 1980, que fija elecciones presidenciales pasados los 8 años siguientes. Y realizado en su defecto un plebiscito, en el que gana la oposición, son los militares quienes obligan al dictador a reconocerlo. Se abre, así, un camino para las reformas constitucionales y el proceso electoral que, en 1990, permite el regreso a la democracia civil bajo Patricio Aylwin.

Ocurre, efectivamente, ese otro proceso de transición previo y paulatino, que mantiene a Pinochet como jefe del Ejército y he aquí el detalle: Las negociaciones que al efecto se realizan y tienen éxito, son las que se dan entre opositores y la sociedad con mediación de la Iglesia, para crear una conciencia de transición hacia la democracia en el pueblo chileno; no las de éstos con el régimen, igualmente facilitadas por el arzobispo de Santiago y que fracasan estruendosamente.

Doy testimonio, por vez primera, del empeño que ya late dentro de la junta militar para preparar el camino hacia la democracia, desde 1980. De allí el proceso de referéndum aprobatorio de la constitución que tiene lugar. El general Fernando Matthei, entonces me manifiesta –era yo jefe de la misión diplomática venezolana– su disposición de ayudar en la apertura y me pide hablar con el fallecido ex presidente Frei. Pero media una condición: no devolverle el poder a los responsables de la tragedia política y humanitaria que da lugar al golpe contra el gobierno de Salvador Allende.

La dictadura de Pinochet, luego jefe militar durante la transición, se agota, por consiguiente, como resultado del indicado estado de conciencia nacional democratizadora cuya construcción paciente asume la oposición y es el objetivo de su concertación. La dictadura y su vocación represora quedan aisladas de la realidad, se queda sola.

Dos enseñanzas, a la sazón, deja el proceso chileno en su ejemplaridad. Una, la inteligencia de la oposición para sortear su dilema frente a los tres caminos planteados: los dos mencionados, las armas o resignarse hasta que se canse el dictador, o escoger, como lo hace, la exigente tarea de crear una opinión sostenida, arrolladora y favorable a la libertad que contaminase a los propios miembros del régimen. Otra es que los dictadores se van cuando se quedan solos, según lo dicho, y no logran acallar esa fuerza contaminante de la experiencia democrática, concretada en tareas y debates sobre la transición, de dibujo junto al país del país que todos esperan construir superada la etapa de desgracias y oscurantismo.

Aún resuenan en mis oídos las palabras que escucho de labios del fallecido presidente Aylwin, antes de serlo y al día siguiente del referéndum de 1980, cuando le visito: "Practico a diario la democracia no para convencer de sus bondades al dictador, sino para que no se me olvide que soy un demócrata cabal".

LA DECLARACIÓN DE LIMA,
OTRO HITO DE LA DEMOCRACIA

13 de agosto de 2017

La adopción de la llamada Declaración de Lima, trabajada por 17 gobiernos a instancias del presidente Pedro Pablo Kucksinski, hecha propia por 12 cancilleres de la región y publicada con la presencia de los primeros, saca del sopor al sistema de seguridad colectiva de la democracia; casi llevado a la tumba por el Socialismo del siglo XXI y su ancla dentro de la OEA, José Miguel Insulza, de ingrata recordación.

El texto condena la ruptura del orden constitucional y democrático en Venezuela. Le impone a la dictadura de Nicolás Maduro distintas medidas, tanto como fija lineamientos para el manejo de las relaciones exteriores con éste.

Una primera consideración que cabe, al respecto, es sobre el factor determinante de este golpe de timón inédito; siendo que, la cuestión venezolana estaba servida desde antes, desde cuando Luis Almagro, actual Secretario General de la OEA, presenta sus tres informes sucesivos, dando cuenta no solo de las alteraciones graves, sino de las cabales rupturas democráticas que observara por parte de una estructura de gobierno –la de Maduro– abiertamente coludida con el narcotráfico y el terrorismo.

La situación que colma la paciencia de los gobiernos y les obliga dejar atrás los métodos formales de la diplomacia multilateral para resolver con la urgencia debida, tiene lugar una vez como el dictador mencionado sobrepasa la línea roja y pisotea el elemento primario de la democracia, el voto, la expresión de la soberanía popular. Al convocar una constituyente dictatorial de espaldas a las reglas constitucionales sobre la materia, escoger a dedo a los constituyentes, y realizar una elección puertas adentro –dentro de sus predios– con absoluto desprecio por el principio del voto universal, directo y secreto, escupió a la cara de aquéllos.

La enseñanza es obligada. Los demás elementos esenciales de la democracia y los componentes fundamentales de su ejercicio, aprobados en 1959, en Santiago de Chile y luego sistematizados, hechos vinculantes en 2001 con la Carta Democrática Interamericana (derechos humanos, vigencia del Estado de Derecho, separación de poderes, pluralismo político, libertad de prensa, transparencia, probidad, rendición de cuentas, sujeción del poder militar al poder civil, participación ciudadana), a ojos de una buena parte de los actuales gobernantes son exquisiteces, en la hora y en momentos de severa invertebración social y política en las Américas. Pero el derecho al voto es otra cosa.

La innovación es lo importante. A través de una resolución, con asentimiento expreso y también tácito de los más importantes gobiernos de la región, incluidos los más representativos del Caribe angloparlante, surge un documento prescriptivo y no solo recomendatorio. Su fuerza depende de la buena fe en el comportamiento oportuno de las cancillerías. Es una modalidad audaz e innovadora de soft law, como acto cuasi-jurídico y en cierne, ordinariamente impreciso, que puede abrir caminos y facilitar consensos experimentales para lo que pueda venir luego de modo vinculante. Esta vez, sin embargo, hay claridad normativa, pero compromisos de ejecución flexibles y desconcentrados, tanto que se hace una invocación deliberada a la Carta Democrática Interamericana como desiderátum.

El sentido de la vergüenza llegó a los palacios. No podían los presidentes digerir el grado de impudicia, el desafío de una claque criminal que instalada en Caracas e integrada por una comandita de militares y civiles controlados desde La Habana, les diga: ¡Y qué! ¡Sí somos dictadores y represores! ¡Y qué!

Pues bien, las circunstancias dirán hasta donde llegará la constituyente madurista, que por lo pronto envía a la cárcel a los alcaldes de la oposición mientras otros aspiran hacerse elegir como gobernadores, en unas elecciones organizadas bajo dicha constituyente, encargada de darle certificados de buena conducta a los aspirantes.

Pero la realidad no ha cambiado. La hambruna y falta de medicinas, el 80% de pobreza crítica, la imposibilidad de que un empleado medio pueda comprar siquiera un quinto de los alimentos que adquiere un consumidor colombiano de la franja más pobre, tener a más de 600 venezolanos como prisioneros políticos, la conciencia nacional de que la libertad se ha perdido y el mal absoluto se enseñorea, son gasolina sobre el piso; expresan líneas críticas que obligan a la supervivencia y apagan el miedo. Y así desaparecen, en medio de la desesperación, hasta las líneas tenues de la solidaridad.

Desde Lima, al menos, su declaración dice que no reconocen a la dictadura ni su constituyente, que reconocen a la Asamblea Nacional y a la Fiscal General, que no apoyarán las iniciativas internacionales de la dictadura, que saben de las violaciones de derechos humanos y la violencia sistemática como política de Estado, y que impedirán que la dictadura se haga de nuevas armas. Y que seguirán observándonos.

Es mucho visto lo anterior, es poco dada la ominosa tragedia que determina las medidas. Pero se agradece. Los gobiernos americanos han renunciado al papel de médicos forenses de la democracia, así hayan optado por la de médicos intensivistas.

Nos corresponde a los venezolanos, por ende, sostener esa mirada preocupada sobre nuestra gravedad, ya que puede distraerse si encuentra excusas, si ve que el enfermo antes que quejarse disimula o muestra normalidad.

NARCO POLÍTICA Y CONSTITUYENTE

20 de agosto de 2017

Es realidad trágica, silenciada o trivializada, la de la colusión del narcotráfico con la política en América Latina. La denuncia más relevante, al respecto, es la que formula en 1995 el ex presidente de Colombia, Andrés Pastrana, secuestrado años antes por el patrón del mal, Pablo Escobar, señalando la relación del entonces candidato y luego gobernante Ernesto Samper Pizano, hasta hace poco Secretario General de la UNASUR, mimado del Palacio de Miraflores, con el Cártel de Cali.

El saldo del estirar y encoger histórico entre el mundo político y el negocio de las sustancias malditas en el vecino país está a la vista. Llegan hoy al Congreso, sin corromper voluntades ni poner bombas a sus obstáculos como lo hiciera Escobar, antes bien con el aplauso de las instituciones morales más respetadas del mundo, los capos que las producen y comercian, vestidos de redentores.

Las series de televisión abundan acerca de la trama. Son famosas. Y quizás por haberse hecho habitual el tema, al ritmo de esas series que excitan los espíritus mundanos, relajan miedos, muestran verdades en su crudeza, nadie siente vecino o veraz el peligro del narcotráfico.

Ni pondera su fuerza destructora, disgregadora de lo humano, corruptora total de la total armazón de nuestras sociedades y repúblicas. ¡Y es que los victimarios han sido victimizados!

La cultura de la muerte, fibra muscular de la diabólica actividad, se asume, es el caso venezolano, como algo natural, lejano del escándalo.

Acaba de salir al mercado el video juego Tom Clancy's Ghost Recon Wildlands, que supone la toma por un cártel mexicano de la hija predilecta de nuestro Libertador, Bolivia, para crear dentro de sus predios un narco-Estado. Mas lo cierto es que, sinuosamente, en un trabajo paciente de corrupción, que forja redes y vence resistencias de todo orden, ese video juego tiene su soporte real en Venezuela.

Llenos de sobresaltos políticos y de hambrunas, prisioneros de una constituyente dictatorial que mejor parece una junta de gobierno integrada por personas de dudosísima reputación, conducida por lo más podrido del narco-régimen de Nicolás Maduro, la opinión ha pasado por alto esa grave enfermedad que nos contamina y condiciona. Es, justamente, la que nos impide nuestra recuperación y libertad: nuestro secuestro por el narcotráfico.

El causante, fallecido bajo el cuidado de los capos mayores –¡armas de lucha contra el Imperio!– al apenas inaugurar su mandato acelera sus relaciones con la narco-guerrilla colombiana. Pacta con ellas el 10 de agosto de 1999 su modus vivendi revolucionario.

Las obligaciones recíprocas son concretas. Armas por drogas, uso de nuestro territorio como aliviadero y nueva sede gerencial del negocio, suministro de precursores químicos, creación de bancos de los pobres para el lavado de los dineros sucios, y respeto, eso sí, por ambas partes, de sus respectivos dominios.

Así, el país salta de 4.500 homicidios al año, en 1998, hasta casi 30.000 el pasado año. La descripción de lo inevitable la hace quien mejor ha estudiado el tema, Juan Manuel Mayorca: "Las operaciones en Venezuela comportan escaso riesgo. Se acentuará el paso de sustancias prohibidas…, así como el traslado de otras fases de la industria, como son la producción de cultivos ilícitos y el reciclaje de los capitales generados por estas operaciones"; todas, casualmente, bajo vigilancia de quienes monopolizan la lucha contra el flagelo, actores de la Fuerza Armada.

A mediados del año 2000, al efecto, se restringe el control norteamericano del narcotráfico y la justifica el Canciller, José Vicente Rangel: "es una cuestión de soberanía".

Lo que viene luego es historia larga y penosa, que llena de vergüenza.

No hay espacio en la columna para escrutar hitos: el affaire de Walid Makled; la formación de comandantes leales para el manejo de la narco-relación bilateral; el control de los puertos y aeropuertos y de los registros inmobiliarios; el asesinato del ex gobernador de Apure y del fiscal Danilo Anderson; el escándalo en Aruba del Pollo Carvajal, recibido con honores por la Primera Dama; los testimonios olvidados del ex magistrado Aponte Aponte, quien libera narcotraficantes por órdenes del Palacio de Miraflores y es tirado al pajón por el teniente Diosdado Cabello; los roles del general Reverol o El Aissami y su hermano, dueños de las rutas hacia el Medio Oriente, o el asunto de los sobrinos y las redes que los vinculan, afuera y adentro.

Sobran datos para desnudar el oscuro proceso que se pone en marcha, desde antes de 1999, para que una tierra salvaje como la nuestra, por dividida y socialmente atomizada, fuese propicia para la instalación de un narco-Estado; disimulado tras un conflicto entre derechas e izquierdas, entre socialistas del siglo XXI o insensibles globalizadores, entre ricos y pobres, entre radicales y moderados políticos, atenuado o deliberadamente oculto aquel tras los convenientes escándalos de corrupción, como el de Odebrecht, las elecciones fraudulentas, las traiciones entre opositores, habilitados o inhabilitados a conveniencia.

Lo cierto es que ningún cártel del narcotráfico entrega sus territorios pacíficamente. Menos muestra sus rutas o depósitos a través de negociaciones, salvo las que se hacen con las armas en las piernas o puestas sobre la sien de las víctimas, para doblegarlas, someterlas, ofrecerles como dádiva unas pocas parcelas a cambio de un pacto de estabilidad y silencio. Para ello, sobran los facilitadores y los dineros, los chantajes oportunos.

No es casualidad que el punto neurálgico de la ocupación de Venezuela por el narcotráfico haya sido siempre el control de la Justicia. Sin fórmula de juicio, la constituyente de Chávez destituye a todos los jueces y construye una justicia servil al negocio. En 2015, Cabello monta su Tribunal Supremo a la medida, para frenar la amenaza de desalojo territorial que le significa al régimen su pérdida de la Asamblea Nacional. Y en 2017, él mismo, ahora en calidad de constituyente supremo, usa de su poder para destituir al ancla más delicada y enlodarla: a la Fiscal General de la República, depositaria del poder acusador y de la información neurálgica de los cárteles criminales del régimen, en crisis de sobrevivencia.

¿Será un problema de votos, o una tarea para la DEA, me pregunto, sólo eso?

LA EXPLOSIÓN DEL DESORDEN, II

27 de agosto de 2017

Un error sostenido de diagnóstico y una cerrazón deliberada acerca del peligro geopolítico de la cuestión venezolana y en un contexto de amenazas graves –el narcotráfico y el terrorismo– la han empujado hacia un callejón sin salida. Al término tendrá desenlace, pero no conforme con las recetas de quienes le han rendido culto, guiados por Tom Shannon y desde la oposición democrática junto a su izquierda de cafetín, a la denominada "corrección política".

Empeñados en sostener tácticas recurrentes de lucha por la libertad, sin narrativas, pero dentro de una perspectiva formal pero irreal, como lo confirma ahora otra realidad cruda y muda, muy real y cabal, la del establecimiento por la fuerza de una narcodictadura corrupta y totalitaria en Venezuela, todos a uno, los venezolanos, nos encontramos desnudos y huérfanos en medio del camino.

Nos acompaña, es cierto, la comunidad internacional. Lo hace en el momento de nuestra agonía y por una sola razón: Nicolás Maduro acabó con el voto, con la puerta de entrada mínima a toda democracia. De poco han servido las denuncias que ahora valen y salen, pero sólo ahora, para adjetivar a la dictadura constituyente establecida de corrupta y coludida con el negocio de las drogas.

No soy pesimista. La misma dinámica ominosa que nos anega y deprime, que tiene como manifestaciones trágicas, que hasta causan hilaridad mordaz, a la vocinglera narco-constituyente, y a los pescadores del oriente prestos a frenar con sus redes los portaviones del Imperio, generará sus salidas: palabra pecaminosa por "imprudente". Habrá desenlaces, sí, a un costo mayor, puesto que la enfermedad que mina al cuerpo nacional, por diagnóstico equivocado y la aplicación opositora de menjurjes caseros, casi que le lleva hasta su fatal desenlace.

Desde 2004, con La Nueva Etapa y la enmienda constitucional de 2008, se hace manifiesta la decisión gubernamental de forjar un régimen de comunas, centralizado y personalista, que de entrada acabe con el principio de la alternabilidad democrática: extraño al mando de los cárteles y para la gestión de sus asuntos criminales. Y desde entonces, sobre todo a partir de 2010, toma pulmón el uso a propósito de la Justicia, confiscada desde la Constituyente de 1999.

Esa verdad se ha venido consolidando. Ha adquirido contornos precisos, pues la institucionalidad formal, agotada desde 1998, mal podía oponer resistencias efectivas ni ser capaz de resolver el problema de la anomia dominante y su sucesiva explotación por traficantes de ilusiones de nuevo cuño.

La oposición, no obstante, aún apuesta a la mediación institucional mientras el régimen procura una relación directa y plebiscitaria con el pueblo. En tanto que aquélla aboga por la separación de poderes, Chávez antes, con su carisma y Maduro ahora, con armas y drogas, empujan la idea de la unidad personal del poder. Mientras el último, con sus escribanos, hace de la legislación una mentira y una jungla, los opositores continúan en su fe religiosa constitucional, a pesar de ser, el texto de 1999, el "pecado original". Y mientras mantienen su rezo a la identidad en la ciudadanía y dentro de sus partidos, poco a poco el régimen fragua una identidad comunal alternativa, de nichos primitivos, sobre lo real y palpable, la anomia: afrodescendientes, ambientalistas, indigenistas, colectivos, frentes, milicianos, y párese de contar.

Dentro de tales perspectivas, que se excluyen recíprocamente, los intentos de diálogo estaban condenados al fracaso. La oposición los asume como desiderátum, pero no el gobierno, que los dispone como táctica disuasiva y atemperadora de los ánimos encrespados y vence, por realista y por falaz; al caso, apenas dispuesta a soltar mendrugos –gobernaciones y alcaldías– que no amenacen al poder central y personalizado de Cilia, los Cabello, El Aissami, los Rodríguez, y párese otra vez de contar.

Una vez como Maduro asume el poder en litigio que hoy resuelve, en apariencia, la narco-constituyente dictatorial, los andamiajes anteriores y simulados, ahora sí, se van al basurero y sobreviene la explosión del desorden, en uno y en otro bando. En conclusión, sólo adquieren eficacia, en lo adelante, los poderes fácticos, susceptibles de torcerle el brazo o no al saldo de la experiencia revolucionaria construida durante casi cuatro lustros: el Cártel de los causahabientes y de los sobrinos, adueñados de la franquicia sin músculo social que es la República.

La controversia "institucional" nacida de la elección del 6D, que otorga la mayoría calificada dentro de la Asamblea Nacional a la oposición y desata la locura del régimen, ha sido ajena o accidental a la verdad invertebrada del país –el rompecabezas– que sólo se mueve electoralmente según el dolor de los estómagos. De allí que la dinámica institucional, por esto y por lo anterior, se viese neutralizada (TSJ vs. Asamblea) como ejercicio retórico de burócratas, sin efectos social e internacionalmente movilizadores; tanto como debilita aún más a quien no detenta poderes reales, a saber, la oposición formal (MUD/Asamblea).

Lo objetivo es que Venezuela vive bajo el secuestro de un grupo delictivo, en medio de un desmembramiento cabal, hambrienta y débil, sicológicamente trastornada. Y su solución o salida, querámoslo o no, es, ya es, punitiva y tutelada; depende de verdaderos expertos en negociación policial y reeducación de víctimas. A menos que ocurra un milagro.

EL BIEN DE LA PALABRA,
Y LAS PALABRAS DE MALDAD

3 de septiembre de 2017

Cuando el mal absoluto se instala en una geografía como la de Venezuela –no hablo de instalación en la sociedad; sería tanto como admitir que ella se ha corrompido– sólo el bien de la palabra, de la narrativa moralmente consistente, será capaz de ayudar a su regeneración. Difícilmente podríamos construir otra historia de grandeza y dignidad los venezolanos si pensamos que puede ser obra de la causalidad voluntarista, de la sordidez criminal, de colusiones utilitarias y oportunistas entre algunos "dirigentes".

No creo seamos tan ingenuos como para no haber constatado lo real: En nuestro cuerpo bienhechor nacional, unos pocos, unas veces por frustraciones o pleitos de familia anidados desde antes, incluso desde el 18 de octubre de 1945, otras bajo el impulso del sarampión juvenil de los sesenta, ayer y más tarde por laxitudes éticas en la academia e incluso por frivolidad social, le han hecho espacio en sus humanidades a una bacteria que hace septicemia. Y es ella la que nos amenaza de muerte a todos: el narco-comunismo cubano y sus sublimadores.

No creo seamos tan estúpidos como para no saber que tras el andamiaje habanero y sus telones ideológicos circenses se oculta por años una maquinaria de crimen organizado, asociado a la empresa transnacional del narcotráfico; que incluye redes hacia el Medio Oriente y negocios de lavado dineros "turísticos" con las golondrinas del capitalismo salvaje. No por azar, el entendimiento histórico –de riesgo elevado para la democracia moral– alcanzado por las FARC con el presidente colombiano Juan Manuel Santos sólo cabía refrendarlo bajo la mirada del gobierno de la Isla: Meca de la paz por sobre los centenares de miles de cadáveres que ha regado en el mundo a nombre de la revolución, desde la segunda mitad del siglo XX.

¿Qué fascinación causa la astucia fraudulenta y zorruna, la maldad absoluta de los Castro, cuyos ríos de hiel y corrosivos de la unidad social nada tienen que envidiarle a las despreciadas –¿aquí sí?– dictaduras militares del Cono Sur latinoamericano?, sólo podrá responderlo cada fascinado; mirando desde la conciencia que le quede el dolor de quienes sobreviven a las 140 víctimas fatales de la dictadura madurista.

El mal moral, lo recuerda Tomás de Aquino, que ataca la voluntad del hombre y su libertad responsable, lo vuelven a él mismo el mal, y ofenden el principio de su Ser como lo recuerda Maritain. De donde el malo, por sí mismo, no es ni Fidel ya muerto ni Raúl quien le sigue, ni el propio Maduro como capataz de éste, sino el bueno que se deja corromper y admite al malo como su parásito.

Rómulo Betancourt ha de revolcarse en su tumba. Sabía bien quien era Fidel y capta su tesitura de amoral pillo en la entrevista que sostuvieran a la caída de la dictadura de Marcos Pérez Jiménez. Y sobre las malandanzas de éste previno al país a tiempo y a su dirigencia, no solo la propia, también la otra, y a parte de la sobrevenida, que no lo escuchó o no lo lee.

En 1964, a raíz de varios hechos cruciales –como la ruptura entre Rómulo Betancourt y Fidel Castro, pues éste le pide al primero, sin lograrlo, petróleo gratuito, en 1959; la protesta de Betancourt contra Castro por sus fusilamientos y la condena de la OEA a Cuba, en 1960; la expulsión de Cuba en Punta del Este, en 1962, a pedido de Colombia, por sus injerencias en la región; la emergencia del movimiento guerrillero en Venezuela, apoyado con armamento cubano, y la otra condena a Cuba, en 1964; finalmente, la invasión armada frustrada de Cuba a territorio venezolano, en 1967– le hacen decir al presidente Betancourt, con talante premonitorio de lo actual, que: "Fácil resulta explicar y comprender por qué Venezuela ha sido escogida como objetivo primordial por los gobernantes de La Habana para la experimentación de su política de crimen exportado. Venezuela es el principal proveedor del Occidente no comunista de la materia prima indispensable para los modernos países industrializados, en tiempos de paz y en tiempos de guerra: el petróleo... Resulta así explicable cómo dentro de sus esquemas de expansión latinoamericana, el régimen de La Habana conceptuara que su primero y más preciado botín era Venezuela, para establecer aquí otra cabecera de puente comunista en el primer país exportador de petróleo del mundo".

¡Quién lo diría!

Ya cooptado por los Castro, Hugo Chávez, en 1998, pacta con el fundamentalismo islámico su política de confrontación petrolera contra el mundo occidental desde La Habana y en 1999 arregla su modus vivendi con la narco-guerrilla colombiana. La Habana decide luego sobre el revocatorio de Chávez en 2002. En 2004 ésta ocupa sistemáticamente nuestro territorio con sus misiones y llegado el 2007, sin tapujos, Juan José Revilero acepta tener presentes entre nosotros a más de 30.000 miembros de los Comités de Defensa de la Revolución (CDR). El resto es novela, a saber, la muerte de Chávez en La Habana y la sucesión convenida de Nicolás Maduro, que nos da, cabalmente, la textura de una narco-colonia. ¡Quién lo diría!

Las confesiones recientes –palabras de maldad para hacer mayor hendidura en la herida de los venezolanos y su confianza colectiva– acerca de lo que era sabido: las colusiones opositoras desde antes de la Constituyente y sus falacias sistemáticas; como las andanzas del ex presidente Zapatero, ya bendito como operador de la Cuba narco-criminal, en La Habana, el 25 de febrero de 2015, son apenas anécdotas subalternas a la luz de lo señalado, de lo vertebral, de la enseñanza y su consecuencia.

El dolor elemental de nuestra gente, después de las patadas de la infamia –no son en modo alguno "patadas históricas"– antes de hacerse rabia, como lo aprecio, se hace expresión de solidaridad en el mismo dolor, con palabras de silencio, venidas desde el corazón de unos venezolanos para con los otros, en medio de la hambruna. Y ese es el mejor signo de que el bien priva sobre el mal, sin ruido, sin histeria.

Aún del mal se pueden extraer cosas buenas, lo dice San Agustín. El fuego no sería engendrado si el aire no se corrompiese, leo en una exégesis del doctor Angélico.

EL SEÑOR DE LOS CIELOS

10 de septiembre de 2017

El Consejero Adjunto de Seguridad Nacional de USA, Rick Wadell, habla de Venezuela como "estado fallido" a la vez que señala que se convertirá "en la segunda dictadura de Latinoamérica". Hace oficial, así, el diagnóstico de un cáncer que se instala en el cuerpo de las democracias de la región, sin más, y que irá contaminando hasta hacer metástasis sino llega a tiempo la medicina adecuada.

Me imagino la sincronía que hará juego entre Caracas y Bogotá, pues el terrorismo y el narcotráfico junto a su guerrilla histórica, las FARC, pasan a ser ahora cosa buena, males olvidados, aspirantes al poder total neogranadino.

Entre tanto, el Departamento de Estado, por voz del Subsecretario Francisco Palmieri, insiste en la preferencia de Washington por "una solución pacífica acordada por los venezolanos", siguiendo al pie la doctrina Shannon. La ayuda o presión multilateral, para ello, en opinión de los diplomáticos latinoamericanos –entre otros Juan Gabriel Valdés y José Antonio Belaunde– ha de provenir de los "vecinos suramericanos". No más allá.

Fuera de las medidas de retorsión esencialmente financieras y las de carácter individual que aplica la Administración de Trump a la dictadura criminal y desembozada de Nicolás Maduro –una dictadura que se aproxima, como un huracán que no llega o acaso puede cambiar de rumbo para algunos– lo veraz es que no habrá intervención militar suya. El general H.R. McMaster, asesor de la Casa Blanca, la considera improbable: para no darle excusas a Maduro sobre los problemas él mismo le causa a su propio país.

Sin embargo, nunca como ahora e incluso siendo tarde, tras largas complicidades delictivas y prácticas abiertas de corrupción que se hacen evidentes sin escandalizar, la comunidad internacional en su conjunto acepta que, efectivamente, hubo una ruptura del orden democrático y constitucional en Venezuela. No reconoce a la fraudulenta e inconstitucional asamblea constituyente que impuso el mismo Maduro como hecho de fuerza, apalancado por su Fuerza Armada, sobre la realidad institucional y política que resta del país. Pero hasta allí, nada más. Huelgan los muertos y torturados, para los que basta un informe de la ONU pidiéndole corrección a los asesinos y torturadores.

Todos, por lo último, habríamos de estar contentos; pero no tanto, menos los perseguidos, pues la dictadura constituyente ha cristalizado. El propio Maduro ha dicho a los opositores quienes aspi-

ASDRÚBAL AGUIAR

ran, por vía pacífica y electoral, hacerse gobernadores de Estado bajo su régimen, que de no someterse a los dictados de aquélla serán destituidos.

Por lo visto nadie nos auxiliará desde afuera. Antes bien, todos a uno esperan que seamos nosotros mismos, los venezolanos, quienes carguemos sobre las espaldas nuestro pesado fardo. Y en esa estamos. Lejos, muy lejos, queda la experiencia del Holocausto, cuando la misma comunidad internacional acepta como límite de la soberanía de los Estados el respeto y la garantía universal de los derechos humanos, entre éstos, el de la libertad.

La tarea de volver a conquistar la democracia corresponde hoy, pues, a las propias víctimas de la dictadura. No será tarea fácil, como no le fue fácil a los miembros de la generación de 1928 ganar la república civil que casi dura medio siglo y nos saca de las letrinas, después de un esfuerzo de madurez decantada, de lucidez progresivamente adquirida, y con probidad insobornable durante dos largas dictaduras.

Somos y seremos los actores de nuestro propio teatro, con un público que asiste, pero no está dispuesto, lo ha dicho, a suplir libretos ni subir al escenario. La cuestión de fondo, por consiguiente, es la narrativa que queramos darnos como protagonistas del drama propio.

Juan Manuel Santos, nuestro vecino, ha optado por una. Ha pasado la página sin taparse las narices. Negocia con el Señor de los cielos y recrea su trama. Es el costo de la paz, lo que le agrada a la audiencia, se dice para sus adentros. No sé si pensarán lo mismo las generaciones del futuro. A lo mejor sí, pues hasta se cuenta con un nihil obstat apostólico.

En Venezuela parte de sus actores avanzan sobre un riel similar.

Hasta ayer y todavía, en su defecto, bebo de las fuentes del cristianismo, ancla de una civilización que, al parecer declina: Me refiero a la que admite el pluralismo de las opciones, a la vigencia de una libertad política anclada en valores compartidos, a "la integridad moral mínima de una sociedad humana" que busca alejarse del peligro de la invertebración poniendo por encima del todo el respeto a la dignidad humana.

Papa Ratzinger hubo de renunciar. Entendía y sabía bien que la expulsión de Dios de la vida pública y su sustitución, por el dogma del relativismo, llegaba para hacer de las suyas. Intuyó que través de diálogos sin raíces, en nombre de la democracia, de la corrección política, se archivarían historias de crímenes inenarrables y fuerzas globales coludidas conspirarían a favor de ello; y que hasta lo lapidarían de ser necesario.

"[E]l hombre, que sabe hacer tantas cosas, siempre sabe hacer más; y si su saber hacer no encuentra su medida en una norma moral, el resultado será inevitablemente, como se puede comprobar, un poder de destrucción", advierte ya en 2005, en el monasterio de Santa Escolástica. "Su capacidad para disponer del mundo –afirma antes– ha hecho que su poder de destrucción haya alcanzado unas dimensiones que, a veces, nos causan verdadero pavor. En ese contexto, surge espontáneamente la idea de la amenaza del terrorismo, esa nueva guerra sin límites y sin frentes establecidos".

Venezuela y Colombia, qué duda cabe, son el laboratorio del mal absoluto, dirigido desde La Habana, meca del pacifismo globalizador.

VENEZUELA ES ALGO MÁS

17 de septiembre de 2017

El primer documento o hito mediato –al que sigue el Pacto de Puntofijo– sobre el que adquiere soporte intelectual la república civil democrática venezolana y cuya armazón cede en 1999, antes de que se instale el despotismo y ocurra una regresión al tiempo en que el hambre, la ignorancia, y el vicio vuelven a ser bases del edificio de nuestra amoralidad política es el Plan de Barranquilla, suscrito en 1931. Entonces tiene lugar un claro deslinde con los seguidores del comunismo.

Al concluir su relectura, para mis adentros reparo en la actitud reflexiva y madura de los jóvenes firmantes –entre otros Rómulo Betancourt y Simón Betancourt– ante una circunstancia agonal para Venezuela no distinta de la actual: insurgencia regional, crisis económica, descontento popular, anarquía entre los servidores del despotismo por incapacitados para avenirse sobre la sucesión del dictador Juan Vicente Gómez. Hoy, qué duda cabe, aquéllos serían denunciados como opositores de teclado.

347

El caso es que, admitiendo que el final de la dictadura vendría por uno u otro lugar, dadas las condiciones objetivas, consideran que, a los opositores de vanguardia, los de afuera, los exiliados, y los de adentro, les era indigno mantenerse a la expectativa o bien empeñarse, por muy justo que les pareciese, en una condenable acción unilateral.

¿Acaso lo vertebral o imaginable era la concertación entre los aliados tácitos o expresos o empleados del déspota y los opositores, unos desesperados por sus finales y otros urgidos del final del tiempo del oprobio, al costo que fuese? De haber sido así, como se lee en el histórico documento, todo el hecho político y la misma presencia del gendarme necesario se reduciría y explicaría alrededor de la "zamarrería" y "la ausencia de fronteras morales".

Pues bien, por haber mirado más allá de las circunstancias y puesto de lado sus propias circunstancias, en otras palabras, por haber entendido que "hasta ahora no ha tenido Venezuela en su ciclo de república ningún hombre cerca de la masa, ningún político identificado con las necesidades e ideales de la multitud", reza el texto; y por conscientes de que "las apetencias populares han buscado, en vano, quienes las interpreten honradamente y honradamente pidan para ellas beligerancia", decidieron trabajar para las generaciones futuras, se empeñaron en hacer república, pues Venezuela era algo más que sus oligarquías políticas.

Optaron, así, por separarse del vicio que marcara –todavía lo hace– nuestro decurso histórico, a saber, considerar a la política como "la alternabilidad de divisas partidaristas en unos mismos grupos ávidos de lucro y de mando, identificados en procedimientos de gobierno y de administración".

He aquí, pues, lo central, que repito y escribo en anterior columna revisando la experiencia de la oposición chilena a la dictadura de Augusto Pinochet. Fracasados, obviamente, los intentos mediados de diálogo entre éste y la primera, facilitados por la Iglesia, el diálogo verdadero hubo lugar –como le ocurre a los autores del Plan de Barranquilla– entre los conductores del porvenir de esa nación sureña y por el mismo motivo que anima y se señala en el histórico libelo: "Coexistiendo con la tarea concreta de acopiar elementos de todo orden para la lucha…, debe desarrollarse activamente otra de análisis de los factores políticos, sociales y económicos que permitieron el arraigo y duración prolongada del orden de cosas que se pretende destruir"; justamente, para evitar "el error de suponer que con la simple renovación de la superestructura política estaba asegurado para Venezuela un ciclo de vida patriarcal".

Visto lo inmediato, la final y unánime reacción compacta de toda la comunidad internacional en contra de un hecho preciso, distinto de los 140 escuderos caídos y los centenares de presos políticos que deja a la vera y como sus víctimas el régimen de Nicolás Maduro, es decir, el desconocimiento por éste del principio del voto universal, directo y secreto, secuestrado para instalar, con apoyo de la Fuerza Armada, una espuria y dictatorial asamblea nacional constituyente; y la coincidencia, al respecto, del claro mandato que le da el pueblo a la "vanguardia opositora" en la consulta del 16 de julio pasado, cuando su mayoría "rechaza y desconoce" tal constituyente por nacida sin su aprobación previa; cabe preguntarse ahora ¿cuál hubiese sido el comportamiento de los redactores del Plan de Barranquilla?

¿Qué dirían de observar que el narco-despotismo instalado en Venezuela [uso la expresión con propiedad y bajo prueba de las máximas de la experiencia], desde el día siguiente a los hechos narrados sesiona con los mandatarios del pueblo y, entre otras cuestiones, de espaldas a la orden soberana, debaten sobre el eventual reconocimiento a la constituyente dictatorial?

Dos enseñanzas del Plan vienen a propósito y las transcribo sin aditamentos: "El balance de un siglo para los de abajo, para la masa, es éste: hambre, ignorancia y vicio. Esos tres soportes han sostenido el edificio de los despotismos... [y] presumen espíritus simplistas, viciados de la tradicional indolencia venezolana para ahondar problemas, que "asociaciones cívicas" y otros remedios fáciles de la misma índole bastarían para promover en el país un movimiento de dignificación civil".

Los 8 predicados del Plan de Barranquilla, cambiando lo cambiable, gozan, es lo insólito, de una vigencia increíble pasados casi 90 años: 1. Hombres civiles al manejo de la cosa pública; 2. Libertad de prensa y garantía de derechos humanos; 3. Confiscación de los bienes de los hombres del régimen y su entrega al pueblo; 4. Enjuiciamiento –tribunal de salud pública– de los responsables del despotismo; 5. Protección de las clases productoras; 6. "Desanalfabetización" de las masas: moral y luces, a fin de dignificarlas; 7. Revisión de los contratos y concesiones dadas por la dictadura; 8. Convocatoria de una verdadera asamblea constituyente, para que elija un gobierno provisional y reforme la Constitución para eliminar las razones de fondo "que permitieron el arraigo y duración prolongada del orden de cosas que se pretende destruir", como cabe reiterarlo.

LA NUEVA TRAMPA: EL PROGRESISMO

24 de septiembre de 2017

Me escandaliza, pero no me sorprende, escuchar al ex presidente colombiano Ernesto Samper en amplia perorata ante un pleno de las FARC, ahora partido político. A sus integrantes les llama camaradas y aconseja avanzar, en lo adelante, hacia la construcción de un partido de movimientos que reúna a los "progresistas".

Veo repetir esa frase –"progresismo"– en el Twitter de un periodista a quien aprecio y por ello me sorprende, aquí sí, pues saluda al alcalde hoy en el exilio, David Smolansky, a propósito de la foto que se toma junto a varios expresidentes miembros del Grupo IDEA. Le hubiese gustado verlo acompañado de "progresistas".

David, como su abuelo, expulsado por la Ucrania comunista, y como su padre, expulsado por la Cuba fidelista, hoy repite la saga desde la Venezuela de Maduro, en una suerte de fatal paradoja. Y se reúne en Nueva York, en efecto, con varios ex gobernantes: Laura Chinchilla, Luis Alberto Lacalle, Jorge Quiroga, Álvaro Uribe, y José María Aznar, siendo yo un testigo de excepción.

Lo cierto es que los mandatarios del caso son, simplemente, demócratas. Pasaron sus pruebas de fuego y respetaron, a diferencia de los áulicos del socialismo del siglo XXI, el principio de alternabilidad en el ejercicio del poder. Se trata de demócratas sin apellidos.

Hasta la caída del Muro de Berlín se habla en los países comunistas de "democracia directa", la que llegada el siglo XX muda para los causahabientes de esa trágica experiencia histórica en "democracia participativa"; ello, dentro del marco de una nueva calificación modélica engañosa, la ya citada, la de socialismo del siglo XXI, pues preocupa a sus partes asumir públicamente lo que son y siguen siendo, comunistas o herederos de éstos.

No imaginaban, sin embargo, que ese nuevo odre nominal en el que vaciaran su vino viejo se derramaría. Contaminaría hasta el paroxismo a su entorno geopolítico regional, hasta hacer aumentar la podredumbre criminal y de Estado que hoy avergüenza a propios y ajenos en todo el mundo.

El socialismo del siglo XXI es ahora sinónimo de colusión militante, además, con crimen del narcotráfico, con el tráfico internacional de sus dineros sucios, manchados de sangre. Odebrecht, por cierto, es apenas la punta del iceberg que se muestra desde Brasil y corre por toda América Latina.

El asunto es que el daño que le ha hecho a la izquierda marxista o filo-marxista ese bodrio, suma de cinismo y desembozado pragmatismo, inventado por Fidel Castro y Lula Da Silva, teniendo como peón de avanzada a Hugo Chávez, por dominar las mayores riquezas petroleras del planeta, ha sido inconmensurable. Pero cabe reconocerle a sus autores y discípulos una capacidad infinita para la reconversión. De allí que apelen, como lo hace Samper, a otro adjetivo que sostenga la división de pueblos y ciudadanos, y que a la vez reúna a la feligresía maltratada y avergonzada por los delitos de sus predicadores, amalgamándola, limpiándole el rostro a los símbolos prosternados. El progresismo les viene como anillo al dedo.

Se trata de un término viejo. En la actualidad busca rescatar la esencia de los mitos movilizadores o las ideas fuerza que antes fueran usadas por el Foro de Sao Paulo, desde hace 27 años, casi una generación: La trivialización de los derechos humanos hasta cubrir bajo el rubro de derechos civiles a todas las formas más arbitrarias de invertebración social que propulsa la globalización, incrementándola, para dominar; la profundización en el derecho a la diferencia, a objeto de diluir la común ciudadanía democrática y relajar los límites democráticos del pluralismo, hasta permitir que, a través de la elección democrática todo pueblo tenga derecho a decidir entre la democracia y la autocracia "progresista"; y el pragmatismo económico, es decir, la práctica del capitalismo salvaje para alimentar con sus dineros la resurrección del collage ruso-cubano agotado y a la par denostar de la misma globalización y el capitalismo.

El progresismo es, sin lugar a dudas, una mezcla utilitaria de liberalismo y socialismo, un sincretismo de laboratorio cuyo norte es la confrontación contra el estatus quo, a saber, la democracia sin apellidos, ajena al relativismo, a lo "políticamente correcto", justamente por cuanto la democracia como sistema y como derecho humano totalizador –forma de vida, estado del espíritu– tiene un límite moral infranqueable que bien recordaba Norberto Bobbio: Las mayorías democráticas no pueden usar de sus mayorías para acabar con la misma democracia y sus elementos esenciales: respeto a los derechos humanos: todos para todos; separación de poderes; Estado de Derecho; libertad de prensa; alternabilidad en el ejercicio del poder; rendición de cuentas; transparencia; pluralismo de alternativas democráticas; subordinación de las armas al poder civil; lo que es más importante, circunscripción de los derechos humanos a los que, por provenir de la dignidad inmanente de la persona, son auténticamente universales y universalizables.

La cuestión del progresismo, en lo adelante, es que para lo sucesivo lo invocan el impresentable Samper y el narcotráfico. Tras su elaboración y anunciarse como una opción intelectual discutible por intelectuales libres de sospecha –una tercera vía que acabe con los extremos que polarizan y rescate la iniciativa de la persona como el valor de sus capacidades– ahora es secuestrado. Pasa a ser la compuerta, el adjetivo de ocasión para quienes huyen de la Justicia y han incurrido en los crímenes más atroces, en nombre del socialismo del siglo XXI; ese que Fidel Castro pone al descubierto antes de morir: "… es comunismo", precisa en 2010, hace siete años, en vías hacia su traumático derrumbe.

SOBRE LAS ANTÍGONAS CRIOLLAS Y LA VIDA BUENA

1 de octubre de 2017

Mi apreciado condiscípulo Edgar Cherubini escribe, a profundidad, su reciente artículo Antígonas criollas en homenaje de "admiración y orgullo por las mujeres que se enfrentan a la denigrante dictadura comunista en Venezuela". Lo hace para afirmar el carácter simbólico y ejemplarizante de quienes han visto asesinar, torturar, encarcelar a sus seres queridos y a la par reaccionan con dignidad y coraje inenarrables, ejemplarizantes; dignas de ser emuladas por todos quienes luchan por desatarse del oprobio y el mal absoluto instalados en este sufriente país de hoy, donde ayer abriera mis ojos como vecino de la Capilla de la muy caraqueña esquina de La Fe.

Lo esencial es su enseñanza, el introducir el dilema antiguo que esta vez rasga a las generaciones del presente y las sitúa sobre un parte aguas existencial, a saber, o seguir a Antígona, quien obedece y se comporta guiada por las leyes inalterables no escritas, ancladas en el sacrosanto principio del respeto a la dignidad humana, optando incluso por el sacrificio, o transar con la voluntad humana representada en Creonte, el dictador que entrega a las fieras el inerte cuerpo de su hermano Polinice.

Es éste, como lo creo, el dilema que confunde e interpela a los líderes democráticos venezolanos. Todos, acaso de buena fe, se encuentran empeñados en la tarea de la conquista de la libertad y para la reconstrucción democrática. Unos lo hacen atados a los principios, "hasta el sacrificio", y se inmolan sin reparar en si verán logrados o no sus objetivos, en tanto que otros, quizás convencidos de que no existen leyes universales para el quehacer humano, menos el político, ni que hay, siquiera, causalidades cósmicas o a lo mejor profanas a las cuales servir, optan por lidiar con la realidad y aligerarle sus cargas.

No por azar –lo digo sin intenciones subalternas– una parte de la oposición democrática ha acudido sin agenda ni propósitos definidos e inalterables a unos diálogos exploratorios con la dictadura de Nicolás Maduro. Opta por atender una invitación y auscultar su pertinencia, a fin de saber lo que podría o no lograr dentro de ella y en una lucha de poderes desbalanceados que, al término y de suyo, siempre favorecen al citado Creonte criollo.

Pero volvamos a lo que interesa. En su cuidadosa elaboración Edgar deja reflexiones de calado, como la cita de la filósofa de origen galo Anne Dufourmantelle –quien fallece ahogada tratando de salvar a unos niños– y a cuyo tenor "una sociedad que no está en condiciones de soportar el sacrificio es una sociedad pervertida". Una lectura apresurada de su artículo, no obstante, puede sugerir que ambas posturas encuentran igual sustento en la tragedia de Antígona: La primera por afincarse en una interpretación ética, de suyo personal, conforme con la moral de la civilización, y la segunda, por revelarse contra la tesis determinista –"el guion de nuestras vidas ya ha sido trazado por el destino"– y sobreponerle el quehacer humano, la voluntad hecha acto.

Se trata, lo repito, de una cuestión agonal. La ausencia probable de una clara resolución sobre el particular acaso explica lo que asimismo llevara a los opositores venezolanos –otra vez vuelvo al ejemplo inevitable– a caer en la vil trampa de las elecciones regionales planteadas por Maduro luego de ejecutar su golpe de Estado constituyente: "Si no vamos perdemos nuestras gobernaciones, y si vamos el régimen puede quitárnoslas". Se trata, al cabo, de una trampa de palabras, que la misma oposición resuelve de modo adverbial: "Si nos desconocen quedarán al descubierto, como una dictadura".

El tema es álgido en cuanto al fondo y ocupa a la mesa global, bajo pugna abierta. Cada sociedad o cada parte de ésta en sociedades pulverizadas como la nuestra, tiene, entonces, el deber de hacerse el planteamiento moral. De encontrarle una respuesta ética, si el compromiso que se tiene es devolverle el sentido a la política y la misma democracia durante el siglo que ya corre presuroso.

Papa Ratzinger, quien actualiza el debate sobre Razón y Fe con motivo del que sostuviese con Jürgen Habermas, ante el interrogante de este sobre si las constituciones escritas se bastan a sí, con sus fardos de normas prescriptivas, para resolver todos los problemas, desde antes de ser electo como Cardenal responde lapidario. Apela, para sorpresa de no pocos, a lo afirmado por la misma Ilustración en la antesala de nuestras repúblicas modernas: "Las normas morales esenciales... [son] válidas *etsi Deus non daretur*, incluso en el caso de que Dios no existiera.... [pues de] este modo se quisieron asegurar los fundamentos de la convivencia y, más en general, los fundamentos de la humanidad. En aquel entonces, pareció que era posible, pues las grandes convicciones de fondo surgidas del cristianismo en gran parte resistían y parecían innegables. Pero ahora ya no es así", se lamenta el pontífice que renunciara luego.

No huelga, por ende, con vistas a ese "ahora ya no es así", recordar que para David Hume (1711-1776), historiador escocés, el bien y el mal, lo valioso o despreciable, lo correcto o incorrecto, se reduce a un mero sentimiento humano; lo que es inherente al narcisismo digital en boga. De allí que la valoración negativa que acerca de la dictadura en Venezuela tiene la comunidad internacional, consciente de que resume todas las perversidades posibles –corrupción, peculado, drogas, terrorismo, sadismo político y policial–, algunos actores la morigeren, como "realidad política".

De modo que, en el esfuerzo por darle contenido a la ética en la política dentro de un contexto a redescubrir, el de la moral democrática, vale el consejo de Ronald Dworkin en su Justicia para erizos: Se "requiere trazar en la ética una distinción que es conocida en la moral: una distinción entre el deber y la consecuencia, entre lo correcto y lo bueno. Deberíamos distinguir entre vivir bien y tener una vida buena…. [y] vivir bien significa –para Dworkin– bregar por crear una vida buena, sujeta a las restricciones esenciales para la dignidad humana" y en procura, no siempre alcanzable por perfectible, de la vida buena.

CRÍMENES ELECTORALES

8 de octubre de 2017

Tengo objeciones o acaso serias dudas sobre la pertinencia del constitucionalmente desfasado –a propósito, y por órdenes de la dictadura– proceso electoral que tendrá lugar para la "elección" de gobernadores en Venezuela. Pero acerca de la crisis terminal o del desencanto con la democracia que acusan amplias capas de las sociedades invertebradas en el mundo occidental, originado en el fundamentalismo electoral sin anclajes éticos ni forjador de un vivir buenamente para alcanzar el buen vivir, me referiré con amplitud en la próxima columna. Lo hago, también, por respeto a quienes, de buena fe y sobre una base de legitimidad practican la democracia para no olvidar su credo en tiempos de dictadura, y acudirán a las urnas el próximo 15 de octubre.

Luego de un largo espacio de trivialización electoral, de repetir actos de votación de modo continuo para limitar los espacios de sosiego, para que la gente no alcance a pensar o forjar un entorno político real, un espacio público para la deliberación y el juicio responsables, la revolución, una vez como Nicolás Maduro secuestra el poder en calidad de pro-cónsul cubano y con abierto desprecio por el orden constitucional de sucesión a la muerte de Hugo Chávez Frías, se ha encargado de destruir el valor del voto.

La razón no huelga. Ha perdido toda adhesión popular a su causa luego de la destrucción que hiciese de las fuentes del bienestar nacional, permitiendo el peculado como política de Estado, y engulléndose a la misma población con un monstruo de dos cabezas: Buscando dominarla a través del hambre y las carencias, y sujetándola mediante la violencia expansiva de un aparato estatal coludido, en su orgía criminal, con los cárteles del narcotráfico.

Luego del golpe de Estado constituyente, mediante el que se le impone al país una suerte de soviet designado a dedo por el dictador y aprobado por aquellos a quienes él también escoge a su arbitrio, su régimen pasa la línea roja y de no retorno desconociendo el principio del voto universal, directo y secreto. ¡Y es que le abruma, le causa pánico que las mayorías que lo padecen y bregan por su final, acudan o se hagan presentes en sus votaciones puertas adentro! Eso hacen ahora y otra vez, a propósito de las elecciones regionales convocadas, al quedar al descubierto lo más perverso de la venalidad pública, a saber, el maridaje entre el Poder Electoral sirviente de la dictadura y la Sala Electoral del espurio Tribunal Supremo de Justicia a fin de que el tarjetón electoral sea una colcha de retazos que confunda a los electores "enemigos"; mostrando las candidaturas válidas junto con las sustituidas, facilitar la anulación de votos e impedir que el candidato opositor seleccionado en primarias alcance la victoria.

No es expresión filatera en su propósito decir y sostener que, tarde o temprano, incluso bajo un régimen de justicia transicional, las rectoras del actual Consejo Nacional Electoral habrán de rendir cuentas por sus crímenes; no sólo y en propiedad los electorales que de suyo son delitos, sino los que resultan o son la consecuencia de la destrucción del hecho electoral ejecutada por ellas; como cuando le cierran el camino al referendo revocatorio de Maduro, suspenden las elecciones que sólo ahora convocan con retraso interesado, y le permiten al mismo dictador secuestrar la soberanía popular –apropiársela– para bajo su dictado crear la prostituida y señalada constituyente.

La cuestión mal se reduce al plano de lo moral, a la responsabilidad que tiene toda persona cuando formula y pone en práctica sus convicciones, que otros pueden calificar de incorrectas y, al término, han sido postuladas con responsabilidad. Los ejemplos distintos sobran y los enuncia Ronald Workin en su Justicia para erizos (2014): "Un científico que no verifica sus cálculos carece de responsabilidad intelectual; un escritor que no hace copias de respaldo de sus archivos carece de responsabilidad práctica; quien vive a la deriva carece de responsabilidad ética, y un ciudadano que vota a una candidata a la vicepresidencia porque le parece sensual carece de responsabilidad moral. Un líder político [en suma] que hace entrar en guerra a su país con una información de inteligencia lisa y llanamente inadecuada [o que, frustra deliberadamente, como el caso de las rectoras electorales, el voto como medio de pacificación] es irresponsable en los cuatro sentidos" señalados.

No se discute, pues, la inmoralidad manifiesta del comportamiento de Tibisay Lucena, Sandra Oblitas, Socorro Hernández y Tania D'Amelio. Aludo a la responsabilidad penal internacional objetiva que sobre ellas pesa, luego de constatar la ONU e investigar la OEA que en Venezuela –observadas las consecuencias de los hechos que se generaran con el actuar de éstas, bajo la dirección del dictador– han ocurrido violaciones masivas y sistemáticas de derechos humanos, en otras palabras, se han ejecutado crímenes de lesa humanidad.

La muerte del voto o la reducción de sus garantías ha estado acompañada, como se constata, de una política de Estado que deja a su vera asesinatos, torturas y encarcelamientos políticos sistemáticos, que se suman a otros anteriores, teniendo por víctimas propiciatorias a todos quienes se oponen a Maduro, como los 140 jóvenes ejecutados por sus Guardias Nacionales.

La jurisprudencia sobre la materia abona –allí está el célebre fallo Arancibia de la Corte Suprema de Justicia argentina– sobre comportamientos similares a los de las rectoras, pues "dentro de la clasificación de los crímenes contra la humanidad, también se incluye el formar parte de una organización destinada a cometerlos, con conocimiento de ello… [y] el formar parte de un grupo dedicado a perpetrar estos hechos, independientemente del rol funcional que se ocupe, [lo que] también es un crimen contra la humanidad".

Registrarlo es un deber, para que la memoria se haga verdad y la verdad demande la justicia, sin que puedan morigerarla negociaciones como las de República Dominicana.

EL TRIBUNAL SUPREMO LEGÍTIMO

15 de octubre de 2017

La instalación en Washington, en el Salón de las Américas de la OEA, del Tribunal Supremo de Justicia legítimo de Venezuela, juramentado previamente por la Asamblea Nacional democráticamente electa en diciembre de 2015, fija un precedente innovador en el campo de las relaciones internacionales contemporáneas; sobre todo para las que se cuecen en los hornos de la globalización, en el marco de sociedades cultural y políticamente líquidas, cuyos espacios materiales se desvanecen bajo la fuerza de lo trascendente, a saber, del reclamo por la calidad de las democracias y una razonada expansión de las libertades como derechos.

No basta analizar la cuestión así ocurrida en presencia del Secretario General de la misma OEA, Luis Almagro, a la luz de las viejas categorías; como aquéllas que en el pasado y según el derecho internacional de los dos últimos siglos tratan sobre los gobiernos en el exilio. Éstos, dependientes para su reconocimiento de la voluntad de otros Estados, han motivado controversias que van desde el asunto de sus residencias, pasando por los orígenes –ora como continuidad del gobierno expulsado de su territorio natural, ora forjado lejos de éste por nacionales exilados– hasta el de la efectividad que tengan para ejercer materialmente ese gobierno a la distancia y para regresar prontamente a sus odres, dándole solución a sus traumas temporales. No pocos, por falta de esto, han concluido como símbolos sin valor o pasado a ser meros reservorios de valores cuyas raíces se perdieron en el torbellino de la historia.

La literatura respecto de los gobiernos en el exilio es amplia. Amplia es la doctrina –cito mi libro, Código de Derecho Internacional (2009), pero prefiero el ilustrativo análisis de François de Kerchoye d'Exaerde acerca del gobierno belga que despacha desde Londres entre 1940 y 1944– pues ayuda a discernir sobre lo central. Pero la cuestión que ocupa al artículo es más compleja y extraña a esas enseñanzas, que apenas permiten ingresar en el camino del análisis.

El gobierno de Maduro cuenta con reconocimiento internacional. Ello a pesar de que la comunidad internacional lo censura y aísla, progresivamente, por su carácter dictatorial y sus violaciones sistemáticas de derechos humanos. Eso nadie lo discute, si bien ha perdido su legitimidad democrática y constitucional; pero aún no sufre de un desdoblamiento. No hay gobierno venezolano en el exilio, por lo pronto.

El caso es que esta vez una parte de los órganos del Estado venezolano –en una suerte de dualidad existencial– se encuentra bajo secuestro extranjero cubano –como ocurre durante el gobierno de Pétain y a raíz de la invasión alemana de Francia– mientras que la otra no, y se trata, justamente, de la que conserva a cabalidad su legitimidad democrática y constitucional.

Se ve impedida, eso sí, de ejercerla por obra de la misma dictadura colonial. Uno de éstos, el Tribunal Supremo que emana y es expresión de la soberanía residente en la Asamblea Nacional e intransferible a los invasores, ha tenido, pues, que tomar las de Villadiego.

Se encuentra, de facto, en el exilio y de Derecho es y sigue siendo el Tribunal legítimo. Sus magistrados, reagrupados como colegiado, son el foco viviente de la misma legitimidad constitucional que la comunidad internacional pide y reclama, con relación a Venezuela, sea rescatada y devuelta a la plenitud. Y he aquí lo relevante.

No solo desde que se establece en 1948 el actual Sistema Interamericano, sino, en especial, a partir de la adopción de la Carta Democrática Interamericana, la democracia, como derecho de los pueblos que los gobiernos han de garantizar, es condición de orden público que determina el reconocimiento de éstos por aquél. No es suficiente, pues, que sean gobiernos efectivos, pues de efectividad gozaron las dictaduras militares y una de ellas, en Venezuela, la del general Marcos Pérez Jiménez, hasta presidió la Conferencia de la OEA celebrada en Caracas, en 1954, de la que emergen, paradójicamente, las convenciones de asilo en vigor.

Es suficiente, aquí sí y no para que haya una suerte de reconocimiento constitutivo del que pueda nacer el ahora tribunal venezolano y transitoriamente residente en el extranjero, que cuente con legitimidad constitucional democrática; y que se constate que la expresa y representa fidedignamente, conforme a los estándares de la Carta Democrática Interamericana. La Asamblea Nacional ya reconocida internacionalmente así se lo ha hecho saber a la misma comunidad de los Estados, en manifestación expresa que realizara por escrito con motivo del acto de Washington.

La democracia en las Américas, a la luz de la citada Carta, se explica y justifica como algo más que un régimen político territorial o procedimental bajo prisión de un Estado y reducido a comicios anclados dentro de su localidad. Al ser "derecho de los pueblos", incluso por obra de la referida liquidez que éstos experimentan y hasta les permite votar desde lejanas residencias como viajar junto a sus demás derechos fundamentales, implica su preservación –a la manera del Arca de Alianza– por sus primeros garantes, los jueces.

La experiencia del Tribunal Supremo recién instalado, lo repito, es inédita.

Lo relevante es que Almagro, al acoger a sus magistrados supremos y servirles de anfitrión, pone de relieve, como albacea de la seguridad democrática regional, lo que ellos significan para la conservación y el sostenimiento del Estado constitucional y democrático de derecho, por encima de parcialidades y los desencuentros, a la espera de éste que pueda reinstalarse allí desde donde la expulsa un acto de lesa traición coludida, entre Maduro y el gobierno de Raúl Castro.

¿SE MUERE LA DEMOCRACIA, A FUERZA DE VOTOS?

22 de octubre de 2017

El título en afirmativo sugiere una aparente herejía. Sobre todo, si se observa que la Declaración Universal de Derechos Humanos de 1948 consagra que toda voluntad popular se expresa a través del voto. La democracia es voto o no es tal. Pero una apreciación tan simple como ésta, que nos empuje hacia el camino del fundamentalismo electoral, es capaz de llevar hasta el cementerio, en las urnas de votación, los despojos de una democracia cuyo actual entendimiento causa mucho desencanto; ese que inunda a nuestras sociedades contemporáneas al verse invertebradas, con sus texturas rotas, sin partidos que las interpreten, en medio de la desterritorialización de la política y la liquidez de las solidaridades.

Si no que lo digamos los venezolanos, víctimas de los apologetas de la narco-revolución que nos mantiene bajo secuestro y de los viudos del siglo XX. En 18 años hemos sido llamados a unos 22 actos comiciales –referendos incluidos– dentro un jolgorio de populismos, chantajes, manipulaciones e intoxicación publicitaria inenarrables, que le han negado al país su sosiego. Ha carecido éste de la calma para conocer las virtudes de la gobernanza, menos para elaborar juicios conscientes sobre la realidad que le ayuden a alcanzar, en suma, esa otra variable que, junto a la de la legitimidad, demanda la misma democracia, a saber, la de su eficacia como orden realizador de los derechos fundamentales.

El reduccionismo electoral hoy atrapa a muchos. A gobernantes y gobiernos que se dicen democráticos y se encuentran obligados por la Carta Democrática Interamericana, pero olvidan que la democracia es algo más, mucho más que el acto de elegir. Y al reducirla al voto nada les cuesta, sean líderes de la izquierda o de la derecha posdemocrática, consagrar con éste sus reelecciones a perpetuidad, prosternar el principio de la alternabilidad y la sana sucesión de los liderazgos. La alternancia, de origen muy antiguo, impone la rotación de cargos, su ejercicio temporal, para que todos y no unos pocos, tengan la posibilidad de ser electos, y para que los gobernantes y las direcciones políticas pasen y aprendan también a ser gobernados o dirigidas.

El voto como trampa es el mecanismo que usan las dictaduras y los despotismos partidarios del siglo XXI para afirmarse y es, cuando menos, una liberalidad "gattopardiana" que pactan los blandos de aquéllas con los oportunistas de la política. La inflación de los comicios y su realización cotidiana, como si viviésemos en una suerte de democracia de casino, ocurre deliberadamente. Es su propósito, repito, robarle tiempo al escrutinio de la opinión, a la deliberación previa y popular sobre lo que conviene o no decidir; a la consideración de lo que piensa, siente y aspira la gente de a pie. Atrás quedan, muy atrás, los momentos en que las elecciones tenían lugar juntas –las nacionales, las regionales, las municipales– cada cuatro, cinco, o seis años, por suponerse el acuerdo entre los electores sobre lo esencial, sobre lo que los integra en valores y como partes de una sociedad con mínimos constitucionales indiscutibles.

La experiencia de la democracia es milenaria, en tanto que la democracia electoral sólo frisa dos centurias. Cuando la imaginan los revolucionarios americanos y franceses no existían partidos y tampoco medios de comunicación comerciales. Y cuando aquéllos emergen hacen del voto una selva salvaje de intereses en pugna, que le abre las compuertas al fascismo y al comunismo. Hasta que ven su momento de oro, cuando la esfera pública la copan en alianza con la sociedad civil, como mediadores frente al gobierno y los parlamentos. Unos y otros se ganan la confianza del pueblo y éste confía en los políticos. Pero desde los años '80 del pasado siglo, más ahora, en plenitud del siglo XXI, el pueblo, incluso el instruido, se somete al dominio de los medios y a través de las redes sociales ponen contra las cuerdas a los gobiernos y los partidos, molesto, indignado, frustrado. Y los últimos, como suerte de fantasmas de una democracia paleontológica que intentan resucitar, caen víctimas del mercado electoral y se contaminan de narcisismo digital. Tratan al elector como una pieza de caza, un trofeo para los más habilidosos.

"Todo lo que hagas por mí sin mí será contra mí", reza la frase que venida desde el África Central se le atribuye a Gandhi y recuerda Van Reybrough, filósofo de Lovaina, para señalar que la crisis contemporánea de la democracia no es la de la democracia representativa. Hace crisis la democracia representativa electoral, pues si optar por las elecciones fue la vía adecuada para incorporar a poblaciones analfabetas y en geografías extensas a fin de legitimar a los gobernantes a través de ese medio o método eficaz, en la sociedad de la información y a la luz de los deslaves populares que mal pueden contener los Estados y sus partidos, la cuestión es radicalmente distinta.

El escrutinio de un pueblo que puede pensar si se le deja pensar y decidir, sobre ideas o aspiraciones, antes que validar tarjetas de partidos o fotografías de candidatos, tuvo su destello feliz el pasado 16 de julio en Venezuela, con la consulta popular que organizaran los huérfanos de la política a fin de rechazar el golpe constituyente. No obstante, los mismos partidos y sus líderes, en el poder o aspirándolo, preocupados por la experiencia y los mandatos de ésta prefirieron volver a la elección clásica, a sus urnas, rescatando ese dogma de fe donde la libertad es anhelo, la igualdad una quimera, y la razón un imposible.

SE ACABO EL SIGLO XX VENEZOLANO

29 de octubre de 2017

Hablar de la finalización de dicho siglo y del agotado papel de sus generaciones –me incluyo dentro de ellas– para la construcción de los espacios públicos del porvenir, es señalar el definitivo ingreso de Venezuela, ahora sí, al siglo XXI, el de la Aldea global, el de la inmediatez y fugacidad de los hechos en la política, el de la libertad como hito dominante que amarra al conjunto socialmente invertebrado que somos, el de la libertad desenfadada pero existencialmente irrenunciable.

Ha lugar ese final con retardo y como un sino de nuestra historia de desencuentros y patadas, es verdad, habiéndose comido 30 años, desde 1989, y habiendo castrado a sus generaciones de coyuntura haciéndolas políticamente inútiles. Pero ocurre ese cierre de ciclo, esta vez y casi fatal, huérfano de decoro.

Nada que ver con la fuerza intelectual ni con la épica que nutren los primeros treinta años del siglo XIX, antes de que despache los siglos del tiempo colonial anterior y se haga realidad nuestra república en 1830, una vez como nos separamos de la Gran Colombia. Menos aún con la ceremoniosa muerte del general Juan Vicente Gómez, en 1935, cuando llegamos con retardo al siglo XX y cuyo sucesor le abre compuertas a la generación estudiantil de 1928 luego de que, antes, intentaran hipotecarla los partidos del siglo precedente. El esfuerzo de ésta se corona pasados otros 30 años, a la caída de la dictadura de Marcos Pérez Jiménez.

El teatro de amoralidad maquiavélica que vienen a ser las elecciones regionales convocadas por la dictadura de Nicolás Maduro, celebradas por los causahabientes divididos de un partido que nos lleva a los venezolanos hasta los predios de la modernidad civil y en libertad, no se lo merecen los forjadores del Pacto de Puntofijo de 1958. Ese teatro compromete la memoria del titánico esfuerzo que se realiza durante el ciclo que concluye en 1989 y alcanza enterrar la barbarie, el cesarismo militar que nos domina desde cuando cae la Primera República, hija de hombres de talento y pensamiento, asimismo traicionados por quienes empuñan las espadas y tiñen de rojo nuestra geografía.

363

El hecho revela y refleja el decaimiento, la anacyclosis, el término de una transición muy traumática sin lugar a dudas. Es la transición, repito, que se inicia con El Caracazo y los golpes de Estado agenciados desde La Habana, en una sucesión de gobiernos "transitorios" que frisan casi tres décadas más, se sitúan por encima de las banderías partidistas intentando forjar un nuevo consenso histórico, sin alcanzarlo. Y el que propugna al término Hugo Chávez Frías –fruto malo dentro de los frutos buenos de la democracia civil que concluye en 1999– y lo escribe de su puño y letra para casarse consigo mismo, no con el país, que para colmo nos devuelve al pasado, resucita el gendarme necesario y hasta los partidos venidos del siglo último lo asumen como su catecismo: la Constitución centralista, personalista y militarista de 1999.

Tenemos a la vista, entonces, un cuerpo político en agonía, apenas animado por enconos no superados ni resueltos, muchos de ellos heredados. Los albaceas de ese siglo XX glorioso, devenido luego en parque jurásico por anacrónico en sus haceres y procederes partidarios, hoy se pelean por odres vacíos o sin vino fresco –gobernaciones de Estados y pronto alcaldías municipales– a la manera de una sucesión intestada, colmada de deudas y enriquecida con odios, desconfianza y oportunismo. Lo paradójico es que se entregan y designan como notario repartidor de esos cascarones de poder a los enemigos históricos de nuestra democracia republicana, uno de los cuales sobrevive a la sombra del poder dictatorial, insepulto, y quienes se amamantan de las frustraciones que les provocan las aventuras guerrilleras de los años '60. Es como si en el fondo se nutriesen de la misma savia o perspectiva que hace mieles en la boca del actual e iletrado dictador y su entorno de "tarazonas", a saber, el secuestro de la política por los políticos de la burocracia y usufructuarios del Estado; esos que tratan a las personas como piezas de su azar electoral, de una democracia de casino o de usa y tire que les basta, que causa desencanto, enojo, una indignación colectiva comprensible.

Los despojos del partido COPEI, otrora epígono de la ilustración socialcristiana, reposan en las escribanías de los jueces de la narco-dictadura gobernante ante la incapacidad para entenderse de sus detentadores; mientras el partido socialista-democrático que se construye con caldo adobado por las letras más exquisitas de nuestro intelecto y los puñetazos de quienes buscan ganarse la calle a sangre y fuego, Acción Democrática, baja la cerviz para negar su propia historia.

Los últimos liberales y conservadores del siglo XIX buscaron prorrogarse hacia el siglo XX en la plenitud del gomecismo y en una proeza, al menos encomiable, como lo fuera la invasión de El Falke. Allí cae, como signo de ruptura o parteaguas, junto a los viejos zorros, el joven Armando Zuloaga Blanco, de la generación universitaria, ícono de la resistencia. Fue la despedida, pero también el empujón leal que les dieran aquellos a esa generación que 30 años después logra su cometido civilizador.

Nuestros "conservadores y liberales" del siglo concluido, en su última hornada, por lo visto le tomaron miedo y hasta desprecian al pueblo cuya madurez y fuerza crítica fuese la obra mayor de sus mayores. Y al negarle su espaldarazo a la historia que está por hacerse han preferido enterrarse sin historia.

La historia, no obstante, tiene sus modos inesperados de corregir su curso hacia los tramos siguientes que esperan de su escritura, y acaso el affaire de los gobernadores es uno de ellos y bienvenido.

¡Salud a las generaciones de la resistencia!

EL FINAL DE LA DIABLOCRACIA

5 de noviembre de 2017

En mi columna precedente señalo que el siglo XX concluye en Venezuela con retardo y de forma desdorosa, por obra de una imperdonable colusión electoral con la narco-dictadura que nos mantiene bajo secuestro a los venezolanos desde 1999; no obstante ser este siglo el que nos lega nuestra modernidad y hace ciudadanos.

Nada que ver con la igual transición que dibuja a la república y que en 1830 nos da identidad política abriéndonos al siglo XIX, con una generación también "política" de retardo, pero apuntalados por una combinación de ideas y arrestos épicos, entre luces y sombras. Y si el siglo que hoy nos precede arranca apenas en 1935 al morir el padre de nuestra república militar tutelar, Juan Vicente

Gómez, su sucesor tuvo el tino y la cordura de corregirnos el rumbo abriéndole senda ancha a "líderes transformadores" civiles y a sus partidos, quienes fraguan la república democrática que nace en 1958 y se agota en 1989.

Desde entonces involucionamos y quedamos en manos, otra vez, como en el Mito de Sísifo, de las espadas y una hornada de "candidatos negociadores" venidos del siglo XX, que si acaso pretenden liderazgo en el siglo actual no pasan de abonar relaciones con seguidores ávidos –como ellos– de empleos, subvenciones, compensaciones materiales, y nada más. Y esto es lo que, pasado el trago amargo de las últimas elecciones de gobernadores y de regidores, subalternos del soviet dictatorial que instalara Nicolás Maduro para ponerle igual fin a la democracia electoral directa por la que se pelearan nuestros mayores a partir de 1945, ha de quedar asimismo en el pasado.

El siglo XXI es el del conocimiento totalizante, el de la transparencia obligada, el de la inmediatez en la relación humana. Es el tiempo del tiempo y no el de la geografía con sus espacios parcelados, sujetos a los señoríos de turno; es el tiempo de la libertad y del trabajo sin límites ni dependencias, más que los que imponen la razón, la prudencia, y el sueño realizable de la superación; pues cada uno y todos a uno, incluso sobre informados y por ello intoxicados de datos y hasta víctimas de una cultura corriente de usa y tire, más ganados para el narcisismo, sin embargo pretendemos todos y cada uno proyectos de vida propios, no impuestos ni por las armas ni bajo el chantaje de quienes ofrecen a cambio medianías y mediocridades como base para el "buen vivir".

No por azar ocurre entre los venezolanos algo inédito y sin paralelos en la historia patria, la migración de casi 4.000.000 de compatriotas quienes se riegan por todo el planeta con sus artes y títulos universitarios, sin importarles limpiar letrinas como pago inicial y con el coraje que les lega un tiempo de modernidad y autoestima que finaliza con la barbarie hecha gobierno en la actualidad.

No por un accidente, las generaciones del porvenir son las únicas que entregan sus alientos y dejan sus cuerpos inertes sobre la calle o bajo la tortura de mazmorras predicando nuestra vuelta a la civilización o empujadas al exilio; mientras cuidan sus pellejos los causahabientes de aquellos partidos que hacen historia buena en el siglo XX concluido y se fracturan al término, y terminan en manos de los primeros como franquicias presas de indignidad.

Este tiempo de negación concluye –por ser negación de la realidad global en curso y reducirse al reparto de los trastos viejos de una república que ya no es tal– y encuentra sus genes en nuestra primera aurora, lamentablemente. Pues así como el nombre de la América que nos reúne y el de Venezuela que nos particulariza son la obra de un bautismo en pila de traicioneros –que purifica Francisco de Miranda rebautizándonos como hijos legítimos de Cristóbal Colón y no de Américo Vespucio– entretanto nuestro cuerpo se lo engullen como botín, desde el Cabo de la Vela hasta el de Gracia de Dios, Alonso de Ojeda y Diego Nicueza, hacia 1508; ello, antes de que, en 1528, otra vez se nos entregue para que nos expolie la Compañía de los Belzares sin dejarnos otra cosa que arrase y destrucción, nada distintos de los que ejecuta el gobierno de Cuba y su adelantados en Caracas en pleno siglo XXI.

Quizás, por eso y como una suerte de fatalidad, emergen dentro de nosotros los mesianismos y la explotación de la cosa pública con fines privados, que se cuecen entre el reparto de lo ajeno y la cultura de la sumisión; taras que a golpes llegan a su término hoy y se resumen en la noción de la república como botín: ¿Qué no me deben todos en Venezuela? es la expresión con la que se solaza ante José Antonio Páez nuestro Padre Libertador, Simón Bolívar, en 1826, luego de que, en 1821, le escribiera al ministro de hacienda de la Gran Colombia para decirle que Páez "se vio obligado a ofrecer a sus tropas, que todas las propiedades que perteneciesen al Gobierno en el Apure se distribuirían entre ellos liberalmente. Este, entre otros, fue el medio más eficaz de comprometer a aquellos soldados y de aumentarlos porque todos corrieron a participar de iguales ventajas".

Cerramos, pues, el siglo XX, además, con otra repartición y el usufructo de los bienes nacionales por los hombres de espada y sus testaferros de levita –los bancos y sus bonos, el negocio de alimentos y los puertos, lo que resta de la industria petrolera quebrada, en fin, poseedores de todo aquello que no llega al pueblo en crisis humanitaria– y como precio para el sostenimiento del parque jurásico de la narco-diablocracia.

Esa "diablocracia" –matar las vacas ajenas sin permiso, lo refiere Páez– así juegue a diario con el andamiaje digital para sostenerse con fugacidad inevitable en la opinión dominante y de redes, está al descubierto, causa vergüenza a las jóvenes generaciones, quienes buscan afanosos una referencia moral que los oriente y ayude a transformar, sin negociados que las hipotequen.

NO HAY RESPETO POR LA GENTE

12 de noviembre de 2017

El desprecio por la opinión de la gente, no la de quienes como yo ejercitamos a diario nuestros dedos sobre el teclado y de suyo somos despreciados como "chispero exaltadamente liberal" o irresponsables críticos "viviendo tranquilos entre los godos" [tal y como se lo dice Santander a Bolívar en 1826], es la constante que domina y contamina a buena parte del mundo político en Venezuela.

Acaso sea lo propio de estos tiempos posdemocráticos más ganados para el narcisismo, en los que ni siquiera se es sensible al dolor ahogado de las víctimas de las ergástulas de la dictadura, de quienes sufren un ostracismo forzado que les obliga colgar títulos para lavar pocetas en tierras extrañas, o de los hombres o mujeres que dejan su piel y aliento en procura de lo que no encuentran para medio alimentarse, para medio sanar sus dolencias. Y es que todos a uno son tratados, siguen siendo tratados, como datos de encuestas o mercancías electorales, nada más.

En quienes hacen política desde la acera de la dictadura tal comportamiento se explica, por desviaciones "ideológicas" y hasta conductuales. Únicamente les interesa preservar la maquinaria del Estado a costa de la vida misma, pues este es el instrumento para la ejecución de los crímenes de narcotráfico, corrupción y lavado de dineros sucios en los que se encuentran comprometidos desde cuando Hugo Chávez Frías, el "patrón del mal", hace casi veinte años, pacta dicho despropósito con las FARC, con el régimen cubano y los gobiernos libio e iraquí. Lo saben bien los servicios de inteligencia extranjeros. Y quienes, desde adentro, se hacen los tontos, es que tienen miedo a perder los espacios logrados dentro de ese Leviatán mefistofélico, por coludidos, o por que viven aterrados siendo sus rehenes.

El caso es que ahora, para colmo, el tiempo del amor hacia el pueblo o de la simulación democrática –sostenida para distraer la práctica de la narco-política y repartir sin mayores peligros sus dividendos, confundiéndolos con los de las finanzas públicas o los que provee la industria del oro negro– ha llegado a su final. Que los esbirros de Nicolás Maduro asesinen a mansalva a 140 jóvenes de la resistencia sin que les tiemble el pulso, o que éste se engulla una empanada frente a los moribundos por la hambruna, son meros síntomas de esa desnudez revolucionaria y terminal.

Que se haya cargado y hecho trizas luego, el mismo Maduro, el voto universal, directo y secreto para imponernos una constituyente dictatorial que persiga, condene o doblegue, por encima y más allá de la ley, a todo aquel quien se le oponga, es texto del mismo libreto. Lo del joven Yon Goicoechea clama al cielo, todavía más por las complicidades "opositoras" habidas en su tortura blanca, antes de que acepte ser candidato a alcalde por la tolda del redivivo Marqués de Casa León, Henry Falcón.

Y las declaraciones de Manuel Rosales a CNN, no bastando lo anterior, son un monumento a la doblez y amoralidad que rasga en la política vernácula y constata su desprecio cabal por el soberano.

"El hombre es todo y los principios y las instituciones valen bien poco", decía Bolívar, El Libertador, según González Guinan. Y es ese, qué duda cabe, el catecismo que siguen quienes diciéndose opositores llaman al voto popular cuando la constituyente dictatorial se los ordena, para elegir gobernadores, césares de ocasión, validando no solo el origen espurio de dicho acto electoral sino convalidando que se omita elegir, en contra de la Constitución, a las legislaturas estadales, que son las casas del pueblo. Lo que se repite, recién, cuando piden el voto para elegir alcaldes bajo decisión de la misma narco-constituyente, pero excluyendo los concejos deliberantes, cabezas de la representación popular en cada municipio.

Así, no de otra manera, por importar poco el respeto al pueblo y sus mandatos, ahora se decide por la libre y anuncia –arguyéndose un pedido de la comunidad internacional inexistente y la que, antes bien, se apresura a sancionar a la dictadura– el regreso al diálogo, para partir confites con los jefes del narco-estado venezolano en República Dominicana; en ese desprestigiado santuario en el que se cruzan, como en un casino, ángeles y demonios.

Narra la historia que al Padre Libertador le incomoda la deliberación popular, de allí su rechazo al Congreso de 1811. Prefiere el Senado vitalicio y su presidencia perpetua como opciones e impone, por ende, "sus" constituciones de 1819 y 1826. Le fastidia la omnipotencia del parlamento creado en Cúcuta en 1821 y el año siguiente cuestiona a la municipalidad de Caracas que expresa y hace públicas sus reservas a la Constitución de la Gran Colombia, manifiesta que no tuvo voz propia el pueblo que representa en su formación y critica que no se le permita sancionarla sino jurarla como un acto de conquista, con lo que atentaría contra lo que más importa según el propio Bolívar, "porque de la unión [bajo el despotismo] resultaba un pueblo más fuerte y más poderoso".

La redemocratización de Venezuela habrá lugar, en suma, cuando se le permita a la soberanía popular decidir integralmente sobre sus destinos, dibujar sus caminos, no simplemente elegir a los mandones de turno, sean revolucionarios o camuflados, sean o no opositores a pie juntillas. Es lo que pienso.

LA INUTILIDAD DEL EXILIO, SEGÚN MIRES

16 de noviembre de 2017

Su compatriota de la izquierda, Isabel Allende, afirmaba que "el exilado mira hacia el pasado, lamiéndose las heridas", en una suerte de descripción sobre la tragedia de quienes son vomitados por la injusticia y arrancados de su lar natural, obligándoselos incluso a perder la memoria de pertenecer a algo; con lo que sólo queda reconcomio, recuerdo de lo perdido y que no volverá, y al término tristeza, abulia, que es eso, en efecto, la muerte civil y ciudadana.

Fernando Mires, a quien no conozco y leo de modo eventual sus artículos, sufre su exilio durante la dictadura chilena de Augusto Pinochet en Alemania, que es como viajar a otro planeta, distante; si bien su patria de origen, en lo particular, mixtura su población con emigrantes, cuando en 1846 le abre sus puertas a más de seis mil familias de la entonces Confederación germana. Y allí, entre lejanía y cercanía, rehace su biografía, como lo sugiere.

Cierto es que cada exiliado vive o mira su tragedia desde una óptica personal, habiendo quienes hasta asumen la postura extrema de la mujer desengañada: ¡Si te he visto, no te recuerdo!

Pero es injusta, mezquina, producto de un criterio liviano que mal habla de su alegada formación intelectual y quizás adobado por compromisos nacidos de la razón práctica, la afirmación de Mires en cuanto al exilio venezolano actual, al que busca aconsejar: "La política de y en el exilio, no existe", escribe en su Twitter. Al término, por ende, intenta prosternar el esfuerzo que hacen centenares de miles de mis compatriotas, víctimas de la narcodictadura que dirige Nicolás Maduro, para cercarlo y ponerle término final. Mas nada vale esto, según él. "Las decisiones de la dirigencia opositora en el exilio no influyen en la situación de Venezuela", ajusta, y opone su experiencia personal.

El caso es que la verificación de su sentencia parte de premisas equivocadas, imposibles de extrapolar desde el siglo XX hasta el siglo XXI, cuando se hacen líquidas las fronteras y las informaciones, e incluso, el propio manejo del poder social y político contemporáneo. Olvida, además, que Cicerón recuerda que sólo hay destierro "allí donde no hay lugar para la virtud".

Habla, al efecto, del fracaso del exilio cubano, como si acaso hubiese sido rendidor en la lucha contra el ostracismo impuesto a los cubanos por la satrapía de los Castro la tarea de los líderes opositores internos; de quienes queda, en buena hora, es el caso de Rosa María Paya y de Yoani Sánchez, lo mismo que dejan sus compatriotas de la denostada Miami: el ejemplo, el coraje, la virtud.

Lo peor es que Mires, al decir cuanto dijo, pasa por alto circunstancias cruciales del proceso chileno que lo purga hacia el exilio. Allí hubo una dinámica endógena propia, es innegable. Que Pinochet desprecia la influencia internacional, tanto que tuvo la osadía de mandar a asesinar a Orlando Letelier en Washington, es también verdad. A mí, como embajador venezolano me espeta en 1980: ¡Nada me importa lo que piensen Ustedes afuera, sino lo que piensan de mí los chilenos, adentro! Él, el General, sí despreciaba al exilio.

Entre tanto, sin embargo, Fernando Matthei, miembro de la Junta, desde Diego Portales ya me señalaba sobre sus conversaciones con la democracia cristiana bávara, pues le importaba el exterior. Enviaba mensajes a líderes en el exilio y a opositores en lo interno, para hacerles ver que se acercaba el final del régimen militar y para urgirles sobre la necesidad de una fórmula que permitiese no devolverle el poder a los responsables de la tragedia que todos ellos vivieran durante casi dos décadas.

Tengo presentes, en mi mente, los esfuerzos emblemáticos, encomiables, llenos de angustia existencial y de coraje en el compromiso, dignos de emular, que hacían Jaime Castillo (democristiano) y Aniceto Rodríguez (socialistas) desde Caracas, para abrirle camino fértil al regreso chileno sobre la senda de su experiencia histórica, la de la libertad en democracia. A buen seguro que reprocharían lo que ahora, cómodamente, sostiene Mires, para ralentizar la fuerza de la protesta internacional de los exilados venezolanos contra la narco-dictadura de Maduro que toma cuerpo.

Dos enseñanzas, máximas de la experiencia, deberían ser apreciadas por el columnista a distancia, una que el Chile de Pinochet no es la Venezuela de Maduro. La Fuerza Armada chilena jamás pierde su vigor institucional ni se coludé con el crimen del narcotráfico y la corrupción desembozada. Y tanto conserva su textura que ayuda a la transición y no impide su éxito. Hay esfuerzos de negociación entre la oposición y la dictadura, mediados por la Iglesia, pero no llegan a nada; hasta que la Iglesia se convence que lo importante era hacer dialogar a los opositores, con vistas al porvenir, incluidos los de afuera, los exilados.

Imagino que Mires nada sabe de Plan País, que reúne a todos los venezolanos que estudian en las mejores universidades americanas para sostener sus tareas de construcción de la Venezuela a la que tienen derecho y a la que esperan volver; preocupados, sí, por la opinión que de ellos y la comprensión que de sus dolores íntimos puedan tener quienes se quedaron en el país. Su opinión, su mala opinión del exilio, en nada ayuda al respecto.

LEDEZMA, UN LÍDER QUE HACE LA DIFERENCIA

19 de noviembre de 2017

La inercia electoral venezolana y las pasiones que despliega en espíritus de medianía política, acostumbrados al cotilleo y la transacción de menudencias clientelares: los llamados espacios de poder, le ha negado al pueblo su tiempo para discernir –23 elecciones en 18 años– y luego para decidir, en conciencia, sobre alternativas reales para la reconquista de la libertad. El drama –lo confiesa el regidor metropolitano de Caracas, Antonio Ledezma, al escapársele a la dictadura– es que la oposición electorera se mira a diario en el espejo, fajada con la banda tricolor, sin apreciar que lo hace tras las rejas de la dictadura.

La MUD alcanza logros admirables, hasta antier, por ser un mero mecanismo de avenimiento para organizar elecciones y convencer a sus seguidores que se puede acabar con la dictadura mediante votos. Y como las consignas para defender tal absurdo se elaboran como suerte de menú, a la carta y a la orden de los aspirantes, éstos trucan grandes mentiras para presentarlas como certezas históricas: "Las dictaduras del Cono Sur han finalizado con votos, democráticamente. Incluso la dictadura de Marcos Pérez Jiménez". Obvian, eso sí, que la narco-dictadura cubana, madre de la nuestra, no ha podido ser expulsada con votos en 60 años. Y si alguien osa desnudarles la verdad, en un tris espetan: ¿Y tú qué propones?

A los verdaderos líderes corresponde imaginar esas y tantas alternativas como sean necesarias y hasta inventarlas; y si no las tiene, un líder auténtico hace lo que no hacen los candidatos e hiciera en su momento, como tal, el general José Antonio Páez cuando funda la república de Venezuela.

Sabe que los suyos no entienden sino de espadas y trincheras, luchan por sus espacios. Y sin complejos, por saberse que no es estadista ni hombre versado –lo señala González Guinan– apela y hace propio el consejo de quienes son capaces de imaginar y dibujar al país más allá del "tormentoso proceso de la revolución separatista de 1829": Miguel Peña, Santos Michelena, Diego Bautista Urbaneja, Andrés Narvarte, Antonio Leocadio Guzmán, y Carlos Soublette.

He repetido, hasta la saciedad, que la oposición chilena a la dictadura de Pinochet, antes que privilegiar mesas de negociación con ésta se ocupa, ayudada por la iglesia, de dialogar consigo misma y con el país; alrededor de una opción profunda, en búsqueda de una narrativa de largo aliento que la atase al compromiso y en los corazones, y que al fin le permitiese decir –como lo diría Ledezma– "arriba corazón". Y tiene éxito.

La generación de 1928 se deslinda, en su hora agonal, y eso la transforma en emblema de nuestra democracia civil. El Plan de Barranquilla adoptado en 1936 es preciso en sus objetivos: gobierno civil, sanciones a la dictadura, eliminación del caudillismo militar, proteger la producción local, educar masivamente al pueblo, revisar los contratos con el extranjero, fortalecer los servicios públicos municipales, y alcanzar una asamblea constituyente que ordene integralmente al país, como un todo, más allá de sus partes, facciones, y caudillos.

En 1958, el Pacto de Puntofijo, marca otro hito sucesivo, a saber, el compromiso de vida de sus líderes –Rómulo Betancourt, Rafael Caldera, y Jóvito Villalba– más allá de sus parcelas y aspiraciones electorales. Esto no lo entienden los comunistas. Se obligan aquéllos a consolidar los principios democráticos, defender la constitucionalidad, la honestidad administrativa y el Estado de Derecho. Lograr una unidad nacional sin "unanimismos" despóticos, partidos comprometidos con "los intereses perdurables de la nación", y despersonalizar la política con un programa mínimo: Una constitución, carrera administrativa y lucha contra el peculado, reconocer la iniciativa privada y fomentar la riqueza nacional, reformar la agricultura, crear el salario familiar, defender el trabajo como eje del progreso económico, revisar las relaciones petroleras, luchar contra el rancho, desarrollar y sanear el campo, dar educación popular y acabar el analfabetismo, Fuerzas Armadas profesionales y apolíticas, favorecer la inmigración útil, defender la democracia en el plano interamericano.

En 2015, Leopoldo López, Antonio Ledezma y María Corina Machado, luego de prevenir con aguda clarividencia la tragedia que hoy nos consume y obliga a reaccionar con coraje, invitan a la MUD y al país –sin ser oídos por la primera y antes bien criticados por apostar a "La Salida" desde el año anterior– para que elaboren un compromiso con Venezuela que los amalgame y así se lo piden en documento escrito, acompañados por David Smolansky: Una agenda política-institucional para restituir las libertades y restablecer el orden constitucional; una agenda para atender la emergencia social y a los sectores más vulnerables; una agenda para la estabilización de la economía y recuperar el ingreso nacional; en fin, alcanzar un cambio de rumbo a través de "consensos y compromisos" mediante un Acuerdo Nacional para la Transición.

Cabe preguntarse, entonces, ¿qué pueden negociar por la oposición en República Dominicana quienes aún no se sientan a discutir entre ellos sobre lo fundamental: el país que pide y reclama el país, y no tanto el candidato que pueda aceptar o no Maduro para confrontarlo en 2018.

Que Ledezma se haya escapado hacia la libertad para no ser usado, hace la diferencia entre el líder y quienes, por reducir la democracia a urnas y votos, ofrecen a las víctimas negociar a retazos sus dramas a cambio de que toleren como "realidad política" a la narco-dictadura y obtengan de ella sus migajas electorales; lo que prueba, al cabo, el fracaso del autismo electoral como vía para desplazar y mandar al basurero de la historia a Maduro y a su cártel de inmoralidades.

Hablar de Yo soy Venezuela, lo reconoce Luis Almagro, Secretario de la OEA, significa priorizar el país doliente por sobre sus parcelas y las personas de los candidatos, y de esa idea son intérpretes el propio Antonio, Leopoldo –por ahora rehén y por coautor del documento de 2015– como María Corina Machado, y también Diego Arria.

VENEZUELA, OTRO DIAGNÓSTICO Y UN CAMBIO DE MEDICINA

26 de noviembre de 2017

Sobre la anomia social y el criterio de atracción política que se hace regla obligante en la Venezuela actual –la dádiva pública o el "espacio" para sobrevivir y para no desafiar al poder, para no morir o caer tras las rejas– lo cierto es, tras de todo, que los factores de dominio real vigentes, a saber, la corrupción y el narcotráfico, han adquirido hoy una movilidad inusitada.

Tales morbos han sido propiciados por la revolución, deliberadamente. Su efecto social devastador es inmenso. Ha hecho profunda la ruptura del entramado que nos hizo república, obra inicial de la crisis democrática de finales del siglo XX pero que esta vez prostituye, incluso, la idea del interés nacional. Ha introducido como variante o elemento transversal comunicante en medio del desorden como explosión, el de la lucha por la supervivencia. A falta de Estado y sobre todo de sociedad organizada, los comportamientos se individualizan, los egoísmos se mineralizan.

La corrupción y el narcotráfico comprometen a la administración pública, en especial la vinculada al mundo militar y policial, desde 1999. Paulatinamente se relajan sus bases mínimas de cohesión y el sentido del servicio a la gente. Pero, hasta inicios del 2013, la violencia inherente a esos morbos es administrada y selectiva, la generalidad del país no la advierte como propia, pues hace metástasis con lentitud.

Después de la muerte de Chávez y al término de su liderazgo carismático, sobreviene en Venezuela la multiplicación de los ejes personales de poder, con igual vocación despótica y criminal, pero ellos desbordan dentro del esqueleto sin carnes del Estado. Cada causahabiente se considera dueño de su propia parcela: Maduro y su mujer, Cilia Flores, cuyos descendientes sufren juicio por narcotráfico en USA; Diosdado Cabello y Tarek El Aissami, señalados de cabezas del narcotráfico militar y el terrorismo islámico; Rafael Ramírez, como el zar de la podredumbre petrolera; los hermanos Jorge y Delcy Rodríguez, suertes de excrecencia nazi, a lo Mengele y Goebbels y como prolongaciones de La Habana; y el general Padrino López junto al Alto Mando Militar, como beneficiarios del protagonismo de las armas en el poder, por sobre el mundo civil. Sus escribanos o jueces, por lo visto, son sólo eso, cagatintas, notarios del crimen organizado.

Sensiblemente, como parte del diagnóstico en cuestión, la Unidad, la de oposición, por hacerse apenas táctica y electoral de un modo vicioso, no mira más allá del 2018. Y al animarla, conceptualmente, el único deseo de fortalecer las franquicias partidarias que la integran, a despecho de la anomia dominante en todo orden, no alcanza carácter agonal o existencial. La fractura a diario y sin mayor esfuerzo su propio narcisismo, la orfandad de principios, el creerse reedición del espíritu de El Príncipe, Niccoló Machiavelli, lo que la hace víctima propiciatoria del terror, de su secuestro, rehén inevitable dentro del drama criminal envolvente que hace presa de todo el país. De allí sus colusiones, sus transacciones, sus sincretismos, en suma.

¿Qué hacer a todas estas?

Bajo el narco-Estado colegiado cubano que representa Maduro, sólo adquirirá eficacia la lucha en su contra que implique acumulación u oposición de poderes reales o fácticos: en el siglo XXI es la opinión pública y no las armas, que lo contrabalancee; que cabe construirla de modo estable por la oposición, representando a la anomia dominante y su pluralidad, lo que no es fácil; y es un propósito que exige de una activa cooperación internacional, para no decir que habría de sujetarse la propia oposición a la guía o acompañamiento de otro colegiado, esta vez internacional, con ánimo de liberación y reconstrucción, que doblegue al narco-régimen y sus tentáculos, pues éstos son susceptibles de sobrepasar "gatto-pardianamente" al cambio del gobierno de Maduro.

Así las cosas:

(1) Ha de tener lugar, con carácter urgente, la reconfiguración de la lucha opositora en Venezuela. Su eficacia, como poder real oponible, dependerá de la representatividad que sus pretendidos conductores les den a las piezas disueltas de la realidad social venezolana. Pero sólo podrán moverlas en una misma dirección o sobre un mismo tablero a través de acciones de resistencia, mensajes coherentes e interpretativos de la esa realidad invertebrada y sus urgencias actuales, con fuerza simbólica suficiente; es decir, mensajes que han de ser despersonalizados [ajenos al autismo digital en boga], congruentes con las expectativas mínimas comunes de esos ex ciudadanos desarraigados, víctimas del hambre y anhelantes de libertad, como de los distintos nichos sociales que componen el mapa disuelto de la nación; y sobre todo, como mensajes, ser racionales, veraces y confiables, en cuanto a la probabilidad de los logros que se planteen alcanzar, negándose toda tentación populista.

(2) En lo internacional, ha de hacerse comprender a la comunidad de los Estados y a las empresas trasnacionales que tienen inte-

rés en Venezuela, la verdadera naturaleza del narco-gobierno colegiado imperante y los altos riesgos que significa –para la seguridad global y regional– su permanencia en el poder o la de quienes mantienen una colusión interesada con éste, incluida la política. De donde, cualquier fórmula de negociación o diálogo al respecto mal puede apuntar hacia la cohabitación entre la oposición partidaria y el narco-Estado que dirige Maduro, como lo pretenden hoy, desde República Dominicana, su presidente, Danilo Medina y los expresidentes amigos del narco-régimen venezolano: Zapatero y Fernández. Toda negociación, como lo ha sostenido con coraje digno de admiración Luis Almagro, Secretario General de la OEA, autor de los informes más completos sobre el problema de Venezuela, debe tener como único propósito facilitar el desalojo del poder por parte del grupo narco-criminal que lo detenta en Venezuela, el desalojo del territorio nacional de los "cooperadores" cubanos y sus dirigentes, y la formulación de un mecanismo de justicia transicional que obligue a los responsables de esta tragedia –que ya configura crímenes de lesa humanidad– a asumir sus responsabilidades, haciendo privar los derechos de las víctimas a la memoria, a la verdad y la Justicia.

LOS DERECHOS NO SE NEGOCIAN, SE RECLAMAN

3 de diciembre de 2017

El próximo día 10 se celebra el día internacional de los derechos humanos. Para los venezolanos no habrá celebración sino luto, congoja, mucha indignación. Parte de la llamada oposición, que se considera a sí democrática, negocia nuestros derechos con la dictadura, preferentemente "sus" derechos político-electorales.

Lo cierto es que, aparte el absurdo de negociar lo que es innegociable, pues integra el orden moral y el orden público internacional y constitucional y que no solo es elemento esencial de la experiencia de la democracia que se le debe exigir bajo presión y amenazas de castigo a quienes los violan de manera sistemática, en Venezuela no ha quedado en pie un solo derecho. Y era predecible, desde cuando se deja imponer el país la Constitución de 1999, cuyo texto muda los derechos de la persona en concesiones graciosas o dádivas que a su arbitrio otorga el Estado.

En suma, a manera de memoria, para cuando ella sirva o resulte útil, he aquí lo que salta a la vista al cierre de 2017, sin esfuerzos de indagación acuciosa, omitiéndose incluso otros aspectos pues se trata sólo de ejemplificar.

No hay derecho a la personalidad jurídica, mientras exista un carnet de la patria para ejercer derechos, situando a quienes no lo tienen en la condición de muertos civiles, al paso sin derechos para tener derecho a reclamar los derechos internacionalmente. No hay derecho a la vida. 28.479 muertes violentas ocurren al cierre de 2016 y en 2017 son asesinados más de un centenar jóvenes por protestar contra la dictadura.

No hay derecho a la integridad personal. Los miles de detenidos por las protestas, según HRW, fueron sometidos a golpizas y torturas por los esbirros del régimen. Hay esclavitud y servidumbre, tanto que el dictador aparece en la lista negra de USA por facilitar el tráfico de personas, a lo que se le suma el haber expulsado a parte de su propia población por la hambruna e inseguridad, víctima hoy del tráfico de migrantes. No hay derecho a la libertad personal. Tenemos 645 presos políticos certificados por la OEA.

No hay garantías judiciales ni protección judicial efectiva, tanto que el TSJ lo preside un criminal y a los civiles, por protestar, se les somete impunemente a tribunales militares. Porque tampoco rige el principio de legalidad como derecho. De allí que se haya instalado –reconocida por una parte de la oposición "democrática"– una asamblea constituyente de facto, dictatorial, que ha sustituido en los hechos al parlamento electo legítimamente. Y el derecho a indemnización por violaciones de derechos es mercancía de lujo. El régimen, por ello, ni acata ni cumple las órdenes que al respecto recibe por parte de la Corte y de la Comisión interamericanas de derechos humanos, en las decisiones tomadas en su contra.

No hay derecho a la honra y la dignidad de los venezolanos, ni en los programas de la televisión estatal ni en las alocuciones presidenciales que a diario las pisotean. Y la libertad de religión mengua bajo los ataques oficiales a la Iglesia Católica y a los judíos. Nada que decir sobre la libertad de expresión bajo la actual hegemonía comunicacional de Estado y la criminalización de las opiniones, con lo que a la vez se ha visto anulado el derecho de rectificación y respuesta.

Durante 2017 son proscritos los derechos de reunión y manifestación, reprimiéndose salvajemente a la población y a los "escuderos", al punto que éstos ofrendan su vida.

Le fue prohibido hacerse elegir como constituyentes a quienes no estuviesen asociados a alguna forma corporativa del gobierno, prosternándose la libertad de asociación.

Hubo invasión arbitraria, violenta, e indiscriminada por la Guardia Nacional, piso por piso, sin orden judicial, de las viviendas familiares en Residencias El Paraíso, negándose el derecho a la protección familiar. Y también se niega el derecho al nombre, pues se usan los nombres de los venezolanos para integrar listas de infamia con quienes ejercen su derecho a firmar por la revocación del mando del dictador, quitándoseles hasta los alimentos. Ha de ocultarse la identidad, por ende.

194 niños mueren por semana por causa de desnutrición, pues no tienen derechos como niños. Y es prostituido el derecho a la nacionalidad, a manos de un presidente colombiano que naturaliza como venezolanos a nuestros invasores cubanos y provenientes del terrorismo.

Nada que decir del derecho a propiedad, que se confisca sistemáticamente y por ello nada se produce en el país, afectándose al paso hasta el derecho al ingreso salarial, que ha sido expropiado por la hiperinflación.

La libertad de circular, de entrar y regresar al país, como de residir en el mismo, ha desaparecido, mediante la anulación o no suministro de pasaportes y el cierre práctico de las fronteras. Ya suman 2.000.000 los desplazados por la revolución (OEA).

No hay derechos políticos en Venezuela, pues el voto ha sido secuestrado y se negocia por cuotas con la oposición complaciente, bajo el tutelaje de un poder electoral criminalmente coludido. Tanto como no hay derecho a la igualdad, pues sólo acceden a los alimentos los revolucionarios y el voto de los disidentes no es respetado en un sistema electoral ahora corporativo y bajo dominio constituyente.

Y cierro este "cahier de doléances" recordando que el 80% de la población carece de derechos económicos y sociales, al pasar bajo la línea de la pobreza. Un venezolano, con un sueldo mínimo de casi 36 dólares –ahora reducido a casi 5 dólares– podía adquirir ayer menos de la quinta parte de lo que compra un colombiano del estrato más empobrecido.

SECUESTRADOS Y MUERTOS

10 de diciembre de 2017

Más allá de mis desacuerdos sobre la conducta de algunos actores de la oposición venezolana, los condenables por su colusión desenfadada con la narco-dictadura de Nicolás Maduro, no me siento con autoridad para criticar los tropiezos del conjunto de la Unidad y hasta el presente. Tacharla, sin más, equivale tanto –que nadie lo hace– como demonizar a la oposición cubana que no logra deslastrarse de su tragedia comunista tras casi 60 años; o acaso preguntarse sobre el absurdo, como lo es la unidad y organicidad de lucha de los pueblos que sufrieran los rigores del totalitarismo tras la Cortina de Hierro, mientras duró.

Todo secuestrado o rehén es un ser inhábil, mediatizado, urgido de comprensión y necesitado de tutela, hasta superar su condición de minusválido. Y los actores y pueblos que sufren las dictaduras, como en Venezuela, son, a fin de cuentas, eso, secuestrados, sufrientes.

No dialoga, menos negocia políticamente, entonces, quien se encuentra tras las rejas o con un arma sobre la sien; sólo adhiere, acepta. Y quien, aun así, dice negociar –como lo hace la MUD con la dictadura venezolana en Santo Domingo– sólo simula, burlonamente; ya que lo pertinente, en la circunstancia, es la negociación policial, la que realiza el guardián del orden –léase la comunidad internacional– con el secuestrador, para salvar a la víctima, al secuestrado, sin pedirle a ésta que se salve por sí sola y ante su mirada.

No exagero. Quienes lo crean, por ignorancia, por falta de memoria, por moralmente reblandecidos, les dejo a mano los "honrosos antecedentes" de esa dictadura que representan los hermanitos Jorge y Delcy Rodríguez; a la que ayudan o por la que median ante la oposición venezolana y el mundo el presidente de la otrora Hispaniola, Danilo Medina, y el expresidente español, Rodríguez Zapatero.

Cahiers de doléances

Se inician con el Pacto de Hugo Chávez con las FARC, que incide en la conformación de su narco-gobierno y en el incremento demencial de las muertes por homicidio como en la corrupción del mundo militar y policial venezolano (1999), y siguen con la confiscación de fundos agrícolas y pecuarios (2001); la Masacre del 11 de abril o Masacre de Miraflores (2002); las Listas Tascón y Maisanta, declarando la "muerte civil" de millones de venezolanos (2003-2004); el despido de 20.000 trabajadores de PDVSA y la expulsión de sus familias de las casas que habitan en los campos petroleros, lo que lleva a la quiebra actual de la industria (2003); la represión popular por las firmas que peticionan el referendo revocatorio (2004); el caso de soldados calcinados en Fuerte Mara (2004); la Masacre de Turumbán, Estado Bolívar (2006); las inhabilitaciones políticas impuestas por la Contraloría contra la oposición (2007, 2008); la condena arbitraria e ilegal de los comisarios de la PM, entre ellos Iván Simonovis (2010); la Masacre de El Rodeo y el pacto de Diosdado Cabello con los "pranes" (2011); la extradición de Makled y el descubrimiento del Cartel de los Soles (2011); las declaraciones de los magistrados Aponte Aponte y Velásquez Alvaray, advirtiendo la colusión del Ejecutivo con el narcotráfico (2012); la tragedia de Amuay (2012); el caso de las narco-maletas de Air France (2013); la Masacre de febrero o del Día de la Juventud (2014); la expulsión masiva de la población civil colombiana, mediante una inconstitucional suspensión de garantías (2015); la Masacre de Barlovento (2016); la Masacre de los Escuderos (2017).

Y si no les basta, recuerden las once (11) sentencias dictadas por la Corte Interamericana de Derechos Humanos, que declaran internacionalmente responsable por violaciones al régimen de Venezuela, palmariamente desacatadas y objetos de burla por éste, desde el Caso Apitz y otros (2008) hasta el Caso RCTV (2015). O la zaga de exilados o de presos políticos –suman 645 según la OEA– como los alcaldes, Leopoldo, Ledezma, Ceballos, Guevara, y párese de contar.

Se obvian, por su extensión sideral, cuya punta de iceberg emerge recién con los casos de PDVSA y ODEBRECHT, la enunciación del cúmulo continuado de delitos de corrupción que arrancan con la financiación electoral de la banca española (2002); el caso del FONDEN (2005-2013), que dilapida más de 116 mil millones de dólares, en una línea de comportamiento consustancial al propio régimen. Se inaugura con los escándalos de CAVENDES y el Plan Bolívar 2000; pasa por los casos Nóbrega y Smarmatic (2003-2004); de Juan Barreto en la Alcaldía Metropolitana (2004-2008), Cabello con el Puente Nigale, y Antonini Wilson (2006-2007), el mismo Cabello durante su gobierno en Miranda (2009), pasando por los bonos argentinos (2007), Derwick, Andrade y la Tesorería Nacional, Bancos de Madrid y Andorra, con Aguilera y Rafael Ramírez a la cabeza, entre 2011 y 2015. Son centenares de miles de millones de dólares los que suman ese albañal de peculados, deslaves de impudicia.

Claman al cielo, finalmente, los asesinatos "de Estado", en no pocos casos originados en la mutación del mismo como narcoempresa criminal y que los silencia, los tira a la fosa común que confunde despojos. Tanto que, cuando se abran los expedientes hasta las piedras llorarán.

El fiscal Danilo Anderson, Antonio López Castillo y Juan Carlos Sánchez (2004); el ex fiscal nacional de aduanas, Gamal Richani, quien investiga a Makled, cabeza visible del narcotráfico oficial (2005); Arturo Erlich y Freddy Farfán, tras el "extravío" de 45 millones de dólares pertenecientes a FOGADE (2006 y 2009); los sindicalistas del régimen Richard Gallardo y Luis Hernández (2008); el periodista Orel Zambrano y el veterinario Francisco Larrazábal, testigos en contra de Makled (2009); el gobernador de Guárico, William Lara (2010); Lina Ron (2011); Nelly Calles Rivas, jefe del PSUV en el Estado Sucre (2011); el ex gobernador apureño y capitán Jesús Aguilarte (2012); la embajadora Olga Fonseca (2012); el General Wilmer Moreno, sub director de inteligencia militar (2012); la familia Pérez Pacheco, en Falcón (2013); el diputado Omar Guararima, jefe del PSUV en el Estado Anzoátegui (2013); Juan Montoya, jefe del colectivo Secretariado Revolucionario (2014); el estudiante Bassil Da Costa (2014); el Capitán Eliézer Otaiza, ex jefe de la policía política (2014); el diputado

Robert Serra (2014); José Miguel Odremán, líder del colectivo 5 de marzo (2014); y la consiguiente investigación de Diosdado Cabello y otros generales por parte de la DEA (2015).

"Estamos dispuestos a negociar y evitar una cacería de brujas", recomienda un líder insospechado, de buena fe, por rehén y a pesar de los pesares. ¡Dios!

LA NACIÓN POR CONSTRUIR

17 de diciembre de 2017

Si pudiese reducirse la tragedia que hace presa de los venezolanos en esta hora: regreso del militarismo en su versión más perversa, expoliación de la riqueza nacional, disolución de los lazos sociales y afectivos, en una tragedia que es tal por presentarse, acaso, sin aparente solución. Si pudiésemos entender el comportamiento de nuestras élites y del conglomerado, aquéllas girando sobre sí mismas y éste bifurcándose hacia afuera, migrando desgarrado y sin norte, y hacia adentro, haciéndose autista bajo las leyes del miedo y el sufrimiento; pero empeñada la mayoría en sostener la ilusión de una república ahora fallida y sin destino, o que nunca fue tal, salvo como eso, como una ilusión. Si pudiésemos compendiar los signos de todo ello, en una perspectiva que se confronte con lo moral y cultural, alejada de lo ruidoso y circunstancial: como que manda en Venezuela un régimen criminal coludido con el narcotráfico, o que parte de la oposición cohabita con el mismo por carecer de imaginación propia para reemplazarlo. Si pudiésemos, los síntomas básicos están allí, nos golpean en la frente.

Sin aparentes raíces o compromisos culturales e históricos que los acoten en sus comportamientos y el sentido de "lealtad" a las raíces de lo patrio, el núcleo de los causahabientes que gobierna, en un momento preciso secuestró el andamiaje del Estado a fin de apropiárselo, para su usufructo personal. Ha entendido a la república y a sus partes –incluida la misma gente– como una suerte de botín merecido o heredado, explotable, logrado después de una larga batalla de conquista, nutrida de justificaciones épicas, al igual que en nuestros días inaugurales.

"Cuando el señor General Páez ocupó a Apure en 1816, viéndose aislado en medio de un país enemigo, sin apoyo ni esperanza de tenerlo por ninguna parte, y sin poder contar siquiera con la opinión general del territorio en que obraba, se vio obligado a ofrecer a sus tropas, que todas las propiedades que perteneciesen al Gobierno (que eran las confiscadas a los enemigos) se distribuirían entre ellos liberalmente" y así se hace, relata Pedro Briceño Méndez, Secretario de El Libertador.

Otra parte, la burocracia que gestiona la actividad política partidaria y que resiente, por encima de todo, la pérdida de los espacios del poder ha hecho de su reconquista lo agonal, la prioridad. E intenta desplegar, al efecto, una relación de tutela con el colectivo, al que observa como víctima, pero asumiendo ante ella comportamientos paternales, convencida esa burocracia opositora que encarna el destino manifiesto. Y ello remueve, al igual que lo antes dicho, otras páginas puntuales de nuestra historia nacional.

"La ley fundamental de la República [de Colombia] fue expedida por el Congreso el 12 de julio de 1821… [pero la Municipalidad de Caracas al protestarla señala que] … no podían imponer a los pueblos de Venezuela el deber de su observancia cuando no habían tenido parte en su formación, …"; no obstante, "el Libertador jura llanamente la Constitución y la manda a cumplir", reseña González Guinan en su Historia Contemporánea de Venezuela.

Lo cierto es que uno y otro sector –élites que flotan sobre el pueblo que saben informe y que sólo reconocen o aprecian con personalidad cuando fluye hacia sus predios respectivos y con carácter funcional a los propósitos citados– tachan de radical o extrema como peligrosa a cualquiera otra narrativa o manifestación de liderazgo que se desvíe o aleje de tal realidad; o que busque asignarle vida propia o encontrarle ataduras identitarias a la masa o a sus partes dentro de un nicho social que le sea propio –que lo ate en su diversidad– y que le de textura de nación y en su ser, reconstruyéndola. Mas el caso es que hoy como ayer, por hecha retazos, ese pueblo-masa otra vez se topa con un peligro recurrente e históricamente circular, a saber, la expectativa de que otro "hombre a caballo" le saque del vacío, de la nada que le deprime y no resuelve un Carnet de la Patria.

"La situación del país entre 1897 y 1899, año de la revolución de Castro, empeoraba catastróficamente. Los ingresos nacionales descienden a veintisiete millones doscientos noventa y seis mil bolívares en el muy azaroso año del 99 al 1900, mientras cada hondonada de montaña o mata de sabana se torna campamento de guerreros ansiosos, de gentes nómades, desgreñadas e insatisfechas, que salieron a buscar su destino. Entre una fecha y otra como inesperada mitología, surge la peripecia de Cipriano Castro. Será otro caudillo más, ...", escribe Mariano Picón Salas en Los días de Cipriano Castro.

De modo que, sobre el parteaguas de ahora, que en lo interno sume a los venezolanos en la orfandad existencial, y que en lo externo suscita una diáspora que se articula al imaginario de lo abandonado como hiciera Odiseo en su recurrente vuelta a Ítaca, la patria inasible, lo determinante parece ser que, por atada a una cultura de presente, aquéllos y ésta sufren, dada la tragedia en cuestión, un grave síndrome de identidad.

Superar esa carencia histórica, obra de taras que llenan el espacio de casi dos centurias, impone con urgencia y como exigencia del porvenir una vuelta sobre las páginas recorridas y su relectura crítica, en modo de extraer de éstas el hilo conductor que nos determine y de corporeidad, incluso con retraso; que nos sitúe lejos del Mito de El Dorado y la fatalidad del gendarme necesario, que facilite nuestro reencuentro con raíces firmes que a lo mejor se nos han perdido en el desván de las cosas que hemos considerado inútiles. No se olvide que iniciamos el siglo XIX en 1830 y el XX en 1935. Y todavía no ingresamos con pie firme al siglo XXI, casi trascurridas sus dos primeras décadas.

Ser venezolano ha de ser algo más, y sustantivo, para rescatar la autoestima de los de adentro y los de afuera, con fuerza genética transferible a las generaciones del porvenir. Y la clave, como lo creo, se encuentra en el punto de quiebre de nuestra evolución histórica, entre los siglos XVIII y XIX, cuando las espadas hipotecan nuestro porvenir y prosternan las luces –entierran a nuestros verdaderos Padres Fundadores– como a la savia que forja cultura y trasvasa a la circunstancia política, al Estado y sus gobiernos como a sus crisis recurrentes. Este es el desafío verdadero de quienes pretendan liderarnos, sin ser apátridas, menos pichones de caudillo, como Nicolás Maduro.

EL PAPA NO VA A DOMINICANA

24 de diciembre de 2017

La expresión "sincretismo de laboratorio", rebuscada, contenida en la queja que hace pública un amigo quien resiente se le cuestione –olvida que la política en democracia es escrutinio acre y público– por ser negociador o partícipe de un reality show en la "catedral" de Santo Domingo, bien vale una consideración de fondo; de la expresión, obviamente, no de la queja por sus galimatías.

Del sincretismo de laboratorio hablo por vez primera en mi libro dedicado a Francisco (*La opción teológico-política de S.S. Francisco: Relectura del pensamiento de Jorge M. Bergoglio*, EJV, Caracas, 2015) para sintetizar dos locuciones propias de éste, quien, por cierto, como Papa, abandona su tarea de facilitación de las negociaciones entre el régimen venezolano y la Mesa de la Unidad Democrática decepcionado. Lo hace convencido, según lo refiere su Secretario de Estado, Pietro Parolin, de que carecen de destino. El régimen de Nicolás Maduro, en efecto, se niega a probar su buena fe para negociar como lo hace a través de su pareja de emisarios: los hermanitos Rodríguez, unidos hasta la muerte desde la UCV. Ni libera presos políticos o los libera como en una suerte de puerta giratoria –salen dos y entran diez– y obstaculiza el ingreso de alimentos y medicinas para la población que desfallece bajo la hambruna.

El llamado sincretismo de laboratorio es lo que anima y explica la postura señalada del papado, y consta originalmente en La Nación por construir, de 2005, texto de Bergoglio que reclama rejerarquizar la política en tiempos de globalización y pensamiento único.

Habla, textualmente, de "síntesis de laboratorio" para recordar que en todo diálogo global sus partes han de llegar a la mesa con valores culturales raizales; que deben sostener y defender para que no se les diluya en lo común, pues toda persona o todo pueblo que carece o deja atrás sus raíces es víctima de las presiones y chantajes del presente. Y al término, al asumir otros "valores" sin raíces, como mónadas o lugares comunes, y al dominarles el "sincretismo conciliador" y la puridad nihilista, le hace un fraude a la misma persona, comprometiendo su dignidad inalienable.

En otras palabras, quien jerarquiza la política sale de su refugio cultural y trasciende, pero avanza desde la cultura de collage hacia la diversidad en la unidad de los valores, que son irrenunciables.

Otra perspectiva, la contraria, es la propia de los políticos de medianía –me refiero a quienes no son capaces de ver el bosque cuando tropiezan con un árbol, lo dice Ortega y Gasset– para los que la política es mero acomodo de realidades.

Llanamente dicho, quien dialoga y hace sincretismo, transa y divide poder, haciendo retazos lo que no es transable ni divisible moralmente, a saber, los derechos de la persona humana; esos que todo gobierno jamás concede pues no le pertenecen, sino que debe garantizar sin que se le exija o reclame, entre éstos, el derecho a la libertad, a no ser perseguido por las ideas, a vivir y de suyo comer y tener salud, a decidir en conciencia y sobre el destino libremente.

No dudo que esta, la realista, ha sido la idea dominante a lo largo de la modernidad e incluso en quienes se dicen hoy cultores de la democracia, eso sí, mientras no asumen el poder, como en el caso de Juan Manuel Santos, en Colombia. Luego, como se ve, otra es la cosa, pues sin complejos se declaran feligreses de El Príncipe.

Lo lamentable es que la obra de Nicolás Maquiavelo, alambicada con su formación histórica y la experiencia de un hombre que en su momento supo y conoció el poder hasta en los tuétanos, contiene máximas y enseñanzas que, efectivamente, no son conformes con la ética; esa que los positivistas, los "progres" –como Ernesto Samper y José Luis Rodríguez Zapatero– consideran inasible, vacua, abstracta, o maleable a conveniencia.

Mas, siendo esto así, obviemos entonces el juicio de valor y vayamos a la realidad, al dato duro que tanto moviliza a los opositores partidarios venezolanos. Las prédicas que toman del maestro florentino de la ciencia política moderna, en efecto, tienen un contexto preciso y de nada les sirve, como lo creo, a menos que –cabe la duda– sólo les incomode el otro Nicolás, Maduro Moros, pero no sus modos de ejercer el poder dictatorial.

"Entonces considerándose casi todos los estados de Europa como patrimonios legítimos de ciertas familias, y a sus habitantes como vasallos que habían renunciado a los derechos de su naturaleza, o no los conocían, la ciencia política se reducía a enseñar a los príncipes el modo más fácil y seguro de mantenerse en la posesión de sus dominios, justa o injusta, legítima o abusiva, y cómo podrían sacar de ellos todo el aprovechamiento posible, sin peligro de perderlos por la rebelión o resistencia de sus habitantes", escribe de la obra de Maquiavelo uno de sus exégetas, en 1831.

En esa estamos. Es este es verdadero parteaguas que aún impide la unidad auténtica entre los opositores venezolanos y cuesta resolver, que no sea para resolver sobre las cosas inmediatas, como ir a elecciones en las que no se elige.

Para unos –llamados radicales y hasta violentos– la democracia es votar y elegir; ver respetados cabalmente los derechos fundamentales; decidir en conciencia contando con información y posibilidades de competitividad reales, mediante la libre confrontación de las opiniones, sólo posible donde hay medios de comunicación libres y elecciones justas. Es la democracia, en suma, una forma de vida, un estado del espíritu; lo que piden a gritos y merecen los venezolanos.

Para otros, la democracia es voto, así muera la misma democracia a fuerza de votos, bajo el peso de mayorías circunstanciales que se hacen del poder y acallan las voces que disienten y las someten, como lo piensan, legítimamente.

Es la democracia del usa y tire, la democracia de casino, del azar, en el que unos ganan y otros pierden.

Quien esto escribe, como Luis Almagro, secretario de la OEA, es un esclavo de los principios. Me importan más los mártires escuderos y las víctimas del narcotráfico, que dejarle espacio libre a la satrapía, a la criminalidad internacional, al narcotráfico y al terrorismo, que son los grandes males que hipotecan el destino de la Humanidad y ante los que se han rendido, por considerarlos imbatibles, algunos gobernantes contemporáneos, en nombre de la Paz.

VENEZUELA, ¿REPÚBLICA DE VIRTUDES?

31 de diciembre de 2017

Dos cargas genéticas parecen condenarnos a los venezolanos como actores de una tragedia que, de ser tal, no tendría solución. Ellas predican la república como botín y, tanto para su solución como para su fatalidad, la inevitabilidad del caudillo, morigerado bajo la supuesta figura del "padre bueno y fuerte" que encarnaran El Libertador y el general Juan Vicente Gómez hasta 1935.

En cuanto a lo primero, recuerda Andrés Bello (1810) que "en la gobernación de Venezuela era el hallazgo del Dorado, el móvil de todas las empresas, la causa de todos los males". Y sobre lo segundo, basta leer cuando dice González Guinan en las páginas de su extensa Historia (1909), luego de prosternar y lapidar al Precursor Francisco de Miranda:

"En Bolívar estaba encarnado el genio… En él se encontraban maravillosamente reunidas las condiciones del Caudillo, las cualidades del guerrero, los talentos del estadista, la elocuencia del orador, la delicadeza del literato, la constancia del luchador, la firmeza del convencido, la resistencia del atleta, la reflexión del filósofo, la severidad de la disciplina, el desprendimiento de la abnegación, la grandeza de la generosidad y el íntimo convencimiento de haberlo organizado la Divina Providencia para creador y libertador de naciones".

Guardadas las distancias ambas cargas se juntan, sin solución de continuidad, hasta la muerte de Hugo Chávez Frías. Luego, al asumir su causahabiente, Nicolás Maduro, predomina la primera, el saqueo del país en medio de una anarquía de liderazgos que no son tales por sus medianías y alergia a los libros. El saldo es el más trágico que haya conocido nuestro pueblo a lo largo de sus 187 años de vida republicana.

¿Es ésta nuestra partida de nacimiento o el contenido raizal de nuestra identidad?

A finales del siglo XIX, Rafael Seijas apunta que "no es extraño que Venezuela no tenga todavía una historia completa"; de donde podría predicarse que la identidad nacional del venezolano es aún cosa germinal.

No obstante, el archivo documental más importante de nuestro magro tránsito patrio ya ha sido sistematizado, pero bajo la idea de una historia personalizada, hija del culto al caudillo. Francisco Javier Yañez, Cristóbal Mendoza y Antonio Leocadio Guzmán publican así, entre 1826 y 1830, los Documentos relativos a la vida pública de El Libertador de Colombia y del Perú, que actualizan el sacerdote y General José Félix Blanco y Ramón Azpúrua, entre 1875 y 1877.

De modo que, dónde hurgar sobre nuestros orígenes, incluso a tientas, no es tarea difícil. Demanda, sí, auscultar las entrelíneas. Y difícil es hacerse de una apreciación objetiva en cuanto a las primeras décadas de nuestra vida institucional. Su narrativa la escriben quienes la dominan o sus amanuenses, es decir, las espadas con su épico quehacer, a fin de mutilar o diluir el pensamiento liberal de sus verdaderas víctimas, los hombres de letras.

Hasta entonces, hasta el derrumbe de la obra emancipadora que arranca en 1810 y concluye en 1812 con la caída de la Primera República, investigadores de la talla señera de Pedro Grases señalan, sin embargo, lo que es distinto y alentador, a saber, la existencia de una Venezuela de ideas y virtudes a finales del siglo XVIII, sin la cual no se explicarían los años de la emancipación e independencia.

Bello, en su Guía de Forasteros, afirma que "Venezuela tardó poco en conocer sus fuerzas, y la primera aplicación que hizo de ellas, fue procurar desembarazarse de los obstáculos que le impedían el libre uso de sus miembros". Y es que para la época conocen los venezolanos la importancia de la libertad de comercio para el libre desarrollo social y político. Grases señala, además, que en el período correspondiente a las últimas décadas del '700, antes de que nos demos la primera Constitución, en 1811, el suelo patrio ve nacer a Francisco de Miranda, Andrés Bello, Simón Rodríguez, Simón Bolívar, Juan Germán Roscio, José Luis Ramos, Cristóbal Mendoza, Francisco Javier Ustáriz, Vicente Tejera, Felipe Fermín Paul, Francisco Espejo, Fernando Peñalver, Manuel Palacio Fajardo, José Rafael Revenga, Pedro Gual, el Padre Fernando Vicente Maya, Miguel José Sanz, Mariano de Talavera, Manuel García de Sena, Carlos Soublette, entre otros.

Se trata, con sus excepciones, del conjunto de nuestra primera Ilustración, parteros de un pensamiento humanista y democrático, dibujantes de nuestras aspiraciones como pueblo libre y soberano, guías del pensamiento político inaugural de la patria.

¿En qué momento y cómo se pierden o quedan ocultas, latentes, estas raíces fundantes, que nos dicen sobre otra Venezuela de valores, diferente de la bárbara y de botas que hoy nos maltrata?

Es esta, pues, la pregunta cuya respuesta, acaso, puede devolvernos el anclaje que nos permita mirar el porvenir con menos ánimo trágico.

EL ENSAYO

IV. DIAGNÓSTICO ACTUAL Y PRONÓSTICO DE VENEZUELA, 2018

Preliminar

Durante los últimos 19 años (1999-2017), una vez agotada la experiencia de la república civil en la década 1989-1999, siendo las constantes de ésta y aquellos hasta el presente la anomia social y el desarraigo ciudadano, Venezuela ha sido objeto de distintas terapias políticas transicionales. Ellas no logran reconstituirla, ni como nación ni en lo público, menos en lo institucional; lo que es exigencia indefectible para su cabal emancipación, el ejercicio pleno de la democracia por sus habitantes, y su ingreso ya dilatado al siglo XXI, a la sociedad de la información y el conocimiento.

Antes bien, esa nación que se muestra ilustrada a finales del siglo XVIII, que forja libertades durante la primera mitad del siglo XIX, y que durante la segunda mitad del siglo XX –incluso sufriendo dictaduras militares recurrentes– es ejemplo regional de madurez democrática, hoy se debate entre la civilización y la barbarie.

Varios intentos de recomposición, distintos, sólo aparentes o sin éxito, tienen lugar desde entonces.

El gobierno, en lo sustantivo, impulsa la constituyente de 1999 a la que sigue *La Nueva Etapa: El Nuevo Mapa Estratégico de la Revolución Bolivariana* de 2004 con sus consecuencias: la frustrada reforma constitucional comunista de 2007 y la enmienda constitucional de 2008, que le pone punto final al principio de la alternabilidad democrática, con la reelección sin término de todas las titularidades del Estado.

La oposición, sólo en lo táctico y luego en lo electoral, procura –una parte de ella– el frustrado golpe de Estado de 2001; el fallido, fraudulento –se demuestra luego– y sucesivo referéndum revocatorio presidencial de 2004 bajo la guía de la Coordinadora Democrática [con mediación del Centro Carter y del Secretario General de la OEA]; y la victoria electoral parlamentaria de 2015 conducida por la Mesa de la Unidad Democrática (MUD), con sus únicas derivaciones: la confiscación judicial de las competencias de la Asamblea Nacional electa, por órdenes del régimen dictatorial de Nicolás Maduro, que a la sazón reconfigura al máximo tribunal de la república y lo integra con seguidores suyos antes de que ésta se instale, y la frustración, por el mismo Maduro del intento de realización de un referéndum revocatorio de su mandato, en 2016.

Hoy hace crisis terminal, de suyo, esa larga transición que casi cubre dos décadas si se toma en cuenta la fecha del inicio de la revolución, o casi 30 años –toda una generación política– si se parte de la fecha de El Caracazo, la insurrección popular de 1989. Degenera ella, sin solución de continuidad, en una "explosión del desorden" por sobre un fenómeno de muy hondo calado, huérfano de análisis a fondo por parte de las élites venezolanas, por ende, de imposible reparación eficaz en lo inmediato.

El desconocimiento cabal de la Asamblea Nacional; el acusado fracaso del diálogo de 2016, impulsado en República Dominicana por la UNASUR –junto a los expresidentes Ernesto Samper, José Rodríguez Zapatero, Leonel Fernández y Martín Torrijos– a pedido del mismo gobierno para manipular su propio entuerto; la suspensión de todo acto electoral pendiente –incluido el referendo revocatorio presidencial– para preferir la inconstitucional instalación, en 2017, de una Constituyente totalitaria que liquida de raíz el voto universal, directo y secreto, son apenas los síntomas de esa cuestión más aguda. Ella es de corte netamente moral, pues trastoca el sentido mismo de la identidad nacional y de su patrimonio intelectual, y no solo arriesga el destino y la viabilidad de Venezuela como expresión social y política, sino que amenaza a la paz americana.

El secuestro del poder real venezolano por actores coludidos con el terrorismo islámico y los negocios del narcotráfico, controlados por el gobierno de Cuba, sin disposición alguna de abandonarlo por las vías democráticas, es máxima de la experiencia actual. No la modifican o trastocan, antes bien la confirman, la realización posterior, bajo amenazas policiales y judiciales, ahora bajo control total de la Constituyente dictatorial, de las elecciones de gobernadores y de alcaldes antes suspendidas, respectivamente, en 2017; ni la reapertura –que tiene lugar los días 1 y 2 de diciembre, antes de frustrarse otra vez– del diálogo citado de República Dominicana, al que se han avenido sectores partidarios de oposición coludidos. Para colmo, todavía dialogando se ven inhabilitados políticamente –los partidos que no acuden a los comicios para regidores– por la Constituyente inconstitucional de Maduro. Se les impide participar, así, de las elecciones presidenciales que desde ya anuncia ésta para 2018 y que contarán, como se aprecia, con una oposición dibujada a la medida y sin garantías electorales de equidad y transparencia.

Acaso el diagnóstico previo de tal dolencia nacional, por obviado o equivocado, o por agravada ésta deliberadamente o por omisión, ha hecho ineficaces el propósito reconstituyente señalado y necesario como sus terapias respectivas, en uno u otro sentido: el del gobierno, por interesado en la profundización de la anomia nacional como estrategia de dominio, y el de la oposición partidaria: la de la MUD (Mesa de la Unidad Democrática), por empeñada en el método electoral como única forma de lucha, que a la vez usa y le sirve al propio Maduro como táctica diluyente de su clara vocación despótica y criminal, para relegitimarse durante cada crisis.

Lo cierto es que la crisis humanitaria corriente y agravada esta vez con el default, el incremento de las persecuciones de opositores y las violaciones sistemáticas de derechos humanos, la violencia narco-criminal envolvente y dominante de todo el espectro del poder en Venezuela, y el vacío manifiesto de poder constitucional, de conjunto muestran un cuadro de grave ingobernabilidad.

El mismo, ahora y como se constata, le abre puertas al terrorismo desde el Estado, que mata la política y encuentra su clímax con la Masacre de El Junquito de enero de 2018; lo que no alivia la anterior y reciente liberación de algunos presos políticos, que se administra a cuentagotas, como objetos que pasan por una puerta giratoria: salen unos, entran otros.

Urge acometer, pues, una lectura crítica responsable de todo lo anterior, en búsqueda de apreciaciones distintas que sean susceptibles de forjar una narrativa o relato, una estrategia de liberación y reconstrucción nacional apropiadas, que contemple medidas innovadoras para la solución final del problema de Venezuela, a saber, readquirir sus raíces para mejor digerir el presente y dibujar, con menos ánimo trágico, el porvenir.

LA INGOBERNABILIDAD, TAMBIÉN OBRA DE LA GLOBALIZACIÓN

a) Premisa conceptual

☐ La gobernabilidad autónoma o consensual –léase democrática– es distinta de la heterónoma o autoritaria, que se sostiene, sea sobre la personalidad carismática del gobernante, la fuerza de policía, el pacto con la corrupción, o de uno y otros de dichos factores en su conjunto. Las medidas de alta policía –para afirmar la estabilidad o mantener la seguridad y el orden público en la democracia– exigen de legitimidad o respaldo social y de legalidad formal sustantiva. Son las fuentes inexcusables –ausentes en Venezuela– del ejercicio por el gobernante de competencias regladas y sujetas al control ciudadano, y atadas a las finalidades de la democracia. Ello resulta complejo sino imposible lograrlo a corto plazo en comunidades invertebradas o espontáneas que, como la venezolana antes descrita, ora abandonan o no alcanzan o resisten el estadio asociativo, consecuencia de la racionalidad convencional en el plano de lo ético y luego en el terreno de la política. Tanto que, se repite y habla de la beligerancia en curso de la anti-política.

b) Las hipótesis

☐ El Estado contemporáneo –como expresión política de la sociedad– entra en crisis terminal por obra de la distinta perspectiva cultural y los cambios estructurales que impulsa la globalización. En el caso de Venezuela, ella pierde su institucionalidad y equilibrios funcionales precarios, además, bajo la centralización y personalización totalizante de sus poderes públicos a manos de Hugo Chávez Frías; con apoyo en la arquitectura constitucional hegemónica y militarista diseñada en 1999; sobre un el rompecabezas que se hace social y políticamente evidente desde 1989, según lo señalado.

⬜ La sociedad, como soporte necesario del Estado y obra del pacto entre los individuos y sus comunidades de base, se desintegra en Occidente al ceder el mismo Estado nacional y con éste los partidos políticos, en tanto que correas clásicas de transmisión de la cosa pública y formas propiciatorias de identidad dentro de la ciudadanía. No obstante, por defecto histórico de una cultura propia compartida y raizal, preliminar al mismo Estado, la nación venezolana, en lo puntual, ofrece una débil textura, apenas arraigada alrededor de los símbolos patrios; los que, en la hora corriente, paradójicamente derivan en factores de confrontación y violencia colectivas: el bolivarianismo. Le resta a ella, a todo evento, como factor positivo, un espíritu difuso de libertad al que se ha acostumbrado y subyace históricamente en el alma nacional.

⬜ La comunidad de nuestro tiempo, no solo la venezolana, disgregada y espontánea, se reorganiza sucesivamente, por defecto del Estado, alrededor de retículas múltiples o de pequeños nichos o cavernas primarias o primitivas –culturales, históricas, religiosas, locales, vocacionales, étnicas, generacionales, comunales, urbanas– que se excluyen y desconocen, las unas a las otras, presas de cosmovisiones caseras y arguyéndose el derecho a la diferencia, distinto del sentido de la pluralidad democrática. Existe así, en efecto, una "globalización de las transformaciones" sin que ella predique la simetría global de sus consecuencias humanas; salvo que, las formas de disgregación enunciadas, por lo dicho y sin mengua de sus legitimidades, conspiran contra la experiencia de la libertad, que está hecha de tolerancia en la convivencia, en el reconocimiento a los otros sin perjuicio de las diferencias.

⬜ El Estado venezolano, como tal y por ser históricamente nominal –salvo el intento mencionado que ocupa la segunda mitad de nuestro siglo XX– es ya incapaz de construir por si solo la gobernabilidad; aun cuando estudios recientes del PNUD (Programa de las Naciones Unidas para el Desarrollo) reivindiquen la idea equivocada de la reconstitución plena de sus fortalezas a fin de superar el "desencanto con la democracia". Antes que resolver conflictos los exacerba en medio de un cuadro creciente de incumplimiento colectivo de las normas, de nula predictibilidad de las conductas sociales, y de demandas exponenciales que mal puede satisfacer aquél, ahora bajo la trampa del populismo. De allí la peligrosa tentación de otra vuelta a la idea del "gendarme necesario".

☐ El Estado contemporáneo es actualmente ineficaz para la gobernanza o gobernación, incluso la de origen autoritario; entendiéndose tal gobernanza como la realización posible y material de los valores del Estado de Derecho y de la democracia. Como se aprecia, es deficiente para la toma de decisiones a largo plazo y acerca de los problemas vertebrales de actualidad (criminalidad transnacional, terrorismo y narcotráfico, protección del ambiente, pobreza y exclusión, comunicaciones planetarias) tanto como para solventar la inflación de las demandas –ahora distintas y grupalmente diferenciadas– que le dirigen los gobernados, creándose así, adicionalmente, la llamada "ingobernabilidad por sobrecarga"; que en Venezuela se agudiza bajo su recrudecida y mencionada crisis humanitaria.

☐ Las partes o nichos de lo que antes se integra bajo la idea de la Nación o como patria de bandera, dada sus acusadas naturalezas introspectivas y hasta fundamentalistas –piénsese en las comunidades originarias o los "indignados" o en los grupos LGBT– no encuentran caminos transversales –hilos de Ariadna– que las hagan confluir en un propósito común con sus diferentes, que no sea en el mantenimiento del referido sentido difuso, parcelado y colectivo de la libertad; o que al menos favorezcan su cooperación recíproca para la forja de un orden mínimo estable, promotor de la mencionada y urgida gobernabilidad.

CONTEXTUALIZACIÓN HISTÓRICA, PARA ENTENDER EL PRESENTE

☐ A la caída de la penúltima dictadura –la de Marcos Pérez Jiménez– se crea en Venezuela una situación de ingobernabilidad, muy diferente de la actual. El presidente Rómulo Betancourt llega al poder en 1959 sin contar con la cooperación –antes bien padeciendo el rechazo– de las Fuerzas Armadas y la Iglesia Católica, elementos primarios e históricos de vertebración de la venezolanidad.

☐ Los partidos políticos (AD, COPEI, URD, y Comunista), capaces entonces de ayudar a la gobernanza o gobernación, no cuentan para el momento con la fuerza indispensable para asegurarla pues vienen de una década de clandestinidad e ilegalización. El secretario de la Presidencia, Ramón J. Velásquez, se ocupa de tirar puentes con la milicia y el episcopado, y Betancourt acude a la plaza pública ante cada amago de golpe militar a fin de contenerlo. Pacta la estabilidad social, así, con las dos organizaciones mejor establecidas y de mayor peso y articulación para la época, el empresariado y los sindicatos, y sobre tal piso puede gobernar conforme a las reglas y propuestas del célebre Pacto de Puntofijo, forjado por los primeros.

☐ He aquí, sin embargo, una variable que conspira contra la gobernanza de su administración: la injerencia social y políticamente disolvente cubana, la de Fidel Castro, que comprende invasiones armadas y apoyos a la guerrilla entonces insurgente, cuyas razones, premonitorias del presente, explica el mismo Betancourt en 1964 (Véase mi libro *El Problema de Venezuela*, EJV, Caracas, 2016, pp. 421-422):

> "Fácil resulta explicar y comprender por qué Venezuela ha sido escogida como objetivo primordial por los gobernantes de La Habana para la experimentación de su política de crimen exportado. Venezuela es el principal proveedor del Occidente no comunista de la materia prima indispensable para los modernos países industrializados, en tiempos de paz y en tiempos de guerra: el petróleo. Venezuela es, además, acaso el país de la América Latina donde con más voluntariosa decisión se ha realizado junto con una política de libertades públicas otra de cambios sociales, con simpatía y respaldo de los sectores laboriosos de la ciudad y el campo. Resulta así explicable cómo dentro de sus esquemas de expansión latinoamericana, el régimen de La Habana conceptuara que su primero y más preciado botín era Venezuela, para establecer aquí otra cabecera de puente comunista en el primer país exportador de petróleo del mundo".

☐ Las circunstancias a partir de 1989 –al término de la república civil de partidos– son, aquí sí, el anticipo inmediato del cuadro de ingobernabilidad corriente y sobrevenido. La crisis del Estado y la anomia son manifiestas, según lo comentado. La ética pública y privada se relajan abriéndosele paso tímido pero inicial al narcotráfico en su modalidad de lavado de dineros; lo que impulsa el fenómeno de los homicidios semanales por ajustes de cuentas y la corrupción policial al punto de transformarse el país en el segundo más violento del mundo.

401

☐ La indiscutible legitimidad de origen con la que cuenta el presidente Carlos Andrés Pérez, durante su segunda administración, no basta para sostener la gobernabilidad y a renglón seguido la gobernación, menos después de ocurridos El Caracazo citado (que deja centenares de muertos) y los golpes de Estado de 1992, que involucran a Hugo Chávez Frías; incluso comportándose el presidente Pérez de manera democrática ejemplar, al punto extremo que decide no perseguir a los militares que ejecutaran el golpe en su contra, en número de 650 aproximadamente, ordenando sobreseer sus causas y devolverlos a los cuarteles. Sin embargo, es víctima, paradójicamente, de un andamiaje estatal sin poder real y ya deslegitimado, cooptado por las franquicias en que se transforman las mismas organizaciones políticas tradicionales que, al paso, promueven su destitución.

☐ Llegada la administración de Rafael Caldera en 1994, catapultada por sobre la citada anomia social y política reinante, mediando el desprestigio de los poderes públicos, sobrevenida la crisis financiera, y actuante la división interna de las Fuerzas Armadas, sólo su *auctoritas* sostiene precariamente los hilos de la gobernabilidad; lo que es impropio de una democracia madura. La gobernanza que se realiza, por ende, mal revierte la tendencia hacia la desestructuración de lo nacional que toma cuerpo pleno y muestra al país hecho hilachas social y políticamente, a pesar de las apelaciones de Caldera para que se debata públicamente sobre los valores éticos y la obra de la democracia comparándosela con la de la última década dictatorial (1948-1957). No basta, tampoco y para ello, el apoyo que recibe Caldera para la gobernación por el declinante partido Acción Democrática.

LO MÁS RECIENTE, QUE INCIDE SOBRE EL PRESENTE Y CONDICIONA EL PORVENIR

☐ Ausentes las fortalezas y equilibrios institucionales del Estado y sobre el complejo archipiélago social que es la Venezuela del presente, penetra el poder fáctico sustitutivo y articulador de la inteligencia política cubana, y bajo el mando de Jacinto Gómez Valdés (*Granma*, agosto 29, 2017), jefe del Grupo de Trabajo Nacional, ejerce la jefatura de las misiones en Venezuela Víctor Gaute López. Se trata de un ejército de ocupación de 15.000 hombres, según la OEA, o de 30.000 miembros de los CDR (Comités de Defensa de la Revolución), según lo confiesa Juan José Revilero, miembro del Consejo de Estado cubano (*El Universal*, agosto 4, 2007).

 En paralelo, desde 1998 y en agosto de 1999, sucesivamente adquieren ciudadanía el terrorismo (ya integrado al chavismo a través de la ETA, Libia, e Irak) y el narcotráfico colombiano: autorizado en su despliegue por Chávez al acordarse formalmente con las FARC, a través de su jefe de inteligencia, Ramón Rodríguez Chacín; asimismo, la corrupción petrolera y la transnacional (inaugurada por la ODEBRECHT con Lula Da Silva), a partir de 2003, junto a sus efectos disolventes de la ética social y política.

 Tales desviaciones o fenómenos, desde entonces, penetran y ejercen su control sobre los restos y partes de la organización del Estado y sobre la invertebrada sociedad civil y política venezolana. Fijan un contexto –hasta hoy silenciado dentro del debate de opinión sobre el régimen, salvo en lo adjetivo– que, a la vez de indicar la incapacidad del mismo gendarme –Chávez, con todo y su personalidad mesiánica– y sus causahabientes Nicolás Maduro y Diosdado Cabello para sostenerse y prorrogar el poder autoritario que detentan, demuestran que el objetivo de su conservación, al término, priva inevitablemente. Quedan en el margen las formas democráticas y su expresión electoral, y en el centro el uso de la violencia. Esa es la exigencia superior ante la que los comicios y su celebración derivan en simple medio alternativo o táctica de ocultamiento de la narco-dictadura imperante.

 El tránsito a lo largo de las casi dos décadas recorridas, desde la cifra de 4.550 muertes violentas al año, en 1999, a 28.479 en 2016 y a 26.616 en 2017 –lo que representa la tasa más alta del mundo (91,8 homicidios/100.000 h.)– y la progresiva como creciente criminalización de los actores del "orden" político y social considerados como contrarrevolucionarios, sea por razones políticas propias –dirigentes de partidos o medios de comunicación social– o impropias por atentar contra el modelo que disimula la igual narco-economía "socialista" en constante forja –empresarios, hacendados, constructores, banqueros, editores– son aleccionadoras respecto de lo antes dicho.

☐ La profundización y sostenimiento de la anomia pasa a ser, en lo adelante, funcional a la realidad establecida en el país. De allí la creación, fuera de la Constitución, de redes de comunas y colectivos armados, que son tributarios y no pocas veces compiten por el mismo control fáctico que ejerce el poder narco-criminal en sus ejercicios espasmódicos de disciplina social. Así lo corrobora la referida Masacre de El Junquito, en la que se ejecutan varios venezolanos insurgentes y decididos a entregarse, en un festín de acciones concurrentes y desalmadas entre las fuerzas regulares e irregulares de la misma dictadura.

☐ Al ceder la omnipresencia de Chávez, dada su enfermedad y muerte, junto a la declinación en el imaginario social del mito del líder hecho con barro de los dioses, se muestra en su mayor crudeza, por ende, la pulverización del espectro colectivo venezolano. Los restos del andamiaje estatal, además, quedan al desnudo y en su deriva. Y la prueba de la anomia se expresa, ahora sí, en el final de la simulación democrática y el abierto desprecio por las normas constitucionales; primero las relativas a la misma sucesión presidencial, que llevan a Maduro al ejercicio del poder a partir de 2013, sustentado sólo por las bayonetas y un fraude electoral, hasta que impone en 2017 su colegiado dictatorial, como una suerte de asamblea constituyente inconstitucionalmente constituida para ensamblar a su medida a los causahabientes o herederos del propio Chávez que se le subordinan.

☐ La MUD, a su turno, como esfuerzo de articulación social para la acción política en su vertiente electoral opositora, quiérase o no sólo se ha explicado y justificado desde sus inicios –sin otro propósito a profundidad– alrededor de las personas de Chávez y de Maduro, no como alternativa. El ánimo voluntarista de sustituirlos, aparte de que reduce el espectro nacional –en su invertebración sostenida– al mundo relativo de los partidos políticos, no le dado paso, aún, a una narrativa que sirva para la reconstitución social y política del país. De allí que el respaldo popular creciente a sus iniciativas –hasta 2015 y que luego decrece bajo el peso de la frustración al iniciarse el 2018– tiene lugar o se impone en la medida en que hace crisis la economía rentista y redistribuidora; y por la misma razón de ser la MUD el único vehículo de protesta social admitido por el régimen. En consecuencia, el acompañamiento

CIVILIZACIÓN Y BARBARIE: VENEZUELA 2015-2018

social que recibe la denominada Unidad y antes de perderlo como consecuencia de su cohabitación reciente con la dictadura, mal puede entenderse como una rearticulación de la nación alrededor de los partidos que la forman.

La fuerza cohesionadora que en el pasado alcanzan éstos, según lo señalado antes, decae con el mismo agotamiento de las estructuras y cometidos del Estado moderno, dentro de cuyos predios se realiza la democracia como mera forma de gobierno y por obra de la globalización. Chávez, por ende, apenas certifica la defunción partidaria a la manera de un médico forense, en 1999.

LA DINÁMICA OPOSITORA, EN RETROSPECTIVA Y EN PERSPECTIVA

a) La simulación democrática bajo Hugo Chávez (1999-2013)

☐ A lo largo del régimen de Chávez, el sostenimiento formal de la ortodoxia constitucional democrática –de base piramidal, representativa y de separación de poderes– a pesar del control que sobre éstos ejerce aquél, y la realización en paralelo de un modelo de neta inspiración cubana revisado (*Socialismo del siglo XXI*), apalancado en el marco de la anomia nacional comentada, obliga a la oposición al sostenimiento de un comportamiento institucional formal. Queda sujeta a la lógica de éste y reducido a la denuncia de las violaciones constitucionales en que incurre el mismo Chávez en su despropósito marxista en escorzo.

☐ Se explica, así, la percepción de escándalo que supone, para la comunidad internacional y los mismos partidos venezolanos que vienen desde el siglo XX, la crisis constitucional –el golpe militar de micrófonos y sin armas– que ocurre el 11 de abril de 2002, expulsando a Chávez del poder durante algunas horas.

☐ La oposición alcanza a organizarse, al efecto, bajo un mecanismo de lucha idóneo, a saber, el de la Coordinadora Democrática (CD). Si bien se origina en la citada crisis y se compromete con vistas a un hecho electoral concreto –la realización del referéndum revocatorio presidencial de agosto del año 2004 que alcanzan la OEA y el Centro Carter– su representatividad es socialmente diversificada. Su actuación política tiene como base un piso intelectual compartido y programático –restablecer los pulmones de la democracia, según los estándares de la Carta Democrática Interamericana– que a la par trasvasa a los partidos. Tanto que dicha CD adquiere una fuerza movilizadora popular inédita, dentro del cuadro de anomia reinante en el país.

☐ Que la oposición venezolana no haya alcanzado su objetivo durante la jornada comicial señalada por ajena a los principios de transparencia y equidad en la competitividad e intervenida ésta por Cuba, como lo confiesa Chávez en noviembre de 2004, en nada varía la validez de la premisa. La visión omnicomprensiva que se tiene en la CD acerca del hecho político venezolano la reflejan los Acuerdos de Mayo de 29 de mayo de 2003, incumplidos por el gobierno una vez como supera el acto de votación contando a su favor con la indiferencia hemisférica. El cuadro geopolítico le es favorable en la circunstancia, dado el contexto de bonanza petrolera que le acompaña.

b) *La "explosión del desorden" y el terrorismo bajo Nicolás Maduro (2013-2018)*

☐ La simulación democrática queda en entredicho una vez como asume el poder Maduro y se hace evidente la pérdida de apoyo popular a la revolución, a pesar de controlar y tener ésta a su servicio el Poder Electoral. Es cuando arrecia la persecución y criminalización de la disidencia, en lo particular aquélla que amenaza la estabilidad del régimen y no le es funcional. Antonio Ledezma, Leopoldo López, María Corina Machado, entre otros, suscriben con agudo sentido político y visión de mediano plazo el Acuerdo Nacional para la Transición. La decisión del colegiado dictatorial pentagonal (Maduro - Cabello - los Rodríguez - El Aissami - Alto Mando Militar) es sostener el poder, a costa de lo que sea.

☐ Como medida táctica el régimen procede a la adquisición –a través de testaferros– de los medios de comunicación social independientes restantes en el país. La hegemonía comunicacional de Estado se hace concreta, ahora sí, y sirve para sostener de un modo virtual el apoyo que ya no encuentra en las urnas. No obstante, al hacérsele difícil evitar la controversia electoral parlamentaria, una vez como la pierde, desde ese instante, ha lugar al desconocimiento abierto del orden institucional piramidal y ortodoxo. Llega a su final la simulación democrática del tiempo chavista.

☐ La organización formal del Estado pierde en lo adelante total conexión con la sociedad civil, ahora sin mínima vertebración por razón de la hambruna y el cese cabal de libertades que hacen presa del conjunto de los venezolanos. Apenas se mantienen unidos éstos por las urgencias, que igualmente les atomizan por imperativo de la subsistencia. El aparato público sostiene su direccionalidad instrumental sólo en la medida en que le es necesaria al colegiado de facto gobernante, o cuando le es imprescindible al eje de oposición para no perder su presencia en la opinión pública, fundamentalmente desde la Asamblea Nacional que ahora controla mayoritariamente, aun cuando fracturada su integración opositora.

☐ Superado el 2016, la Asamblea Nacional y su referente político –la MUD, como partido de partidos y de exclusivo propósito electoral– frustran la expectativa de cambio que avizoraba la sociedad invertebrada venezolana, la que le moviliza masivamente durante las elecciones de diciembre de 2015. La opinión mayoritaria, si en parte les considera hoy funcionales a la realidad dictatorial, en lo sustantivo aprecia que una y otro son carentes de poder real o al menos simbólico para la lucha por la libertad. Se transforma Venezuela, es lo característico del año 2018 que se inicia, en un barco a la deriva, sin timonel ni destino cierto.

☐ La dinámica del colegiado dictatorial, dentro de tal contexto, se orienta a ejercer a cabalidad su poder material y de violencia para sosegar y someter a la sociedad invertebrada que no le reconoce. No se disimulan las prácticas de terrorismo desde el Estado.

☐ Entre tanto, estimula en la oposición la profundización de su visión democrática esquizofrénica, primero ofreciéndole, fuera de tiempo y pasado el lapso constitucional, unas elecciones regionales y municipales que, al aceptarlas le desprestigian ante el país y hacen convalidar, tácitamente, el fraude electoral que da lugar a la constituyente de facto o directorio revolucionario, de base corporativa, instalado bajo protesta de la comunidad internacional.

☐ Para la fecha, bajo chantaje –usando como "rehenes" a los presos políticos y en medio del clima de terror que crea con la Ma-

407

sacre de El Junquito– Maduro obliga a parte de la oposición a mantenerse en el diálogo de ficción que conduce República Dominicana, con integrantes que han perdido toda legitimidad y representación, en espera de obtener la aprobación "democrática" de los recursos que demanda para superar el default. Nada más.

DIAGNÓSTICO DEL PROBLEMA DE VENEZUELA

a) La carencia institucional democrática y la inviabilidad del diálogo

☐ Desde el centro del poder en Venezuela, a partir de 2004 con *La Nueva Etapa*, se hace manifiesta la tesis de que la revolución no tiene marcha atrás, "es pacífica pero armada", lo que implica, sobre todo después de la citada enmienda constitucional de 2008, la tácita negación de la alternabilidad en el ejercicio del poder. Que la oposición logre espacios de gobierno local y municipal desde entonces, en modo alguno le resta validez a lo postulado. El poder político reside, constitucional e históricamente, en el nivel central: presidencial/personalista, económico, y militar, y el mismo es reconfigurado por la Constitución de 1999 para profundizar esa desviación de la democracia.

☐ Si se trata de sujetar el nivel descentralizado de poder que, eventualmente, ha de compartir la revolución con la oposición, aquélla forja a propósito un constitucionalismo paralelo y material –el llamado Estado comunal– o desvía sumas importantes del ingreso fiscal hacia entidades regionales que crea y/o controla al efecto. Los casos de la Alcaldía Metropolitana de Caracas y del Gobierno del Estado Miranda, son emblemáticos al respecto. Al Alcalde Mayor, Antonio Ledezma, se le mantiene como preso político: se escapa luego, y al resto de los burgomaestres de oposición se les lleva la cárcel o al exilio cuando dejan de ser remisos al dominio centralizado del régimen.

☐ La victoria parlamentaria de la Unidad opositora significa, es verdad, la primera y real amenaza capaz de comprometer la estabilidad del poder del gobierno nacional y su revolución. De allí la estrategia del secuestro inmediato del Tribunal Supremo de Justicia por parte éste, antes de la toma de posesión de la nueva Asamblea Nacional electa en enero de 2016; como su propuesta, en paralelo, de un diálogo de utilería por el mismo Maduro –apoyado por sus aliados del Foro de San Pablo y con el que tienta, incluso, a los ex Jefes de Estado y de Gobierno de IDEA (Iniciativa Democrática de España y las Américas) sin lograrlo– pero capaz de permitirle su cohabitación con sectores de la oposición funcionales, dispuestos a no poner en riesgo la estabilidad de su gobierno.

☐ En cuanto a la acción de secuestro de la Justicia para los propósitos de la revolución, cabe observar que como fenómeno tiene lugar desde la instalación de la Asamblea Nacional Constituyente en 1999 y es inherente al modelo socialista del siglo XXI, léase, dicho sin ambages, debido a la decisión inaugural de Chávez de ejercer el poder político sin ataduras constitucionales ni responder por su mudanza inaugural en un cartel narco-criminal. A la Constitución, según criterio que valida la propia Sala Constitucional del TSJ, se le considera como un instrumento subsidiario al servicio de los objetivos revolucionarios. Éstos privan en la interpretación de aquella y, de ser necesario, permiten su mutación normativa sin reforma ni enmienda, a manos de los jueces.

☐ Carece de relevancia para la revolución, en fin, cualquier exégesis constitucional que se afinque sobre la idea del Estado democrático y de Derecho. La revolución, en efecto, por ser de neta inspiración política y constitucional cubana, se mira a conveniencia en el criterio de la constitucionalista de dicha nación, Martha Prieto Valdés, a cuyo tenor la unidad del Estado y el objetivo comunista no son conciliables con la visión occidental de la democracia y su principio de separación de los poderes; de donde resulta ilusorio cualquier diálogo democrático de fondo entre esta y la oposición, que no sea para transar sobre asuntos que no pongan en peligro la irreversibilidad de la propia revolución o le beneficien.

b) La "explosión del desorden" y el neopopulismo

☐ La Constitución de 1999, antes que procurar categorías constitucionales renovadoras e integradoras de lo social –más allá de su exagerado nominalismo participativo– y al relajar normativamente los equilibrios y contrapesos institucionales, opta por profundizar la señalada ruptura del tejido social doméstico a fin de fortalecer el "cesarismo" revolucionario en su regreso, amamantado por la idea emergente de la "posdemocracia" (Líder-medios-pueblo). En tal sentido, el texto constitucional y la práctica oficial revolucionaria reivindican o estimulan, de modo inflacionario, la generación de "nuevos" derechos para nichos sociales particulares formados por ex-ciudadanos: indígenas, afrodescendientes, ecologistas, abortistas, sin tierra, tribus urbanas, etc., provocando la ya señalada "explosión del desorden" –sobre todo legislativo– y asegurándose, así, el dominio político utilitario sobre éstos.

☐ El pueblo venezolano –nación cultural y social desmembrada– desde entonces adhiere mayoritariamente a la revolución mientras dispone de ingentes recursos y medios de comunicación capaces de amalgamar sus opiniones; pero se vuelve, como conjunto coyuntural, hacia la oposición –la llamada Unidad– como expresión del desencanto y la rabia, agravados por la crisis humanitaria y puestos al desnudo desde los sucesos del 18 de febrero de 2014. Esa adhesión social a uno u otro extremo de la escena política, por su naturaleza no partidaria, es fugaz e inestable, y sólo se deja atraer, como lo demuestra la experiencia, por el imán que en la coyuntura le ofrezca también posibilidades concretas de cambio sustantivo en sus realidades diversas y adversas.

☐ El renacer del populismo en Venezuela, tiene un significado distinto del tradicional –el del Estado social redistribuidor e intervencionista de la economía– o el de la pretendida vuelta a las raíces históricas bolivarianas como factor de reconstitución social; que, por cierto, dura mientras es constante y creciente el asistencialismo oficial de factura militante. En su expresión contemporánea, como neopopulismo mediático y "posdemocrático", deja de ser beneficioso para la revolución en el momento en el que ocurre el choque entre la unidad de sus mensajes simbólicos redentores y la realidad popular cotidiana, signada por la hambruna y la disolución de solidaridades bajo la ley de la supervivencia.

☐ La multiplicidad espasmódica y competitiva del contenido de los mensajes de la oposición, predominantemente narcisistas, como su falta de representatividad social y de preeminencia partidista, le impide a ésta, a su vez, sostener, más allá del hecho electoral, la adhesión de un pueblo en anomia y desesperado. La experiencia parlamentaria de 2016 y parte de 2017, y los resultados del diálogo nacional son contestes al respecto. Y la falta de una narrativa coherente, compartida y realista en la Unidad opositora, capaz de reunir a las partes sociales en sus expectativas comunes y diferentes –que son extrañas al formalismo institucional democrático– la viene situando en un plano de eficacia política decreciente y casi nula. Ha quedado reducida a un ejercicio político meramente táctico e impredecible, incluso sin fuerza simbólica movilizadora, en lo inmediato.

c) *La crisis económica y humanitaria, profundizadora de la anomia*

☐ La confiscación sistemática de la economía privada –industrial, comercial y bancaria– por parte del Estado, el secuestro político de la industria petrolera estatal, la expansión del morbo de la corrupción por el relajamiento de los controles y contrapesos democráticos, son las macro-causas de la dramática caída de la producción e importación de alimentos y medicinas en Venezuela, dando lugar a la crisis humanitaria severa que padecen hoy los venezolanos.

☐ Durante 2017 la inflación acumulada alcanza a 1.369% y se proyecta hacia el 13.000 % en 2018, con una mayor contracción del PIB estimada en 10% y que puede alcanzar el 15% durante el año en curso, según el Fondo Monetario Internacional. El nuevo cono monetario que entra en vigor en 2017 hace evidente la pulverización de la moneda a niveles sin precedentes históricos: En 2008 el bolívar pierde tres ceros para dar lugar a 1 bolívar fuerte, siendo el billete de más alta denominación el de 100 bolívares, que en el mercado paralelo de divisas equivale a 0,03 US $ para el momento en que se modifica otra vez el cono monetario y dicho billete es transformado en otro de 100.000 bolívares. A la fecha, 1 US $ es equivalente a la suma de 266.630, 77 bolívares. El ingreso de un venezolano de clase media no alcanza para adquirir una quinta parte de lo que compra un colombiano del estrato más pobre con dicha cantidad, afirma Ricardo Hausmann a mediados de 2017. Ahora, se requieren 93 salarios mínimos para adquirir la canasta alimentaria familiar, estimada en 16.501.392, 78 bolívares para diciembre último.

411

☐ Por lo visto, la simulación de la organización social sobrevenida que intenta forjarse con motivo de la crisis humanitaria y fiscal, con los llamados CLAP o Comités Locales de Abastecimiento y Producción, y sus llamados Carnés de la Patria, no logra hacerse realidad al haberse transformado éstos en fuentes reconocidas de corrupción política, discriminación, y realización espasmódica. Y al paso, el carácter decreciente del ingreso de divisas, necesario para sostener ese modelo de asistencia y control, a pesar del incremento de los precios petroleros, no sugiere posibilidades de reversión en lo inmediato, dado el colapso de la gestión de la industria petrolera nacional (PDVSA) y las sanciones impuestas a las operaciones financieras de ésta por los Estados Unidos.

d) El morbo social y políticamente envolvente de la corrupción y el narcotráfico

☐ Sobre la anomia y el criterio de atracción política que se hace regla obligante en Venezuela –la dádiva estatal y la emergencia humanitaria– y es propio de contextos sin armazón institucional, tanto como propiciadores del consumo popular insaciable y del dominio utilitario sobre las personas, los factores de poder real, a saber, los morbos de la corrupción y el delito, fundamentalmente el narcotráfico, adquieren una movilidad inusitada en la circunstancia. El efecto social devastador es inmenso. Ha hecho más profunda la ruptura del entramado social, obra inicial de la crisis democrática contemporánea. Ha prostituido la idea del interés nacional e introducido como variante o agregado del criterio "utilitario" en boga –ahora con más fuerza por la carencia colectiva de alimentos y de medicinas– el de la lucha por la supervivencia personal, que a falta de Estado y sobre todo de sociedad organizada individualizan los comportamientos y mineralizan los egoísmos.

☐ Dicha variable de la corrupción y el narcotráfico, en otro orden, compromete a la administración pública, en lo particular la vinculada al mundo militar y policial, relajando las bases mínimas de la cohesión y subordinación funcional y del sentido del servicio a la gente. Después de la muerte de Chávez y al término de su liderazgo carismático, sobreviene en Venezuela, como se aprecia de lo antes explicado, la multiplicación de los ejes personales de poder de vocación despótica, dentro del esqueleto sin carnes del Estado (Maduro-Flores, Cabello, El Aissami, los Rodríguez, Padrino,

Bernal, etc.). La unidad colegiada de éstos, no obstante, por contaminada con el hecho criminal, se hace agonal, es de vida o muerte; pero a la vez puede hacerse relativa si arrecian los peligros sociales y políticos que comprometen sus estabilidades, en lo interno y en lo internacional.

☐ La Unidad de la oposición, por ser apenas táctica y electoral, no tiene carácter agonal o existencial. Priva en ella y en sus líderes una dinámica introspectiva y partidaria formal, que se sobrepone o desconoce la realidad de la anomia y la urgencia de su solución, resolviéndola con otras motivaciones vitales, la lucha por la libertad y superar la violencia y la miseria; tanto como subestima la fuerza narco-criminal como la invasión cubana, que hacen presa del país sin que existan espacios inmunes. Y al carecer de realidad social objetiva los partidos que la componen, aquella y éstos son víctimas, son presas fáciles, dentro de la debilidad de poder real que acusan, de los chantajes y manipulaciones del poder delictivo que ha secuestrado al Estado venezolano.

DOS PREMISAS A MANERA DE PREGUNTAS

☐ El tema de la gobernabilidad, que es esencial para la renovación democrática de Venezuela y para la asunción de la democracia como derecho humano que han de garantizar los gobiernos, ¿acaso le preocupa a quien sólo se ocupa –Chávez o Maduro– de permanecer en el poder y detentarlo como fuero personal, por encima de cualquier referente institucional integrador y libre de sujeciones a un orden social autónomo, incluido el electoral?

☐ ¿El hecho electoral se basta y es suficiente como estrategia para frenar o contener un propósito de poder personal abroquelado con estrategias varias para su conservación –donde la electoral es una mera alternativa instrumental– y sustentado por intereses propios y de aliados para quienes no cuenta la gobernabilidad democrática?

UN DESAFÍO DE SUPERAR

☐ La legitimidad interna de todo gobierno –como lo prueba la experiencia del presidente Pérez en Venezuela– no es suficiente para sostenerse en el poder si se funda sobre una población desarticulada, huérfana de lazos sociales y afectivos. Aquél carece de estabilidad y es incapaz para la gobernación de no encontrar basamento –orgánico y social– sobre la articulación de las múltiples y distintas retículas o parcelas, léase demandas sociales, que configuren a la geografía humana que lo justifica. Otro tanto vale para la llamada legitimidad internacional, que se alcanza con la legitimidad de origen del respectivo gobernante y se pierde, como en el caso de Maduro, por destruir la puerta de entrada a la democracia: el voto universal, directo y secreto; pero la comunidad internacional, de hecho y según lo revela su práctica, se moviliza y sus medidas de tutela democrática alcanzan ser efectivas sólo en proporción al respaldo social interno y sobre todo eficaz que alcance el gobernante en ejercicio.

CONCLUSIONES Y RECOMENDACIONES

a) Conclusiones

☐ Venezuela –sus poderes públicos y el pueblo– ha de adquirir con urgencia y preferencia, cualidad de gobernable. Siendo la salida o caída del régimen colegiado de Maduro, apenas el primer paso. Es una premisa-condición del mero hecho electoral o de adquisición de legitimidad originaria, para que alguna entidad o personalidad pueda o intente ejercer dentro de ella, luego, su arte de gobernar y favorezca su desarrollo institucional, político, económico y social, democráticamente, en condiciones de estabilidad, con vistas a un nuevo proyecto generacional y dentro de cauces constitucionales adecuados al siglo de las comunicaciones en curso.

☐ Bajo el narco-Estado colegiado cubano que representan Maduro y sus socios de causa, rigiendo la "explosión del desorden", sólo adquieren eficacia en la lucha contra el mismo la acumulación de poderes reales o fácticos que cabe construirlos de modo estable, por la oposición, en medio de la anomia dominante y en un propósito que exige de una activa cooperación internacional; para no decir que habría de sujetarse la propia oposición –bajo el señalado contexto– a la guía o acompañamiento de un Comité Internacional de Reconstrucción que doblegue al narco-régimen y sus tentáculos, pues son susceptibles de sobrepasar éstos al cambio de aquél.

414

☐ La controversia "institucional" nacida de la elección del 6D y que otorga la mayoría calificada dentro de la Asamblea Nacional a la oposición, es ajena o accidental a la realidad invertebrada del país. De allí que la dinámica institucional, por esto y por lo anterior, se encuentre neutralizada (TSJ/AC-Dictatorial vs. Asamblea Nacional) y carezca de efectos políticos socialmente movilizadores, tanto como debilita aún más a quien no detenta el poder real del Estado, a saber, a la oposición formal (MUD/Asamblea).

☐ La simulación democrática que se sostuvo mientras la revolución contaba con apoyo popular, al haber llegado a su final con el engendro constituyente hace inocua la dialéctica, el debate o el diálogo respecto del comportamiento inconstitucional de la misma revolución o para arbitrar fórmulas de cohabitación entre modelos que objetivamente se excluyen: Narco-dictadura vs. democracia civil. Si fuere el caso, que no lo es, aquella se justificaría, hacia afuera recurriendo a la argumentación ideológica constitucional cubana ya señalada y tolerada hasta ayer –pero no más desde ayer– por actores externos importantes: USA, el Vaticano, la ONU, Colombia; o afirmando que sólo ella posee el poder factual que garantiza la paz de la república y a la oposición le cabría, por ende, lo absurdo, negociar el reconocimiento de esa prioridad fatal, aceptando la permanencia en el gobierno de Maduro y sus cómplices.

b) Recomendaciones

☐ La reconfiguración de la lucha opositora en Venezuela y su eficacia, como poder real oponible, dependerá de la representatividad que sus pretendidos conductores les den a las piezas disueltas de la realidad social venezolana. Pero sólo podrán moverlas en una misma dirección o sobre un mismo tablero a través de acciones de resistencia, mensajes coherentes e interpretativos de la misma realidad invertebrada de la nación y de sus urgencias actuales, con fuerza simbólica suficiente; es decir, mensajes que han de ser despersonalizados [ajenos al narcisismo en boga y dominante], congruentes con las expectativas mínimas comunes de esos ex ciudadanos desarraigados y víctimas del hambre, como de los distintos nichos sociales que componen el mapa disuelto de la nación y sobre todo, como mensajes, han de ser racionales, veraces y confiables en cuanto a la probabilidad de los logros que se planteen alcanzar.

☐ En lo interno, los actuales partidos políticos –en especial los nacidos en el siglo que va en curso y sean sus expresiones auténticas– a pesar de las ilegalizaciones que sufren han de comprender el anterior mapa de la realidad. Han de hacerse, al efecto, de un liderazgo verdaderamente representativo, alternativo, renovado, si acaso aspiran a permanecer como actores en el futuro y trasvasar desde el plano meramente electoral hacia otro que les otorgue una capacidad de liderazgo político popular efectivo y capaz de ser opuesto a las cabezas del narco-Estado revolucionario y ayudar en las tareas del cambio.

☐ La dinámica de la Asamblea Nacional ha de pasar, si acaso ya no es tarde para el momento, desde el plano formal, como órgano de legislación y control y de diálogo institucional con el gobierno, hacia otro, en el que actúe como caja de resonancia de la nueva dinámica política que emerja de la recomposición de la oposición democrática y la generación de un mecanismo de vertebración transitoria del conjunto del rompecabezas de lo venezolano; asumiendo como eje de lucha preferente el de la liberación del colonaje cubano y de sus organizaciones narco-criminales asociadas.

☐ En lo internacional, ha de hacerse comprender a la comunidad de los Estados y a las empresas trasnacionales que tienen interés en Venezuela, la verdadera naturaleza del narco-gobierno colegiado imperante, la condición de víctima secuestrada de todo su pueblo, incluidos los dirigentes opositores, y los altos riesgos que significa –para la seguridad global y regional– la permanencia de aquél en el poder o la de quienes mantienen una colusión utilitaria con éste, incluida la política. De donde, cualquier fórmula de negociación o diálogo mal puede apuntar hacia la cohabitación, antes bien sólo a facilitar el desalojo del poder por parte del grupo narco-criminal que lo detenta y el desalojo del territorio nacional por los "cooperadores" cubanos y sus dirigentes.

☐ Dos narrativas complementarias han de guiar la acción opositora, como expectativas de base o mínimas que han de ser compartidas por el rompecabezas nacional, a fin de lograr su ensamblaje. Una de corto plazo, consistente en la movilización y protesta social sostenida, con un objetivo preciso, a saber, superar la crisis humanitaria mediante la separación política de sus responsables y la denuncia de sus responsables cubanos. Sólo mediante la prioridad de ese logro, el conjunto aceptará como razonable la lucha por la libertad de los presos políticos, empañada hoy, primero, por el desacertado mecanismo de diálogo de la UNASUR citado e iniciado en República Dominicana y, sucesivamente, por la falacia en que termina la consulta popular opositora del 16 de julio último. Otra, de corto y mediano plazo, es la reconstitución o la constitución *ex novo* de la cosa pública en Venezuela y del entramado social que habrá de ofrecerle su soporte.

☐ El ensamblaje del rompecabezas nacional mediante la comprensión y reconocimiento constitucional de la novedosa realidad invertebrada que es Venezuela y de la fuerza propia de sus nichos plurales, exigirá que un grupo interdisciplinario imagine y formule otras categorías constitucionales que luego sean el objeto de un proceso constituyente auténtico, ordinario o *ad hoc*, cabalmente democrático. El sostenimiento de la invertebración supone atomización, heteronomía, supervivencia, en fin, conflicto como constante de la realidad social y política. Tales fueron, en efecto y miradas desde lo internacional, las variables que dieran lugar a las grandes guerras del siglo XX.

La vertebración, en un primer estadio y en su defecto, reclama para alcanzarse de cooperación, interdependencia, decisiones autónomas, valores compartidos, elementos que, observados desde la experiencia internacional pero susceptibles de ser extrapolados a lo constitucional e interno, alcanzan a dar perfil al modelo ético político de la ONU, a partir de 1945 y sobre la tragedia del Holocausto.

☐ La llegada del siglo XXI, en lo interno y en lo internacional, habrán de suponer, quizás, más que cooperación sentido de solidaridad; más que autonomía o consensos democráticos formales, diálogo democrático como sistema de vida y a la luz de valores superiores compartidos universalmente, que sean patrimonio del país y de la humanidad: la paz; la participación social y ciudadana; la confianza como fundamento de la asociación; la justicia social internacional y la solidaridad; el derecho humano a la democracia, que es derecho a los derechos y todos los derechos para todos, por ser universales; la libertad de intercambios humanos y económicos; el acceso universal a la información y a la informática, y el derecho a la seguridad digital; la ética científica y tecnológica y el derecho universal a sus beneficios; la cooperación entre las culturas; el derecho a la identidad nacional y cultural; en fin, los derechos de las generaciones futuras. Es este el verdadero desafío de la política contemporánea y de políticos que no se conformen con las medianías, que aspiren a superar la barbarie y regresar sobre los caminos de la civilización democrática.

> *"La historia no es causalidad. Cuando alguien pregunte ¿qué va a pasar en Venezuela? cabe responderle que pasará algo si algo se hace y se mueve en el presente. No es hora para la brujería".*

ÍNDICE ONOMÁSTICO

223, 227, 230, 231, 232, 234,
236, 243, 246, 249, 255, 262,
268, 269, 271, 275, 276, 277,
280, 281, 284, 288, 290, 292,
293, 295, 299, 300, 303, 304,
306, 311, 313, 318, 321, 324,
326, 327, 328, 334, 337, 339,
345, 348, 353, 355, 363, 365,
368, 370, 380, 386, 388, 389,
396, 403, 406
Mahatma Gandhi, 74, 362
Maikel Moreno, 211, 290, 296
Manuel Antonio Noriega, 50, 52,
121, 170
Manuel Zelaya, 193, 298, 327
Marcel Granier, 161
Marcos Falcón Briceño, 86
Marcos Pérez Jiménez, 105, 115,
117, 181, 262, 281, 287, 328,
331, 359, 363, 372
María Ángela Holguín, 164, 166
María Corina Machado, 27, 32, 39,
42, 44, 55, 60, 212, 374, 375,
406
María Lourdes Afiuni, 220
Mariano Picón Salas, 63, 140, 161,
385,
Mario Moronta, 311
Mario Vargas Llosa, 107
Martha Prieto Valdés, 256, 409
Mauricio Macri, 126, 183, 209
Michelle Bachelet, 49
Miguel A. Rodríguez, 128
Miguel H. Otero, 109
Mireya Moscoso, 126
Muamar Al Gadafi, 18

-N-

Nelly Calles, 320, 383
Nelson Jobin, 114
Nelson Mezerhane, 161
Neomar Alejandro Lander Armas,
313

Néstor Reverol, 18, 281, 296, 320,
338
Netanhayud, 48
Norberto Bobbio, 351
Norberto Ceresole, 23, 240
Numa Quevedo, 41

-O-

Odeen Ishmael, 84
Olga Fonseca, 320, 383
Omar Guararima, 383
Omar Torrijos, 171, 172, 182, 185,
196, 197, 199, 201, 211, 272,
283, 289, 294, 300, 312, 396
Orlando Letelier, 371
Oscar Pérez, 16, 17
Osvaldo Hurtado, 126
Oswaldo Álvarez Paz, 27, 121

-P-

Pablo Medina, 27
Pedro Carreño, 281
Pedro Pablo Kucksinski, 333
Piero Calamandrei, 52, 53, 101,
171, 181, 218, 307
Pietro Parolin, 312, 317, 383

-R-

Raimundo Andueza Palacios, 83
Rafael Arias Blanco, 181, 262, 329
Rafael Caldera, 63, 66, 95, 113,
118, 144, 146, 153, 268, 373,
402
Rafael Correa, 34, 82, 197, 253,
287
Rafael Ramírez, 130, 376, 382
Ramón Fernández Durán, 259
Ramón Guillermo Aveledo, 27
Ramón J. Velásquez, 62, 156, 264
Raúl Leoni, 83, 86, 88,
Richard Gallardo, 320, 383
Rick Wadell, 344
Robert Mugabe, 222

ÍNDICE GENERAL

LOS ARTÍCULOS

I. LA BREGA POR LA LIBERTAD (2015)

II. DEMOCRACIA SÍ, PERO NO ASÍ (2016)

EL ENSAYO

IV. DIAGNÓSTICO ACTUAL Y PRONÓSTICO DE VENEZUELA, 2018

VERBA VOLANT, SCRIPTA MANENT

www.ingramcontent.com/pod-product-compliance
Lightning Source LLC
Chambersburg PA
CBHW022345280326
41935CB00007B/80